George Brown

Paläorama

Oceanisch-amerikanische Untersuchungen und Aufklärungen

George Brown

Paläorama

Oceanisch-amerikanische Untersuchungen und Aufklärungen

ISBN/EAN: 9783742868947

Hergestellt in Europa, USA, Kanada, Australien, Japan

Cover: Foto ©ninafisch / pixelio.de

Manufactured and distributed by brebook publishing software (www.brebook.com)

George Brown

Paläorama

PALÄORAMA.

OCEANISCH-AMERIKANISCHE
UNTERSUCHUNGEN und AUFKLÄRUNGEN

MIT

WESENTLICHER BERÜCKSICHTIGUNG

DER

BIBLISCHEN URGESCHICHTEN.

AUS DEM NACHLASSE

EINES

AMERIKANISCHEN ALTERTHUMSFORSCHERS.

New-York
B. Westermann & Co.
440 Broadway

London
Williams & Norgate.
14 Henrietta-Street, Covent-Garden.

ERLANGEN, 1868.
VERLAG VON EDUARD BESOLD.

Inhalt.

	Seite
Einleitung des Herausgebers	1

Abtheilung I.

Vorlesungen über die Urgeschichte Oceaniens und Amerika's. Grundlegung eines neuen, einerseits das verdunkelte Alterthum jener Welttheile aufhellenden, andererseits die urgeschichtlichen Berichte der h. Schrift in ihr wahres Licht setzenden geographisch-historischen Systemes. Von Dr. George Brown.

Erste Vorlesung.
Verhältniss der herkömmlichen geographisch-historischen Vorstellungen und Annahmen zu den ältesten Thatsachen der Menschengeschichte, und kritische Anlässe und Nöthigungen, diese Vorstellungen und Annahmen zu ändern . . . . , ... 41

Zweite Vorlesung.
Naturwissenschaftliche Erörterungen über Alter und Tod der menschlichen Raçen mit besonderer Rücksicht auf die Urbevölkerungen Oceaniens und Amerika's 77

Dritte Vorlesung.
Fortgesetzte Betrachtung über das Alter, die Geschichte und das Schicksal der oceanischen und amerikanischen Urbevölkerungen mit auszüglicher Anführung der einschlägigen Beobachtungen und Reflexionen des Herrn v. Martius 88

Vierte Vorlesung.
Resultat der vorstehenden Betrachtungen nebst den sich daran knüpfenden Folgerungen und Combinationen 102

Fünfte Vorlesung.
Die Begriffe von »Alt« und »Neu,« wie sie in Rücksicht auf geographische und völkergeschichtliche

	Seite
Dinge in Anwendung zu bringen, nebst Betrachtung und Nachweisung des Factums geographischer Namensübertragung von den ältesten Zeiten an	113

Sechste Vorlesung.
Sprachliche Erörterungen, namentlich zum Beweise, dass in Westindien (Haiti) vor Zeiten ein semitischer Dialekt gesprochen worden ist 127
Siebente Vorlesung.
Ueberblick über das Ganze 146

Abtheilung II.

Beilagen zu George Brown's Vorlesungen.
I. Die Bibeln und Bibelsagen der amerikanischen Urvölker 173
II. Die altamerikanischen Schriftcharaktere 179
III. Das Paradies in der Südsee 183
IV. Dante's Vorstellung von der Lage des Paradieses und einer vorzeitlichen Veränderung der Erdoberfläche 184
V. Das Elysium des Westens, die Inseln der Seligen und die Gärten der Hesperiden als Erinnerungen der Griechen von ihrer jenseitigen Heimath her . 186
VI. Eva in den Sprachen und Sagen Amerika's und Oceaniens 190
VII. Noah auf Cuba 192
VIII. Ueber die babylonische Urgeschichte 202
IX. Nimrod, und sein Reich in Amerika 212
X. Die Orkane und Erdbeben Westindiens 222
XI. Die Katastrophe von Sodom und Gomorrha als ein Ereigniss der amerikanischen Vorzeit 226
XII. Der Kriegszug Abrahams und die amerikanischen, insbesondere westindischen Zustände und Verhältnisse zu dieser Zeit . . . . , . . . 245
XIII. Die Trinitätsidee des amerikanisch-hebräischen Alterthums, wie sie in Abrahams Geschichte begegnet . . . . , ... 256

		Seite
XIV.	Moria. Ueber die Cultusstätten des amerikanisch-hebräischen Alterthums	260
XV.	Die Circumcision in Amerika und Oceanien	263
XVI.	Jakob und seine Söhne. Die nach Amerika und Indien hinweisenden Sitten, Gebräuche und sprachlichen Momente dieses Theiles der hebräischen Urgeschichte	273
XVII.	Esau-Edom in Brasilien	291
XVIII.	Die Aino's in Jesso	300
XIX.	Bedeutung und Gebrauch der Zwölfzahl bei den Indianern Amerika's	301
XX.	Ruben in Amerika	304
XXI.	Die ägyptischen Plagen, namentlich was die »ägyptische Finsterniss« betrifft	305
XXII.	Aegypten und die ägyptische Meereszunge bei Jesaias, das Land Arsareth und die »Enge des Euphrat« im 4. Buch Esra in dem Sinne von Amerika und der Behringsstrasse	310
XXIII.	Aegyptische Namen und Wörter aus dem Indischen erklärt mit Hinblick auf Amerika	313
XXIV.	Die Stationen des israelitischen Wanderzuges	317
XXV.	Einzelheiten aus der Geschichte Mosis und der israelitischen Wanderung unter ihm	319
XXVI.	Der Name Mose	325
XXVII.	Yucatan und Joktan. Der israelitische Kalbs- und Peordienst auf altamerikanischen Tapirdienst zurückgeführt	327
XXVIII.	Die Bedeutung des Eisens und des Basaltes in den amerikanisch-hebräischen Urgeschichten. Das verheissene Canaan ein Land des Eisens im Unterschiede von dem Urcanaan, als einem Gold- und Silberlande	334
XXIX.	Juden und Spartaner. Auflösung eines biblischen Räthsels	339
XXX.	Die Hyksos-Frage	342
XXXI.	Irland und Wales in Amerika	345

Seite
XXXII. Alte Thiergeschlechter in Amerika 352
XXXIII. Noch Einiges über das naturgemässe Aussterben
der oceanischen und amerikanischen Urvölker . 354
XXXIV. Vermischte Bemerkungen, vornehmlich was Per-
sonen-, Volks- und Ortsnamen und die damit
zusammenhängenden Gegenstände betrifft . . . 356

Abtheilung III.

I. Israels Wanderzug aus Aegypten nach Palästina.
Mit besonderer Beziehung auf die Hypothesen Ra-
denhausen's und Brown's 369
II. Ueber den Stamm Dan 470
III. Zur Erläuterung der Völkertafel 1 Mos. 10, vornehm-
lich was den Stammbaum der indogermanischen Völ-
kerfamilie und deren vorzeitlichen Zusammenhang
mit Amerika betrifft.
  A. Gog und Magog in und aus Amerika 480
  B. Der Wodan der Völkertafel 486
  C. Die amerikanische Votanssage 490
  D. Die Viataus und Vuatos in Südamerika : 495
  E. Elisa-Tharsis und Javan (Ravan) der Völkertafel . 497
  F. Das biblische Oceanien 508
IV. Ueber einen Vortrag des Herrn von Martius . . . 511
Schlusswort 529

Verbesserungen und Zusätze.

Wenn hie und da in Schriftstellernamen und Fremdwörtern, die aber dem Gelehrten bekannt, *c* und *e*, *g* und *y*, *th* und *t* vertauscht sind, so bittet man, dies nachsichtig übersehen zu wollen. Verwechselungen hebräischer Buchstaben, wie sie S. 136, 212, 247 vorkommen, wird der Sprachkundige von selbst erkennen. Ausserdem bemerken wir noch:

S. 23 Z. 7 v. u. tilge das zweite Anführungszeichen. S. 78 Z. 9 v. u. statt sei lies sie. S. 156 in den Noten l. Sarasvati. S. 187 Z. 9 st. welche l. und die. S. 194 Z. 7 v. u. l. und nicht von. S. 221 Z. 11 ist noch $\iota o \mu \omega \varrho o \varsigma$, Pfeilkämpfer, einzuschal-
ten. Das. Z. 3 v. u. l. *moraçaba*. S. 259 Z. 3 v. u. im Texte st. diesem l. unserem. S. 329 Z. 13 l. *moupran*.

Einleitung des Herausgebers.

Auf der Vergangenheit ruht die Gegenwart, auf beiden die Zukunft. Man erkennt nicht das Künftige, wenn man nicht das Gegenwärtige versteht und das Vergangene weiss; und man begreift nicht das Gegenwärtige, wenn sich das Vergangene noch in Schleier hüllt oder in falschem und irreführendem Lichte steht. Dass das Letztere klar werde, dass es so vor Augen trete, wie es nicht bloss täuschendem Scheine und beliebiger Vorstellung nach, sondern in Wahrheit gewesen, das wird, wenn es sich um den Selbstbegriff des menschlichen Wesens und Geschlechtes handelt, wohl vor Allem erforderlich sein. Wie ist es nun in dieser Hinsicht mit unserem Wissen bestellt? — Je eifriger und gründlicher sich Jemand darum bemüht hat, desto mehr wird er mir beistimmen, wenn ich antworte: Beklagenswerth! Wer zieht uns die Decke hinweg, unter welcher sich die Jahrtausende der noch unbekannten Erd- und Menschengeschichte bergen? —

Aber sind sie denn wirklich ein so grosses Mysterium? Liegt es vielleicht nicht sowohl an dem objektiven Thatbestande, als an unseren subjektiven Vorurtheilen und Verblendungen, dass wir so wenig davon wissen?

»Isis ist wohl ohne Schleier,
  Doch der Mensch, der hat den Staar.«

Es ist vielleicht gar nicht so schwer, in die Geheimnisse des Alterthums, selbst des entferntesten und unaufgehelltesten, einzudringen; eine einzige Idee vielleicht, mit Kühnheit gefasst, mit Entschlossenheit festgehalten und versuchsweise auf die betreffenden Gegenstände der Untersuchung angewendet, würde das Wünschenswerthe leisten und die befriedigendsten Resultate liefern. Das Schwierige wäre dann nur etwa dies, einer so neuen und dem Herkömmlichen zuwiderlaufenden Idee und Methode Eingang und Beifall im Reiche der Wissenschaft und Gelehrsamkeit zu verschaffen. **Man denke an das Schicksal des Copernicanischen Weltsystemes!** Die Umkehrung der Anschauung würde bei dem, was uns vorschwebt, eine ganz ähnliche sein. —

Aber vergessen wir, indem wir so sprechen, nicht etwas sehr Wichtiges und Massgebendes, in Folge dessen dergleichen Hypothesen und Experimente überflüssig, ja bedenklich erscheinen? Haben wir nicht ein heiliges Buch, welches uns, wie in die Geheimnisse der entferntesten Zukunft, so auch in die des höchsten Alterthums, der ersten Anfänge und frühesten Entwicklungen des Erd- und Menschenlebens einzuführen bestimmt ist? —

Wir sind weit entfernt, diesem Buche irgend Etwas von seiner Ehre und seinem Ansehen entziehen zu wollen; ja man wird finden, dass wir das ganz Entgegengesetzte — die Steigerung seines Werthes und seiner Brauchbarkeit im Bereiche der Alterthumskunde zu einem noch gar nicht geahnten Grade — im Sinne haben. Der Amerikaner Brown, den wir hier vorläufig vertreten und einführen, ist gerade durch sein Bibelstudium auf seine Ansichten gekommen; man wird sehen, wie er selbst sich darüber äussert. Allein bevor uns die Bibel ihr Licht spende, muss ein sie selbst noch einhüllender dichter Schleier entfernt, ein sie selbst angehendes wesentliches Missverständniss beseitigt werden. So, wie zur Zeit noch die Sachen stehen, ist sie, ihrem historischen, namentlich urgeschichtlichen Theile nach, ein noch viel zu dunkler und schwankender Gegenstand des Studiums, des Zweifels, des Streites, der verschiedenartigsten Auffassungen und Auslegungen. Der scheinbare oder wirkliche Widerspruch, in welchem sich ihre Relationen und Angaben mit unserer heutigen Intelligenz und Wissenschaft befinden, bildet eine noch lange nicht aufgelöste, ja im Gegentheil nur immer greller hervortretende Dissonanz. Und an welchen, wiewohl, wie wir glauben, nur auf Täuschung und mangelnder Einsicht beruhenden, Mängeln und Lücken leiden dieselben!

Werfen wir einen Blick auf zwei Welttheile, auf Amerika und die Inselwelt des stillen Meeres, wie sich diese grossen und weitschichtigen Regionen bei der Entdeckung präsentirten und nach der Seite ihrer historisch unbekannten Vergangenheit hin noch fortwährend darstellen! Es giebt keine grösseren Räthsel und schwierigeren Probleme für die Alterthumsforschung; und es werden diese, je mehr man forscht, findet, betrachtet, nur um so grösser und unlösbarer [*]). Die Bibel, wie man sie noch gegenwärtig aufzufassen und auszulegen gewohnt, verräth uns von diesen Welttheilen, ihren alten Geschlechtern, dem Ursprung und den Schicksalen derselben nicht das Mindeste — und das ist doch wohl kein unbedeutendes Gebrechen für ein Buch, welches die gesammte Geschichte der Erde und der Mensch-

---

*) »Während Aegyptens Culturzustände sich vor dem forschenden Blicke unserer Zeiten immer mehr enthüllen, wird Amerika ein immer grösseres Kulturräthsel, je mehr man in das Alterthum desselben zurückschreitet.« Hanusch, Geschichte der Philosophie in ihren Uranfängen. Olmütz 1850.

heit zu umfassen bezweckt und behauptet, und welches der Schlüssel zu Allem sein soll, auch was die historischen und geographischen Dinge der bezüglichen Zeitalter betrifft. Ja wenn man jene Welttheile und ihre Bevölkerungen für relativ neu halten, wenn man nachweisen oder nur wahrscheinlich machen könnte, dass die dort vorgefundenen Stämme mit ihren Culturen und Barbareien erst in verhältnissmässig später Zeit aus dem sogenannten alten Continente eingewandert und nur eine jenseitige Fortsetzung, ein Nebenzweig oder Auswuchs dessen seien, was sich schon diesseits in der alten Welt entwickelt und gestaltet hat! Aber das ist keineswegs der Fall; es giebt Gründe, ihnen ein sehr hohes Alter einzuräumen, *) sie sogar für noch weit älter und ursprünglicher, als die Nationen Asiens, Afrika's und Europa's, als z. B.

---

*) Ein geistvoller und sachkundiger Vertreter dieser Ansicht ist Dr. C. F. Ph. v. Martius. Man lese, was er in der Schrift: »Die Rechtszustände unter den Ureinwohnern Brasiliens« S. 79 ff. bemerkt: »Die Menschheit dieses sogenannten neuen Continentes besteht keineswegs aus jungen Völkern, geschweige dass wir für ihr Alter und ihre historischen Entwicklungen wohl gar einen Massstab in unserer christlichen Zeitrechnung annehmen dürften« etc. S. in dieser Beziehung Ebendesselben Abhandlung »über die Vergangenheit und Zukunft der amerikanischen Menschheit« in der Cotta'schen Vierteljahrsschrift 1839 Heft II. S. 235 ff. Beide Abhandlungen sind jetzt dem Werke: »Beiträge zur Ethnographie und Sprachenkunde Amerika's.« Leipz. 1867, einverleibt. Hier in der Schlussbetrachtung des I. Theiles S. 703 steht der Ausspruch: »Uralt ist diese amerikanische Menschheit; sie hat hier wahrscheinlich schon gleichzeitig mit jetzt ausgestorbenen Thiergeschlechtern gelebt; vielleicht da Wasser und Festland noch andere Conturen zeichneten.« Ferner ist zu sehen: *Clavigero, Storia di Messico* und Vater, Untersuchungen über Amerika's Bevölkerung. Leipz. 1810. S. 97 ff.

Chinesen, Indier, Babylonier, Assyrier, Perser, Aegyptier, Griechen, Germanen etc. zu halten. Es wird davon ausführlicher in den Vorlesungen die Rede sein. Dass Amerika's indianische Bevölkerung nicht nur alt, sondern noch älter sei, als die von Asien, hat bereits Jefferson *) aus sprachlichen Thatsachen gefolgert; und Oberst Galindo, von der Anschauung der mexicanischen Alterthümer entflammt, nannte das Land die Wiege der Cultur, wovon diese auf China und zuletzt auf Europa übergegangen sei. Ein für das allerhöchste Alter der amerikanischen, so wie der mit ihr wohl nahe verwandten oceanischen Urbevölkerungen sprechender Umstand ist aber ganz besonders der, dass dieselben, wie sich immer thatsächlicher und unzweifelhafter herausstellt, nichts weniger, als urfrische, einer sich steigernden Entwicklung und welthistorischen Zukunft jugend- und lebenskräftig entgegengehende Naturvölker, sondern ganz im Gegentheile verlebte, altersschwache, selbst physiologisch nur der Vergangenheit angehörige, zur Zeit ihren naturgemässen Raçentod sterbende, daher den Uebeln und Conflicten, welchen andere trotzen, auf's Verhängnissvollste unterliegende, selbst unter den günstigsten Umständen rettungslos dahinschwindende Geschlechter sind. Darüber wäre aus beiden Welttheilen — wenn die alte Bevölkerung auch nicht überall in gleich auffallender Weise verkommt und vergeht, auch wohl nicht überall gleich alt und altersschwach ist — sehr viel höchst Auffälliges und Schlagendes anzuführen, namentlich was die oft massenhaft aufräumenden epidemischen Krankheiten betrifft. So heisst es bei de la Condamine: »Aus den Ueberresten des Fleckens Tupinambara, der ehedem auf einer grossen Insel in der Mündung des Madeira lag, ist ein anderer, Namens Topayos entstanden; und die Bewohner desselben sind fast der

---

*) *Notes on the State of Virginia.* London 1787.

ganze Ueberrest der tapferen Nation der Tupinambas, welche vor 200 Jahren in Brasilien geherrscht, woselbst sie ihre Sprache gelassen« *). Und bei Spix und Martius **): »Schon zu der Zeit, da Anchieta und Nobrega die Civilisation der Indianer mit so väterlicher Gesinnung und so viel Umsicht zu bewirken strebten, raffte plötzlich eine Blattern-Epidemie drei Viertheile der Bevölkerung hin.« Welchem Geschicke die nordamerikanischen Rothhäute unterliegen, die zu den ältesten Bewohnern des Continentes zu gehören scheinen, ist bekannt genug. Graf von Görtz ***) besuchte ein Indianerdorf Tuscarora, wo sich noch einige armselige Reste des einst grossen Stammes befanden, der diesen Namen geführt. Sie waren christianisirt, und, wie man sagte, auch bereits lauter Mischlinge. Er fand sie nicht gehoben und gesichert; sie machten den peinlichsten Eindruck auf ihn; und er prophezeit, wie der ganzen Raçe, so auch dem derartigen, nicht mehr unvermischten Geschlechte den unabwendbaren Untergang.

Eine Menge von Völkerstämmen und Nationen dieses Welttheils war wohl schon vor der Entdeckung desselben dahingeschwunden; und in Berührung mit den Europäern, den rührigen, lebenskräftigen und, so in bösem, wie in gutem Sinne des Wortes, energischen Herren der Gegenwart, siechen und sterben sie um so rascher dahin, ihrem tragischen Loose selbst nicht in dem Falle entgehend, dass man es aufrichtig gut mit ihnen meint, und sich aller Härten und Grausamkeiten gegen sie enthält, welche letztere wir keineswegs zu läugnen oder zu beschönigen die Absicht haben, welche aber jenen Vernichtungsgang doch nur beschleunigen

---

*) Ihre Geschichte s. in der Reisebeschr. des Paters Acuña.
**) Reise in Brasilien I. S. 278. 382 f.
***) Reise um die Welt in den Jahren 1844—47. I. S. 156.

können, ohne, wie Einige noch neuerdings behaupten wollen, dessen durchgängige und alleinige Ursache zu sein *).

Dass diese Völkerstämme und Nationen eine grosse, inhalts- und schicksalsvolle, weithin in die Jahrtausende zurückreichende Geschichte gehabt, darüber kann kein Zweifel sein. Amerika ist die Heimath der räthselhaftesten Monumente, deren Ursprung in eine zum Theil so tiefe Nacht gehüllt, dass alle Spuren mangeln. Dahin gehören die bekannten Erd- und Steinwerke eines verschwundenen Volkes an den Ufern des Mississippi und Ohio. In Mexico finden wir die sogenannte Toltecatl-Cultur; eine sehr alte Cultur, die man die palencauische genannt hat, blühte im Süden von Mexico; die Region, wo ihre Ueberbleibsel vorkommen, ist die von Chiapas, Guatemala und Yucatan. In letzterer Halbinsel allein zählt man 54 Ruinenstädte. In einem der Höfe von Uxmal ist das Granitpflaster, worauf Schildkröten in halberhabener Arbeit abgebildet waren, von den Füssen der Menge beinahe platt getreten, woraus sowohl auf das Alter desselben, als auch auf die Zahl der ehemaligen Bevölkerung zu schliessen ist. Die colossalen Bauwerke am Titicaca-See wurden von den Peruanern schon zur Zeit der spanischen Eroberung als Wunder angestaunt und als durch Zauberei entstanden betrachtet **). Man hat das Alter der

---

*) Es wird über diesen wichtigen Punkt auch in den Vorlesungen, so wie in den Beilagen dazu, die Rede sein.

**) Pedro de Cioça berichtet ausdrücklich, wie er die Indianer gefragt, ob diese Werke zur Zeit der Inca's zu Stande gekommen, und wie man ihm lachend zur Antwort gegeben, das seien uralte Gegenstände, und was man da gegenwärtig vor Augen habe, sei das Werk und Ueberbleibsel einer Nacht. Derselbe erzählt die Tradition von bärtigen Männern, die vor Zeiten auf den Inseln des Titicaca-Sees gelebt und die dortigen Monumente hinterlassen hätten, und ist der Ansicht, dass lange

amerikanischen Denkmäler, namentlich was die Prachtbauten Centralamerikas und Yucatans betrifft, sehr herabzudrücken gesucht; man hat die cultivirten Stämme, die bei der Ankunft der Spanier das Land bewohnten, oder doch die unmittelbaren Vorfahren derselben für die Urheber dieser merkwürdigen Baureste und Denkmäler erklärt; hat mindestens die ausgewanderten Tólteken dafür in Anspruch nehmen und ihr Alter nicht über das 12. Jahrhundert unserer Zeitrechnung zurückdatiren zu dürfen geglaubt. Aber eine genaue Vergleichung derselben mit zweifellos toltekischen und der Umstand, dass die auf den Monumenten befindliche Hieroglyphenschrift nicht die geringste Aehnlichkeit mit den übrigen mexicanischen Schriftzeichen darbietet, hat nun doch wieder zu der Ansicht geführt, dass man es mit einer früheren Epoche zu thun habe. Von der alten Civilisation der Mississippi-Gegenden glaubt man, dass sie auf wenigstens 2000 Jahre zurückreiche. Auf den bereits erwähnten grossartigen, den Indianern selbst schon fremdartig-wunderbar vorgekommenen Bauten und Monumenten von Tiahuanaco am Titicaca-See nimmt man überall das Symbol der Sonne wahr; und so hat sich neuerdings *) die Meinung gebildet, dass der peruanische Sonnencult nicht erst, wie man anzunehmen pflegt, mit den Incas gekommen, sondern von diesen, als bereits im Lande vorhanden angetroffen und

---

vor den Incas ein Culturvolk hieher gekommen und diesen Werken das Dasein gegeben, aber im Kampfe mit den an Zahl überlegenen Völkerschaften, die es umgaben, wieder untergegangen sei. So viel wird man wohl mit Sicherheit annehmen können, dass hier einst andere Geschlechter, als die uns historisch bekannten, gewaltet haben.

*) Hellwald, die amerikanische Völkerwanderung. Wien 1866. S. 47.

angenommen worden sei. Ein New-Yorker Forscher von bedeutendem Gewichte hat sich folgendermassen geäussert: »In wie weit die Civilisation der Incas (Quichuas) nur der Abglanz einer früheren, wahrscheinlich ebenfalls einheimischen Cultur gewesen, lässt sich schwer bestimmen. Tiahuanaco deutet jedenfalls auf eine frühere hohe Entwicklung« *). Dieselbe Ansicht trägt Martius in seiner Ethnographie **) vor. »Im Lande der Aymaras, des ältesten Culturvolkes, an dem grossen Alpenbinnensee von Titicaca, ferner in dem niederen, dürren Küstenlande der Chimus, in Cuzco, der ehemaligen heiligen Hauptstadt der Incas, und an anderen Orten, stehen Ruinen kolossaler Bauwerke, welche von einer Cultur zeugen, die mehr entwickelt und viel älter war, als das Inca-Reich. . . . . . Zwischen jener früheren Culturepoche und der Errichtung dieses Reiches aus schwachen Anfängen liegt eine Periode von unbestimmbarer Länge, die mit mythischen Gestalten angefüllt.« Cieza de Leon ***) fand Bausteine von 15′ Länge, 13′ Breite und 6′ Dicke. Die Steinblöcke sind mit Klammern von Kupfer verbunden. Riesige Bildwerke von bekleideten Menschen setzen in Verwunderung. Die peruanischen Monumente, die dieser ältesten Culturperiode zugeschrieben werden »unterscheiden sich von denen der späteren Incazeit auch durch eine höhere künstlerische Vollendung und Ornamentik und bezeugen eine Bewältigung mechanischer Schwierigkeiten, die mit dem Bildungszustande der Peruaner zur Zeit der Conquista kaum vereinbar ist.«

---

*) E. G. Squier in einem Schreiben an Fr. v. Hellwald. Allgem. Zeitung vom 26. Mai 1867. Beilage Nr. 146. S. 2387.

**) Bd. I. S. 457.

***) *La Cronica del Peru. Cap.* 106.

Die sogenannte Inca-Strasse, die dem Inca Huaynacapac zugeschrieben wird, ist ein aus ungeheueren zugehauenen Steinplatten zusammengesetzter Weg, der von Quito bis Cuzco, und das zum Theile über die höchsten Gebirge, geführt haben soll *). Dieses Riesenwerk war wohl ebenfalls bedeutend älter, als die Incas, deren Dynastie nicht bis in die Periode Karls des Grossen zurückreicht; und jener Fürst bemühte sich wohl nur, das bereits verfallende wiederherzustellen.

Was den Osten Südamerika's betrifft, so stand dieser an Cultur dem Westen bei Weitem nach. Es wird indessen durch eigenthümliche Monumente, deren Ursprung auch wieder völlig unbekannt, wir meinen jene weit verbreiteten Granit- und Syenitfelsen mit Inschriften und Figuren, unzweifelhaft gemacht, dass hier vor den bildungslosen Horden, die man gegenwärtig in diesem Gebiete trifft, andere in der Cultur etwas weiter vorgerückte Menschenstämme gewohnt, die ausgewandert oder zu Grunde gegangen sind. So erhebt sich einige Meilen von Encaramada mitten aus der Savanne der Felsen Tepu-Mareme, d. h. der bemalte oder beschriebene Fels; er zeigt Thierfiguren und symbolische Züge, denen ähnlich, die man sonst noch an verschiedenen Orten Südamerika's gefunden hat. Der Reisende Hortsmann entdeckte 1749 am Rupununi Felsen mit Fi-

---

*) »Selbst die grossen, langen Strassen Asiens, wie die iranische Königsstrasse nach Indien, bleiben hinter ihr zurück. Sie ist nicht die einzige gewesen; wahrscheinlich sind von ihr mehrere Seitenwege abgegangen. Ueber den Paramo von Assuay in Quito geht sie mit ihren grossartigen Trümmern auf einer dem Montblanc gleichen Höhe. Längst der Strasse waren in gehöriger Entfernung Herbergen, Tempel und Festungen angelegt.« Braunschweig, die Denkmäler Amerika's. Berlin 1840.

guren oder, wie er portugiesisch sagt, *de varias letras* bedeckt; Schomburgk hat andere beschrieben, die er am Ufer des Essequibo bei der an solchen Gegenständen reichen Kaskade Waraputa gesehen und die viel Aehnlichkeit mit denen hatten, die ihm zu St. John, einer der Jungfraueninseln, zu Gesichte gekommen. Er schreibt sie den Caraiben zu, welchen Ursprung A. v. Humboldt nicht wahrscheinlich findet. Er könne nicht glauben, sagt er, dass der ganze ungeheuere Gürtel von Felsen mit eingehauenen Figuren und Charakteren, der einen grossen Theil Südamerika's von Westen nach Osten durchschneidet, das Werk dieses Volksstammes sei; er sehe darin die Spuren einer alten, den jetzigen Raçen vielleicht ganz fremden Civilisation. Selbst die Ehrfurcht, welche man überall gegen diese Monumente hege, sei ein Beweis, dass die heutigen Indianer von der Ausführung solcher Werke gar keinen Begriff hätten. »Noch mehr: Zwischen Encaramada und Caycara an den Ufern des Orinoko befinden sich diese hieroglyphischen Figuren häufig in bedeutender Höhe auf Felsenwällen, die jetzt nur mittelst ausserordentlich hoher Gerüste zugänglich sein würden.« Die Indianer behaupten, dass in den Tagen der grossen Gewässer ihre Väter in solcher Höhe auf Kanoes gefahren. Schomburgk hat mehrere der erwähnten Sculpturen copirt; sie sind nicht alle von derselben Art und mögen verschiedenen Zeitaltern und Geschlechtern, die hier ihre dunklen Spuren gelassen, angehören. Man findet eine solche Nachzeichnung S. 297 seiner unten in der Note citirten Reisebeschreibung. Es sind seltsame Charaktere; sie stellen keine Figuren von Menschen, Thieren oder anderen bekannten Gegenständen dar und können nichts Anderes, als bedeutsame Schriftzüge sein. In einigen Fällen erblickte der Reisende Figuren, welche menschliche Gestalten darzustellen schienen und mit einem Kopfputze versehen waren, der sich beträchtlich ausbreitete und einem Heiligenscheine nicht unähnlich war. Auf der Ilha de Pedra waren ungemein zahlreiche in harten Granit gearbeitete Gemälde-Inschriften zu sehen, welche Menschen, Vögel und andere Thiere darstellten. Auf einem grossen Block waren 13 menschliche Figuren in einer Linie aufgestellt, gleichsam als ob sie tanzten; am merkwürdigsten erschienen die Bilder zweier Fahrzeuge mit Segeln; das kleinere war ein Zweimaster, das grössere hatte viel Aehnlichkeit mit einer spanischen Galeone; sie sind S. 500 der Reisebeschreibung nachgezeichnet. »Ich habe solche Denkmale,« sagt Schomburgk, »in Guiana, wie überhaupt in dem nördlichen Theile von Südamerika, über eine Strecke von 700 Meilen in der Länge und 500 Meilen in der Breite verfolgt und hie und da über einen Flächenraum von 350,000 Quadratmeilen verbreitet gefunden *). Die Namen, welche die Eingebornen den Bilderfelsen geben, und welche bei Schomburgk *timeri, timehri, tamarumu* geschrieben sind, scheinen semitischen Ursprunges zu sein; denn die Formen *thimarah, thimorah, thimmur, thomer, thamar, thamrurim* drücken im Hebräischen, Arabischen und Talmudischen: Palme, Säule, aufgerichtete Säule, Wegweiser, Thurm, architektonische Verzierung aus **). Eine ähnliche Erscheinung, die zu vergleichen von grossem Interesse ist, nimmt man innerhalb der anderen Hemisphäre auf der Sinai-Halbinsel wahr. In allen Thälern derselben bis in die fernsten, entlegensten Winkel hin befinden sich auf den

---

*) Schomburgk's Reisen in Guiana und am Orinoko. Leipzig 1841. S. 183. 188. 212. 258. 399. 486 etc. Dazu die dieser Reisebeschreibung vorgedruckte Abhandlung A. v. Humboldt's S. 36 ff.

**) S. besonders Jerem. 37, 21.

Felswänden Inschriften, die einen speciellen Schriftcharakter haben, welchen man den sinaitischen nennt. Gestalt und Anordnung der einzelnen Buchstaben ist offenbar semitisch, dem phönizischen Schriftzuge nahe; die Sprache theilt aramäische und arabische Eigenthümlichkeiten. Den Inhalt bilden meist Anrufungen einer Gottheit und Grüsse an die Vorübergehenden; sie sind grösstentheils mit dem Namen des Urhebers versehen, keine ist datirt. Man hat sie mit grosser Sorgfalt tief in das harte Gestein eingemeisselt; daneben finden sich auch rohe Figuren von Bäumen, Thieren, Menschen. »Auf der ganzen Strecke des Wadi Feran,« sagt Brugsch*), »bis dahin, wo das Wadi Mokatteb sich in nördlicher Richtung abzweigt, lassen sich strichweise die mit Inschriften bedeckten Felsen und vereinzelt liegenden Felsblöcke deutlich verfolgen. Die Araber der Gegend geben ihnen die Benennung Gebel Hettatin, was etwa so viel bedeutet, als »bekritzelter Berg.« Bei den Türkisminen, welche Brugsch besuchte, befinden sich Steinblöcke und Felsen mit Inschriften altägyptischen Ursprunges. Es mehrt dies die in den nachstehenden Abhandlungen so vielfach bemerkte und aufgezeigte Analogie der altamerikanischen Dinge mit den semitischen und ägyptischen.

In der brasilianischen Reisebeschreibung von Spix und Martius**) sagt Letzterer: »Auf einem grossen, überhangenden Granitfelsen, nahe am Verlaufe der *Serra no Anastasio*, fand ich einige Reihen roher, seltsamer Zeichnungen, welche ohne Zweifel von den ehemaligen indianischen Bewohnern dieser Gegend herrühren. Sie bestehen in geraden und krummen Linien, Kreisen, Punkten und

---

*) Wanderung nach den Türkisminen und der Sinai-Halbinsel. Mit drei Tafeln sinaitischer Inschriften. Leipzig 1866.
**) Th. II. München 1828. S. 740.

Sternen, und scheinen, ihrer reihenweisen Anordnung gemäss, allerdings eine Bedeutung gehabt zu haben. Sie waren mit rother Farbe gezeichnet und waren, dem Ansehen nach, schon vor geraumer Zeit gemacht worden. Die Deutung möchte ich auf keine Weise wagen; doch wird der Leser, der ihre treue Copie im Atlas betrachtet, geneigt sein, darin nicht bloss das rohe gedankenlose Spiel einer ungeübten Hand zu erkennen, sondern die Annahme, dass irgend ein Gedanke zu Grunde liege, den der Verfertiger zu versinnbilden suchte, gerechtfertiget finden.« In einer Anmerkung *) wird hinzugefügt: »Manche dieser Figuren lassen sich allerdings mit gewissen Schriftzeichen, namentlich mit denen, welche in Sibirien gefunden wurden, und mit punischen vergleichen. Doch ist es wahrscheinlicher, dass sie ohne Buchstabenbedeutung bloss als allgemeinere Symbole zu betrachten seien. Bei all den zahlreichen Indianerstämmen, die ich in Brasilien kennen zu lernen Gelegenheit hatte, ist keine Spur von Schrift aufzufinden; auch wird die Sprache bei ihnen durch kein körperliches Zeichen vermittelt, welches sie allmälig auf eine Art von Schrift hinleiten könnte, wenn man nicht etwa den Gebrauch der Finger und Zehen bei ihren Zahlworten dafür annehmen will. Die Sculpturen auf Felsen, welche ich an den Ufern des Japura fand, zeigen einen höheren Bildungsgrad, als diesen an; wie hier ein gerader Strich, so liegt dort eine gebogene, an beiden Enden in eine Spirale endigende Linie zu Grunde« **). Wenn bei ben Indianerstämmen

---

*) Daselbst S. 752.
**) Sonst ist noch von diesen Monumenten im III. Theile des genannten Werkes S. 1154 und 1272 f. die Rede. Im Atlas: »Sculpturen auf Felsen.« S. 1272 wird ihnen ein Alter von vielen Jahrhunderten zugeschrieben. Jetzt ist auch

Brasiliens gegenwärtig so wenig zu finden ist, was auf eine Kunst und Gewohnheit zu schreiben deutet, so ist dies wohl nur wieder als ein Beweis zu betrachten, dass vor Zeiten andere, gebildetere Geschlechter in diesen Gegenden gewohnt und gewaltet haben, denen Schriftzüge und monumentale Darstellungen jener Art nicht so fremd gewesen.

Weiter finden sich unter den Indianern am Amazonenstrom und in Mato Grosso, wiewohl nur noch selten, Bildwerke von 2—8 Zoll Länge aus dem sogenannten Amazonenstein mit grosser Kunst geschnitten und polirt. Sie gehen als Schmucksachen und Amulete von einer Generation zur anderen; aber Niemand weiss, woher sie sind. Den Indianern ist es, ihren eigenen Bekenntnissen zu Folge, ganz unmöglich, dergleichen Bilder zu verfertigen*). Etwas ganz Besonderes sind gewisse zweideutige Gegenstände, von denen man nicht weiss, was man denken soll. Man liest bei Schomburgk, Hartsink und anderen solchen Schriftstellern von Felsen und Steinen, welche zwar, so wie sie sind, als blosse Naturwerke betrachtet werden, aber doch eine auffallende Aehnlichkeit mit Produkten menschlicher Kunst und Nachahmung haben. Man stösst in diesen Gegenden auf Gefelse, die nicht nur wie Wälle, Befestigungen, Ruinen aussehen, die auch z. B.

Martius, Ethnographie I. S. 571—576 zu sehen. Ausserdem vergl. *Spassky, de antiquis quibusdam sculpturis et inscriptionibus in Sibiria repertis.* Petrop. 1822. Und *Hunter, Memoirs of a captivity among the Indians of North America.* London 1823. Felsen mit Bildhauerarbeit bedeckt befinden sich in der Nähe des Flusses Mayales auf der Insel Ometepe im See Asasoska und bei dem See Massaya. *Echo du Monde savant* vom 19. Februar 1840.

*) Martius in der Cotta'schen Vierteljahrsschrift von 1839. Heft II. S. 264. Jetzt in dessen Ethnographie I. S. 34 f.

einer Reihe von Männern, einem Reh, einer Menschenhand, einer Urne gleichen. Auf dem Gipfel eines kleinen Hügels am Fusse des Pacaraima-Gebirges steht eine »natürliche Säule,« welche die Indianer mit einem Wort bezeichnen, das »gefällter Baumstamm« bedeutet. »Die regelmässige Form dieser Säule kann jeden, der sie in einiger Entfernung sieht, zu der Annahme verleiten, dass sie der Schaft eines gefällten Baumes sei.« Man findet bei Schomburgk eine Abbildung davon. Auf dem westlichen Ufer des Essequibo erheben sich zwei riesige Granitblöcke bis zu einer Höhe von 140—150 Fuss, von welchen besonders der eine sehr merkwürdig gestaltet ist. Auf einem ungeheueren Rollsteine ruht ein ovales Granitstück; dieses trägt ein anderes in Form eines Kruges; und dieses wird wieder von einem anderen bedeckt. Die Aehnlichkeit der beiden letzteren mit einem zugedeckten Wasserkrug ist so gross, dass sie von den Indianern Comuti oder Taquiare genannt werden, welche Wörter in der Sprache der Arawaaks und Caraiben »Wasserkrug« bedeuten *). Man ist hier versucht, an den ägyptischen Wasser- und Kruggott Canobus zu denken, und das um so mehr, da nach A. v. Humboldt **) *canopo* und *canepo* in der Sprache der Chaymas und Tamanaken Regen bedeutet; so wie auch die Indianer, mit welchen Gilii ***) am Orinoko verkehrte, die Regenzeit *canepo* nannten und von einem Regengotte dieses Namens sprachen, dessen Wohnung auf einem Berge über dem Dorfe Epcaramada sei. Bei Martius ****) findet sich:

---

*) Schomburgk's citirte Reisebeschreibung und desselben Beschreibung von Guiana.
**) Reise in die Aequinoctialgegenden des neuen Continentes II.
***) *Saggio di storia* etc. Rom 1782.
****) Ethnographie I. S. 360. Ueber die indianische Töpferei

Macuschi *cono*, Paravilhana *conupó*, Tamanaco *canepo*, Regen. Es lässt sich dazu vielleicht auch der Name des südamerikanischen Flusses Camopi gesellen, der in den Oyapoc fällt *).

Man kann sich ohne unmittelbare Anschauung und eigene Untersuchung dieser Gegenstände kein bestimmtes Urtheil darüber erlauben. Es ist jedoch schwer zu glauben,

---

und die, *camotim*, *camocy* genannten, indianischen Krüge das. S. 712.

*) Man erlaube uns bei dieser Gelegenheit gleich noch eine ähnliche Uebereinstimmung bemerklich zu machen. Herodot II, 128 berichtet: die Namen der ihnen verhassten Könige wollen die Aegyptier gar nicht aussprechen; nennen darum auch die Pyramiden derselben »die Pyramiden von Philition,« einem Hirten, der zur Zeit dieser Könige in der Gegend seine Heerden geweidet. Damit vergleiche man, was Quandt in seiner »Nachricht von Surinam und seinen Einwohnern« (Görlitz 1807. S. 291) von den Arawaken sagt: »Alle die Nationen, mit welchen sie keinen Frieden und keinen Verkehr haben, nennen sie *Paletiu*.« Eben so Martius, Ethnographie I. S. 689: Alle tiefer im Lande wohnenden Indianerhorden bezeichnen sie mit dem Ausdrucke: *Paletti* (männlich) und *Palettu* (weiblich), Plur. *Palettiju*, und betrachten sie meist als Feinde: *Palettiju kaima lukkunu umün*, wörtlich: »Fremde böse Aruac mit.« Sich selber nämlich nennen sie *lukku*, Plur. *lukkunu*, Menschen. Deutlichere Spuren eines, wenn auch übrigens noch so dunkeln und räthselhaften Zusammenhanges wird man nicht verlangen können. Eben so auffallend findet sich in Amerika der Name Aegyptier und zwar in der allgemeinen Bedeutung Mann; so bei den Macunis *icübtan*, Mann, *ecuptan*, hoch, wohl eigentlich eine ehrende Bezeichnung des menschlichen oder männlichen Geschlechtes überhaupt. S. Max. v. Neuwied und Martius, Ethnogr. II. S. 173 f. Mit Ibis vergl. *ipis* auf Cuba, Vogel etc.

dass auf diese Weise ganz nur Natur und Zufall gespielt und dem todten Gesteine so viele gleichsam nachahmende Gestalten von zum Theile auffallendster Art, wie jener einen Krug darstellende Granitblock ist, gegeben haben sollte; und es scheint nicht undenkbar zu sein, dass z. B. kolossale Statuen, vielleicht schon anfänglich nur roh gebildet, im Laufe der Jahrtausende durch elementarische Einwirkungen sich dermassen verändert hätten, dass man nun bloss seltsam gestaltete Felsen in ihnen zu sehen glaubt. Auf Haiti hat sich ein breiter Ring von Granitsteinen gefunden, in dessen Mitte ein grosser Steinblock »die schon unkenntliche Sculptur einer menschlichen Figur« trägt *).

Es kommen zu diesen problematischen Gegenständen die zum Theile ebenfalls sehr zweideutigen Pyramiden oder pyramidenförmigen Felsen und Berge, welche in Guiana und auf anderen Punkten des amerikanischen Continentes begegnen. So berichtet Hartsink**): »Nahe an der Mündung des Pararuma, am Orinoko gegen Süden, ist ein Fels von pyramidenförmiger Gestalt und bewundernswürdiger Höhe. Er hat unten fast eine halbe Meile im Umfange und zwei Zugänge zu seinem Gipfel, welche sehr steil und gefährlich sind. Dieser Fels, der, wie der Fluss, Pararuma heisst, scheint eher ein Werk der Kunst, als der Natur zu sein. Der Gipfel desselben, der in der Ferne sehr spitz erscheint, stellt eine schöne, länglich runde Ebene dar, die gleichsam mit einem Rande, einer Brustwehr von demselben Gesteine eingefasst und deren Oberfläche sehr fruchtbar ist; die Indianer haben hier einen Garten angelegt, der durch eine aus dem Felsen entspringende Quelle gewässert wird. Die Aussicht ist bewundernswürdig.« Der-

---

*) Martius, Ethnographie I. S. 758.
**) Beschryving van Guiana. Amsterdam 1770. Cap. 17.

selbe Schriftsteller beschreibt dann noch einen anderen Felsen der Art, der anderthalb Meilen im Umfange hat; die Missionäre hatten auf der Höhe zum Schutze gegen die Caraiben eine Festung angelegt. Er befindet sich ebenfalls an der Südseite des Orinoko, in welchen hier der Parvasi fällt; der Ort wird von den Eingebornen Marumaruta genannt. »Aus ächten Berichten«, wie er sagt, theilt Hartsink *) auch noch Folgendes mit. Pypersberg, ein Rath der Colonie Essequibo, fuhr 1746 in dem Flusse dieses Namens hoch hinauf und sah hiebei zwischen Bergen auf einer Ebene eine sehr hohe Pyramide von ungeheueren Steinen, die dem Ansehen nach vollkommen viereckig war und sich in eine Spitze endete. Er wollte sie näher in Augenschein nehmen; allein seine Indianer weigerten sich, mitzugehen, weil es eine Wohnung des von ihnen gefürchteten Jawahu sei**). »Es ist dies,« wird hinzugesetzt, »wohl noch ein Ueberbleibsel früherer Bewohner Guiana's, die cultivirter waren, als die jetzigen.« In Guiana befindet sich ferner der Ataraipufelsen, »eine natürliche Pyramide,« wie R. H. Schomburgk sagt, »die an Höhe und Grossartigkeit die ägyptischen, durch Menschenhand errichteten, bei Weitem übertrifft. Sie befindet sich auf dem westlichen Ufer des Guidaru unter 2^0 55' nördl. Breite; ihre Basis ist gegen 350 Fuss mit Laubholz bewachsen, von wo an sich eine von aller Vegetation entblösste Granitmasse in Pyramidenform bis zu einer Höhe von 550 Fuss erhebt.« Man sieht dieses »geologische Wunder« auf Schomburgk's Karte von brittisch Guiana durch

---

*) A. a. O. Cap. 22.

**) Jawahu, Jowahu, Jawahi, Jujewah, Yohewah sind Namensformen, mit welchen die Indianer sowohl in Nord-, wie in Südamerika Geist, Gott und Dämon bezeichnen. Man hat damit, wohl nicht mit Unrecht, wenn auch Unrichtiges daraus folgernd, den biblischen Gottesnamen Jehova verglichen.

eine pyramidale Figur angezeigt *). Ein anderer Berg der Art ist der von Altamira. »Dieser Ort«, heisst es in Orbigny's amerikanischem Reisewerke, »hat nichts Interessantes, als seinen isolirten Berg, der so gross, dass man nicht annehmen kann, er sei von Menschen gemacht, zugleich aber so vollkommen pyramidal, so regelmässig ist und so wenig geologische Aehnlichkeit mit dem umliegenden Boden hat, dass man ihn auch nicht der Natur zuschreiben kann. Sicherlich eines der grössten Wunder der Welt.« An einem anderen Orte **) steht zu lesen: »Einige Meilen von der kleinen Stadt Altamira entfernt, erhebt sich mitten auf einem dürren Boden ein einsam stehender Berg, dessen Gipfel sich in den Wolken verliert. Da er eine durchaus pyramidale Gestalt hat, so haben ihn Manche für ein durch Menschenhände gemachtes Werk gehalten. Nach der Sage der Indianer ist er von Riesen aufgethürmt. Jedenfalls ist derselbe zu den eigenthümlichsten Erscheinungen auf Erden zu rechnen.« Es ist wirklich schwer, sich hiebei des Gedankens an die Giganten der Alten, die Riesen der Bibel, und den himmelanstrebenden babylonischen Thurm zu enthalten; und in keinen Welttheil passen diese uralten Vorstellungen und Ueberlieferungen besser hin, als in den amerikanischen. Baron J. W. von Müller hat den Cerro Montezuma oder Moctecuzoma, wie ihn die Eingebornen nennen, besucht und gefunden, dass dieser Berg mit einer relativen Höhe von 2000 Fuss eine ungeheuere Pyramide gewesen, auf deren Spitze ein Heiligthum stand und zu welcher die

---

*) Rob. Herm. Schomburgk, Beschreibung von britisch Guiana nebst Karte. Magdeburg 1841. S. 10.

**) Tamaulipas. Nach Th. Glennic. Ausland 1845. Nr. 201. S. 803.

des Cheops mit einer Höhe von etwa 500 Fuss, sich wie ein Zwerg zu einem Riesen verhält *). Isidor Löwenstein entdeckte in Remedios, ohngefähr 7 Meilen westlich von Mexico, einen Berg, der einer Pyramide glich, in Stockwerke abgetheilt war und auf seinem Gipfel die Ruinen eines Schlosses trug **) u. s. f.

Wenn man nun diese Gegenstände zusammen in vergleichende und erwägende Betrachtung zieht, so wird man kaum zweifeln können, dass sie sämmtlich menschlichen Ursprunges, und dass die Merkmale dieses Ursprunges bei manchen derselben nur durch die Länge der Zeit minder kennbar geworden seien. Man kann solche Werke keinem der Zeit nach nicht sehr entfernten Geschlechte zutrauen; sie können nicht von den vorgefundenen Raçen und Nationen herrühren, es müssten denn dieselben vor Zeiten von ganz anderer Beschaffenheit gewesen sein und im Laufe der Jahrtausende ihre ehemalige titanische Kraft und Grösse bis zum Verkommen eingebüsst haben.

Es werden noch anders geformte Berge und Felsen gefunden. So beschreibt Gilii ***) einen Berg am Auwanaflusse, welcher viereckig, in der Mitte wie ein Fenster durchlöchert und oben so eben ist, dass man eine Festung darauf anlegen könnte. Seine Lage ist von der Art, dass man ihn, an den Ufern jenes Flusses reisend, fast immer, bald von dieser, bald von jener Seite vor Augen hat. Auch dieser Berg möchte nicht reines Naturproduct sein und in alten

---

*) Reisen in den vereinigten Staaten, Canada und Mexico von Baron v. Müller. Dazu: Allgemeine Zeitung vom 13. April 1865. Beilage S. 1675.

**) Löwenstein's Reise durch Mexico etc. 1838—39. Ausland. 3. April 1840. Nr. 94. S. 375.

***) In dem citirten Werke.

Zeiten eine zweckdienliche Bestimmung gehabt, vielleicht in der That eine Feste getragen haben.

Amerika ist eine ungeheuere Sphinx, die uns, trotz der überraschendsten Aehnlichkeiten, der unzweifelhaftesten Zusammenhänge im Einzelnen, doch im Ganzen mit einem völlig fremden Gesichte anblickt. So findet sich in Nordamerika, namentlich in dem Staate Wisconsin, eine ganz eigene, sonst beispiellose Art von Bilderschrift und monumentaler Darstellungsweise. Es sind Dammwerke, deren eingeschlossene Flächenräume Menschen- und Thierfiguren *) formiren. Sie kommen in Gemeinschaft, mit anderen, rechteckigen oder kegelförmigen Mounds sehr zahlreich auf den Prairieen des Landes vor und bilden zum Theile Reihen oder Gruppen von beträchtlicher Ausdehnung. Man kann in ihren Umrissen die ohngefähre Gestalt von Mensch, Büffel, Bär, Schildkröte, Eidechse, Frosch etc. erkennen. Sie enthalten, wie Nachgrabungen gezeigt haben, keine Menschengebeine und keine Kunstgegenstände; man weiss nicht, was man hier eigentlich vor sich hat; man kann, was die sonst bekannten Dinge betrifft, nur etwa die meist dem Thierreiche entnommenen Embleme (Wappen) der Indianer, Totems geheissen, in Vergleichung bringen **). Ein Erdwerk von ganz besonderer Merkwürdigkeit und Räthselhaftigkeit ist jenes in Ohio, das unter dem Namen: »die grosse Schlange« bekannt. Es liegt auf einem halbmondförmigen Hügel und hat die deutlich ausgeprägte Gestalt eines sich windenden Schlangenungeheuers, welches den Rachen öffnet, um einen ovalen Gegenstand entweder von sich zu geben oder einzuschlingen. Es würde in gerader Linie über

---

*) *Animal-shaped mounds* nach Squier.
**) Carl Rau in der Zeitschrift »die Natur« vom 9. Mai 1862.

1000 Fuss messen. Der den Körper formirende, sehr regelmässige Damm ist über 5 Fuss hoch und an der Basis 30 Fuss breit. Die ovale Figur wird durch einen 4 Fuss hohen Damm gebildet; in der Mitte befand sich früher eine runde Erhöhung, aus grossen Steinen bestehend, worauf sich starke Spuren von Feuer bemerklich machten. Es war vermuthlich ein Altar, und das Ganze ein Cultusort, seiner Form nach durch einen altamerikanischen **Schlangendienst** begründet. Es ist zu fürchten, dass man hier Menschen opferte — man denke an den grässlichen mexicanischen Opferdienst! — und das Schlangenbild sperrte vielleicht den Rachen desshalb auf, um die dem Dämon dargebrachten Opfer einzuschlingen *).

Einbalsamirung und Mumisirung der Leichen ist in Chili **), Peru ***), Mexico ****), Cariari †), bei den Apala-

---

*) In Mexico war ein Tempel, dessen Eingang den Rachen einer ungeheueren, mit Fangzähnen bewaffneten Schlange darstellte — ohngefähr also, wie bei uns auf alten Bildwerken der gräuliche Höllenrachen veranschaulicht wird. Clavigero, Gesch. von Mexico B. VI. Cap. 11. — Eine jene räthselhaften Werke betreffende Abhandlung ist von dem Ingenieur Lapham geliefert und durch das Smithson'sche Institut zu Washington publicirt worden.

**) Barläus, Brasilianische Geschichte S. 751.

***) Garilasso de la Vega sah 1560 die balsamirten Leichen des Jnca Viracocha und seiner Gemahlin, die so vollkommen erhalten waren, dass ihnen nur das Leben zu mangeln schien.

****) »Der Morning Herald von Kingston in Jamaika« bestätigt die Entdeckung einer Million Mumien in Mexico in der Umgegend von Durango. Die Mumien haben eine sitzende Stellung, tragen aber die Binden, Hüllen und Zierrathen der Aegyptier. Man hat darunter einen Dolch aus Kiesel, Halsketten, Rosenkränze, Knochenfragmente, die wie Elfenbein polirt sind, elastische Gewebe, Mocassins, wie sie unsere Indianer tragen, Schlan-

chiten in Florida, ja selbst auf dem Archipel der aleutischen Inseln, welcher sich in einem Bogen von Alaschka in Amerika nach Kamtschatka in Asien zieht *), gefunden worden — zum deutlichen Beweise, dass sich eine alterthümliche Cultur selbst bis in diese nördlichen Gegenden erstreckt hat und hier wahrscheinlich ein Culturweg von einem Continente zum andern gegangen, sei es von Asien nach Amerika, oder, wie uns viel glaublicher ist, vielmehr umgekehrt von Amerika nach Asien und Afrika. »Die Höhle von Ataruipe,« sagt A. v. Humboldt **), »ist eigentlich ein Gewölbe, eine weit überhangende Klippe, eine Bucht, welche die Wasser ausgewaschen, als sie einst diese Höhe erreichten. Diese Höhle ist die Gruft eines vertilgten Volksstammes. Wir

---

genreste etc. gefunden. Andere Ueberbleibsel steigen in die ältesten Zeiten hinauf und beweisen unwiderstehlich, dass die Vorfahren Montezuma's vom Nil herstammen, und dass ihre Civilisation durch asiatische Tartarenhorden, die vom Norden herabkamen, vernichtet worden ist.« *Echo du Monde Savant* vom 15. Aug. 1840. Was in solchen Fällen, auch bei den frappantesten Aehnlichkeiten, als bewiesen gelten kann, ist bloss so viel, dass irgend ein Zusammenhang stattfindet. Dabei bleibt man aber nicht stehen, sondern ist sogleich mit der Behauptung einer Herkunft aus der sogen. alten Welt bei der Hand. Dass auch das Umgekehrte möglich, pflegt man sich gar nicht vorzustellen. Wir werden auf diesen Punkt unten näher zu sprechen kommen.

†) Columbus sah 1502 zu Cariari auf der Küste des Festlandes einbalsimirte Leichname und Gräber mit Schnitzwerk, Malerei und Darstellung von Thieren geziert.

*) Orbigny in seinem amerikanischen Reisewerk. Aleutische Mütter pflegen die balsamirten Leichen ihrer Kinder noch lange bei sich zu behalten.

**) In seinen »Ansichten der Natur.« Dazu Martius, Ethnogr. I. S. 636.

zählten ohngefähr 600 Skelette in eben so vielen Körben, die von den Stielen des Palmbaumes geflochten. Die Knochen sind theils gebleicht, theils roth gefärbt, theils mumienartig zwischen wohlriechendem Harze in Pisangblätter eingeknetet. Neben den Körben findet man auch Urnen von halbgebranntem Thon, welche die Knochen von ganzen Familien zu enthalten scheinen. Die grösseren derselben sind 3 Fuss hoch und 5½ Fuss lang, von angenehmer ovaler Form, grünlich mit Henkeln in Gestalt von Schlangen und Krokodilen, an dem oberen Rande mit Mäandern und Labyrinthen geschmückt, Verzierungen, die denen ganz ähnlich sind, welche die Wände des mexicanischen Palastes bei Mitla bedecken.« Es kann dies an die Höhle Makpela erinnern, welche Abraham zum Begräbnissorte für sich und die Seinigen mit so grosser Förmlichkeit von den Hethitern ersteht, wohin dann auch Joseph die balsamirte Leiche seines Vaters Jakob bringt *). »Merkwürdige Reste untergegangener Cultur«, wie derselbe grosse Reisende berichtet **), »sind auch die mit zierlichen Labyrinthen geschmückten Granitgefässe, so wie die irdenen, den römischen ähnlichen, Masken, welche man an der Mosquito-Küste unter wilden Indianern entdeckt hat. Alterthumsforscher erstaunen über die Aehnlichkeit dieser *à la grecs* mit denen, welche den Palast von Mitla bei Oaxaca in Neuspanien zieren.«

Einigen der vorkommenden, zum Theile bereits vor unseren Augen dahingeschwundenen und nur noch historisch bekannten Völkerstämmen Nordamerika's ist, wie es scheint, mitsammt ihren eigenthümlichen Einrichtungen, Gebräuchen, Traditionen und Vorstellungen, ein erstaunlich hohes Alter zuzuschreiben. »Die Irokesen,« sagt Roth im Anhange zu

---

*) 1. Mos. 23, 3 ff. Cap. 49, 29 ff. Cap. 50, 7 ff.
**) Humboldt im I. Bande des citirten Werkes.

Shea's Missionsgeschichte *), »sollen im Besitze einer grossartigen, in's höchste Alterthum zurückreichenden Chronologie sein.« . . . . . . »Ihre Bundesgenossenschaft ist so alt, dass die Geschichte sich ausser Stand sieht, ihren Ursprung abzuleiten; eben so alt ist der fünf Bundesglieder Unterabtheilung in die drei Sippen oder Familien von Schildkröte, Wolf und Bär, deren Totems (Wappen, Symbole) die Chefs derselben jeder öffentlichen Urkunde beisetzen. Jeder Stamm ist eine unabhängige Republik, in stark befestigten Dörfern wohnend; ihr Pallisadenwerk war in alten Zeiten oft dreifach mit Bastionen versehen, ihre Wohnungen waren geschmückt mit Figuren in Relief« etc. Diese Eintheilung war auch eine besondere Einrichtung der Dorier, die desshalb τριχαικες hiessen **). Der in mehr als einer Hinsicht eigenthümliche und merkwürdige, zur Zeit verschwundene Mandanerstamm hatte ein sonderbares, von Catlin beschriebenes Fest, welches sich ganz speciell, sogar mit Darstellung einer Arche ***), auf die Fluth bezog, die wir die Sündfluth zu nennen pflegen, so wie es nur in frischester Erinnerung an das ungeheuere Ereigniss und in dadurch noch erregtester Seelenstimmung und Gemüthserschütterung entstehen konnte ****) — woraus man das Alter dieses Festes und dieses Stammes ermessen möge! Ein wundersamer Umstand ist auch dieser, dass viele von diesen Mandanern jedes Alters und Geschlechtes **silbergraues, fast weisses Haar** gehabt, so dass unter 10—12 Individuen etwa eines diese Erscheinung darbot. Prinz von Neuwied sagt, dass es unter diesen Indianern, wie auch unter den

---

*) Würzburg bei Etlinger S. 600. 643.
**) Ottfr. Müller, Dorier. Breslau 1844. S. 31.
***) Man hat sie »die mandanische Arche« genannt.
****) Es wird in den Vorlesungen näher davon die Rede sein.

Schwarzfüssen, ganze Familien mit grauem Haare gebe. Nicht Krankheit war die Ursache; es verband sich auch keine besondere Schwäche damit. Der Menschenstamm, die Nation war hier ein Greis; und dies drückte sich durch die selbst schon bei der Jugend auftretende greise Färbung des Haares aus*). Amerika stellt sich uns in diesen Beziehungen als der schauerlich-trübselige Leichenacker einer theils lange schon vertilgten, theils noch im Verscheiden begriffenen Menschheit dar, welchen Eindruck es auf alle sinnige Reisende und Forscher macht, die sich mit seiner Urbevölkerung und seinen Alterthümern berühren und beschäftigen. In dem brasilianischen Reisewerke von Spix und Martius **) ist von dem Landstriche zwischen dem untersten Theile des Madeira und des Puruz die Rede. »Diese dichtbewaldeten Niederungen«, so heisst es daselbst, »waren zur Zeit Acuñas von den Zurinas und Caripunas, die Inseln an den Mündungen des Puruz von den mächtigen Cuchiuaras bewohnt. Alle diese Horden sind jetzt spurlos verschwunden; wild und unwirthlich hängt der Wald über den Strom herein und deckt die Stätte untergegangener Geschlechter.«

Es sind in Amerika auch Spuren und Reste längst ausgestorbener und veralteter Sprachen vorhanden, namentlich beim Cultus. Zu Cholula, wo sich die dem Quetzalcoatl geweihte grosse Pyramide befand, wurden, wie P. Pedro de los Rios um 1566 berichtet, heilige Tänze aufgeführt und Lieder gesungen, worin Wörter vorkamen, die man nicht mehr verstand, wie z. B. *talanian hululaez* ***) — so wie

---

*) Vergl. Catlin, die Indianer Nordamerikas. Deutsch von Berghaus. Brüssel, Leipzig und Gent 1851.
**) Th. III. S. 1137.
***) Humboldt, *Vues des Cordill.* p. 24.

wir in unserem Gottesdienste hebräische, griechische, lateinische Ausdrücke haben, deren Ursprung und eigentliche Bedeutung wenigstens dem gemeinen Manne dunkel und unbekannt ist (Amen, Alleluja, Kyrie Eleison etc.) *).

Dürfte man sich auf die Nachrichten verlassen, welche Ribeiro de Sampaio **) von den Passé's, einer zur Zeit ebenfalls verschwindenden Nation in Brasilien, giebt, so hätten dieselben astronomische Ansichten gehabt, die auf eine vormalige wissenschaftliche Cultur von kaum glaublicher Höhe zurückdeuten würde. »Ihrer Meinung nach steht die Sonne fest und die Erde bewegt sich um dieselbe; sie huldigen also dem, 300 Jahre vor Christus von den Pythagoräern, dann von Philolaos, Aristarchos und Kleanthes gelehrten, von dem Cardinal von Cusa erneuerten und endlich von Copernicus entwickeltem Systeme. Sie nennen die Flüsse und Bäche die Arterien und Venen der Erde; und sagen, dieselbe bewege sich, damit jeder ihrer Theile von der Sonnenwärme befruchtet werde« u. s. w. Davon wollen zwar andere Reisende Nichts bemerkt haben; aber so viel ist richtig, dass diese Passé's ein sehr ausgezeichneter Indianerstamm sind. Es wird ihr friedfertiges, fleissiges, der Civilisation zugängliches Naturell und ihre schöne Körperbildung gepriesen. Die Hautfarbe ist nicht kupferroth und nicht gelblich, sondern der der südeuropäischen Völker ähnlich. »Noch mehr fällt der feinere Gliederbau, die Ebenmässigkeit, Schlankheit und Grösse des ganzen Körpers auf; die Gesichtszüge sind fein ausgeprägt, die Augen freien Blickes, von

---

*) Ueber eine liturgische Sprache der Sandwichs-Insulaner spricht Chamisso, Reise II. S. 76 f. »Sie ist eine eigene, von der jetzt gesprochenen abweichende, die der gemeine Mann nicht versteht« etc.

**) *Diario de Viayem etc.* Lisb. 1825. §. 256.

feinem Schnitt und nicht schräg nach aussen gezogen, die Nase gerade absteigend, schmal, spitzig, sogar etwas gewölbt, der Mund enge, mit dünneren, nicht wulstigen Lippen.« Bei Beschreibung ihrer Tänze ist von der »Ebenmässigkeit ihrer Gestalt die Rede, welche nicht selten mit den reinsten Formen der Antike wetteifert.« Doch man muss die ganze, höchst interessante Schilderung lesen, welche H. v. Martius in seinem vortrefflichen ethnographischen Werke *) von dieser Nation liefert, die in ihre völkerschaftliche Umgebung so wenig passt und wie der versprengte Rest eines in tiefes, dunkles Alterthum zurückreichenden Menschenstammes von edlerem Typus, milderem, menschlicherem Wesen und verhältnissmässig grosser Cultur erscheint. Wenn sich diese Passé's in anderer Hinsicht gleichwohl als vollkommene Indianer darstellen und dieselben eigenthümlichen Gebräuche, wie die anderen haben, so ergiebt sich daraus, dass man hier von keiner Einwanderung und Einmischung aus anderen Welttheilen her zu träumen, dies Volk vielmehr als ein dem amerikanischen ebenfalls ureigenes zu betrachten hat. —

In dem Grade nun regt hier Alles unser Befremden und Erstaunen an und erweckt in uns die Ahnung einer unbekannten, in Vergessenheit gesunkenen Weltgeschichte. In dem Continente, den wir bewohnen und den wir den alten nennen, was er freilich für uns, aber nicht an sich ist, lässt sich ein culturgeschichtlicher Prozess erkennen, der in aufwärtsgehender Richtung, trotz mancher Unterbrechung und manches Zurücksinkens in barbarischere Zustände, doch im Ganzen seinen stetigen Fortgang gehabt und noch hat. In Amerika zeigt sich das Umgekehrte. Hier ist der Gang der Dinge seit unbestimmbar alten Zeiten, sowohl was Cultur,

---

*) Th. I. S. 505 ff.

als was Lebenskraft und Lebensfrische betrifft, ein offenbar abwärts gehender, trotzdem, dass theilweise, wie in Peru und Mexiko der Fall war, Wiedererhebungen und Erneuerungen vorzeitlicher Herrlichkeiten Statt gefunden haben. Dem anfangenden allgemeinen Sinken der amerikanischen Menschheit müssen Zeiten und Formen der Entwicklung und Erhebung bis zu dem Gipfel, der hier einst erreicht wurde, vorausgegangen sein. Selbst die zweite dieser Perioden, die abwärts gehende, ist uns nicht völlig bekannt; noch weniger die erste, die aufsteigende mit ihrer erreichten Gipfelhöhe und vollkräftigen Blüthenzeit.

Und über all das giebt uns das Buch der Bücher, wie wir es herkömmlicher Weise zu fassen und zu benützen pflegen, nicht den geringsten Aufschluss, so dass wir ganz nur auf das Studium des räthselhaften Welttheils mit seinen Antiquitäten und seinen verschwundenen oder verschwindenden Urgeschlechtern angewiesen sind *) — ein Studium, welches, wenn auch noch so eifrig und tüchtig betrieben, der Hauptsache nach so wenig unsere Wissbegierde befriedigt, ja die zu lösenden Räthsel nur noch unlösbarer erscheinen lässt, wie es denn unsere Amerikanisten auch selber offen zugestehen. »Ueber der früheren Geschichte Amerika's,« sagt Carl Rau **), »ruht ein Schleier, den kein Sterblicher zu lüften vermag.« Was die vor Allem interessante, daher auch vordem so angelegentlich und vielfach behandelte Frage über Ursprung und Abstammung der amerikanischen Ureinwohner betrifft, so stehen die Dinge neuestens so, dass man

---

*) Das Nämliche findet hinsichtlich Oceaniens Statt, welchen Welttheil wir in diesen Darstellungen als gewissermassen identisch betrachten.
**) Ueber die amerikanischen Alterthümer in der Zeitschrift: Die Natur. 1862. S. 208.

dieselbe für nutzlos, »improfitable«, erklärt *). Friedrich v. Hellwald **) sagt: »Die Ursachen zu ermitteln, welche sowohl dies- als jenseits des Oceans das Wandern der Völker veranlassten, ist bisher noch nicht gelungen.« Am Ende seiner Schrift äussert der gelehrte Verfasser: er müsse das »traurige« Geständniss ablegen, dass uns bei dieser Erscheinung (der von ihm nach allen Richtungen hin verfolgten amerikanischen Völkerwanderung) mehr Dunkel als Licht entgegentrete. Das sind die Stimmen, die sich nach so vielen mühsamen Untersuchungen und Leistungen aller Art in den letzten Jahren vernehmen lassen.

Wie nun, wenn sich die Sache in Folge einer gewissen Idee und Einsicht ganz anders gestaltete; wenn die h. Schrift von jenen Welttheilen sehr viel wüsste und sagte; wenn die ganze uralte Geschichte Amerika's und der damit zusammenhängenden oceanischen Inselwelt, ohne dass wir es bis jetzt gemerkt, darin enthalten wäre; wenn andererseits eben so sehr jene Welttheile, in dem Grade, als wir sie näher kennen gelernt, und noch fernerhin kennen lernen werden, das heilige Buch erläuterten und in's Licht setzten, so dass zu gleicher Zeit die beiderseitigen Dunkel erhellt und eine ganz neue, bis jetzt noch nicht geahnte Geschichte des höheren Alterthums, nicht nur, was jene Welttheile insbesondere, sondern zugleich, was die ganze Menschheit betrifft, in der überraschendsten Weise zur Anschauung käme? —

Es war vordem und ist zum Theil noch jetzt eine Art von wissenschaftlichem Dogma, es müsse Alles, was die

---

*) Allgem. Zeitung vom 26. Mai 1867. Nr. 146. S. 2387. Schon A. v. Humboldt hat darüber den Stab gebrochen; s. dessen kritische Untersuchungen etc., übers. von Ideler I. S. 335. —

**) A. a. O. S. 335.

menschliche Geschichte betrifft, von Asien ausgegangen sein. Die neuentdeckten Welttheile konnten hiernach nur von irgend einem Orte und Volke der »alten Welt« oder von mehreren daselbst befindlichen aus mit Menschen, ja selbst mit Thieren versehen und colonisirt worden sein. Und so wurde denn eine Menge von Vermuthungen und Hypothesen vorgebracht, von denen einige in der That grossen Anschein von Wahrheit hatten, und noch immer haben, sofern nämlich entsprechende Dinge, namentlich Bau- und Bildwerke, Sitten und Gebräuche, auf beiden Seiten in zum Theil sehr evidenter Weise verglichen und zu Gunsten der behaupteten Ableitung geltend gemacht wurden *). Gewisse Zusammenhänge sind hier nicht wohl abzulehnen; sie drängen sich, wenn auch noch so oft abgewiesen, immer auf's Neue hervor. Aber die Aufsteller solcher Meinungen bedachten nicht, dass die Art des Zusammenhanges eine ganz andere, als die von ihnen angenommene sein, und dass die dies- und jenseitigen Völker, Länder, Culturen, Architekturen, Bildwerke, Sitten und Gebräuche, die man in Verbindung brachte, in Hinsicht der Primitivität und Originalität, der Entstehungsorte und ersten Wohnsitze auch ein umgekehrtes Verhältniss zu einander haben könnten **). — Eine zweite, modernere, mit jener in schroffem Gegensatze stehende Ansicht ist die autochtonische, die, alle Einwanderungstheorie und Ableitung von anderen Welttheilen her abwehrend, die amerika-

---

*) S. hierüber Vater's Untersuchungen über Amerika's Bevölkerung aus dem alten Continent. Leipzig 1810. Hellwald, die amerikanische Völkerwanderung. Wien 1866. S. 3 f. die Note mit den literarischen Angaben.

**) So was die in Amerika bemerklichen Aehnlichkeiten und Zusammenstimmungen mit japanischen, chinesischen, indischen, babylonischen, ägyptischen, hebräischen, irischen, walesischen Dingen betrifft.

nische Menschheit für selbstständig, in ihrem Continente selbst entstanden und daselbst von Anfang an einheimisch gehalten haben will. Diese ist zerreissender Art und hebt die Einheit des Menschengeschlechtes auf, die sich jetzt, der Darwin'schen Theorie gemäss, auch naturwissenschaftlich sehr wohl denken lässt*). Sie nimmt auf die, auch von so grossen und besonnenen Forschern, wie A. v. Humboldt war **), aufgezeigten culturgeschichtlichen Zusammenhänge beider Continente keine Rücksicht und will solche nicht gel-

---

*) »Augenblicklich,« sagt Kaulen (Sprachverwirrung zu Babel. Mainz 1861 S. 201) »ist in der Naturwissenschaft eine Hypothese zur Geltung gelangt, die der Stammeinheit aller Menschen so günstig als möglich ist; es ist die von Darwin aufgestellte Theorie, wonach alle Arten der lebenden Geschöpfe bloss stabil gewordene Spielarten ausgestorbener Urarten sind. S. den Aufsatz: Ursprung und Verschiedenheit der Menschenraçen. Ausland 1860. Nr. 17. S. 391. Wenn nach dieser Theorie wenigstens die Möglichkeit gelehrt wird, dass Säugethiere und Vögel von einer Urart stammen, so kann die Herkunft aller Menschen von einem zwischen den Extremen die Mitte haltenden braunen oder rothen Geschlecht nicht bezweifelt werden.« Auch auf den letzteren Grund hin kann die amerikanische Raçe Anspruch auf höchstes Alterthum machen.

**) Derselbe hat erklärt, dass er einen alten Verkehr zwischen Westamerikanern und Ostasiaten für mehr als wahrscheinlich halte. S. dessen Ansichten der Natur und *Vues des Cordillères et monuments des peuples indigènes de l'Amerique* Paris 1816. Ein solcher Verkehr ist übrigens auch denkbar, wenn die Uramerikaner autochthonische Produkte ihres Welttheiles gewesen sein sollten. Man hat eine bevölkernde und eine civilisatorische Einwanderungstheorie unterschieden, welche letztere sich, wenn sie will, zum Autochthonismus schlagen, die Frage nach der ältesten Bevölkerung Amerika's und deren Ursprung auch ganz umgehen kann.

ten lassen. Mit den biblischen Darstellungen und den entsprechenden kirchlichen Anschauungen endlich steht sie im härtesten Widerspruch und ist so in verschiedener Rücksicht von der bedenklichsten Art. — Es bleibt eine dritte Behandlung des Problemes übrig, die bis jetzt noch die wenigsten Gläubigen und Vertreter zählt, der aber, wie wir fest überzeugt sind, die wissenschaftliche Zukunft gehört. Diese stellt den Satz auf: dass es eine Zeit gegeben, wo die sogenannte neue Welt vielmehr die alte, die sogenannte alte Welt dagegen die neue gewesen, in welche Letztere sich, auf dringende Anlässe hin, die Völker der Ersteren mit ihren damaligen Culturen und Barbareien ergossen, in Asien, Afrika, Europa ihre Wohnsitze genommen, dahin auch — wie jetzt umgekehrt geschieht — ihre alten Stamm-, Länder- und Städtenamen übergetragen und daselbst ihre Geschichte energisch fortgesetzt, während das, was davon in Amerika zurückblieb, vom allgemeinen, welthistorischen Entwicklungsprozesse abgeschnitten wurde und keiner neuen, bedeutsamen Entfaltung und Blüthe mehr fähig war und ist. Hier bleiben die entdeckten oder noch zu entdeckenden Analogieen, welche auf einen genealogischen und culturgeschichtlichen Zusammenhang der beiderseitigen Continente deuten, in ihrer vollen Geltung und Bedeutsamkeit. Nur die Bestimmung der Ursprünglichkeit und des örtlichen Anfangs und Ausganges, die bisher auf die Seite des asiatisch-afrikanisch-europäischen Länder- und Völkercomplexes gefallen, wird eine andere, nämlich umgekehrte, indem nun vielmehr Amerika dafür in Anspruch genommen wird und die sogenannte »alte Welt« eine secundäre, im Prozesse der Fortentwicklung jedoch um so vorzüglichere Rolle zu spielen bekommt. Mit den biblischen Darstellungen urgeschichtlicher Dinge tritt diese Ansicht in kein oppositionelles Verhältniss; sie ist die dem heiligen Buche im Gegentheile entsprechendste und befreit dasselbe zum Vortheile seines Ansehens und seiner Brauchbarkeit von einer Menge scheinbarer Widersprüche mit den geographisch-historischen Thatbeständen, kritisch angreifbaren Punkten und wissenschaftlichen Undenkbarkeiten. Freilich ist es hiebei nöthig, die urgeschichtlichen Relationen desselben, in Hinsicht der betreffenden Oertlichkeiten, ganz anders zu verstehen, als jetzt, wo man z. B. in den mosaischen Büchern einen gar nicht näher bezeichneten Strom willkürlich für den Nil nimmt, ja durch »Nil« übersetzt, und namentlich anzunehmen, dass die Bibel bis zu einem gewissen Zeitraume hin, wo Asien an die Reihe kommt, nicht von den Ländern und Völkern unserer Hemisphäre, sondern von denen der fernen Welttheile spreche, von welchen sie so gar Nichts zu wissen und zu melden scheint. Der Sache selbst wird keine Gewalt angethan.

Eben so, wie mit den Relationen der hebräischen Ueberlieferung wird dann auch mit den aus ältester Zeit übrigen Erinnerungen und Sagen anderer Volksstämme und Nationen, wie z. B. der Indier, Babylonier, Perser, Aegyptier, Griechen, Germanen, zu verfahren sein. Was bei uns in Asien, Africa, Europa nicht passen will und hier nur ein ewig in der Luft schwebender Mythus bleibt, das wird dort in der jenseitigen Erdregion Heimath und Boden gewinnen; man wird Resultate der noch ungeahntesten Art erhalten, und es wird eine ganz neue Geschichtsanschauung und Historie, die allen bisherigen Räthselfragen, Dunkelheiten und Wirren mit einem Male ein Ende macht, ihren Anfang nehmen.

Ein amerikanischer Gelehrter, Dr. George Brown aus Philadelphia, der vor Kurzem, ohne seine Gedanken und Wahrnehmungen als ausgearbeitetes literarisches Produkt hinterlassen zu können, vom Schauplatze getreten, hat, auf vieljährige Studien gestützt, diesen Weg eingeschlagen, sich vom Jahre 1838 an, wo zuerst etwas davon in einer damals bestehenden, jetzt eingegangenen Zeitschrift verlautete, mit Gestaltung seines Systemes beschäftigt, vor einem kleinen, aber auserlesenen Publicum eine Reihe von Vorträgen über die in Rede stehenden Dinge gehalten, auch ein grosses umfassendes Werk darüber angelegt, doch nicht zu Stande gebracht. Bei seinem Aufenthalte in Deutschland hat er sich mit dem Schreiber dieser Zeilen berührt; eine vertraute Freundschaft und eine nicht nur die Hauptpunkte, sondern auch die meisten Einzelheiten betreffende Verständigung war die Folge davon. Und so hat er bei seinem Tode verordnet, dass mir seine Papiere überliefert würden, und mir die Befugniss und der Auftrag gegeben, daraus so viel, als thunlich, zum Behufe der Publication zu entnehmen; auch, wo es nöthig und zweckmässig sein würde, Ergänzungen, Ausführungen, Bemerkungen, Citate selbstthätig hinzuzufügen. Und so werde ich nun zuvörderst seine sieben ersten, von ihm in druckbarer Weise zu Papier gebrachten Vorlesungen, in denen sich die begründenden und übersichtlichen Darstellungen finden, nebst einer Reihe von Beilagen, die meist ebenfalls aus seinen Papieren geschöpft, dann ein paar für sich gestellte Abhandlungen, namentlich eine solche über den israelitischen Wanderzug, wozu eine Schrift von Radenhausen den Anlass gegeben, zur Vorlage bringen — so die Probe machend, wie sich die deutsche und europäische Gelehrtenwelt zu dieser Art von Auffassung stellen werde. Ist das System meines verewigten Freundes keine Chimäre, wofür ich, der Gleichdenkende, es nicht halten kann; und erringt es sich, wenn auch erst allmählich die Anerkennung, die es in solchem Falle in Anspruch nehmen darf, so steht eine wesentliche Umgestaltung unserer gesammten das höhere Alterthum betreffenden Anschauungen bevor. Stellt sich dasselbe zuvörderst auch nur als Hypothese dar, so erklärt es doch Alles mit grosser Leichtigkeit und stellt einen einleuchtenden Zusammenhang her; und das sind Eigenschaften, vermöge deren eine Ansicht der Art die Aufnahme in den Tempel der Wissenschaft wohl erwarten darf; denn welcher ächte Wahrheitsfreund wird, nur um bei'm Hergebrachten stehen zu bleiben, einem neu aufgehenden Lichte das alte Dunkel und Wirrsal vorziehen? — Sollte man diesem Systeme, wie es nun zunächst vor Augen treten wird, einige Schwächen und Fehlgriffe nachzuweisen vermögen, so wäre zu bedenken, dass man einen ersten Versuch, die anhebende Fassung und Anwendung einer völlig neuen Idee vor sich hat, die, trotz hie und da noch bemerklicher Mängel in Darstellung und Ausführung, doch im Ganzen ihre volle Wahrheit und Bedeutung haben und somit auch so schon immer besser sein kann, als das blosse Tappen in Nacht und Finsterniss. Worauf es in solchen Fällen ankommt, das ist wesentlich nur dies, dass der Grundgedanke ausgesprochen und der gelehrten und gebildeten Welt zur Prüfung vorgelegt werde. Das Uebrige ist Sache der Zeit und der gemeinschaftlichen Arbeit Vieler, welche sich an der Sache zu betheiligen und einem so vielumfassenden Systeme seine volle Ausführung, Bewahrheitung und nähere Bestimmung im Einzelnen zu verschaffen haben.

Erste Abtheilung.

Vorlesungen

über die

Urgeschichte Oceaniens und Amerika's.

Grundlegung

eines neuen,

einerseits das verdunkelte Alterthum jener Welttheile aufhellenden, andererseits die urgeschichtlichen Berichte der h. Schrift in ihr wahres Licht setzenden

geographisch - historischen Systems.

Von

Dr. George Brown.

Erste Vorlesung.

Verhältniss der herkömmlichen geographisch-historischen Vorstellungen und Annahmen zu den ältesten Thatsachen der Menschengeschichte, und kritische Anlässe und Nöthigungen, diese Vorstellungen und Annahmen zu ändern.

1.

»Es giebt noch keine Geschichte; die Geschichte soll erst noch geschrieben werden.« Sie wundern sich über diesen sonderbaren Satz, meine Herren? — Es ist kein Ausspruch von mir, es hat ihn der berühmte Reisende John L. Steffens gethan, und er wusste wohl warum. Ich füge ein zweites Motto hinzu, welches von Alexander von Humboldt herrührt. »Alle Geschichte«, sagt dieser grosse Forscher, »geht von Zeiten aus, die uns fabelhaft vorkommen, und von Katastrophen, deren Gewalt und Grösse unsere Phantasie nicht zu erreichen vermag.«*) Was ins-

---

*) Vergl. was derselbe an einem andern Orte sagt: »Das System der allmähligen Wirkungen und der schwachen Kräfte, die langer Dauer bedürfen, befriedigt wenig bei dem Anblicke der Erdtrümmer, die uns heutzutage zum Wohnsitze

besondere unseren eigenen *) Welttheil betrifft, der uns in diesen Conferenzen ganz vorzüglich beschäftigen wird, so erwähne ich drittens noch den Ausspruch eines anderen deutschen Natur- und Geschichtsforschers von ebenfalls grossem Ruf und Rang in der Wissenschaft, des Dr. C. Fr. Ph. von Martius, welcher die alte amerikanische Menschheit für' ein Geschlecht erklärt, über welches schon mehrere dunkle Katastrophen gewaltet, hinzusetzend, das, was hier vorgegangen, sei von der Nacht verschwiegener Jahrtausende bedeckt **). Das sind Autoritäten, auf die ich mich wohl berufen kann, wenn ich so kühn bin, die Grundlegung einer ganz neuen Art von Geschichtsansicht und Geschichtschreibung zu versuchen; wenn ich es unternehme, Sie in ferne, dunkle Zeitalter zurückzuführen und Ihrer Vorstellung eine Reihe von urgeschichtlichen Weltlagen, Begebenheiten, Unternehmungen und Schicksalen darzubieten, die von so eigenthümlicher Art, so kolossaler Beschaffenheit, so unvergleichbarer Gewaltsamkeit und so ungeheuerem Umfange sind, dass sie uns leicht nur als die Ausgeburten einer in's Fabelhafte ausschweifenden Phantasie erscheinen. Wie der vorwärts in die Zukunft gerichtete Prophetismus auf Unglauben und Missachtung zu stossen pflegt, so hat auch

---

dienen. Der »»Regentropfen«« durchbohrt wohl durch langes Fallen einen Stein; er giebt aber der Rinde unseres Planeten nicht ihre jetzige physiognomische Gestaltung.«

*) Den amerikanischen.

**) Die Stelle befindet sich in der Abhandlung über »die Vergangenheit und Zukunft der amerikanischen Menschheit«, die jetzt dem ethnographischen Werke des Herrn v. Martius einverleibt ist; s. daselbst I. S. 35 und vergl. das aus den Schriften dieses verehrungswürdigen Mannes, dem wir noch öfters begegnen werden, schon oben S. 4 Ausgehobene.

derjenige, welcher, sei es vermöge eines gewissen Seherblickes oder in Folge wissenschaftlicher Forschungen, in die verschleierten Tiefen der Vergangenheit hineinschaut, auf wenig oder gar keine Zustimmung zu rechnen; denn man pflegt nur Bekanntes und Gewohntes für möglich und wahrscheinlich zu halten; und was er zu berichten hat, ist von allzu absonderlicher und paradoxer Art, als dass es dem lebenden Geschlechte, dem dergleichen völlig entrückt, so leicht annehmbar vorkommen sollte. Ich meinerseits bin gleichwohl so glücklich, eine Anzahl auserlesener Persönlichkeiten um mich versammelt zu sehen, die den seltsamen Dingen, welche, wie Sie schon einigermassen wissen und nicht anders erwarten, aus meinem Munde kommen werden, ein geneigtes Gehör zu schenken entschlossen sind. Ich bezeige Ihnen dafür meine Achtung und meinen Dank und beginne, in der Hoffnung, Sie nicht ganz unbefriedigt zu lassen, sofort die Darlegung der eigenthümlichen Anschauungen und Ueberzeugungen, die sich mir im Verlaufe meiner historischen und archäologischen Studien gebildet haben.

2.

Wenn wir, der Natur unseres regsamen, von der Nacht der Unwissenheit gedrückten Geistes gemäss, das Verlangen hegen und den Versuch machen, die verborgenen Zeiträume der Vergangenheit bis zu den Anfängen und ersten Entwicklungen unseres Geschlechtes hin zu erforschen und aufzuhellen, so scheinen sich uns unüberwindliche Schwierigkeiten in den Weg zu stellen. Wir sehen uns bei diesem Zurückschreiten in die hinter uns liegende Zeitferne gar bald von der auf festem Boden stehenden, mit Zuverlässigkeit berichtenden Geschichte verlassen, und haben es dann nur mit unsicheren und widerspruchsvollen Sagen und Mythen zu thun. Es bieten sich zwar auch sachliche Spuren — Ruinen, Monumente, Bilder, Gegenstände und Zeichen verschiedener Art aus hohem Alterthum — dar, die aber grossentheils, namentlich was den eigenen *), unsere Wissbegierde vorzugsweise reizenden Continent betrifft, statt Licht zu geben, vielmehr selbst nur ein dunkles, wunderliches Räthsel sind und die Verlegenheiten, in denen wir uns befinden, nur vermehren und noch grösser machen, als sie ohnehin schon sind. Was ist hier zu thun; wie ist der Ermüdung und Verzweiflung zu entgehen, die uns bei solcher Sachlage zu bemeistern drohen? Können und sollen wir uns zur Offenbarung flüchten, die vielleicht auch in diesem Punkte für uns gesorgt hat und uns zum Leitstern in den nachtbedeckten Gebieten der Historie und Archäologie zu dienen bereit ist? —

Ein grosser, in Folge einer providentiellen Veranstaltung eigener Art zu Stande gekommener und durch die Stürme der Weltgeschichte hin unverstümmelt erhaltener Schatz von Nachrichten und Schilderungen, der, abgesehen von seinen übrigen Zwecken und Werthen, auch den in Rede stehenden Tendenzen und Bemühungen zu Gute zu kommen hat, befindet sich, wie es scheint und wie wenigstens der Glaube annimmt, wirklich in unserem Besitz. Es bietet sich uns zum Lehrer und Führer das merkwürdigste und wundersamste aller Bücher an, ein aus den verschiedensten Zeitaltern und von einer Menge von Verfassern herrührendes und sich doch im Ganzen so einheitlich gestaltendes Sammelwerk, welches von dem äussersten Ende der Vergangenheit an, selbst in Beziehung auf das, was vor dem Menschen war, bis zu dem letzten Zeitpunkte der weltgeschichtlichen Bewegungen und Veränderungen hin den Gang der

---

*) Den amerikanischen.

Dinge bezeichnet, indem es mit der Schilderung des allgemeinen Werdens und der ersten Ursprünge und Schicksale der Menschengeschlechter anhebt, an dem Faden einer besonderen, tiefbedeutsamen Volksgeschichte sämmtliche Zeiten bis zum Beginne der christlichen Entwicklung hin durchschreitet, die historischen und doktrinellen Begründungen dieser Periode enthült, und mit der Beschreibung der Kämpfe, welche dieselbe charakterisiren und des absoluten Zieles, wozu sie überzuleiten hat, glänzend abschliesst, so unserer Vorstellung das gegliederte Gesammtbild einer ungeheuren, Alles umfassenden Welt-, Natur-, Menschen- und Gottesgeschichte liefernd. Ich habe auf dieses mir überhaupt so werthe und wichtige Buch auch als Alterthumsforscher mein Vertrauen gesetzt und insbesondere nachgesucht, was sich darin für Andeutungen über die Urgeschichte Amerikas und Oceaniens finden möchten. Ich habe die Commentare und Auffassungen der Theologen und Profangelehrten darüber zu Rathe gezogen. Umsonst! Ich kam zu keinem Resultate; ich fand, dass die Bibel selbst noch ein mit sieben Siegeln verschlossenes Buch, und in Folge dessen, wenn auch in religiöser Beziehung genügend, doch für das wissenschaftliche Bewusstsein der Menschheit ein fast völlig todtes und unbrauchbares Gut sei; ich sah, dass namentlich die Genesis, der Pentateuch und was damit in den folgenden Büchern der heiligen Sammlung in geographisch-historischer Beziehung und Verknüpfung steht, mit einem Schleier bedeckt sei, den noch Niemand gehoben hat. Es ist hier so viel unbegreiflicher Widerspruch, so viel offenbare Unmöglichkeit; die Angaben stehen zum Theil mit den betreffenden Wirklichkeiten in einem so unharmonischen Verhältnisse; es bieten sich einer feindlichen Kritik so viel Blössen dar; der Apologet geräth dadurch in so peinliche Verlegenheiten, und die bezüglichen Stellen und Particen lassen sich gegen kritische Angriffe und eigene Bedenken, wie sie auch wohl dem Gläubigsten kommen, oft nur so kümmerlich und zwangvoll schützen und retten, dass die Ehre und das Ansehen der ganzen Sammlung leidet und der wissenschaftliche Mann die Lust verliert, Notiz von ihr zu nehmen oder sie gar als eine für ihn massgebende Autorität zu behandeln. Wie kommt das? so begann ich zu fragen. Liegt die Schuld an dem Buche oder an uns? Wollte uns die Vorsehung nicht mehr offenbaren, als aus dem in herkömmlicher Weise verstandenen Buche zu entnehmen; oder giebt es eine Idee, ein Princip, eine Methode, wodurch in dieses Dunkel Licht, in diese Widersprüche Harmonie, in diese Verwirrungen Einfachheit und Ordnung zu bringen? —

Es war nicht umsonst, dass ich so fragte; es blitzte mir, indem es geschah, ein Gedanke auf, der all das zu leisten versprach, was ich so eben als wünschenswerth bezeichnete, der ganz besonders ein überraschend neues und helles Licht auf die Geschichte Amerika's und Oceaniens zu werfen schien. Ich hielt ihn fest; ich machte einen versuchsweisen Gebrauch davon, ohne mich durch die in Rücksicht der gangbaren Vorstellungen allerdings sehr auffallenden und sonderbaren Ergebnisse schrecken zu lassen — und ein mich selbst wenigstens im erfreulichsten Grade befriedigendes System von urgeschichtlichen und archäologischen Ansichten und Bestimmungen entstand. Sollte ich meine Idee und ihre Ausführung, so weit ich sie für gelungen halten kann, aus Feigheit und Furcht vor dem zu erwartenden Widerspruche schweigend mit mir in's Grab nehmen? Das wäre eben so sehr gegen die Pflicht, als gegen den Trieb des Forschers, der ihn nicht ruhen lässt, bis er das, was er Wahres erkannt zu haben glaubt, zum Gemeingut aller Freunde der Wahrheit gemacht. Jene allen Fortschritt in

Theorie und Praxis hinderliche Trägheitskraft, die so gern, sei es auch zum Nachtheil der eigenen Sache, Alles bei'm Alten zu lassen und neue Ideen so leidenschaftlich zu bekämpfen pflegt, wird wohl nicht ermangeln, sich auch meiner Anschauungsweise entgegenzusetzen; die europäischen Gelehrten werden sie vielleicht auch desshalb ablehnen, weil sie unserem Continente, der von ihnen sogenannten neuen Welt, eine in Rücksicht der betreffenden Urgeschichten grössere Wichtigkeit vor den jenseitigen Welttheilen, namentlich Asien, einräumt, von welchem man gewohnt ist, alle Uranfänge, ersten Entwicklungen und Ausbreitungen der menschlichen Gattung ausgehen zu lassen.* Aber man wird schwerlich etwas Besseres an die Stelle zu setzen wissen *).

---

*) Die Bewohner der »alten Welt«, namentlich die Europäer, werden sich, was den Ehrenpunkt betrifft, bei näherem Zusehen keineswegs beleidigt fühlen können. Culturgeschichtlich betrachtet ist diese Welt die weiter entwickelte und höher stehende, und das Geschlecht, welches hier lebt und strebt, das in der Gegenwart zum Dasein und zur Herrschaft naturgemäss und welthistorisch befähigte, berufene und berechtigte, während die uralten Stämme Amerikas und Oceaniens, die ihr Jugend- und kräftiges Mannesalter längst hinter sich haben und nur noch greisenhafte Reste vorzeitlicher Entwicklungen und ehemaliger menschlicher Existenzformen sind, dahinschwinden, wie ein Traum der Nacht. Für den Forscher, der die Urgeschichten der Menschheit im Auge hat, sind sie allerdings das Interessantere, Wichtigere und Instructivere; und insofern haben Oceanien und Amerika den entschiedensten Vorzug; übrigens aber werden wir nicht wünschen können, dass das umgekehrte Verhältniss bestehe. Was die nach Amerika übergesiedelte und dort einheimisch gewordene europäische Menschheit betrifft, so gehört sie zwar örtlich dem jenseitigen Welttheil an, aber nicht ihrer eigenthümlichen Beschaffenheit nach, wie sie sich in der »alten Welt« gestaltet und fixirt hat.   Der Herausgeber.

Man hat, was die biblischen Darstellungen betrifft, jetzt freilich Alles sehr bequem und anschaubar beisammen. Das Paradies.befand sich irgendwo in Asien, so schlecht es auch mit der Nachweisung desselben glücken will *); und als die ersten Menschen daraus vertrieben wurden, Kain in's Land der Verbannung wanderte und die erste Stadt baute, kamen sie nicht aus diesem Welttheil heraus. Auch die Arche Noah entfernt sich nicht von diesem angeblichen Urlande; sie lässt sich auf einem Berge in Armenien nieder. Von da ziehen die Menschen nach Babylonien und unternehmen daselbst den Bau der nachsündfluthlichen Urstadt mit dem Riesenthurme, wobei Sprachenverwirrung und Völkerzerstreuung eintritt. Von derselben Gegend in Asien geht weiterhin Abraham aus, kommt nach Palästina und besucht das nahe gelegene Aegypten. Da macht denn auch Joseph sein Glück; da gerathen die Israeliten in ihre Dienstbarkeit; von da werden sie durch Mose in eine angrenzende Wüste geführt, ziehen in derselben vierzig Jahre lang unmuthig herum und erobern endlich unter Josua das auch wieder vor ihren Augen liegende Land, wo bereits ihre Urväter gewohnt. **Aber gerade dieses nahe Zusammengerücktsein der Localitäten erzeugt die Anstände, Räthsel, Schwierigkeiten und Unbegreiflichkeiten, auf die wir hingedeutet.** Diese Länder wollen in vielen Beziehungen gar nicht passen; es werden zum Theil ganz

---

*) Es ist daher schon von einigen anderen Forschern anderswohin gesetzt worden. So von Autenrieth, der es in die Südsee verlegt und gute Gründe dafür angiebt. Wir setzen das biblische Eden ebendahin auf einen jetzt zertrümmerten Continent. Von da aus geht der völkergeschichtliche Process nach Amerika und von da erst nach Asien, Afrika und Europa über.

ungeheuere Entfernungen und Wanderungen angedeutet, und wir finden, wenn wir uns an die herkömmliche Geographie halten, Nichts, was der Rede werth. Da kommt denn die Kritik mit ihren Beschuldigungen, mit ihrem Hohn, mit ihrer Verachtung solchen Unsinns und Fabelwerkes, wofür ihr diese alten Relationen gelten. Es wäre daher, wenn auch nicht so bequem für den biblischen Geographen — der aber auch zugleich in vieler Beziehung seine bittere Noth damit hat — doch weit besser für die Ehre der Bibel, so wie auch viel vortheilhafter für den Apologeten, wenn sich der Schauplatz vielmehr recht weit ausdehnte, wenn er in sehr entfernte Gegenden übergriffe, vielleicht sogar auch die sogenannte neue Welt umfasste, die jetzt von dem Buch der Bücher und ihren sich doch für so universell ausgebenden Stammlisten so ganz ignorirt und excludirt zu sein scheint. Wie nun, wenn die Bibel in ihren ersten Erzählungen und Schilderungen wirklich von ganz anderen Lokalitäten spräche, als diejenigen sind, welche man sich dabei vorzustellen pflegt? Wenn sich das beweisen, wenigstens höchst wahrscheinlich machen liesse, wenn dadurch eine Menge scheinbarer Absurditäten wegfiele und die biblischen Relationen von Adam bis Moses sich nicht nur viel einheitlicher, begreiflicher, nachweisbarer, sondern auch viel grossartiger und Gottes würdiger darstellten? Wenn dadurch endlich auch unserem, jetzt in allen biblischen Dingen so ganz bei Seite geschobenen Continente *) ein gewisser, einem so grossen Theil der Erdoberfläche angemessener Antheil an der Rolle, welche bis jetzt Asien und Afrika allein gespielt haben, zuerkannt würde? —

Ich will, meine Herren, auf das Positive dieses Gedankens für jetzt nicht näher eingehen; ich will, da bei so paradoxen Dingen eine die gewohnten Vorstellungen kritisch

---

*) Dem amerikanischen.

beleuchtende Vorbereitung sehr nöthig scheint, vor Allem einige jener anscheinend unpassenden, ja ungereimten Züge der biblischen Erzählung hervorheben, und dann schliesslich nur noch auf die sich darbietenden, höchst auffallenden Prophetenstellen hinweisen, die der herkömmlichen geographischen Auffassung völlig zuwiderlaufen, dem aufzustellenden Systeme aber in dem nämlichen Grade günstig und förderlich sind.

3.

Man nimmt an, die Arche Noah's sei in Armenien auf dem Berge stehen geblieben, auf welchen man den biblischen Namen Ararat übertragen hat. Sehen wir uns den Text *) genauer an, so finden wir, dass da nicht einmal ein bestimmter Berg genannt ist. »Die Arche ruhete auf den Bergen Ararat.« Der uns hier entgegentretende Name ist der eines Landes oder einer Gegend mit Bergen; es könnte ein ganzer Welttheil mit seinen Gebirgen und Berggipfeln darunter verstanden sein. Eine einzelne Höhe der Art muss man sich allerdings vorstellen; aber die Urkunde hebt sie nicht hervor; und wir wissen nicht einmal, wohin man sie nur ohngefähr zu setzen hat, da wir über Land und Gegend im Dunkeln sind. Der Name kommt zwar auch sonst noch in der Bibel vor **); lässt sich aber mit Sicherheit auch hier nicht ausdeuten. Er gehört wohl unter diejenigen, welche aus einer ursprünglichen, fernen, nicht mehr bekannten Heimath in den asiatischen Continent eingewandert und verschiedentlich angewandt und fixirt worden sind. So möchte die ganze Fluthsage ein in Asien und sonst in der »alten Welt« eingebürgerter Fremdling sein; sie hat sich bekannt-

---

*) I. Mos. 8, 4.
**) Jes. 37, 38. Jerem. 51, 27.

lich auch in Amerika und auf den Inseln des stillen Meeres gefunden und ist in frappant biblischer Form besonders in Westindien (Cuba) zu Hause gewesen. Was die von ihr in Anspruch genommenen Gebirge betrifft, so weist die indische Mythe auf den Himalaya hin; die Perser sprechen vom Albordsch; der Koran*) nennt den Berg Tschudi in Kurdistan; die Samaritaner lassen die Arche auf Ceylon landen; die sibyllinischen Bücher setzen den Ararat nach Phrygien und lassen hier den »Kasten« des Fluthmannes ruhen, die Mexicaner die Geretteten in der Gegend des Berges Colhuacan an's Land steigen u. s. w. Dergleichen überall wechselnde Ortsbestimmungen haben für die Geschichte keine Bedeutung; und es ist daher keineswegs zu kühn, den armenischen Berg aufzugeben und sich nach einem anderen umzusehen, der vielleicht besser passt.

Bei dem armenischen Ararat ist schon gleich der Umstand bedenklich, dass die Gipfelhöhe desselben nur einige 100 Schritte im Umfange hat und nach allen Seiten schroff abfällt, so dass das Aufsitzen der Arche und der Wiederausgang der Menschen und Thiere von da nicht einleuchten will. Alle Versuche, diesen Berg zu besteigen, sind bis auf Parrot (1829) missglückt, weil Schnee und Felsstücke durch reissende Bergströme allenthalben abgelöst werden. Ker Porter ist der Meinung: diese unzugänglichen Berghöhen seien seit Noah's Tagen nie von einem Menschenfusse betreten worden, ja vielleicht selbst damals nicht; er denkt sich, die Arche sei zwischen dem Hauptgipfel und einem kleineren stehen geblieben, »und diese Schilderungen und Bekenntnisse«, sagt ein moderner Kritiker, »sollten doch wohl jeden Gedanken an historische Möglichkeit vernichten.«

Das ist es aber nicht allein, was uns bei der herkömm-

---

*) Sure II, 46.

lichen Auffassung der Sache zu stören geeignet ist. Die Schrift berichtet uns, die Menschen seien nach der Fluth *mikkedem*, von Morgen, hergezogen. »Diese Bezeichnung hat den Auslegern viele Schwierigkeiten gemacht; denn der Weg vom Ararat aus Armenien bis an die babylonische Ebene ist eine südliche, keine westliche Richtung.« *) Man hat daher den Ausdruck gewaltsam in sein Gegentheil umgedeutet und »nach Morgen« übersetzt; doch vergebens, da Babylonien eben so wenig östlich als westlich von Armenien liegt. Man hat sich noch anderer Nothbehelfe bedient, um aus der Klemme zu kommen. Es bleibt immer ein fataler Punkt, und es wäre wünschenswerth, in solchen Fällen einfach bei dem bleiben zu können, was uns die Bibel darbietet. Auch ist sie, wie ich glaube, keineswegs mit der objectiven Wahrheit des historisch-geographischen Thatbestandes, wohl aber nur allzu oft mit unseren herkömmlichen und eingewurzelten Vorstellungen und Annahmen im Streite.

4.

Weiter ist Folgendes zu bemerken. Das der Gottheit so missfällige, einen, wie es scheint, ihr gegenüber oppositionellen Charakter tragende Unternehmen des Thurm- und Stadtbaues wird gestört und die Menschen zerstreuen sich **). Das will nun wieder gar nicht passen, wenn das bekannte asiatische Babylon dafür in Anspruch genommen wird. Denn hier wurde das Werk des Stadt- und Tempelbaues auf's grandioseste und imposanteste ausgeführt;

---

*) Franz Kaulen, die Sprachverwirrung zu Babel. Mainz 1861. S. 153.

**) Ausserbiblischen Quellen zu Folge wäre der Thurm durch fürchterliche Winde zu Boden gestürzt worden; wie es namentlich Abydenus, ein Verfasser chaldäischer Geschichten, in einem von Eusebius aufbewahrten Fragmente darstellt.

Babylon war die berühmteste Stadt im Alterthum und der vollständig ausgebaute und seinen Zweck vollkommen erfüllende Belustempel daselbst wird uns von den Alten, namentlich von Herodot, zu dessen Zeit er noch in vollkommenem Stande war, genau beschrieben. So erscheint die biblische Erzählung leicht als die Dichtung eines unwissenden oder unbesonnenen Juden, ja ist kaum als blosse Dichtung begreiflich; denn wenn dieser Jude von Babylon wusste, so hatte er doch wohl auch von der, wenn auch bereits gesunkenen, Herrlichkeit dieser Stadt gehört. Noch die Apokalypse wendet im Andenken an diese Herrlichkeit den Namen Babel auf Roms Macht, Uebermuth und Ueppigkeit an. Wollte man annehmen, es habe sich ein Faktum, wie das von der Genesis erzählte, allerdings in der Gegend Babylons, aber in einer so fernen Vergangenheit ereignet, dass es noch vor die Erbauung der historisch bekannten Stadt fiele*), so wäre dies als möglich zwar zuzugeben, erschiene aber doch nur als ein Nothbehelf. Und wenn späterhin, nach der anfänglichen Vereitlung des Unternehmens, eine Wiederholung desselben geglückt wäre, und Stadt und Thurm sich nun gleichwohl so prangend und mächtig erhoben hätte **), so

---

*) Es scheint dies zwar aus einer in Keilschrift ausgedrückten Nachricht zu erhellen, welche man in der babylonischen Ruine entdeckt hat, die noch Baureste des von der Bibel erwähnten Riesenthurms enthalten soll, und die, wegen der daran haftenden Sage Birs Nimrud genannt worden ist. Allein wie wenig dieser Fund dazu geeignet ist, unsere Ansicht zu erschüttern, wird die unten folgende Beilage über die babylonische Urgeschichte zeigen.

**) Wie es namentlich durch Nebucadnezar geschah. Derselbe »wandelte auf seinem Palaste umher und sprach: Ist das nicht die grosse Babel, welche ich zum Königssitze erbaut durch

sähe dies wie ein Hohn und Triumph über die höhere Macht aus, welche das titanische Werk nicht gelingen lassen wollte, und der zum Trotze es dennoch gelang. Was ferner die **Sprachverwirrung** betrifft, die hier eingetreten sein soll, so scheint dieselbe in Babylonien, in Palästina, in der sogenannten alten Welt überhaupt weder als Wahrheit, noch als Dichtung an ihrem Orte zu sein. Die Sprachverhältnisse sind daselbst verhältnissmässig sehr einfach; es sind nur wenige grosse Sprachfamilien, die vom äussersten Osten Asiens bis an's atlantische Meer hin ihre ausgedehnte, viel verzweigte, aber deutlich erkennbare und nachweisbare Rolle spielen, wie namentlich die Sprachen des chinesischen, indisch-europäischen und semitischen Stammes. Ein Sohn Israels konnte gar keine Veranlassung haben, einen Sprachverwirrungsmythus zu erdichten; ihm insbesondere lag eine solche Vorstellung fern. Ringsumher vernahm er ja nur sein eigenes Idiom oder erkennbare, leicht verständliche Dialekte davon. Das Phönizische und Hebräische ist bekanntlich als identisch zu betrachten. Semitische Mundarten, wie dieses, sind das Syrische, Chaldäische, Arabische, Aethiopische — Alles im Grunde mit der Sprache Canaans Eins *). Erwägen wir auch folgenden Umstand. Die Differenzen der Sprache haben sich dort in Asien und Europa allmählig und naturgemäss gebildet; die Hindusprachen (Prakrit) gingen aus dem Sanskrit hervor, die sogenannten romanischen aus dem Lateinischen; wir kennen namentlich den Process, durch welchen sich die

---

meine Herrlichkeit?« Dan. 4, 26 f. Es traf ihn zwar hierauf, wie weiter berichtet wird, ein niederschmetterndes Strafgericht; aber sein stolzes Werk blieb unangetastet.

*) Selbst P. v. Bohlen, Genesis S. 143, bemerkt: Rings um den hebräischen Concipienten lebten nur semitische Dialekte, welche zu seiner Beobachtung kaum Anlass geben konnten; und dieselbe verwandte Sprache zog sich über Mesopotamien hin.

letzteren erzeugt haben, noch ganz genau und mit volllkommener historischer Sicherheit; ein solcher ist ohne Zweifel auch im Orient vor sich gegangen. Es verräth sich hier durchaus nichts Gewaltsames, Befremdliches, Verwundersames. Völkerwanderungen fanden seit Jahrtausenden von Osten nach Westen hin Statt; aber wie deutlich sind gleichwohl die sprachlichen Verwandtschaften und Zusammenhänge geblieben. Man nehme z. B. die Wörter für **Mann** und **Mensch**! Sie gehen im Griechischen, Lateinischen, Deutschen u. s. w. in der einleuchtendsten Weise auf das uralt indische Sanskrit zurück *). Die Sprachlehre desselben erklärt alle europäischen Sprachformen und in seinem Wörterschatze sind die Wurzeln zu allen alten und neuen Idiomen Europa's zu finden **).

---

*) Das griechische ἀνήρ lautet indisch *nar, naras*, Mensch, Mann; das lat. *vir* ist das indische *viras, varas*, Mann, Krieger; engl. *man*, deutsch **Mann**, goth. *mannisks*, deutsch **Mensch** vergleicht sich den Sanskritformen *manus*, Mann, *mânushas*, menschlich, von der Wurzel *man*, denken, wovon sich zugleich eine Menge von indischen und europäischen Formen für denken, meinen, Geist, Gedanke, Gemüthsbewegung ableitet, wie Sanskr. *manas*, Geist, *mananan*, Gedanke, *mânas*, Leidenschaft, *manyas*, Zorn, Rache, griech. μένος, μενοινή, μῆνις, lat. *memini, mens, Minerva*, engl. *mean*, deutsch **meinen**, Minne etc.

) »Das Sanskrit ist darum von so hoher Bedeutung für das gesammte Abendland, weil es uns nicht nur die uralte und ureigene Cultur des indischen Volkes weit bis über Moses Zeit hinaus erschliesst, sondern auch in seinem Wunderbau das klare, ungetrübte Urbild jener grossen Sprachfamilie ahnen lässt, die wir seitdem die **indogermanische nennen, und zu der vorzugsweise die Völker gehören, welche die Träger der Culturentwicklung geworden sind. In den meist wohl erhaltenen plastischen Formen des Sanskrit finden die Räthsel unserer Sprache und der Sprachen der mit uns stammverwandten Völker ihre Lösung und Erklärung ganz von selbst« etc. Dr. Aug. **Boltz**,

Und so darf und muss man wohl sagen: Die biblische Erzählung von einer plötzlich eingetretenen, verwirrenden und zerklüftenden Sprachenentstehung, einer Art Explosion, wodurch ein ursprünglich Eines und Ganzes in eine Menge sich zerstreuender Trümmer zusammenhangslos auseinander gesprengt wurde,' ist ein der alten Welt fremdes, daselbst gewiss nicht entstandenes Gewächs. Weit passender wäre es, die Thatsache oder die Dichtung, was es immer sein möge, hieher nach Amerika zu verlegen, wo die unglaubliche Menge von Sprachen ganz verschiedener Art, die sich oft auf einem kleinen Fleck Erde beisammenfinden, von jeher Staunen und Verdruss erregt hat, wo'gegen eine die Civilisation und das Regiment der bezüglichen Völkerschaften in so hohem Grade erschwerende Erscheinung schon die alten peruanischen Herrscher ankämpften, indem sie überall in den eroberten Provinzen sogar eigene Sprachlehrer anstellten, um das zur allgemeinen Reichssprache zu erhebende Quichua*) zu lehren. Auch ist die Sage von einem Vorgange, wie ihn dort die Bibel schildert, in Amerika, ganz einheimisch, in mehreren traditionellen und mythischen Formen ausgeprägt und schwerlich aus der alten Welt hieher verpflanzt. Eine bekannte

---

die Sprache und ihr Leben. Leipz. 1868, S. 31. Man unterrichtet sich über den Stand der Sache auf eine leichte Weise durch das von der Pariser Academie gekrönte Werk: »*Parallèle des langues de l'Europe et de l'Inde ou étude des principales langues Romanes, Germaniques, Slavonnes et Celtiques, comparées entre elles et à langue Sanscrit par F. G. Eichhoff. Paris 1836.* Der eigentliche Begründer der vergleichenden Sanskritstudien war bekanntlich Franz Bopp aus Mainz, Prof. zu Berlin, Verfasser des Werkes: »Vergleichende Grammatik des Sanskrit, Zend, Armenischen, Griechischen, Lateinischen, Lithauischen, Altslavischen, Gothischen und Deutschen.« 2. Aufl. Berlin 1857—63.

*) Die altperuanische Incasprache.

mexikanische Malerei stellt Sündfluth und Sprachen-Zertheilung dar. Auch die Vorstellung von dem gigantischen Thurmbaue, an welchen sich diese Zertheilung und Zersprengung knüpft, ist hier zu Hause. So soll jener berühmte amerikanische Votan, nach welchem die Chiapanesen im mexikanischen Reiche einen der 20 Tage ihres Monates benannten, bei dem grossen Bau gewesen sein, der bis zu den Wolken emporgeführt werden sollte, wobei jedes Volk seine eigene Sprache erhalten habe. Dieser Votan ist ein ganz specieller, localer Culturheros des alten Amerika, führt einen deutschen Namen und kommt vom babylonischen Thurmbau her! Gleich neben ihm steht im chiapanesischen Kalender ein Ghanan, der an Canaan erinnert. Nicht im Traume könnte Jemandem etwas Wunderlicheres einfallen; die Sache hat aber ihre unbezweifelte Richtigkeit *).

So also steht es mit der biblischen Tradition vom Thurm-

---

*) S. Clavigero's Geschichte von Mexico; Humboldt, *Vues des Cordillères;* Lüken, Traditionen des Menschengeschlechtes; so wie auch *James Athearn Jones, Traditions of the North-American Indians*, London 1830, wo namentlich eine Sage der Hundsrippen-Indianer mit der biblischen Schöpfungs-, Sündenfalls- und Fluthgeschichte und der Erzählung von der Sprachverwirrung stimmt, welcher letzteren ebendaselbst auch eine Sage der Bomelmeek-Indianer entspricht. Eine irokesische Sage von der Sprachverwirrung und Völkerzerstreuung s. in dem 1836 erschienenen *Narrative of a Journey to the shores of the arctic Ocean under the command of Captain Balk* von Richard King. In der Ethnographie von Martius ist über indianische Sagen Th. 1. S. 180 f. 282. 327 ff. 508. 645 696. 758 zu sehen. Von den Acroas heisst es hier: Nach einer alten Sage dieser Indianer soll Gott am Anfang der Dinge ein hohes Haus in den Himmel gebaut haben, durch dessen Einsturz die Verschiedenheit der Thiere (Thierwappen, Totems der Indianer?) und Nationen entstanden sei.«

bau und der sich von daher schreibenden idiomatischen Katastrophe. Sie ist nach meiner Ueberzeugung von der grössten historischen Bedeutung, Wahrheit und Wichtigkeit; erscheint aber als der widerspruchsvollste, unbegreiflichste Unsinn, wenn man sie nach dem herkömmlichen geographischen Schema beurtheilt. Sie passt nicht zur Geschichte des babylonischen Reiches in Asien; sie passt überhaupt gar nicht in den jenseitigen Continent, den man die »alte Welt« getauft, sondern weit mehr in die sogenannte neue, die jedoch, wie viele Umstände lehren, ganz gewiss viel älter, als jene ist. Das hat man aber noch so wenig gemerkt und eingesehen, dass man noch bis auf diesen Augenblick behauptet, es liege in der Erzählung der Bibel ein reiner Lokalmythus im Sinne des alten Systems vor. »Die Sage vom Thurmbau«, sagt Julius Braun *), »ist unzertrennlich vom babylonischen Boden und der Thurm selbst ein zu schwerer Klotz, als dass die Wanderlust der Sage auch ihn ergriffen haben könnte, um ihn da und dort auf entferntem Boden niederzulassen.« Nicht aber der colossale Gegenstand, an den sich die Sage knüpft, sondern die Sage wandert; und die ist stets beweglicher Art und Natur. Von vielen Bergen, Felsen, Burgen, Kirchen, Thürmen werden an den verschiedensten Orten dieselben Sagen erzählt. Der Ararat wurde, wie schon oben bemerkt, auch nach Phrygien gesetzt; die Fluthsage wanderte mitsammt ihrem Berg. Dass die Vorstellung vom Thurmbau und der Sprachenverwirrung ebenfalls gewandert ist, das beweisen die Traditionen Amerika's. Ist sie in der That asiatischen Ursprunges, so fand sie den Weg nach Amerika; eben so gut aber kann es sich auch umgekehrt verhalten. Die Genesis selbst braucht der mythischen Verwechslung der Lokalitäten nicht beschuldigt zu werden. Sie

---

*) Ausland vom 23. Juni 1861. S. 608.

nennt ein Babel, woraus aber noch gar nicht erhellt, dass sie das asiatisch-babylonische meine. Hat es doch auch ein Babylon in Aegypten gegeben, und ist dieser Name, was noch auffallender ist, sogar im hohen Norden Russlands gefunden worden, wo er sich an alte, labyrinthisch gebildete Steinlager unbekannten Ursprunges knüpft *). Jenes berühmte asiatische Babylon haben unter dem Babel der Genesis die Späteren verstanden; es ist dies der Wahn, in welchem man jetzt befangen ist; das alte, heilige Buch ist unschuldig daran.

Babel ist ein nachweislich amerikanisches Wort und bedeutet **Haupt- und Residenzstadt**, wörtlich: **Haus, Palast** oder **Burg des Bel, Baal, des Herrn** oder **Königs** **). Mit *Ba* vergleicht sich Mizteca *ba*, Massacara *pa*, arawackisch *bahü*, haitisch *boa*, *boi*, Haus, neuseeländisch *pa*, Veste, deutsch Bau; mit *Bel, Baal* stimmt Sankr. *pal*, lat. *polleo*, griech. $\beta\alpha\lambda\eta\nu$, $\beta\alpha\lambda\lambda\eta\nu$, yucatanisch *balam*, ein göttliches Wesen, Gegenstand des Cultus ***),

---

*) Es hat dieselben der Petersburger Akademiker von Bär entdeckt. Sie führten allgemein den Namen Babylon und standen bei den Einwohnern in hoher Achtung. Kunstblatt 1843. Nr. 83.

**) Vergl. die oben angeführte Stelle in Daniel, wo sich Nebucadnezar rühmt, diese grosse Babel zum Königssitze erbaut zu haben.

***) Die Mayas in Yucatan fürchten und verehren, wiewohl nur noch heimlich, ein höheres Wesen mit Namen Balum oder Yum Balam; sie bringen dieser alten, verpönten Gottheit noch immer in allen Theilen des Landes Libationen, Räucherungen, Opferspenden dar und glauben insbesondere ihre Felder nicht gefahrlos bestellen zu können, wenn sie ihr nicht gewisse Gaben geweiht. Ist Balam beleidigt, so erscheint er, wie sie sagen, in schreckhafter Gestalt, als Greis mit grossem Bart; er schreitet auch durch die Luft, wo er mit langanhaltender Donnerstimme Furcht und Schrecken verbreitet. Sein Name wird nur mit heiliger Scheu genannt.

peruanisch *palla*, Prinzessin, griech. Pallas, polynesisch Pele, eine grosse Göttin der Sandwichs-Inseln, carolineninsulanisch auf Eap *pilu*, Häuptling, Chef. Es sind, wie Sie sehen, Urworte, von welchen sich die Spuren, Modifikationen und Abkömmlinge überall finden lassen, und namentlich durch Amerika und Oceanien hin zerstreut sind. Und so kann man den Namen Babel, *Ba-Bel* sehr wohl für eine uralte Ortsbezeichnung von sehr allgemeiner Bedeutung halten, wie sie schon in ferner Vorzeit einem amerikanischen Herrschersitze eigen gewesen, und annehmen, dass sie von da mit den nach Asien hinüberwandernden Nationen in derselben Bedeutung in diesen Welttheil gekommen und auf das grosse Babylon in Asien übergetragen worden sei. Nach Diodor hat Belus in das Letztere eine ägyptische Colonie geführt und der Priesterschaft, der Astronomie etc. daselbst den Ursprung gegeben; und wie viele Nationen und Völkerstämme sollen und wollen nicht sonst noch aus Aegypten gekommen sein: Griechen, Kolchier, Israeliten, Afganen, kaukasische Bergvölker, Zigeuner, Irländer. Das hat schwerlich Alles in Aegypten gesteckt; und doch ist es vielleicht wahr, dass diese Völker sämmtlich aus Aegypten kamen, aber nicht aus dem afrikanischen, welches selbst nur eine

---

Das Wort Balam, *bakim*, scheint im Allgemeinen etwas Göttliches, einen Gegenstand religiöser Verehrung zu bezeichnen. Es kommt in den Mythen und einheimischen Benennungen der Mayas öfters vor; ein Landstrich z. B., wo sich unzählige Spuren von Ruinen und Trümmern künstlicher Hügel befinden, heisst Ekbalam, was durch »Schwarzer Balam« übersetzt wird, wahrscheinlich von einem Gotte, der hier verehrt und in schwarzer Gestalt gedacht und dargestellt wurde; Yum Balam wird durch »Vater und Herr« gegeben. Balam, Baalam könnte geformt sein wie Malcam, Milcom, die bekannten biblischen Götzen- und Personennamen, von Melech, Molech, König.

Colonie aus einem andern war, das man sich viel grösser und umfassender als das afrikanische, denken muss, so dass es sich dazu eignete, eine solche Fülle der verschiedenartigsten Völker und Stämme aus sich heraus zu schütten und nach Asien, Afrika und Europa zu ergiessen. Und welch anderes Land sollte das gewesen sein, als Amerika, dieses Land der allerräthselhaftesten und bis jetzt unerforschtesten Vergangenheit? — Ueber den Namen soll weiterhin ausführlicher die Rede sein; für jetzt bemerke ich nur, dass Aegypten im Hebr. Mizraim heisst und Doppelveste bedeutet — ein Name, den man sehr füglich auf das doppelte Festland von Nord- und Südamerika beziehen kann *).

---

*) Es wird zweckmässig sein, hier gleich noch Folgendes anzufügen: Aegypten wird in der Bibel *Mazor* und mit Dualform *Mizraim* genannt; Aegyptier heisst *Mizri*, Plur. *Mizrim*; *Misr* wird das Land noch jetzt genannt. Josephus schreibt Μεστραια. Altpers. lautet der Name *Mudaraya*, med. *Mutsariya*, babyl. *Missir*, arab. *massr*; Aegyptier heisst arab. *elmassri* Plur. *el massârue*. Hebr. *mazor, mezurah* ist Wall, Festungswerk, Feste; die Wurzel ist *zur*; *Zor* ist hebr. Name von Tyrus; *zor*, Fels, mit aramäischer Aussprache *tor*, lat. *turris*. In Amerika dürfte noch der Missuri diesen Namen tragen. Das biblische Mazor und Mizraim scheint eine theils engere, theils weitere Bedeutung gehabt zu haben. Man belegte damit zunächst wohl den westlichen Theil des Continentes mit seinen ausgedehnten Gebirgsketten und Hochebenen, wo das mächtige Volk und Reich, von welchem asiatische, afrikanische und europäische Culturvölker abstammten, seinen Sitz hatte, während die im Osten der Anden gelegenen Regionen von anderen, jenem westlich hausenden Culturvolke für Barbaren geltenden Stämmen besetzt waren — ein Verhältniss, wie es in ähnlicher Weise noch zur Zeit der Entdeckung bestand. Von der Hauptrace und ihren Wohnsitzen jedoch, von welchen aus sich ihre

4.

Ein weiter zu beobachtender Umstand ist der folgende. Die Schrift nennt uns Orte, Städte, Völkerschaften, von welchen in der historischen Erinnerung der alten Welt nicht eine Spur zu finden. Das könnte nun bloss als ein Zeichen des hohen Alterthums gelten, aus dem uns diese Nachrichten kommen. Aber die Sache liegt zum Theile so, dass wir von jenen Gegenständen, wofern sie der Geschichte der »alten Welt« angehörten, Etwas wissen müssten. Zum Beispiel diene die Stelle der Genesis Cap. 10, wo Nimrod charakterisirt wird und wo es dann weiter heisst: »Und der Anfang seines Reiches war Babel und Erech und Acad und Chalne im Lande Schinear; von diesem Lande ging Assur aus und bauete Ninive und Rechoboth-Ir und Kalah und Resen zwischen Ninive und Kalah; das ist die grosse Stadt.« Es treten uns hier neben einigen bekannten mehrere unbekannte, nicht mit Bestimmtheit oder gar nicht nachweisbare Namen entgegen. Das würde, wie gesagt, nicht stören; aber dass Resen die grosse Stadt heisst, als solche neben Ninive steht und gleichwohl nicht auszumitteln ist, das ist sonderbar. Ein Theolog sagt: »Wer erkennt hier nicht den Mann, welcher schrieb, bevor noch Ninive zu der Grösse gelangt war, die wir im Jonas und bei den Griechen finden? Ein anderer, um einige Jahrhunderte späterer Schriftsteller würde das in den letzten Jahrhunderten der assyrischen Monarchie so erstaunlich grosse Ninive zur grössten Stadt gemacht haben.« Gut! Wir denken uns eine Zeit, wo Ninive noch nicht so gross

---

Herrschaft über den ganzen Welttheil erstreckte, mögen die Namen Mazor und Mizraim — Letzteres, wie wir »die beiden Amerikas« sagen — auf den ganzen Continent ausgedehnt worden sein.

und mächtig war und ein anderer Ort diese imposante Rolle spielte. Aber kann man es wahrscheinlich finden, wenn das Andenken an diesen hervorragenden Ort in Sage und Geschichte so gänzlich untergegangen sein soll? Man hat in der Verzweiflung den Namen corrigirt, aus dem R ein D gemacht*) und eine assyrische Stadt D o s e n zum Besten gegeben. Es ist wahr, ein Name kann verschrieben, ähnliche Buchstaben können verwechselt worden sein. Aber auf dieses Dosen passt jene so ganz besondere Auszeichnung nicht. Und wie auffallend, wie bezeichnend ist der Name R e s o n, so wie er in unserer Bibel steht! Wie viel zu denken, zu ahnen giebt er! Er bedeutet hebr. Z a u m, Z ü g e l; er geht also wohl auf Bändigung und Zähmung unterworfener, in diesem Zustande jedoch schwer zu erhaltender, mit Aufruhr und Losreissung drohender Völkerschaften; und dieses Resen war ein uraltes Z w i n g - U r i, welches jene Stämme und Nationen überwachen und in Zaum halten sollte. Und solch ein geschichtlicher Gegenstand mit all den Gährungen und Kämpfen, die damit in Verbindung gestanden haben müssen, sollte dort in dem historisch so gut bekannten Asien in der Art verschwunden sein, dass nicht einmal ein sagenhaft dämmernder Rest von Andenken, Tradition, Mythe davon zu entdecken ist?

5.

Ich gehe zu einem anderen Punkt über. Die biblischen Patriarchen und Urväter des Menschengeschlechtes sprechen über ihre Söhne und Nachkommen Fluch und Segen aus und charakterisiren deren künftige Zustände und Schicksale. Auch hier ergreift den denkenden und kundigen Bibelleser

---

*) Beide Buchstaben sind sich im Hebräischen sehr ähnlich.

zum Theile eine grosse Verwunderung, sofern diese Prophezeihungen mit der ihm bekannten Völker- und Weltgeschichte in argem Widerspruche stehen.

Betrachten Sie z. B., was von der Art im 9. Cap. der Genesis vor Augen tritt! Noah segnet hier seine beiden besseren Söhne Sem und Japhet; den Ham oder Cham hingegen, über den er sich seines unziemlichen Benehmens wegen zu beklagen hat, verflucht er, indem er ihn mit dem Loose der tiefsten und schmählichsten Unterwürfigkeit und Knechtschaft bedroht. Aber es geschieht das auf eine eigene Weise, wie man sie nicht erwartet, und wie sie völkergeschichtlich gar nicht zu passen scheint. Ham hat vier Söhne: Kusch, Mizraim, Phut und Canaan; und dieser Letztere wird erwählt, um ihm die ganze Verwünschung aufzubürden, während Ham und seine anderen drei Söhne unerwähnt bleiben. »Verflucht sei Canaan, ein Knecht der Knechte sei er seinen Brüdern! Gesegnet sei Jehova, der Gott des Sem, und Canaan sei sein Knecht! Weit mache es Gott dem Japhet; er wohne in den Zelten Sem's und Canaan sei sein Knecht!« Das Geschlecht oder die Raçe, die hier mit Canaan bezeichnet wird, soll hiernach die allen übrigen gegenüber dienstbare sein. Was ist dies für eine? Es liegt nahe, an die schwarze africanische zu denken, die zu solchem Loose erkoren scheint; und es würde dies dem Namen Cusch entsprechen, wenn dieser an der Stelle zu lesen wäre, da man die dunkelfarbigen Südländer darunter verstehen kann; auch Ham, Cham selbst würde diese Bedeutung darbieten, denn das semitische *chamam*, *cham*, *chom*, *chammah*, *chemah*, *chum* enthält die Begriffe von Hitze, Gluth, Sonne, Schwärze; und das ägyptische *chemi*, *kemi* heisst schwarz. Aber diese Namen sind vermieden; von der schwarzen Raçe ist also nicht die Rede; sie scheint hier von dem Fluche Noah's sogar ausgeschlossen zu sein;

es tritt uns als der Gegenstand desselben ganz nur, und das zu dreien Malen, der Name Canaan entgegen. Dieser eignete nun bekanntlich den phönizischen Völkerschaften. Sie selbst bezeichneten sich damit; er stand auf ihren Münzen und noch die Punier nannten sich so *). Wie, so muss man fragen, konnte Noah, sei es, dass er das Künftige bloss seherisch voraus erkannte, oder dass er mittelst seines Fluches in den Lauf der Dinge mit mystischer Vorbestimmung eingriff, eine Nation, die im Alterthum eine so grosse Rolle spielte, ihre Könige hatte, den Tempel in Jerusalem baute, mit Salomo Schifffahrt trieb etc., wie, sage ich, konnte der Altvater diese Engländer des Alterthums unter alle anderen Geschlechter der Erde herabsetzen und zu den elendesten Sklaven machen? Oder wenn wir vielleicht eine Dichtung vor uns haben, das Machwerk eines die Canaaniter hassenden Hebräers, der ihnen ein solches Loos wünschte und dichterisch anfluchte, wie es sich der kritische Rationalismus unserer Zeiten zu denken liebt, so ist die Sache auch so verwunderlich genug. Der Stand der Dinge sprach einer solchen Dichtung und Verwünschung entschieden Hohn, selbst was Palästina betrifft **).

---

*) Gesenius, Gesch. d. hebr. Sprache u. Schrift S. 16. 227.

**) Die canaanitischen Völker wurden von den Israeliten weder völlig vertilgt oder vertrieben, noch auch in der Art unterjocht, dass jener Fluch passen könnte. Man lese zunächst die merkwürdige Schilderung der Zustände und Verhältnisse im Buche der Richter! Die Israeliten wohnen inmitten der Canaaniter, Hethiter, Amoriter, Pheresiter, Heviter und Jebusiter, verschwägern und vermischen sich mit ihnen und treiben mit ihnen Götzendienst. Sie selbst gerathen wiederholt in Abhängigkeit und Dienstbarkeit, werden von ihren Feinden geschlagen und nur von Zeit zu Zeit wieder durch kühne und tapfere Volkshelden befreit. So z. B. werden sie 20 Jahre lang

Und dass die Genesis die Bedeutung des Namens Canaan in seinem ganzen Umfange kennt und geltend macht, das beweist die sogleich Cap. 10 folgende Völkertafel, wo es heisst: »Und Canaan zeugete Zidon, seinen Erstgeborenen, und Cheth« etc. »Und die Grenzen der Canaaniter erstreckten sich von Zidon gen Gerar bis Gasa« etc. Was soll man zu einer solchen Erscheinung sagen? —
Sie macht un s keine Schwierigkeit. Alles, was in den betreffenden Beziehungen von der Genesis erzählt und geschildert wird, gehört unserer Auffassung nach, einer ganz anderen Welt, als der sogenannten alten, an, und kommt mit den Thatsachen und Verhältnissen der letzteren in keine Collision. Das Schicksal, welches der phönizische

---

von Jabin, König von Canaan, gewaltsam niedergebeugt. 2 Sam. 24, 7 ist von der festen Stadt Tyrus und allen Städten der Heviter und Canaaniter die Rede. Salomo macht, wie 1 Kön. 9, 20 f. berichtet wird, die Amoriter, Hethiter, Pheresiter und Jebusiter, welche Israel nicht habe vernichten können, zinsbar; das ist aber immer noch nicht allertiefste Knechtschaft, wie sie jener Fluch verkündet. Und nach Rückkehr aus der babylonischen Gefangenschaft ist mit diesen noch immer vorhandenen Bevölkerungen wieder bestes Einverständniss. Volk, Priester und Leviten sind, wie wir Esra 9 und 10 lesen, nicht abgesondert von den »Völkern des Landes;« es werden die Canaaniter, Hethiter, Pheresiter, Jebusiter, Ammoniter, Moabiter, Aegyptier und Amoriter genannt, mit denen man sich verschwägert und vermischt hat, so dass ein sonderndes Einschreiten nöthig. Man vergleiche, wie sich über diese Thatsachen der 107. Psalm v. 34 ff. erklärt und beklagt: »Sie vertilgten nicht die Völker, wie ihnen Jehova befohlen hatte; sie vermischten sich mit ihnen und lernten ihre Thaten......
und Jehova gab sie in die Hand der Völker, dass über sie herrschten ihre Hasser; es bedrückten sie ihre Feinde und sie wurden unter ihre Hand gebeugt.«

Volksstamm, dem Fluche Noah's gemäss, erdulden sollte, hat er, wie ich überzeugt bin, wirklich erduldet, aber in einer fernen, dunklen Vorzeit, von der nur noch die Bibel weiss und Auskunft giebt, und in einem andern Continente, als derjenige ist, in welchem die Phönizier eine so ausgezeichnete Rolle spielten. Dass sie rothe Menschen, gleich den Indianern Amerika's, gewesen, bezeugt ihr griechischer Name, denn $\varphi o \iota \nu \iota \xi$ heisst roth; eben so der römische Name Punier, *punicus, puniceus,* roth. Sie waren, mit einem Worte, ein amerikanischer Volksstamm, der in Folge grosser Wanderungen und Völkerzüge, die von einem Continente zum anderen gingen, in die jenseitige Hemisphäre gerieth und hier zu der wichtigen, seefahrenden Nation wurde, nachdem er in seiner ursprünglichen Heimath das erniedrigende Schicksal erduldet hatte, welches Noah's Fluch verkündet, welches sich sogar noch in dem Namen Canaan ausspricht, der von einer semitischen Wurzel kommt, welche niedergeworfen, gebeugt, gedemüthigt sein bedeutet *).

Etwas ganz Aehnliches finden wir in Israel selbst. Hier ist ein Stamm, der im »Segen Jakob's« auf's Härteste angeklagt und auf's Schonungsloseste verworfen wird, wiewohl wir gerade in ihm den bedeutungsvollsten aller israelitischen Stämme erkennen, da aus ihm der Retter und Gesetzgeber der Nation und sein hohepriesterlicher Bruder entsprossen war und da ihm als Priesterstamm überhaupt eine ganz besondere Auszeichnung hätte widerfahren müssen, wie sie ihm nachher auch in der That im »Segen Mosis« wird. Man höre! »Simeon und Levi, Brüder sind's **), Werk-

---

*) S. das hebr. chald. arab. כבע in den Wörterbüchern.

**) Brüder im schlimmen Sinne des Wortes, einer so tadelhaft, wie der andere.

zeuge des Frevels ihre Schwerter. In ihren Rath gehe nicht ein meine Seele; mit ihrer Versammlung eine sich nicht mein Geist! Denn in ihrem Zorne würgten sie den Mann, und in ihrem Uebermuthe entnervten sie den Stier. Verflucht ihr Grimm, dass er so hart, und ihr Uebermuth, dass er so grausam ist! Vertheilen will ich sie unter Jakob und zerstreuen unter Israel« *). Wie ganz anders im Deuteronomium, wo Mose vor seinem Tode die Stämme segnet! Und von Levi sprach er: »Deine Wahrheit und dein Licht **) sind bei deinem Frommen . . . . Denn sie halten deinen Ausspruch und wahren deinen Bund; sie lehren Jakob deine Rechte und Israel dein Gesetz; sie legen Weihrauch vor deine Nase und Brandopfer auf deinen Altar. Segne, Jehova, seine ***) Kraft und das Werk seiner Hände gefalle dir! Zerschmettere die Hüfte seiner Widersacher und seiner Hasser, dass sie nicht aufstehen!« ****).

Welch ein Contrast! Allein auch hier wieder müssen wir uns die grosse Wendung der Dinge denken, welche durch eine Wanderung von einem Continente zum anderen, wie sie sich in der Geschichte des israelitischen Zuges unter Mose birgt und wie ich sie Ihnen weiterhin klar und glaublich zu machen hoffe, herbeigeführt wurde; auch hier müssen wir die Darstellung des uralten Buches als eine solche fassen, die es nur mit amerikanischen Dingen zu thun hat und in die sich späterhin in Asien gestaltende Volksgeschichte nicht hinübergreift. Bis zu Mose entsprach das

---

*) 1 Mos. 49, 5—7.
**) Es ist von dem geweihten Brustschilde mit Urim und Thummim die Rede, welches der Hohepriester aus Aaron's Geschlechte trug.
***) Levi's.
****) 5 Mos. 33, 9 ff.

Schicksal des Stammes Levi wohl ganz dem Fluche des Stammvaters. Nun aber erhob sich aus ihm ein ausserordentliches Individuum, welches den gewaltsamen Charakter dieses Stammes, wie ihn die Genesis so offen darlegt, zwar keineswegs verläugnete *), welches aber der Mann der Zeit war und das Ungeheuere vollbrachte, was damals zu vollbringen war. Damit änderte sich nicht nur die Lage der Nation, auch die specielle des bis dahin, wie es scheint, nebst Simeon vorzugsweise gesunkenen und zerrissenen Stammes ward eine andere und verwandelte sich in diejenige, welche der »Segen Mose's« schildert **).

---

*) »Unter diesem Geschlecht, aus dem gewaltsamen Stamme Levi, tritt ein gewaltsamer Mann hervor; lebhaftes Gefühl für Recht und Unrecht bezeichnen ihn; würdig seiner grimmigen Ahnherren erscheint er, von denen der Stammvater aüsruft: »»Die Brüder Simeon und Levi«« etc. »Völlig in solchem Sinne kündigt sich Moses an«. Göthe im »Westöstlichen Divan«.

**) Als man sich nicht mehr in die Sache zu finden wusste und für den Ruhm des Priesterstammes fürchtete, wenn auf ihm ein solcher Vorwurf und Fluch des Stammvaters laste, suchte man der glänzenden Stelle im »Segen Mose's« gemäss auch die anstössige im »Segen Jakob's« erscheinen zu lassen. Onkelos und die übrigen Targumisten wenden die Letztere zum Vortheile der Leviten mittelst einer Umschreibung, wovon nicht ein Wort im Texte steht; der Samaritaner verwandelt sogar willkührlich אריר, verflucht, in אדיר, ausgezeichnet. Wir aber erkennen in dem rücksichtslosen Bericht und Ausdrucke der Genesis nicht nur die Reinheit dieses Urbuches von allen hierarchischen und politischen Rücksichten, sondern auch das ausserordentlich hohe Alter seiner Entstehung und Verabfassung, wenigstens was Stoff und Grundlage betrifft. Es ist, wir zweifeln nicht daran, ein Buch von drüben her, ein altamerikanisches Buch, welches im Urlande entstand und von da die grosse Wanderung in den anderen Continent mitmachte. Noch

6.

Sehen wir uns nun die Geschichte des grossen Führers und Gesetzgebers etwas näher an! Derselbe wird in einem Rohrkästchen in das Schilf am Nil gesetzt und von der Pharaonentochter, die sich im Nil badet, mitleidig angenommen. Es sieht dies wie eine Fabel aus, deren Urheber Nichts von den gefährlichen, nach Menschenfleisch lüsternen Krokodilen wusste, von denen nach Beschreibung der Alten der Nil wimmelte und für welche der kleine Moses und die Königstochter ein Paar gute Bissen gewesen wären — der Naivität und Primitivität der Sitten zu geschweigen, die einer solchen Dame erlaubte, an einem so zugänglichen Orte unter Nilschilf zu baden! Aber nennt denn die Bibel den Nil? Sie spricht von einem Fluss oder Strome, und wir verstehen darunter den Nil, weil wir der festen, unzweifelhaften Meinung sind, hier in Afrika sei der Schauplatz der Begebenheit gewesen. Die Ungläubigen spotten über solche Erzählungen und Schilderungen — wäre es nicht wünschenswerth, ihrem Gelächter nicht länger so wehrlos ausgesetzt zu sein? Man suche nach einem anderen Land und Strome, wohin man die Begebenheit setzen könne; sollte man sich auch gezwungen sehen, den jenseitigen Continent zu verlassen, und dem unsrigen einen Besuch zu machen. Auch da giebt es Krokodile; aber Amerika ist gross und nicht überall wimmeln die Gewässer von Kaimanen und greifen den Menschen an. Hier in dunkler Vorzeit konnten

---

die Toltekan waren im Besitze eines solchen, welches sie »das göttliche Buch« nannten, wie wir die Bibel »die heilige Schrift« nennen; es soll ganz dieselben Ueberlieferungen enthalten haben, wie unsere Genesis. S. Boturini's zu Madrid 1746 erschienenen Entwurf einer Geschichte von Neuspanien und Clavigero's Geschichte von Mexico Buch II. Cap. 2 u. 3.

auch Sitten herrschen, welche die Genesis richtig schildert, die aber dort jenseits nicht mehr schicklich waren. Mose soll ferner »die Gewässer Aegyptens', seine Flüsse, Ströme, Seeen und sämmtliche Wassersammlungen« in Blut verwandelt haben. Das erweckt die Vorstellung eines mit vielfältigem Wasserreichthum versehenen Landes; Aegypten aber hat nur den einzigen Nil. Nimmt man nun auch die Canäle und Arme dieses Stromes und die von ihm gebildeten Sümpfe in Anspruch, so sieht das von der Bibel entworfene Gemälde doch immer fremdartig aus. Wir können nothdürftig zurechtkommen; ich gebe es zu. Der gewöhnliche Bibelvertheidiger begnügt sich damit und muss es wohl. Aber es wird uns bei so vielen Verlegenheiten und gequälten Anpassungen an Localitäten und Verhältnisse widerstrebender Art nicht wohl; wir fühlen: es wäre besser, wenn die Sachen anders ständen.

7.

Wem ist es endlich unbekannt, welche Schwierigkeiten den Erklärern die räthselhafte Wanderung der Israeliten in der Wüste unter der Führung Mosis macht? Man hat die Dauer dieses Zuges, der vierzig Jahre lang gewährt haben soll, kritisch auf zwei Jahre reduzirt; und dabei eine Menge von Stationen hinweggestrichen, die nur erfunden zu sein scheinen, um eine grosse historische Lücke, wie sie durch eine fabelhafte Ausdehnung der Zeitdauer entstanden war, mit einigen leeren Namen auszufüllen. Aber es musste dann auch der Umstand erdichtet sein, dass durch das Elend und Irrsal einer so langen Wanderschaft eine ganze Generation zu Grunde gegangen sei. Dazu kommt noch, dass der Auszug aus Aegypten und die Wanderung von da nach Palästina überall als das Wunder aller Wunder bezeichnet wird, und dass es für Israel keine effektvollere

Charakterisirung seines Jehova gab, als diese, wenn er als die grosse, mächtige Gottheit, die dieses Wunder gewirkt, bezeichnet wurde. Wie Jerobeam die beiden goldenen Kälber zur Verehrung aufstellt, sagt er: »Siehe, Israel, das ist dein Gott, der dich aus Aegypten geführt.« Eben so hatte sich das abgöttische Volk schon bei Aufrichtung dieses Idotes in der Wüste ausgedrückt; »Und sie sprachen: Das ist dein Gott, Israel, der dich aus dem Lande Aegypten geführt« *). Dagegen Hosea, nachdem er von Ephraim's Kälberdienst gesprochen, Jehova also redend einführt: »Ich aber bin Jehova, dein Gott, vom Land Aegypten her **); und keinen Gott sollst du kennen ausser mir, und es ist

---

*) 1 Kön. 12, 28. 2 Mos. 32, 4.

**) Ein merkwürdiger Ausdruck, der an den Apollon der Griechen, als hyperboreischen Gott, zu erinnern geeignet ist. Denn als solcher, als ein Gegenstand des Cultus von drüben her, aus einem nicht nördlichen, sondern jenseits der kalten Nordgegend gelegenen, sich eines schönen Klimas erfreuenden Theile der Erdoberfläche, wo sein Dienst ursprünglich zu Hause gewesen und von wo er nach Griechenland, namentlich nach Delos gekommen, ist Apollon bezeichnet worden. Als ein dualistisch-geistiges, supranaturales Wesen, gleich dem Gotte Israels, hat ihn Ottfried Müller gefasst. Beide ihrer Natur nach so verwandte Culte, der apollonisch-griechische und der hebräische, haben ihre Wurzel offenbar nicht in Asien, Europa, Afrika, sondern in einer Gegend, die man, so deutlichen Fingerzeigen in Sage und Namen und der zum Theil völlig historischen Ueberlieferung gemäss, nur in dem Welttheile suchen kann, in welchen man von Asien aus über die Behringsstrasse oder die Aleuten hin gelangt — ein Weg, der, wie uns Alles lehrt, einst wohl bekannt gewesen und was die damaligen Wanderungen ganzer Stämme und Völker betrifft, in umgekehrter Richtung gegangen worden sein muss.

kein Helfer, als ich« *). Hier dreht sich der Streit höchst bezeichnend nur um die Frage: welcher Gott jenes grosse Werk vollbracht; dass es das Volk für sich, dass es Menschen, als solche, nicht hätten vollbringen können, darüber war man einig, mochte man Jehova oder das Kalb verehren. Das setzt aber doch etwas ganz Anderes voraus, als wir uns jetzt vorzustellen pflegen. Wenn das Volk so lange nur auf dem kleinen, öden Fleckchen des Erdbodens, den man für den Schauplatz jener Begebenheiten hält, jämmerlich hin und her gezogen wäre, während in unmittelbarer Nähe das verheissene Land und das Ziel der elenden und leidensvollen Wanderung lag, so hätte die Sache trotz aller Wunder, die dabei vorkamen, doch vielmehr den Charakter der Schwäche, Furcht und Ohnmacht für Volk und Gottheit gehabt. Aber hören wir schliesslich, was sich sonst noch in diesem Betreffe für Volkserinnerungen zeigen, wie sich darüber ein Prophet, wie Jesaias, äussert!

8.

Derselbe unternimmt es Cap. 40, sein Volk zu trösten und zu diesem Behufe Jehova's Grösse und Macht zu schildern, gegen welche alles Uebrige Nichts sei, namentlich die mächtigen Völker und Herrscher, vor welchen sich ein Völkchen, wie Israel, wohl fürchten konnte. »Wem denn,« heisst es v. 25 ff., »wollt ihr mich vergleichen, dass ich ihm ähnlich wäre? spricht der Heilige. Hebt zur Himmelshöhe eure Augen und schaut! Wer hat diese geschaffen? Der herausführet ihr Heer nach der Zahl, sie alle rufet bei'm Namen; ob seiner grossen Macht und gewaltigen Stärke bleibt keiner aus. Warum sprichst du, Jakob, und

---

*) Hosea 13, 4 f.

redest Israel: Verborgen ist mein Geschick vor Jehova, und mein Recht gehet vorüber vor meinem Gott? Hast du es nicht erkannt oder nicht gehört? Ein ewiger Gott ist Jehova, Schöpfer der Enden der Erde. Er ermattet und ermüdet nicht; keine Ergründung seiner Einsicht! Er giebt dem Erschöpften Kraft und dem Ohnmächtigen mehrt er die Vermögenheit. Es werden Jünglinge schwach und jugendliche Krieger straucheln; aber die auf Jehova harren, verjüngen ihre Kraft, treiben neues Gefieder, den Adlern gleich, laufen und ermüden nicht, gehen und ermatten nicht.« Dann heisst es weiter Cap. 41, v. 2 ff. »Wer erweckte vom Aufgang her ihn, dem Sieg auf jedem seiner Tritte begegnet; giebt ihm Völker Preis und unterjocht Könige; macht wie Staub ihr Schwert, wie verwehete Spreu ihr Geschoss? Er verfolgt sie und ziehet sicher den Pfad, den sein Fuss noch nie betreten hat. Wer that und vollbracht' es? Der die Menschengeschlechter hervorrief vom Anbeginn, ich, Jehova, der erste und bei den Letzten derselbe. Es schauen's die Inseln und schaudern; die Enden der Erde, sie zittern; sie nahen und kommen herzu. Einer hilft dem andern und spricht zu seinem Bruder: sei getrost! Es ermuthigt der Schmied den Schmelzer, der Hammer-Glätter den Ambos-Schläger, spricht von der Löthung: Sie ist gut! und heftet's mit Nägeln, dass es nicht wanke. Aber du, Israel, mein Knecht Jakob, den ich erwählte, Same Abrahams, meines Freundes, den ich ergriff von den Enden der Erde und von ihren Azilim — d. h. ihren ältesten, edelsten Geschlechtern*) — herrief und

---

*) Das hebr. אציל, azil, bedeutet Edler, Vornehmer, Auserwählter; so heissen 2 Mos. 24, 9—11 Mose, Aaron, Nadab

zu dem ich sprach: Mein Knecht bist du, dich erwähl'
ich und verwerfe dich nicht, denn ich bin mit dir, zage
nicht, denn ich bin dein Gott.« Weiterhin v. 25 ff. folgt
eine besonders wichtige Stelle: »Ich erweckte ihn von
Mitternacht her und er kam, von Sonnen-Aufgang, der meinen Namen anruft; er geht über
Gewaltige wie Lehm und wie ein Töpfer Thon
zertritt.«

Ich weiss wohl, wie man diese Stellen zu deuten pflegt
und dass man an Abraham und Cyrus denkt. Der Zusammenhang scheint mir jedoch zu fordern, dies Alles nur
vom Volke Israel, als solchem, und von seinem angeblichen
Zuge aus Aegypten her zu verstehen. Aber welch ganz
andere Gestalt nimmt dieser Zug dann an! Israel kommt
hiernach von den Enden der Erde und ihren uralten Geschlechtern, von fernen Inseln oder Küsten, von da her, wo die Menschengeschlechter
ihren Anfang nehmen. Auch die Weltgegend ist bezeichnet: von Osten und Norden her geht der Zug.
Er geht gewaffnet und gerüstet und Alles unaufhaltsam
überwältigend und beseitigend, was ihm in den Weg tritt.
Die Sache erscheint dem Propheten so ungeheuer, dass er
sie in die Reihe der Thaten und Werke Gottes stellt, in
der er die Weltschöpfung nennt. Was muss das für eine
Wanderschaft gewesen sein! Jenes elende, müssige Herumziehen in der arabischen Wüste, welches kritischen Köpfen
so lächerlich vorkommt, war es gewiss nicht. Etwas beispiellos Grosses und Erstaunliches wird angedeutet, etwas,

---

und Abihu und die 70 Aeltesten Israels, die gewürdigt werden, Gott
zu schauen. Arab. اصيل von altem, edlem Stamme, اصل,
Wurzel, Stamm. Einen Azelus nennt Justin als einen der
hebräischen Urkönige; griech. εσθλος, edel.

dem im Bewusstsein jenes Alterthums nichts Aehnliches an die Seite zu setzen war, bei dessen Vorstellung das Volk selbst, das die grosse Wanderung vollbrachte, in ein grenzenloses Staunen gerieth, wovon es sich selbst die Ehre nicht zuzuschreiben wagte, wobei es glauben musste, nur das passive Werkzeug einer göttlichen Macht gewesen zu sein. Etwas der Art sind wir daher auch positiv berechtigt, ja gezwungen, anzunehmen.

Das nun, meine Herren, ist es, was ich Ihnen zunächst zum Behuf einer Einleitung in das aufzustellende geographisch-historische System mittheilen und zu bedenken geben wollte. Sie werden nach diesen vorläufigen Bemerkungen und Fingerzeigen vielleicht nicht ungeneigt sein, zu vernehmen, was ich Ihnen über die biblischen Urgeschichten, die nach meiner Ansicht zugleich eine Geschichte des alten, zur Zeit noch mit Nacht bedeckten Amerika und der von daher in die sogenannte alte Welt gerichteten Völkerwanderungen sind, weiter vorzutragen die Ehre haben werde.

Zweite Vorlesung.

Naturwissenschaftliche Erörterungen über Alter und Tod der menschlichen Raçen mit besonderer Rücksicht auf die Urbevölkerungen Oceaniens und Amerika's.

1.

Wir werden uns in dieser Stunde mit einigen allgemeinen Fragen beschäftigen, bei denen ein Blick auf den jetzigen Stand der Naturwissenschaften gethan werden muss. Es handelt sich darum, ob wir diese, wie die gegenwärtige Lage der Dinge ist, für oder gegen uns haben.

Wir halten mit der h. Schrift an der Einheit des Menschengeschlechtes fest und führen alle seine Raçen auf einen gemeinschaftlichen Ursprung zurück; wir nehmen auch ebenso, wie die Bibel, einen bestimmten örtlichen Ausgangspunkt des Geschlechtes an. Wir sind hierin mit allen Gläubigen einig, stellen nichts Besonderes auf, gedenken überhaupt gar Nichts vorzutragen und zu behaupten, was dem allgemeinen Bibel- und Christenglauben, man müsste denn diesen Begriff in allzu pedantische Schranken einschliessen und namentlich auch die herkömmlichen, aber falschen Auffassungen biblischer Relationen dazu rechnen, nachtheilig sein könnte; da wir vielmehr den Werth und das Ansehen der heiligen Bücher auf eine bis jetzt noch ungeahnte Weise zu erhöhen und auszudehnen im Sinne haben. Wir widersprechen aber, wenn man jenen Anfangs- und Ausgangspunkt des Menschengeschlechtes und seiner Verbreitung auf der Erde nach Asien setzt; wir glauben, dass derselbe weit davon entfernt im stillen Meere gelegen, dass von daher Amerika und dann erst von diesem Welttheil aus Asien bevölkert worden sei. Das ist, in aller Kürze ausgedrückt, die Meinung, die wir nach vielen und langjährigen Studien und Untersuchungen entschieden gefasst haben, und die wir uns mit vollem Vertrauen zu der Wahrheit derselben zu behaupten getrauen.

Nun fragt es sich aber: können wir dieselbe auch in Uebereinstimmung mit den jüngsten und reifsten Resultaten der empirischen Wissenschaften festhalten und geltend machen? Ist nicht vielmehr anzunehmen, dass der Mensch auf verschiedenen Punkten der Erde entstanden, dass namentlich der Indianer Amerika's nicht aus irgend einem anderen Welttheil eingewandert, sondern ein wahrer und wirklicher Autochthone, ein Erzeugniss dieses Bodens und Welttheiles sei? Oder wenn ein Theil der Erde den übrigen seine Bewohner gespendet hat, erlaubt es uns die Wissenschaft, von der altherkömmlichen Meinung abzuweichen, dass Alles von Asien ausgegangen; gestattet sei uns die Annahme, diese allerdings, doch nur in relativem Sinne des Wortes alte Welt habe hinter sich eine, ja zwei noch ältere, und diese seien Amerika und Oceanien? —

Sie werden sehen, meine Herren, dass die Wissenschaft solche Annahmen nicht nur erlaubt, sondern sogar dazu treibt und drängt; dass ein System, wie das meinige, mit Nothwendigkeit sogar aus den zur Zeit gewonnenen Einsichten der Zoologie und Botanik folgt.

2.

Es gab eine Zeit, da bemühte man sich, die Bevölkerung Amerika's von den Phöniciern, Aegyptiern, Juden, Tartaren, Chinesen und anderen Völkern der alten Welt herzuleiten. Das kam aus der Mode, und es galt für eine moderne Weisheit und philosophische Auffassung der Sache, dass Amerika seine Urbewohner, so wie auch andere Welttheile die ihrigen, selbstständig aus sich hervorgebracht habe. Die neueste Wendung ist endlich die, welche durch Darwin's Buch über die Entstehung der Arten eingetreten ist.

Dieser berühmte Forscher verneint und bestreitet die Meinung, dass für jede besondere Art der Thiere und Pflanzen ein besonderer Schöpfungsakt nöthig sei; er führt die verschiedenartigen Raçen auf einen Urtypus zurück und lehrt, dass z. B. die vielen für den Kenner sich scharf unterscheidenden Taubenraçen von der Felsentaube *(columba liria)* abstammen; dass Esel, Pferd, Zebra, Quagga, Hemionus gemeinsamen Ursprunges seien, indem es aus Gründen, die hier anzugeben zu weitläufig wäre, tausend und abertausend Geschlechter rückwärts ein wie das Zebra gestreiftes Thier gegeben haben müsse, von welchem die Pferdearten hergekommen. Er weist die Möglichkeit und Wirklichkeit der grössten Veränderungen nach; er glaubt an eine gemeinsame Abkunft aller Thiere, indem er sogar vom fliegenden Eichhörnchen zur Fledermaus und von dieser zu den Vögeln eine Brücke baut. Unabhängig von Darwin ist der Zoologe Wallace zu denselben Sätzen gelangt. Andere ansehnliche Forscher und Gelehrte haben ihnen beigestimmt; und es ist bekannt, in welcher Geltung zur Zeit diese Lehre steht.

Unter diesen Umständen machen erstlich die noch so verschiedenen Menschenstämme demjenigen, der sie sämmtlich von einer und derselben Urform ausgehen zu lassen geneigt ist, keine Schwierigkeit mehr; und die Theologen brauchen desshalb keinen Kampf mehr mit den Naturforschern zu führen. Wenn Vögel und Säugethiere einer gemeinschaftlich zu Grunde liegenden Art entsprossen sein können, so kann und wird auch wohl der Kaukasier, der Neger, die Rothhaut Amerika's von einem und demselben genealogischen Punkte und Urquell ausgegangen sein. Wie bestimmt sich aber weiter das ethnologische Verhältniss verschiedener Welttheile zu einander? —

Auch in dieser Hinsicht ergeben sich aus der Darwin'schen Lehre die wichtigsten und entscheidendsten Bestimmungen. Es kann hiernach gar keinem Zweifel unterworfen sein, dass die Völker Amerika's, Polynesiens, Australiens einer älteren Weltperiode angehören, als die in Asien, Afrika und Europa zur Entfaltung gekommenen, indem sie die verschwindenden Reste einer uralten Menschheit sind, aus der sich die asiatische, afrikanische und europäische erzeugt und in ihren neuen Wohnsitzen eigenthümlich weiter entwickelt hat. Es gründet sich diese Ansicht auf folgende Thatsache. Die amerikanischen und oceanischen Urvölker sind seit der Entdeckung und der damit verbundenen Berührung mit dem europäischen Menschenstamme in wundersam raschem, durch Nichts zu hintertreibendem Verkommen und Vergehen begriffen. Die Berührung mit der europäischen Raçe ist ihnen letal; die Entdecker haben in diese Welttheile den Tod, die Vernichtung getragen. Die Bevölkerung des altmexicanischen Reiches war schon innerhalb eines Menschenlebens fast bis auf den zehnten Theil zusammengeschrumpft; die Indianer im Norden sterben aus; die Prairie-Indianer gehen zu Grabe; und selbst das Schicksal der in unsere

Civilisation eingehenden Rothhäute ist sehr zweifelhaft *). Die ursprünglichen Bewohner Westindiens haben den Ankömmlingen aus Europa und Afrika daselbst schon längst den Platz geräumt; die der oceanischen Inselwelt nehmen seit einem halben Jahrhundert so eilig ab, dass wohl noch vor dem Ende dieses Jahrhunderts der ganze alte Menschenschlag des stillen Meeres so gut als ausgestorben sein wird. Nach einem Regierungsbericht aus Victoria im Jahre 1860 ist die Anzahl der australischen Eingeborenen in dem kurzen Zeitraum von 20 Jahren von 6000 auf eben so viele hundert zusammengeschmolzen. Die Urbevölkerung der Vandiemensinseln oder Tasmaniens ist bereits zu Grunde gegangen. »Der letzte Tasmanier,« wie man ihn nannte, erschien bei einem Feste des Gouverneurs von Hobbarttown, das, wenn mir recht ist, 1864 Statt gefunden. Wie der Stamm seinem Ende entgegenging, schilderte der zu Hobbarttown erscheinende »Mercury« in einem historischen Umrisse. Seitdem er mit den Weissen in Berührung gekommen, hat er begonnen, dahinzuschwinden, was doch wohl nicht bloss der allerdings grausamen Behandlung, die er erfuhr, allein zuzumessen ist. Noch im 1. Jahrzehnte dieses Jahrhunderts wurde er auf 4—5000, ja 7000 Köpfe berechnet. Unter dem Gouverneur Arthur wurden die Urbewohner abgefangen und auf die Flintersinsel transportirt, welche zwischen 1835 und 1846 die letzten Reste des Stammes aufnahm; diese kleine Insel ist nun ihr Grab.

Was ist das für eine Erscheinung? Wie soll man sie beurtheilen? Die Wissenschaft unserer Tage beantwortet diese Frage folgendermassen.

---

*) »Das Schicksal der Indianer,« sagt Andree, »ist ein ungewisses und ihre Zukunft unsicher, auch im Westlande, und selbst wenn sie sich der europäischen Gesittung, die doch innerlich ihrem ganzen Wesen widerstreitet, völlig zuwenden.«

Der tragische Prozess, welchem die Urvölker Amerika's und Oceaniens unterliegen, entspricht auf das Genaueste dem jetzt so klar erkannten und nachgewiesenen **Naturgesetze**, nach welchem im Verlaufe der organischen Entwicklungen **das Frühere dem Späteren überall zum Opfer fällt**, indem das in einer vorausgegangenen Bildungs- und Entwicklungsperiode des Erdlebens Kräftige und Mächtige das Vermögen und die natürliche Berechtigung, in dieser Art fortzudauern, verliert, und neue organische Lebensformen mit jugendlicher Energie hervortreten und überhand nehmen, während die älteren und, als solche, schwächeren vor ihnen mit unausweichlicher Nothwendigkeit dahinschwinden. Es giebt, was die menschlichen Geschlechter betrifft, allerdings noch andere, bestimmtere Ursachen, durch welche sie leiden und untergehen können, als diese Art von Altersschwäche; und man hat solche, namentlich in Beziehung auf die amerikanische Raçe, früher für die einzigen in Anschlag zu bringenden gehalten. Die Ungerechtigkeiten und Greuelthaten, die man an ihnen ausgeübt, die Krankheiten, die man zu ihnen herübergebracht, das »Feuerwasser,« zu dessen leidenschaftlichem Genusse man sie verleitet hat, sind keine unwichtigen Momente. Aber **Alles** bewirken sie nicht; sie **allein** erklären doch noch immer nicht genügend das rapide Verschwinden und die sich dadurch offenbarende ganz besonders grosse Vertilgbarkeit der vor unseren Augen so traurig zu Grunde gehenden Menschengeschlechter*). Sie würden bei all dem,

---

*) Von den Mandans am Missouri blieb 1835, als unter den Prairie-Indianern die Blattern hausten, kaum eine Seele übrig. Ueber das Aussterben der araucanischen Bevölkerung schrieb Dr. Philippi in Santjago der botanischen Zeitung: auch in Valdivia bewähre sich die merkwürdige Thatsache, dass die

was drückend, schadend, vermindernd auf sie einwirkt, doch wohl nicht so schnell, so sicher, so rettungslos ihrem Ende entgegenschreiten, wenn sie überhaupt lebensfähiger wären, wenn ihre Weltzeit nicht wirklich eine vergangene und die Berührung mit dem energischen Geschlechte einer späteren Entwicklungsperiode nicht schon ohne Weiteres verhängnissvoll für sie wäre. Die Urbewohner Amerika's und der Inselwelt des stillen Meeres konnten sich nur so lange erhalten, als sie ausserhalb des fortschreitend welthistorischen Prozesses standen und mit der europäischen Bevölkerung, in welcher dieser Prozess gährt, in keine Berührung kamen — in ähnlicher Weise, wie es sich auch bei Pflanzen und Thieren verhält, die auf abgelegenen Inseln ihr Dasein fristen, aber verloren sind, wenn andere jugendlichere und darum auch kräftigere Naturprodukte dahin versetzt werden. Madeira und St. Helena z. B. hatten ihre eigene Flora; als aber mit den Europäern auch europäische Pflanzenarten dahin kamen, breiteten sich diese rasch aus, verdrängten und erwürgten, so zu sagen, die einheimischen Arten. So geht es auch in Neu-Seeland; die daselbst einheimischen Organismen des Thier- und Pflanzenreiches werden von den Thieren und Gewächsen, die man aus Europa eingeführt hat, überflügelt und ausgetilgt.

Zahl der Indianer immer mehr abnehme, wiewohl sie sich in den günstigsten Umständen befänden. Sie seien freie Eigenthümer, hätten in Fülle Land und Vieh, bezahlten keine Abgaben etc. Sie setzten aber den epidemischen Krankheiten nicht denselben Widerstand, wie die Weissen entgegen, und Menschenblattern und Ruhr räumten fürchterlich auf unter ihnen. Vergl. Petermann's Mittheil. 1861. VI.

3.

Die von der Natur aufgegebenen und gleichsam zum Tode verurtheilten Menschengeschlechter fühlen auch ihre Schwäche; sie ahnen das Schicksal, das über ihrem Haupte schwebt, setzen ihm, wenn noch einiger Vorrath von Muth und Trotz vorhanden, eine fruchtlose Anstrengung entgegen oder verzweifeln und beschleunigen absichtlich ihren Untergang. Es ergreift sie dann ein Lebensüberdruss, der sich durch Vernachlässigung der Propagation und eine Art von Raçenselbstmord äussert, wodurch ein so unglückseliges Geschlecht sein Dasein massenhaft abzukürzen sucht. In Mexico waren, wie Zurito berichtet, ganze Gemeinden verschworen, keine Nachkommenschaft mehr aufkommen zu lassen, so dass sie theils schon im Voraus verhindert, theils durch Tödtung der Frucht vereitelt wurde.

Die Ahnung eines unabwendbar bevorstehenden Verderbens war in den alten Bevölkerungen bereits vor dem Erscheinen der Europäer vorhanden. Eine tiefe Traurigkeit, ein Trübsinn ohne Gleichen breitete seine düsteren Fittige über den ganzen Continent. Visionen, Weissagungen, Orakel verkündeten die Dinge, die da kommen sollten und erfüllten Fürsten und Völker mit Schrecken, Furcht und Grauen. So in Peru, auf den Antillen, in Mexico. Einer der peruanischen Herrscher, dessen Gemüthsart mild und menschenfreundlich, aber schwermüthig, ängstlich und furchtsam war, hatte den auffallenden Namen Yahuarhuacac, d. h. der Blutweiner. Von seinem Sohne Viracocha *) schrieb sich eine Prophezeiung her, nach welcher dem Reiche der Incas der Untergang drohte; derselben erinnerte sich späterhin der Inca Huayna Capac, der Vater des Inca Atahualpa, mit welchem sich die Reihe

---

*) Sprich Wiracotscha.

dieser Herrscher schloss, und wiederholte sie noch im Sterben, nachdem sich unter seiner Regierung die schreckhaftesten Phänomene ereignet hatten, welche die Wahrsager sämmtlich auf grosse Unglücksfälle deuteten. Auf der Insel Haiti wollte der Vater des Kaziken Guarionex die Zukunft erforschen und fragte nach fünftägigem Fasten ein Orakel daselbst. Dieses sagte die Ankunft der Spanier und den Untergang der Bevölkerung voraus; darauf bezog sich auch ein Lied, das man auf dieser Insel an gewissen der Trauer grwidmeten Tagen zu singen pflegte. Die Seher, Wahrsager und Orakel Amerika's liessen sich selbst nicht durch den Zorn der Gewalthaber schrecken. Montezuma ergrimmte einst über einen Unglückspropheten dermassen, dass er dessen Haus einreissen und ihn unter den Ruinen begraben liess; ich finde nicht, dass sich Andere anders vernehmen liessen. Wie Bileam segnen musste, da er fluchen sollte, so scheinen diese Seher umgekehrt mit unwiderstehlicher Gewalt nur zum Verkünden schrecklicher Dinge getrieben worden zu sein. Auch auf den historischen Gemälden der Amerikaner waren nach Clavigero [*]) diese Ahnungen ausgedrückt. Dahin gehört das berühmte Gesicht der Schwester Montezuma's Papantzin, die 1509 in einen Scheintod verfiel, worin sie eine die kommenden Ereignisse anzeigende Vision hatte. Sie erwachte wieder, ging aus ihrem Grab hervor und erzählte die Dinge, die sie gesehen und die ihren Bruder in die tiefste Schwermuth versenkten.

4.

Kehren wir zu den angeführten naturwissenschaftlichen Beobachtungen und Vegleichuugen zurück! Der sich daraus

---

*) Geschichte von Mexico Buch V. Kap. 11.

ergebende, für uns so wichtige Satz ist dieser: Da die neueren organischen Formen immer und überall die kräftigen und siegreichen sind, so müssen die unterliegenden die älteren sein. Die ältesten Formen des Menschentypus sind dem zu Folge die Oceanier oder Urbewohner des stillen Meeres und die Indianer Amerika's; die jüngsten die Kaukasier und die afrikanischen Negervölker Mitten inne stehen die gelben Völker Ostasiens. Das ist die wörtlich ausgehobene Erklärung heutiger Naturforschung. Wenn wir nun die Menschengeschichte in grossem, einheitlichem Zusammenhange zu betrachten unternehmen, wo müssen wir anfangen? —

Asien ist alt; aber wir können es nicht für das Aelteste, Anfänglichste, Ursprünglichste halten. Hinter der asiatischen Welt steht eine noch ältere, und das ist jenen Erkenntnissen und Erklärungen gemäss die von Amerika und Oceanien. Da also müssen wir die Geschichte des Menschengeschlechtes ihren Anfang nehmen, von da müssen wir sie nach Asien übergehen lassen; und dann endlich können wir als die jetzige Spitze des Prozesses die europäische Menschheit betrachten, die, wie es scheint, sich über die ganze Erde zu verbreiten und alles Uebrige, so weit es einer veralteten Raçenbildung angehört und seine Weltrolle ausgespielt, zu besiegen und danieder zu leben hat. »Danieder zu leben,« sage ich. Denn wenn wir gegen andere ältere Raçen auch noch so schonend und wohlwollend verfahren, so werden sie, als solche, dem zur Sprache gebrachten Naturgesetze nach, wohl dennoch untergehen und nur noch etwa in der Vermischung mit dem gegenwärtig zum Leben und zur Herrschaft berufenen Geschlechte fortzudauern im Stande sein.

Was den Neger betrifft, so eröffnet die bedeutende Körperkraft und Fruchtbarkeit desselben auch ihm die Aussicht in die Zukunft; es droht ihm zur Zeit kein Raçentod; er ist insbesondere für den heissen Erdgürtel die siegreiche Specialität. Auch diese Raçe wird daher, jenem Systeme zu Folge, als verhältnissmässig jung betrachtet. Es giebt indessen noch eine andere Erklärungsweise. Die in Rede stehende schwarze Menschenart mag eben so alt, als die Urbevölkerung Amerika's und Oceaniens sein; sie hat aber niemals im welthistorischen Gange der Dinge eine Rolle gespielt, wie jene anderen Raçen, die zur Zeit im Vergehen und Verschwinden begriffen. Dieselben haben sich in ihrer vorzeitlichen Bethätigung erschöpft und sind nur noch alte, verbrauchte Werkzeuge des geschichtlichen Entwicklungsprocesses. Der Neger hat noch seine ganze rohe Kraft und ist desshalb dem Europäer so brauchbar und nützlich, für unsere Untersuchungen aber interesselos; dagegen jene hinsterbenden oder schon zu Grabe gegangenen Nationen dem Forscher, der in die Geheimnisse des Alterthums einzudringen wünscht, von allerwesentlichstem Interesse sind *).

*) Man vergleiche über den botanischen, zoologischen und ethnologischen Inhalt des Vorgetragenen: *Charles Darwin, on the origine of Species. London, Murray 1859. Dr. J. D. Hooker, The flora of Australia etc.*, ein sich an Darwin anschliessendes Werk *Victoria, Report of the Select. Committee of the legislative concil on the Aborigines*, besprochen im Athenäum vom 31. Dez. 1860. Andree, Amerika I. S. 181 ff. Ausland 1860. S 62 ff. 97 ff. 135 ff. 255 ff. 391 ff. 560 ff. Jahrg. 1862. S. 816. Noch Einiges über dieses wichtige Thema wird weiter unten bemerkt und beigebracht werden.

Dritte Vorlesung.

Fortgesetzte Betrachtung über das Alter, die Geschichte und das Schicksal der oceanischen und amerikanischen Urbevölkerungen mit auszüglicher Anführung der einschlägigen Beobachtungen und Reflexionen des Herrn v. Martius.

1.

Ich habe nunmehr, wie ich glaube, meine Ansicht, der Naturforschung gegenüber, hinlänglich begründet und gerechtfertigt. Ich fürchte jedoch, dass ich Sie, meine Herren, durch diesen Vortrag gleichwohl mehr abgestossen und indignirt, als zufrieden gestellt habe. Es erregt ihnen vielleicht ein widriges Gefühl, wenn der Mensch ganz nur wie Thier und Pflanze zu betrachten und die Bevölkerungen ganzer Welttheile das reine, fatalistische Opfer eines Naturprozesses sein sollen. Andere haben sich vorgestellt, es müsse auf Amerika's alten Geschlechtern eine eigenthümlich schwere Schuld und ein derselben entsprechender furchtbarer Fluch ruhen, in dessen Folge sie so elend untergehen. Es giebt eine dritte Ansicht, die jene beiden gewissermassen vereiniget.

Der Mensch ist, der religiösen Lehre gemäss, ursprünglich dem Tode nicht unterworfen, selbst was das Individuum betrifft; es könnte also, wenn er noch auf dieser

Stufe stünde, innerhalb des menschlichen Geschlechtes auch kein Raçentod eintreten; dem Tod aber ist er dieser Lehre nach durch eine allgemeine Verschuldung anheimgefallen. Eine besondere Verschuldung, einen speciellen Fluch, können wohl auch bestimmte Geschlechter auf sich laden und dann auch einem sie speciell treffenden Tode zu unterliegen haben. Es ist nicht undenkbar, dass eine furchtbare Entartung einen Theil der Menschheit auch physiologisch auf eine Stufe herabgesetzt habe, auf welcher derselbe, jenen veralteten Thier- und Pflanzenarten gleich, nur noch sehr bedingungsweise zu existiren vermag, ausserdem aber sofort der Vernichtung anheimfällt. Es sind in der That Spuren und Fingerzeige vorhanden, welche uns lehren, dass das uns historisch unbekannte amerikanische Alterthum, wenn auch nicht immer und überall, doch zu einer gewissen Zeit und bei manchen Völkerstämmen, ja vielleicht vorherrschend und nur mit wenigen Ausnahmen namenlos gräulich und entsetzlich gewesen. Kaum glaubliche Dinge der Art fanden sich ja auch noch in der historischen Zeit. Man denke nur z. B. an die Zustände in Montezuma's ehemaligem Reiche, das ein so civilisirtes und glänzendes war, und in welchem doch Culte und Sitten herrschten, die über alle Massen fürchterlich und abscheulich waren. Was die Vorsehung rotten wollte, das musste aus diesem Welttheil hinausgeführt werden; und wir begreifen auf diese Weise um so mehr jenen wunderbaren Zug Israels unter Mose, der unserem Systeme gemäss nicht von Aegypten nach Palästina, was nichts weniger, als grossartig gewesen wäre, sondern von einem Continent zum anderen, von Amerika nach Asien ging.

Auf eine ungeheuere Verirrung und Entartung der menschlichen Natur ist auch Herr v. Martius, der berühmte deutsche Naturforscher und Reisende, geneigt, die ganz eigenthümlichen Zustände der Urbewohner Amerika's und das traurige Schicksal zurückzuführen, dem sie, in Folge einer strafenden Gerechtigkeit, wie er meint, so rettungslos anheimzufallen scheinen. Wie es sich nun auch mit dieser Anschauungsweise verhalten möge — die Aeusserungen dieses bedeutenden Mannes sind mir in noch anderer Hinsicht von grossem Werth. Derselbe beweist aus einleuchtenden Gründen, wie sie ihm seine naturwissenschaftlichen und ethnologischen Kenntnisse und Einsichten liefern, das nothwendig anzunehmende sehr hohe Alter der amerikanischen Urbevölkerung. Er glaubt auch dass in diesem Continente ganz ausserordentliche Dinge vorgegangen seien, wie sonst nirgend in der Welt; dass hier entsetzliche Katastrophen Länder und Völker betroffen, den Sinn der Menschen verwirrt und verdüstert; ihrem Charakter ein so ungeselliges Gepräge aufgedrückt und eine so grosse Zersplitterung und Isolirung der eingeborenen Stämme verursacht hätten; er sagt es fast ausdrücklich, dass der Schauplatz der von der Genesis erzählten Sprachverwirrung und Völkerzerstreuung in Amerika gewesen sein müsse. Ich kann nicht umhin, Ihnen einige Stellen seiner Abhandlung »über die Rechtszustände unter den Ureinwohnern Brasiliens« vorzulesen, wo er die Gelegenheit ergreift, über Alter, Natur und Schicksale der indianischen Bevölkerung Amerika's überhaupt seine Stimme abzugeben. Er schildert die vorgefundenen rohen und traurigen Zustände derselben und fährt dann also fort: »Doch ist dieser Zustand nicht der erste, worin sich die amerikanische Menschheit befindet; er ist eine Ausartung und Erniedrigung. Weit jenseits und getrennt durch ein tausendjähriges Dunkel, liegt eine edlere Vergangenheit derselben, auf die wir nur aus wenigen Ueberresten schliessen können. Kolossale Bauwerke, in

Ausdehnung den altägyptischen vergleichbar, wie die von Tiahuanacu am See Titicaca, welche die Peruaner schon zur Zeit der spanischen Eroberung als Reste einer viel älteren Bevölkerung anstaunten, und ähnliche Schöpfungen, welche in räthselhaften Trümmern hie und da über die beiden Amerika's zerstreut sind, geben Zeugniss, dass ihre Bewohner in entfernten Jahrhunderten eine gegenwärtig ganz verschollene Bildung und moralische Kraft entwickelt hatten. Nur ein Nachklang davon, ein Versuch, die längst entschwundene Zeit wieder zurückzuführen, begegnet uns in dem Reiche und den Institutionen Montezuma's und der Inca's. Dieses Reich war aber so wenig festgewurzelt in dem Leben und der Denkart der entarteten Indianer, dass unter Einwirkung der spanischen Eroberung, bevor noch vier Jahrhunderte verflossen, das ganze Gebäude jener theokratischen Monarchieen wie ein Traum zerstob. In Brasilien ist bis jetzt noch keine Spur einer solchen früheren Cultur entdeckt worden; und wenn sie hier geherrscht haben sollte, so müsste dies in einer sehr weit entfernten Vergangenheit gewesen sein. Dennoch scheint in dem Zustand der brasilianischen, so wie jeder anderen amerikanischen Bevölkerung, ein Zeugniss anderer Art zu liegen, dass die Menschheit dieses, sogenannten neuen, Continentes keineswegs aus jungen Völkern bestehe, geschweige, dass wir wohl gar für ihr Alter und ihre historische Entwicklungen einen Massstab in unserer christlichen Zeitrechnung annehmen dürften. Dieses unabweisliche Zeugniss legt uns die Natur selbst in den Hausthieren und Nutzpflanzen ab, welche den Uramerikaner umgeben und einen wesentlichen Zug in seiner Bildungsgeschichte darstellen. Der dermalige Zustand dieser Thiere und Pflanzen beurkundet, dass die amerikanische Natur schon seit Jahrtausenden den Einfluss einer verändernden und umgestaltenden Menschenhand erfahren hat. Auf den

Antillen und dem Festlande fanden die ersten Conquistadores den stummen Hund als Hausthier und auf der Jagd dienend, ebenso das Meerschweinchen auf St. Domingo in einem heimischen Zustande. Manche Vögelarten, wie der Puterhahn, das Jacami, mehrere Hoccos u. dergl. wurden in den Höfen der Indianer gezogen. Das Llama war in Peru schon seit undenklicher Zeit als Lastthier benutzt worden, und kam nicht mehr im Zustand der Freiheit vor; ja sogar das Guanaco und die Vicunna scheinen damals nicht ganz wild, sondern in einer beschränkten Freiheit, den Urbewohnern befreundet, gelebt zu haben, da sie, um geschoren zu werden, eingefangen, sodann aber wieder frei gelassen wurden. Wie alt der Umgang mit diesen Thieren war, geht insbesondere daraus hervor, dass die Llama's von vielen Peruanern sogar als heilig verehrt wurden. Wo immer wir sonst einen ähnlichen Thierdienst finden, geht er in eine graue Mythenzeit zurück. So ward auch das Idol eines Hundes von den Bewohnern der peruanischen Provinz Huanca verehrt, und Andere beteten die Maispflanze an. Die Cultur dieser Pflanze, aus welcher die Peruaner auch Zucker bereiteten, ist uralt; man findet sie und die Banane, den Baumwollenstrauch, die Guinoa- und die Mandioccapflanze eben so wenig wild in Amerika, als unsere Getreidearten in Asien, Europa und Afrika*). Die einzige Palme, welche

---

*) »Eine auffallende Erscheinung, die auf das ungeheuere Alter des Cerealien-Anbaues hindeutet, ist diese, dass man bis jetzt, trotz vieler gründlicher Nachforschungen, nicht im Stande gewesen, die eigentliche natürliche Heimath der wichtigeren Kornarten aufzufinden. Keiner der fleissig forschenden Reisenden in Amerika hat dort den Mais anders, als cultivirt oder offenbar verwildert angetroffen. — — — — Es wäre gar nicht unmöglich, dass die Cerealien, als ursprünglich wildwachsende Pflanzen, in der That ganz von der Erde verschwunden sind.« Schleiden, die Pflanze und ihr Leben S. 324 f. der 4. Ausgabe.

von den Indianern gebaut wird, hat durch diese Cultur den grossen, steinharten Samenkern verloren, der oft in Fasern zerschmolzen, oft gänzlich aufgelöst ist. Eben so findet man die Banane, deren Einfuhr nach Amerika geschichtlich nicht nachgewiesen werden kann, immer ohne Samen*). Man weiss aber aus anderen Erfahrungen, welche lange Zeit nothwendig ist, um den Pflanzen einen solchen Stempel von der umbildenden Macht menschlichen Einflusses aufzudrücken. Gewiss auch in Amerika sind die dort heimischen Nutzpflanzen der Menschheit seit undenkbaren Zeiten zinsbar unterworfen. Nur zwei Fälle sind in dieser Beziehung denkbar; entweder sind jene nutzbaren Gewächse im Umgange mit der Menschheit so verändert worden, dass man gegenwärtig ihren, noch vorhandenen, aber gänzlich verwandelten, Urtypus nicht mehr erkennt; oder die Einwirkung der Menschen auf jene Gewächse ist von der Art gewesen, dass sie der Fähigkeit beraubt wurden, sich selbstständig zu erhalten, und nun bloss in der Nähe von jenen ein gleichsam veredeltes und künstliches Leben zu leben im Stande sind. Der tiefsinnige Denker, welcher in seinem »Systeme der Weltalter« alle verschiedenen Richtungen in dem Bewusstsein der Menschheit als eben so viele nothwendige Akte eines einzigen und innig verschlungenen Prozesses zu umfassen bemüht ist **), erkennt eine gewisse Magie an, die von dem Menschengeschlechte in jener vorgeschichtlichen Zeit auch über die Pflanzenwelt ausgeübt worden

---

*) »Die wilde Banane ist eine kleine, grüne, unschmackhafte Frucht, erfüllt mit zahlreichen Samen. Die cultivirte Pflanze dagegen enthält in ihrer nahrhaften Beere gar keine keimfähigen Samen; ihre Erhaltung und Vermehrung hängt ganz von der Thätigkeit des Menschen ab, der sie künstlich durch Setzlinge fortpflanzt.« Daselbst.

**) Schelling.

sei, als es sich aus dem Zustande unstäter Freiheit in ständigen Wohnplätzen zu Völkern abgeschlossen und ausgebildet hatte. Diese Idee, welche den Blick auf das fernste Dunkel der Urzeit unseres Geschlechtes hinlenkt, begegnet meiner Ueberzeugung, dass die ersten Keime und Entwicklungen der Menschheit von Amerika nirgends anders, als in diesem Welttheile selbst, gesucht werden müssen.«

»Ausser den Spuren einer uralten, gleichsam vorgeschichtlichen Cultur und eines verjährten Umganges der amerikanischen Menschheit mit der Natur, dürfen wir als Grund für jene Ansicht wohl auch die Basis ihres dermaligen gesammten Rechtszustandes anführen. Ich meine hier eben jene, schon erwähnte, räthselhafte Zertheilung der Völker in eine fast unzählbare Mannigfaltigkeit von grösseren und kleineren Menschengruppen, jene gegenseitige fast vollständige, Ab- und Ausschliessung, in welcher sich uns die amerikanische Menschheit wie eine ungeheure Ruine darstellt. Für diesen Zustand finden wir keine Analogie in der Geschichte der übrigen Völker des Erdbodens. Die Amerikaner müssen daher ehemals von einem Schicksale betroffen worden sein, das diesen fremd geblieben ist.«

Nachdem H. v. Martius diese wichtigen Sätze ausgesprochen, nimmt er ein physikalisches Gleichniss zu Hülfe, dessen Explication ich übergehen will. Die amerikanische Menschheit, rücksichtlich ihrer bis zum Aeussersten fortgeführten Zertrümmerung in kleine, oft gänzlich isolirte Völkerschaften, Stämme und Horden, kommt ihm »wie eine durch unaufhörlich arbeitende vulkanische Kräfte aufgelöste Formation von Menschen« vor. »Wir dürfen uns bei diesem Anblick wohl für berechtigt halten, dem dermaligen gesellschaftlichen und rechtlichen Zustande der rothen Menschenrace, welcher eigentlich nichts Anderes, als starre Ungeselligkeit ist, ein hohes, allgemein menschliches Interesse zuzuschreiben. Diese von babylonischer Sprachverwirrung begleitete, durch sie vervielfachte Auflösung nämlich aller Bande einer ehemaligen Volksthümlichkeit, das rohe Recht der Gewalt, der fortwährende stille Krieg Aller gegen Alle, aus eben jener Auflösung hervorgegangen, scheinen mir das Wesentlichste und für die Geschichte Bedeutungsvollste in dem Rechtszustande der Brasilianer und überhaupt der ganzen amerikanischen Urbevölkerung. Ein solcher Zustand kann nicht die Folge neuer Katastrophen sein. Er deutet mit unabweislichem Ernste auf viele Jahrtausende zurück. Auch scheint die Periode, in welcher ein solcher Zustand begonnen hat, um so ferner liegen zu müssen, je allgemeiner die Menschheit in Nord- und Südamerika durch irgend eine noch unenträthselte Veranlassung zu so vollendeter Zerstörung ursprünglicher Völkermassen und zu so unheilvoller Sprachverwirrung angetrieben worden ist. Lang anhaltende Wanderschaften einzelner Völker und Stämme haben ohne Zweifel weit hin über das gesammte amerikanische Festland Statt gehabt: und sie mögen vorzüglich die Ursache der Zerstückelung und Verderbniss der Sprachen und der damit gleichen Schritt haltenden Entsittlichung gewesen sein. Aus der Annahme, dass sich nur wenige Hauptvölker anfänglich auf gleiche Weise, wie wir es vom Tupivolke darzuthun bemüht waren, gleichsam strahlig zersplittert, untereinander gemischt und in gegenseitigen Reibungen aufgelöst, und dass diese Wanderungen, Theilungen und Umschmelzungen seit undenklichen Zeiten fortgedauert hätten, lässt sich allerdings der gegenwärtige

Zustand der amerikanischen Menschheit erklären: — allein die **Ursache** dieser sonderbaren geschichtlichen Missentwicklung bleibt darum nicht minder unbekannt und räthselhaft. Hat etwa eine ausgedehnte Naturerschütterung, ein Erdbeben, Meer und Land zerreissend — dergleichen jene vielbesungene Insel **Atlantis** verschlungen haben soll, — oder verderbliche Gasarten ausspeiend, dort die Menschheit in ihren Strudel hineingezogen? **Hat sie etwa die Ueberlebenden mit einem so ungeheueren Schrecken erfüllt, der von Geschlecht zu Geschlecht forterbend, den Sinn verdüstert und verwirrt, das Herz verhärtet, und diese Menschheit von den Satzungen der Geselligkeit hinweg, wie in unstäter Flucht auseinandergejagt?«** *).

Sie sehen, meine Herren, wie nahe dieser Forscher hier der Ansicht rückt, dass der Schauplatz der in der Genesis Cap. XI erzählten, den Sinn und die Sprache der Menschen verwirrenden und eine allgemeine Zersplitterung und Zersetzung der Gesellschaft bewirkenden Begebenheit in Amerika zu suchen sei. Erlauben Sie, dass ich Ihnen noch einige seiner interessanten Aeusserungen mittheile!

»Haben vielleicht verderbende Sonnenbrände, haben gewaltige Wasserfluthen den Menschen der rothen Raçe mit einem grässlichen Hungertode bedroht und mit unselig roher Feindschaft bewaffnet, so dass er, mit dem entsetzlichen Bluthand-

---

*) Dr. **Louis** (Westindien Th. II) bemerkt: »Der finstere Ernst. der Mangel an Empfindsamkeit, der Trübsinn — Charakterzüge, die schon bei den alten Mexicanern auffielen, sind auch noch den heutigen Indianern in Neuspanien eigen geblieben. Sie äussern sich auch in ihren Gesängen und Tänzen, indem jene klagend und diese nichts weniger, als frohe und sanfte Gefühle, sondern Schwermuth und Wildheit athmen.«

werke des Menschenfrasses gegen sich selbst wüthend, von seiner göttlichen Bestimmung bis zur Verfinsterung der Gegenwart abfallen konnte? Oder ist diese Entmenschung eine Folge langeingewurzelter, widernatürlicher Laster, welche der Genius unseres Geschlechtes mit einer Strenge, die dem Auge eines kurzsichtigen Beobachters in der ganzen Natur wie Grausamkeit erscheint, am Unschuldigen, wie am Schuldigen, straft? —

Bei solchen Fragen lässt sich selbst der Gedanke an einen allgemeinen Fehler in der Organisation dieser rothen Menschenrace nicht gänzlich abweisen; denn sie trägt, schon jetzt erkennbar, den Keim eines frühen Unterganges an sich, als wäre sie von der Natur bestimmt, wie der **Repräsentant einer gewisssen Stufe der Menschenbildung**, automatisch in dem grossen Getriebe der Welt dazustehen, mehr bedeutsam, als wirksam. Es unterliegt keinem Zweifel: **die Amerikaner sind im Aussterben begriffen.** Andere Völker werden leben, wenn jene unseligen Kinder der neuen Welt sich schon alle zum Todesschlafe hingelegt haben. — Was wird dann noch von ihnen vorhanden sein? Wo sind die Schöpfungen ihres Geistes, wo ihre Lieder und Heldengesänge, wo die Denkmäler ihrer Kunst und Wissenschaft, wo die Lehren ihres Glaubens oder die Thaten heldenmüthiger Treue gegen ein gemeinsames Vaterland? Schon jetzt bleiben diese Fragen unbeantwortet; denn so herrliche Früchte sind an jener Menschheit vielleicht nimmer gereift; und was immer einst die Nachwelt frage, giebt unbefriedigend ein trauriges Echo zurück. Die Lieder jener Völker sind längst verklungen, schon längst modert die Unsterblichkeit ihrer Bauwerke, und kein erhabener Geist hat sich uns von dorther in herrlichen Ideen geoffenbart. Unversöhnt mit den Menschen aus Osten und mit ihrem eigenen Schicksale, schwinden sie dahin; ja fast scheint es, als sei ihnen kein anderes geistiges Leben beschieden, als das, unser schmerzliches Mitleiden hervorzurufen, wie wenn sie nur die thatlose Bedeutung hätten, unser Staunen über die lebendige Verwesung einer ganzen Menschenraçe, der Bewohner eines grossen Welttheils, zu erwecken.

In der That, Gegenwart und Zukunft dieser rothen Menschen, welche nakt und heimathlos im eigenen Vaterlande umherirren, denen selbst die wohlwollendste Bruderliebe ein Vaterland zu geben verzweifelt *): sie sind ein ungeheueres, tragisches Geschick, grösser, denn je eines Dichters Gesang vor unserem Geist vorübergehen liess. Eine ganze Menschheit stirbt vor den Augen einer theilnehmenden Mitwelt; kein Ruf der Fürsten, der Philosophen, des Christenthums vermag ihren trotzig finsteren Gang zu sicherer, allgemeiner Auflösung zu hemmen. Und aus ihren Trümmern erhebt sich in den buntesten Mischungen ein neues, leichtsinniges Geschlecht, begierig, das frisch erworbene Vaterland seinem ersten Herrn nur um so früher und entschiedener zu entfremden. Der Osten bringt gesellschaftlichen Verein und Ordnung, Industrie, Wissenschaft und Religion über den weiten Ocean, aber nur für sich: er baut sich eine neue Welt, und die Menschheit, welche einstens hier gewaltet, flieht wie ein Phantom aus dem Kreise des Lebens hinweg.«

So weit Martius. In einem Anhange führt er die Namen und Wohnsitze der ihm bekannt gewordenen Stämme und Horden an, um, wie er sagt, »die ausserordentliche

---

*) In diesem Sinne sprach auch Jackson, Präsident der nordamerikanischen Freistaaten; s. dessen Botschaft bei Eröffnung des 22. Congresses. Allg. Zeit. 1832 Nr. 16 S. 3°.

Zerspaltung der brasilianischen Urbevölkerung nachzuweisen« *).

In Rücksicht der Fragen und Bemerkungen des Herrn v. Martius über die uns unbekannten Zeiträume und Entwicklungen des vorgeschichtlich amerikanischen Alterthums, von denen er zweifelt, ob sie so gehaltvoll und bedeutsam, als man sich dieselben in Analogie mit der eigenen Vergangenheit, vorzustellen geneigt ist, jemals Statt gefunden, lässt sich von unserem Standpunkt aus Folgendes sagen.

Wenn Amerika, wie wir behaupten zu müssen glauben, der Ursitz der Nationen gewesen, die sich in Folge massenhafter Auswanderungen über den Norden beider Continente hin nach Asien, Afrika und Europa ergossen haben, so wird die früheste Geschichte dieser Nationen, von der sie zum Theil noch Erinnerungen bewahrt, nicht in den letzteren Erdtheilen, sondern hier in unserem Continente zu suchen sein, womit sich die ausserdem so dunkel und leer erscheinenden Jahrtausende des amerikanischen Alterthums bis dahin, wo alle Erinnerungen und Verbindungen abbrechen, immerhin ausfüllen lassen. Bestimmte Hindeutungen sind z. B. die, welche sich in den griechischen Hyperboreersagen finden. Die übernordische, jenseits des Boreas in einer glücklichen Zone gelegene Region der griechischen Vorstellung ist ohne Zweifel amerikanisches Land gewesen. Und wenn nun die Griechen sagen, von dorther seien die delischen Gottheiten, Apollon sei ein hyperboreischer Gott, seine Mutter Leto sei in Wolfsgestalt aus dem Hyperboreerlande gekommen, in Delos seien wiederholt hyperboreische Gesandte und Jungfrauen erschienen u. s. w.,

---

*) Jetzt hat man darüber in seinem Werke »Beiträge zur Ethnographie und Sprachenkunde Amerika's« nachzusehen.

so erkennen wir, dass die apollonische Religion, die in Griechenland eine so wichtige Rolle gespielt, sich zunächst in Amerika gestaltet hat — freilich in einer frappant rohen Form, denn sie war ihrem Hauptsymbole nach, welches dem Gotte den Namen Lykeios gab, und welches auch in Griechenland nicht ganz abgestreift wurde, eine Wolfsreligion. Im Ganzen besitzen wir einen kostbaren Leitfaden für diese Untersuchungen in der Bibel, welche uns, wenn auch meist nur in sehr kurzer und gedrängter Darstellungsweise, wie namentlich in der Genesis geschieht, die Hauptpunkte der ältesten Geschichte Amerika's, ja einer noch früheren, deren Schauplatz ein nachher zertrümmerter Continent des stillen Meeres war, in geordneter Folge vor Augen stellt. Denn Alles, was sich, der biblischen Erzählung nach, vor und bei dem Auszuge Israels aus Mizraim, welches aber keineswegs das africanische Aegypten ist, begeben hat — einen Theil der in Sonora und Californien anhebenden semitischen Wanderung mit eingeschlossen — ist nicht asiatische, sondern oceanische und amerikanische Urgeschichte. Es kommt dazu der grosse Zug des Sesostris, der, wie gezeigt werden soll, eben so, wie der des Mose, von einem Continente zum andern ging; auch hier enthüllt sich ein Stück amerikanischer Urgeschichte. Es wird sich auch wohl in den germanischen Sagen Manches finden, was nach Amerika herüber zu verlegen sein möchte; es eröffnet sich hier überhaupt ein ganz neues, bis jetzt noch gar nicht geahntes Feld von Untersuchungen und Erkenntnissen.

In diesen Beziehungen also ist uns, wenigstens was die Hauptzüge der in Amerika vor sich gegangenen Menschheitsentwicklung betrifft, Vieles zu wissen möglich; und wir können es versuchen, mit Hülfe solcher Anhaltspunkte und dazu genommener amerikanischer Fingerzeige und Uebereinstimmungen, eine Geschichte dieses Welttheils zu construiren.

Da freilich, wo der biblische Faden reisst, wird plötzlich Alles Nacht und wir sind fast nur auf das beschränkt, was wir in Folge der Entdeckung Amerika's durch europäische Schifffahrt und der betreffenden archäologischen Studien wissen, und was nur eine höchst mangelhafte historische Erkenntniss gewährt. Doch hat das nicht viel zu sagen. Der Welttheil warf einst, durch ungeheuere Katastrophen bewogen, beinahe seinen ganzen völker- und culturgeschichtlichen Inhalt in die sogenannte alte, damals aber neue Welt hinüber; daselbst setzten sich die in Amerika begründeten und begonnenen Entwicklungen fort, und es blieb in dem Urlande nur ein verhältnissmässig schwacher Rest zurück, der an dem grossen, weltgeschichtlichen Prozess der jenseitigen Regionen nicht weiter Antheil nahm. Was sich bei der Entwicklung vorfand, das war theils eine zersprengte, verdüsterte und verwilderte Menschheit mit dem Charakter der Isolirung und gegenseitigen Feindseligkeit, theils stellten sich zwar geordnete Zustände, Reiche mit monarchischen und theokratischen Spitzen, socialen Organisationen, Civilisationen und Culturen dar; aber es waren offenbar nur Nachbilder ehemaliger Grössen und Herrlichkeiten, die von den europäischen Abenteurern bald vernichtet waren. Bis zu der Zeit Mosis und des von ihm ausgeführten Volkes, womit die Entleerung ihren Anfang nahm, war der amerikanische Continent noch welthistorisch lebens- und bedeutungsvoll; und es ist von höchstem Interesse, diesen Theil seiner Geschichte zu erforschen. Seitdem aber ist er eine ethnologische und archäologische Ruine, die erst wieder durch die von Osten her einströmende europäische Raçe neues Leben und neue Bedeutung erhalten hat; und die kümmerlichen Reste seiner vordem urkräftigen, zahlreichen und mächtigen Bevölkerungen sind im unaufhaltsamen Hinsterben und Vergehen begriffen.

Vierte Vorlesung.

Resultat der vorstehenden Betrachtungen nebst den sich daran knüpfenden Folgerungen und Combinationen.

Lassen Sie mich nun das Resultat unserer bisherigen Betrachtungen aussprechen. Sie haben gehört, wie sich der eben so denkende, als sachkundige deutsche Forscher und Reisende, dessen Aeusserungen über die uns beschäftigenden Gegenstände und Probleme ich ihnen auszüglich mitgetheilt, vernehmen lässt; wie hoch derselbe aus den gewichtvollsten Gründen das Alterthum der indianischen Bevölkerung unseres Welttheiles anschlägt. Nun bin ich zwar, wie Sie ebenfalls schon wissen, kein Autochthonist und stelle mir nicht vor, dass die Einwohner Amerika's in diesem Welttheil entstanden seien, indem ich einen noch älteren, jetzt verschwundenen Continent im stillen Meere annehme, wo der Mensch, wie ich glaube, zuerst aufgetreten und sich in das benachbarte Amerika hinüber verbreitet hat. Aber an eine Ablagerung von Bewohnern Asiens, Afrika's oder Europa's, wodurch Amerika die seinigen bekommen, ist nicht zu denken; das verträgt sich mit der so bestimmt ausgeprägten Eigenthümlichkeit der indianischen Stämme nicht. Sei es auch, dass etwa phönizische Schiffe dorthin verschlagen worden, oder einige Asiaten, Afrikaner, Europäer sonstwie hingekommen — wesentliche Momente waren das nicht. Der Welttheil ist bis in das höchste Alterthum zurück bewohnt, cultivirt, von zum Theil verschwundenen und gar nicht mehr genannten und bekannten Einwohnern besetzt gewesen, welche eine bedeutende Cultur entwickelten, eine Cultur, wovon das, was Derartiges bei der Entdeckung des Welttheils vorhanden war und Erstaunen erregte, nur ein abgeschwächtes, zum Theil auch, wie in Mexico, mit grässlicher Barbarei vermischtes Nachbild und Nachspiel war. Aber ganz eigenthümliche, gewaltige, tiefgreifende Schicksale, wie sie der sogenannten alten Welt fremd geblieben, müssen in Amerika Statt gefunden, entsetzliche, Geist und Gemüth verstörende Schrecken erregt und der indianischen Menschheit den düsteren Charakter aufgedrückt haben, der ihr eigen ist. Insbesondere deutet Alles auf eine Zersplitterung und Isolirung von Nationen und Stämmen hin, wie diejenige ist, welche die Genesis als babylonische Sprachverwirrung und Völkerzerstreuung bezeichnet. Dies Ereigniss ist denn auch mit höchster Wahrscheinlichkeit gar nicht dort in Asien, wohin es nicht passt, sondern in dem diesseitigen*) Continente vorgegangen. Nehmen wir, auf solche Gründe gestützt, die Erzählung der Genesis für eine Erinnerung aus Amerika her, so sind wir genöthigt, noch mehr alte, von biblischer, wie von ausserbiblischer Tradition berichtete Thatsachen aus den jenseitigen Weltthcilen hieher zu verlegen. Denn jenes Ereigniss, das so speciell auf diesen Continent hindeutet und sonst nirgend, als hier, so deutlich erkennbare Folgen und Spuren zurückgelassen hat, steht im Zusammenhange mit einer ganzen grossen Menschheits- und Völkergeschichte, von der sie nur ein Glied bildet. Und wenn von Erinne-

---

*) Dem amerikanischen.

rungen aus Amerika her die Rede ist *), so ist damit auch ausgesprochen, dass die Völker, welche sie hatten, ursprünglich dort zu Hause gewesen und von da in die andere Hemisphäre übergewandert seien. Hier fragt es sich dann freilich, zu welcher Zeit und auf welchem Wege, zu Land oder zu Meere, dies geschehen sei. Forschen wir nach, wann und wie es etwa bei den Hebräern der Fall gewesen, so bieten sich zwei Vermuthungen dar. Entweder Abraham, der von dem Feuerlande Ur ausgegangen sein soll, welches jedenfalls in Amerika zu suchen sein wird **), oder Mose mit seinen Israeliten war der grosse Wanderer. Das Letztere ist das Wahrscheinlichste, da der Zug mehrere Decennien lang dauert, mit so viel Noth und Elend verbunden ist, eine ganze Generation hinrafft und in den biblischen Büchern als etwas so Ungeheueres bezeichnet, ja von alttestamentlichen Propheten in der Art geschildert wird, dass sogar auf den Osten und Norden Asiens hingedeutet wird,

---

*) Eine solche war bei den Aegyptern gewiss auch jene in die Geschichte und Geographie der »alten Welt« nicht einzureihende von einer grossen, mächtigen Urstadt Athen und einer grossen Insel Atlantis, welche mit einander Krieg geführt haben und dann beide zusammen durch Erdbeben und Fluthen vernichtet worden sein sollen.

**) Ur bedeutet Feuer, Feuerland; so hiess wohl die heisse Zone; es kommt auch die Pluralform Urim vor; noch jetzt sind in Südamerika die mit Ur anfangenden Namen häufig und auffallend genug; so Uri, Urim, Urapa, Uraria, Urarira, Uropocari, Uruparu, Urubu, Uruwe, Uruguai, Ururahy, Urucuruni, etc. Die Erklärungen, die man von diesen Namen giebt, sind zum Theil sehr schwankend und ungewiss. Es zeigt sich jedenfalls die Beliebtheit dieses Lautes in diesen Gegenden. Wir kommen unten auf diesen Punkt zurück.

woher er gegangen sei, welcher Angabe auch der merkwürdige Umstand entspricht, dass Palästina nicht von Süden, sondern von Osten her angegriffen worden ist.

2.

Was in Amerika die socialen Bande löste und den Israeliten daselbst die Möglichkeit verschaffte, sich von ihren übermächtigen Herrschern und Unterdrückern zu befreien, das waren, der biblischen Schilderung gemäss, grosse Naturschrecken, physikalische Ereignisse und Umwälzungen, durch welche die ganze Existenz der bezüglichen Bevölkerungen in Frage gestellt wurde. Es sind dies die sogenannten ägyptischen Plagen, die sich, von dem Gesichtspunkte unserer Untersuchungen aus betrachtet, als eine grosse, ausgedehnte Krankheitsperiode des amerikanischen Continentes darstellen. Auch die Pflanzen- und Thierwelt desselben muss damals ausserordentlich gelitten haben und dadurch das Hirtenleben, welches daselbst die Patriarchen geführt, unmöglich geworden sein. Ganze Thiergeschlechter werden damals ihren Untergang gefunden haben; was von Menschen und Thieren übrig blieb und bei der Entdeckung vorgefunden wurde, ist gewiss nur wenig im Vergleiche zu dem, was einst vorhanden war und seinem grössten Theile nach entweder auswanderte oder zu Grunde ging. Es schneidet dies den Einwand ab, dass man die biblischen Urgeschichten, in welchen die hebräischen Altväter mit ihren Heerden im Lande herumziehen, nicht nach Amerika versetzen könne, wo die betreffende Thierwelt gefehlt. Man könnte dagegen die Llama's, Guanaco's und Vicugna's geltend machen, welche auch heerdenweise vorhanden waren. Allein auch ohne das kommt man aus, wenn man annimmt, dass damals, als namentlich fast alle Gewässer untrinkbar wurden *), und Seuchen unter Menschen und Thieren **) wütheten, der grösste Theil der nutzbaren und gezähmten Thiere vertilgt worden sei.

3.

Nach welcher Himmelsgegend hin sich der Zug des Mose bewegte, das thut uns theils die Bibel selbst, theils die ausserbiblische Ueberlieferung kund. Jene nennt die Nordstadt oder Nordgegend Baal-Zephon, wohin man sich von Aegypten aus wandte; die arabische Sage giebt an, die Israeliten hätten sich nach Norden gewendet und des Nachts ein Nordlicht zum Wegweiser gehabt. Die biblischen Propheten sprechen noch überdies von einem heiligen Berge, der im äussersten Norden liege und der göttlichen Gegenwart theilhafter, als jeder andere der Erde sei — in sonderbarstem Widerspruche mit der Heiligkeit des Gesetzgebungsberges Sinai-Horeb, wenn dieser, wie man meint, in der arabischen Halbinsel lag. Da müssen wir doch wohl auf den Gedanken kommen, dass Israel einmal im Norden gewohnt oder sich daselbst bei einem Durchzuge befunden, und dass es dorthin von dem Mizraim aus, wo es geknechtet war, gekommen sei — welches Land nun aber nicht mehr das afrikanische Aegypten gewesen sein kann, sondern eine ganz andere Lage gehabt haben muss. Und wenn wir endlich auch hören, dass die Indier von einem doppelten Misr (Aegypten) wissen ***), die Juden von einem doppelten Afrika spre-

---

*) Die biblische »Verwandlung des Wassers in Blut.«
**) Von Viehseuchen spricht ausdrücklich auch die Schrift.
***) William Jones, Abhandlungen über die Geschichte, die Alterthümer etc. Asiens. Riga 1795. I. S. 238—242.

chen *), so werden wir um so dringender aufgefordert, ein anderes Land, als das uns bekannte Aegypten, anzunehmen, woher die Israeliten gekommen seien; und das wird wohl dasselbe sein, von welchem so viele Wanderer, Stämme und Völker ausgegangen sein sollen und wollen, wo am Ende die Aegytier selbst ursprünglich zu Hause gewesen. Und wo anders sollen wir das suchen, als hier in Amerika? Und wollen wir eine nähere Bestimmung haben, so werden wir in dem angegebenen Zusammenhang am natürlichsten auf die Hochebene von Anahuac (Mexico) geführt, wo schon zu Mosis Zeiten ein Culturvolk seinen Sitz gehabt, auch wohl andere Länder süd- und ostwärts beherrscht und fremde Stämme, die ihm als Barbaren. und unedle Racen galten, zu seinem Dienste gezwungen haben mag. Die Rolle, die in der Geschichte Israels, wie sie jetzt verstanden wird, der arabische Meerbusen spielt, konnte in Amerika der californische spielen; es ist seltsam, dass Beide den Namen des rothen Meeres**) führen. Wenn nun der Schauplatz der Begebenheiten, welche das Buch Exodus beschreibt, in Mexico, Sonora, Californien gewesen, so ging bei einer weiter in den Norden gehenden Flucht und Wanderung der Weg der Behringsstrasse zu, die man nur zu überschreiten brauchte, um sich in dem neuen Welttheil zu befinden. Von Californien aus so weit fortzugehen, dazu mussten allerdings noch besondere Gründe vorhanden sein; und diese finden sich der Bibel gemäss in der göttlichen Weisung und dem inspirativen Bewusstsein des grossen Führers, der vielleicht als der Columbus des Alterthums zu betrachten ist, als ein kühner, ausdauernder Character, der, auf die ihm gewordene Offenbarung vertrauend, aller Unwahrscheinlichkeit und alles ihm entgegen-

---

*) Nach der Mittheilung eines jüdischen Gelehrten.
**) Letzterer heisst bekanntlich das Purpurmeer.

tretenden Unglaubens und Widerstandes ungeachtet, der Entdecker eines neuen Welttheiles wurde. Wer andere Gründe verlangt, der wird sie ebenfalls finden können. Es lässt sich denken, dass die wärmeren Länder Amerika's in jenen Zeiten ganz unwohnlich wurden, und dass sich daher Alles in den durch vulkanische Ausbrüche, Verderbung der Gewässer, Insekten, Seuchen weniger leidenden Norden drängte; dass ein Volk das andere fortstiess und dass so ein Theil der amerikanischen Bevölkerung über die Meerenge hinüber getrieben wurde, die man, wenn sie sich im gefrorenen Zustande befindet, zu Fusse überschreiten kann. Es lässt sich auch annehmen, dass schon früher, vielleicht schon zu der Zeit, da der Norden ein noch ganz anderes Klima und Ansehen hatte, und Amerika mit Asien noch unmittelbar zusammenhing, Wanderzüge nach Asien gegangen seien, dass man zu Mose's Zeiten bereits von einer anderen Hemisphäre wusste und sich in dieselbe absichtlich hinüber begab, wohl aber unter anderen, weit schwierigeren Umständen, nachdem der Norden bereits kalt und unfruchtbar geworden war. Mose wäre dann vielleicht der erste gewesen, der die Wanderung unter solchen Umständen gemacht — was immerhin etwas ebenfalls Grosses und Ausserordentliches wäre *).

4.

Etwas sehr Sonderbares und nur von unserem Gesichtspunkt aus zu Enträthselndes kommt im Koran **) vor.

---

*) 4 Mos. 10, 29 ff. redet Mose dem Hobab zu, den Zug mitzumachen und spricht zu ihm: »Verlass uns doch nicht! Du weisst, wo wir lagern sollen in der Wüste, und so sei unser Auge!« Hobab wusste also den Weg, den Israel zu nehmen hatte und den sonst Niemand im Heere wusste. Er hatte aber keine Neigung mitzuziehen, wohl desshalb, weil er die Schwierigkeiten kannte.

**) Sure XVIII »die Höhle« genannt.

Es wird hier von einer Kundschaftsreise des Mose zur Entdeckung des gelobten Landes erzählt, und da heisst es im Eingang: »Mose sprach zu seinem Diener: Ich will immer fortreisen, bis ich an den Ort komme, wo die beiden Meere zusammenfliessen; lange, lange achtzig Jahre will ich reisen.« Wir finden hier die Vorstellung von einer Meerenge, durch die zwei Meere verbunden werden und die so entlegen ist, dass man einen langen Zeitraum hindurch, dass man wohl achtzig Jahre lang zu wandern hat, bis man sie erreicht. Dies ist ein vom gewöhnlichen Gesichtspunkt aus unbegreiflicher Zug, der aber gewiss aus alter, ächter Ueberlieferung genommen ist und noch ein dunkles Andenken an die Behringsstrasse enthält, über welche hin die grosse Wanderung ging. Dass dies der Fall war, davon legen auch jüdische Sagen ihr Zeugniss ab. So sprechen diese von einem mythischen Flusse, Namens **Sambatjon** oder **Sabbatjon** d. h. der **Ruhende, Stillstehende** *), in dem man mit leichter Mühe jene Meerenge, und zwar **in gefrorenem Zustande** erkennt; woraus denn ersichtlich wird, dass die klimatischen Verhältnisse dieser Region zu jener Zeit schon ganz dieselben waren, wie jetzt. Das Nähere darüber spare ich für einen der folgenden Vorträge auf. Ich bemerke nur noch, dass die Juden jenseits dieses Flusses Stammverwandte wohnen lassen, die sie als die **Rothen** bezeichnen, denen sie sogar **purpurrothe** Angesichter zuschreiben. Man kann sich nicht enthalten, hier an die rothen Menschen Amerika's zu denken, die ihr natürliches Roth noch dazu durch Rothfärbung zu erhöhen suchen. Auch die Phönizier, welche dieselbe Sprache, wie die Hebräer redeten, waren ihrem Namen nach **rothe**

---

*) Dass er nur am Sabbath stille stehe, ist eine aus dem missverstandenen Namen geflossene Mythe.

Menschen*); eben so die Edomiter **); die Söhne Jakobs jedoch, von denen die 12 Stämme hergeleitet werden, waren mit den Töchtern Labans und deren Mägden erzeugt, und Laban bedeutet weiss, welche Farbe auch bei den Urbewohnern Amerika's keineswegs fehlt, indem z. B. unter den von Martius aufgezählten Stämmen Brasiliens einige sehr weisse sind ***).

---

*) Φοινιξ, roth.
**) Hebr. edom, rotb.
***) S. Martius, Rechtszustände, Reisebeschreibung und Ethnographie. Die Baccahiry's »sollen sehr weiss von Farbe sein.« Die Marauhas »sehr weiss.« Rechtsz. Anh. S. 11, 16. »Die Chavantes im nördl. Theil von Goyaz sind von hohem Wuchse und sehr heller Farbe.« Spix und Martius, Reise in Brasilien II. S. 574. »Man erzählt, dass die Temem-Bos eine sehr weisse Hautfarbe hätten. Aehnliches berichtet die Sage von einem Stamme weisser Buschmänner, Coyaca genannt.« Das. II. S. 823. etc. Diese Färbung ist auch sonst bemerklich geworden. In den von Ternaux-Compans herausgegebenen Originalmemoiren ist öfters von hellfarbigen Indianern die Rede. So in dem Bericht über eine 1540 unternommene Reise nach Cibola C. 19: »Man sah hier eine Indianerin, die so weiss war, wie eine Spanierin, nur dass sie das Kinn bemalt hatte, wie eine Maurin.« Von weisser Farbe waren nach Catlin zum Theile die jetzt ausgestorbenen Mandan-Indianer. Von den Mona-Indianern, mit welchen Lieut. Moore bekannt wurde, heisst es: »Sie sind eine von den übrigen californischen Indianern offenbar ganz verschiedene Race, haben streng markirte, römische Gesichtszüge und sind fast ganz weiss.« Atlantische Studien. Göttingen 1853. Heft I. S. 65. Assal in seinen Nachrichten über die früheren Einwohner von Nordamerika S. 85 sagt von den Schawanesen, sie behaupteten, Florida sei vor Zeiten von einem weissen Volke bewohnt gewesen, das eiserne Werkzeuge besessen.

5.

Sie werden mir vielleicht einwenden: meinen Bestimmungen zu Folge hätten die Israeliten auf ihrer Wanderung zwei Meere zu überschreiten gehabt, erstlich den californischen Meerbusen und dann die Behringsstrasse, während die Bibel doch nur vom Schilfmeer spreche. Ich könnte mir in diesem Punkte dadurch zu helfen suchen, dass ich annähme, die beiden Meere und ihre Ueberschreitungen wären in der Sage, in Folge einer allmählich eingetretenen Verdunkelung des eigentlichen Thatbestandes, confundirt worden und in eine mythische Vorstellung zusammengeflossen. Ich kann jedoch etwas Besseres beibringen. Ich bitte Sie, das Stationenverzeichniss zu betrachten, das sich im 33. Capitel des 4. Buches Mose findet. Hiernach bricht das Volk auf von Raemses, lagert nacheinander zu Succoth, Edam, Pi-Hahiroth und geht von da »durch's Meer in die Wüste.« So heisst es wörtlich, ohne dass das Meer, welches überschritten wurde, näher bezeichnet ist. Hierauf folgen die Lagerorte Mara und Elim, und dann erst kommt man an's Schilfmeer, worauf man in die Wüste Sin geräth. Soll nun hier »Meer« und »Schilfmeer« identisch sein, so folgt, dass die Wanderer eine rückgängige Bewegung gemacht und zu dem verlassenen Meerbusen zurückgekehrt seien; was doch nicht wohl denkbar ist. In dem Falle wäre es auch natürlich gewesen, das Schilfmeer mit seinem vollen, bestimmten Namen zuerst zu nennen, und dann den abgekürzten Ausdruck folgen zu lassen, nicht umgekehrt. Und so werden Sie schwerlich daran zweifeln können, dass die Bibel zwei verschiedene Meere im Sinne hat, was unserer Vorstellungsweise zu Gute kommt. Aber, werden Sie mir vielleicht weiter einwerfen, ist denn das Schilfmeer nicht der arabische Meerbusen? Ich glaube, man versteht den Namen **Schilfmeer** nicht, oder vielmehr, es ist dies eine falsche Uebersetzung des hebräischen Ausdruckes, welcher *jam-suph* lautet und eigentlich **Grenzmeer** bedeutet. Denn *suph* heisst aufhören, ein Ende nehmen, *soph*, Ende, *saph*, Schwelle, *histopheph*, an der Schwelle stehen. *Jam-suph* wurde demnach wohl das Meer oder die Meerenge genannt, wo der Welttheil im Norden ein Ende nahm und der Uebergang in den anderen Continent Statt zu finden pflegte. Die im Stationenverzeichnisse sofort genannte Wüste **Sin** nebst der weiterhin erwähnten Wüste **Sinai** deutet auf den Osten **Asiens**, auf China, **Sina** hin, wobei man sich zu erinnern hat, dass die Bibel*) ein Land **Sinim** kennt, welches sie als ein von Palästina sehr entferntes bestimmt und welches man für China hält. **Sin** und **Sinai** wird wohl die wilden und wüsten Gegenden im Norden und Osten Asiens bezeichnen, in welche man nach Ueberschreitung der Behringsstrasse gerieth; insbesondere wird sich darunter die **Gobi**, das chinesische Sandmeer **Schamo** bergen, in welches sich das Himmelsgebirge **Thian-Schan** oder **Mustagh** verflacht. Es hat eine hochverehrte, dreigipfelige Höhe, der heilige Berg oder Berg Gottes geheissen; auf der Nordseite befindet sich der Vulkan **Pe-Schan** und an der Südseite der Vulkan von Turfan oder **Ho-Tscheu**, der beständig Rauch ausströmt. Hier haben wir wohl auch den Berg **Sinai** zu suchen, der wie ein Ofen raucht und in dem, wie ihn die Schrift schildert, ein Vulkan unverkennbar ist.

---

*) Jes. 49, 12.

Fünfte Vorlesung.

Die Begriffe von „Alt" und „Neu", wie sie in Rücksicht auf geographische und völkergeschichtliche Dinge in Anwendung zu bringen, nebst Betrachtung und Nachweisung des Factums geographischer Namensübertragung von den ältesten Zeiten an.

Ich werde in dieser Stunde die Begriffe von Alt und Neu in Beziehung auf geographische und völkergeschichtliche Dinge entwickeln, so wie sie dem vorzutragenden Systeme gemäss in Anwendung kommen, namentlich um Sie auf einen Umstand von grosser Wichtigkeit, nämlich auf die **Uebertragung heimathlicher Namen in die neu entdeckten und besetzten Länder und Erdtheile** aufmerksam zu machen *). Die Sache ist nicht einfacher Natur; der Stand der Dinge hat sich zu verschiedenen Zeiten der Menschengeschichte mehrfach verändert, so dass sich **drei verschiedene Bestimmungen** darüber geben lassen.

Uns in gegenwärtiger Zeit gilt Asien, Afrika und Europa als die **alte** Welt, der gegenüber Amerika als eine **neue** bezeichnet wird. Dieser Theil der Erde war und ist

---

*) »Namen und Kulte verpflanzte der Kolonist in seine neue Heimath,« bemerkt schon Kanne, die goldene Aerse der Philister, Nürnb. 1820. S. 32 f. 40.

für den entdeckenden und daselbst einwandernden Europäer in der That eine neue Welt, und die europäische Race hat hier eine neue Geschichte begonnen. Es war aber, wie schon bemerkt, eine Zeit, wo das Umgekehrte Statt fand. Da ergoss sich Amerika mit seinen Bewohnern, Sitten, Sprachen, Religionen, Culturen und Barbareien nach Asien hinüber und drang von da weiter nach Europa und Afrika vor. Aber ich gehe noch einen Schritt weiter zurück. In allerfrühester Zeit war auch Amerika nicht die alte, sondern die neue Welt im Verhältnisse zu einer noch älteren, die im stillen Meere lag. Hier will ich denn nun gleich bemerken, dass wir von dieser ältesten Welt eine sehr interessante Nachricht in Plato's Werken*) finden. Sie erinnern sich nämlich der ägyptischen, durch Solon zu den Griechen übergegangenen und durch den genannten Philosophen auf uns gekommenen Tradition von der grossen Insel Atlantis, die durch Erderschütterungen und Fluthen zu Grunde gegangen sein soll. Von dieser Insel heisst es, sie sei grösser, als Libyen und Asien, somit ein ausgedehnter, continentaler, wenn auch vom Meere umflossener Erdtheil gewesen. So wie nun freilich die Sache bei Plato erscheint, lag die Atlantis vor den Säulen des Hercules, dem festen Lande von Europa und Afrika gegenüber, und die Atlantiker führten einen Krieg mit den Atheniensern, welche in diesem Kampfe die Oberhand erhielten; deren Stadt dann zugleich mit der Atlantis unterging. Das ist jedoch eine wunderliche, monströse Vorstellung, da die Entfernung so gross, und zu solchem Kampf und gemeinsamen Untergang vielmehr eine unmittelbare Nähe der Kämpfenden und ihrer Stadt passte. Ich verlege daher den Schauplatz der Begebenheiten und gewinne dadurch eine sehr harmonische und zwanglose Ansicht der

---

*) Im Kritias und Timäus.

Sache, die, als solche, gewiss vorzuziehen ist und durch welche es möglich wird, eine so wichtige Notiz, mit der sonst Nichts anzufangen ist, in die Geschichte der Erde und der Menschheit schicklich einzuordnen. Ich nehme an, dass Aegyptier und Griechen aus Amerika stammen, und dass die Aegyptier die Atlantissage, die sie dem Solon mittheilten, von ihrem amerikanischen Ursitze herübergebracht, wo sie eigentlich zu Hause gewesen. Das Festland, dem die grosse Insel gegenüber lag, war Amerika, und die Insel lag nicht im atlantischen, sondern im stillen Meere; das Athen, von dem die Sage spricht, war eine auf der westlichen Küste von Amerika gelegene Stadt; und ein Theil des amerikanischen Küstenlandes, worauf sie lag, brach bei jener grossen Erschütterung, die einen ganzen Welttheil zertrümmerte, zugleich mit diesem, der benachbarten Atlantis, zusammen und wurde vom Meere verschlungen. Es war natürlich, dass man sich im langen Laufe der Zeiten, wo die Herkunft aus einer fernen, jenseitigen Welt vergessen war, die Localitäten näher rückte, die Begebenheiten in die diesseitige Region verlegte und die amerikanische Urstadt, des gleichlautenden Namens wegen, den aber im Alterthum viele Städte führten, und der auch im Indianischen nachweisbar ist und hier ganz einfach Stadt bedeutet, mit der damals berühmtesten dieser Städte in Attika verwechselte.

So viel musste ich sogleich bemerken, um die Einwendungen zurückzuweisen, die sich hier aufdrängen können. Mehr darüber denke ich Ihnen weiterhin mitzutheilen.

Hier also, auf der mit dem biblischen Eden identischen Atlantis, war es, meiner Ansicht nach, wo der Mensch entstand und seine Geschichte begann. Von da ging die völkerschaftliche und colonisirende Bewegung, wie es die Genesis ausdrücklich angiebt, ostwärts hin, und in dieser Richtung lagen die westlichen Küsten Amerika's, zu welchen wahrscheinlich ein ganz leichter, durch dazwischen liegende Inseln vermittelter Uebergang ermöglicht war. »Aus der Atlantis,« heisst es im Timäus, »stand der Zugang zu noch anderen Inseln offen, und aus diesen Inseln zu dem gegenüberliegenden festen Lande, welches sich längst des Meeres hinzog.« Diese Beschreibung dürfte wohl die betreffenden geographischen Verhältnisse noch ganz getreu angeben, so jedoch, dass man sich die amerikanische Küste, näher wohl die von Peru und Chili, welche wie eingebrochen aussieht, nebst einer von da aus westlich gelegenen Ländermasse und mehreren dazwischen liegenden Inseln zu denken hat.

Ich ging bei dieser Mittheilung absichtlich rückwärts, um Sie vom Standpunkt der Gegenwart aus Schritt vor Schritt in die graueste Vergangenheit hinzuführen. Fangen wir nun umgekehrt von da an und gehen von Periode zu Periode bis zu unseren Zeiten fort, so ergeben sich, historischer Ordnung gemäss, folgende Weltlagen, Verhältnisse und Vorgänge, wobei ich die für diese Darstellung wichtigsten biblischen Namen angeben werde.

Voranzustellen ist der Continent im stillen Meere, von dem so oben die Rede war. Von diesem Urlande, als der allerältesten Welt aus, wird Amerika, als die damals neue Welt bevölkert. Der Wohnsitz der Menschen in ältester Zeit, der für uns somit in die Atlantis fällt, ist der Genesis zu Folge Eden, ein Name, der denselben Theil der Erde bezeichnet, nämlich die noch unzertrümmerte Continentalmasse, aus welcher in Folge der nachher eingetretenen Katastrophe die Inselwelt des stillen Meeres entstand. Biblischer Name Amerika's in Beziehung auf diese Periode ist Nod, das Land der Flucht und Verbannung, wohin Kain auswandert und die Stadt Chanoch baut. Weiterhin wird Amerika zur alten Welt in Beziehung auf Asien und die mit diesem zusammenhängenden

Ländermassen, worein es nun seinen völkerschaftlichen Inhalt ergiesst. Biblischer Name Amerika's in Rücksicht auf diesen Zeitraum ist Mazor, Veste, und Mizraim, Doppelveste, die beiden Amerika's im Norden und Süden bezeichnend, speciell von dem damals im Westen auf den Rücken der Anden errichteten Herrscherreiche zu verstehen, wo die Israeliten Sklavendienste verrichteten. Dieses ist nun das grosse Aegypten, aus welchem so viele Völker gekommen sein sollen, und das nicht das afrikanische sein kann, welches letztere vielmehr selbst von jenem älteren her, das in der anderen Hemisphäre gelegen, colonisirt worden ist.

Während nun aber in Asien, Afrika und Europa die Geschichte der Menschheit für sich fortrückt und ganz nur mit sich selbst beschäftigt ist, geräth ihr die alte amerikanische Heimath, aus der man über den Norden herüberkam, bis auf einige die Gestalt des Mythus und der Fabel annehmende Reste von Erinnerung *), in Vergessenheit; und ein erst verspotteter kühner Seefahrer entdeckt sie wieder nach Jahrtausenden als neue Welt, in welche nun, mit Umkehrung der früheren Richtung und des früheren Verhältnisses, die Abenteurer und Auswanderer des europäischen Westens überströmen und übersiedeln.

Diese Trias von Weltlagen, Verhältnissen und Vorgängen lässt sich folgendermassen veranschaulichen, wie ich es Ihnen hier an die Tafel schreibe und für den ganzen Verlauf dieser Mittheilungen zur Erleichterung Ihrer Vorstellung im Auge zu behalten bitte.

---

*) Dahin gehört die Hyperboreersage, die Sage der Juden von den jenseits des Sambatjon wohnenden Stammverwandten, die Nachrichten des Theopompos von einem grossen Festlande »ausserhalb dieser Welt« etc.

Alt.	Neu.
I. Urland. Continent im stillen Meer. Atlantis. Eden. Alte Welt im ursprünglichsten, absoluten Sinne des Wortes.	Amerika, als die zum ersten Male neue Welt. Athen der Atlantissage. Nod und Chanoch der Genesis.
II. Das zur alten Welt gewordene Amerika. Mizraim der Genesis und des Buches Exodus; amerikanisches Ur- und Originalägypten im Westen des Continentes.	Jenseitige *) Hemisphäre, Asien, Afrika, Europa, wohin die amerikanischen Völker, als in die damals neue Welt, überfluthen und übersiedeln.
III. Die altgewordene jenseitige Ländermasse; alte Welt im heutigen Sinne des Wortes.	Amerika als die nunmehr zum zweiten Male neue Welt.

Hiebei will ich Sie nun auf einen begleitenden Umstand aufmerksam machen, den man sich bei Betrachtung dieser Vorgänge ebenfalls stets gegenwärtig erhalten muss. Ich meine die **Wiederholung der Ortsnamen**, die durch Auswanderer und Ansiedler von einem Lande und Welttheil zum anderen übertragen zu werden pflegen. Dies geschieht und geschah immer und überall einer ganz natürlichen, sich stets wieder von selbst erzeugenden Sitte gemäss, indem man den neuen Wohnsitzen die Namen der alten, verlassenen gab, um sich vorstellen zu können, selbst auf den entferntesten Punkten wieder im Mutterlande zu sein. So haben in den neueren Zeiten die Europäer nicht nur ihre Sprachen, Gewohnheiten, Religionen, Denkarten, Wissenschaften, Künste und Einrichtungen, sondern auch ihre

---

*) Vom Standpunkt des amerikanischen Autors aus bezeichnet.

geographischen Ortsbezeichnungen in reichster Fülle über die Erde verbreitet, indem sie den von ihnen entdeckten und in Besitz genommenen Inseln, Festländern, Gegenden, Bergen und Gewässern, und den daselbst angelegten Städten und Ortschaften spanische, englische, französische, deutsche und andere Namen beilegten. Es finden sich nun daselbst und das zum Theil mehrfach und in verwirrender Weise vervielfältigt, Benennungen, wie Valencia, Valladolid, Granada, Montserrat, Saint Denis, Montpellier, Vincennes, Sans-Souci, Portlouis, York, Boston, Portsmouth, London, Liverpool, Lancaster, Windsor, Amsterdam, Nassau, Frankfurt, Petersburg etc. etc. Die unter Stephan ausgewanderten und in der Kolonie Perry County angesiedelten 100 Sachsen haben ihren kleinen Niederlassungen vaterländische Namen gegeben, wie Altenburg, Frohna u. dergl. Den höheren östlichen Theil der Insel Barbados hat man Schottland, einen Landstrich in Guatemala Europa getauft*). Wer denkt wohl bei den Namen Lichtenfels und Lichtenau an Grönland? Und doch giebt's dort Ortschaften dieses Namens. Christliche Sekten, deren Phantasie mit biblischen Dingen und Namen erfüllt, haben die Benennungen palästinensischer Orte in ferne, fremde Welttheile getragen. So ist Salem ein Hauptort der Herrnhuter in Nordcarolina; ein anderes Salem ist in Massachusets; Beth-

---

*) »Don Pepe sagte uns, er verlasse uns hier in Europa, und wir nahmen Abschied von ihm. So hiess poetisch der Landstrich, den wir nun betraten, der zur Zeit der Eroberung der bevölkertste, civilisirteste und bestangebaute von Guatemala war und der noch, trotz des emporstarrenden Scheitels des gewaltigen Vulkanes Agua, dem schönsten Theile Englands in grossartigem Maassstabe gleicht.« Stephens, Reiseerlebnisse in Centralamerika. Leipz. 1854. S. 357.

lehem ist ein Hauptort der Herrnhuter und mährischen Brüder in Pensylvanien; ebendaselbst ist Ephrata, ein Sitz des Dunkers. Auf der Antille Barbados sind die Herrnhutercolonien Saron und Tabor; andere solche Benennungen sind Hebron, Nain, Nazareth etc. Auf einer Karte von Surinam und Berbice an und zwischen den Flüssen Surinam und Saramaka finde ich eine Gruppe von Ortschaften, wo in wunderlichster Mischung die Namen Saron, Berlin, Schweizer Dörfer, Oranienweg, Carolinenburg, Rama bei einander stehen. Ortschaften, welche Canaan heissen, giebt es wenigstens sechs in Amerika. Man hat kein Bewusstsein davon, dass man auf solche Weise die biblischen Namen nur wieder dahin trägt, woher sie gekommen sind. Denn alle die Namen, die in der Patriarchengeschichte und der Geschichte Israels vor und bei dem Auszuge aus Mizraim d. h. Amerika vorkommen, wie Bethel, Salem, Moria, More, Mamre, Choba, Pniel, Sichem, Hebron, Ephrata, On, Gosen u. s. w. sind ursprünglich amerikanisch. Sie scheinen sich zum Theil noch im Urlande selbst erhalten zu haben; so kann man mit Bethel und Bethuel den Berg Baduel in Cayenne*), mit Choba den Inselnamen Cuba, mit Ammon den Namen der Bahama-Insel Amuana und den caribischen Inselnamen Amonhana, mit Charan den der Guaranis in Brasilien, der Guaraunos auf den Orinoko-Inseln und andere, mit Juda die Namen Yuta, Yutay, Yutahi, Uta-tlan, mit Joktan den der Halbinsel Yukatan, mit Canaan die westindischen Inselnamen Guanahani, Cannouan und andere ebenfalls sehr ähnliche Namen dieser Region, mit Mamre und Jabok die südamerikanischen Flussnamen Mamore und Oyapoc etc. vergleichen;

---

*) Hartsink, Beschryving van Guiana. Cap. 18.

und wie solche Namen wirklich verdoppelt und übertragen wurden, beweisen z. B. die beiden Gosen, da ein solches auch in Palästina war. In diesem Lande selbst gab es zweierlei Beth Dagon und zweierlei Bethlehem d. i. Haus des Brodes; und ein solches gab es auch im alten Mexico, zwar nicht dem Laute, doch dem Sinne nach, denn Tlascalan hatte dieselbe Bedeutung. Ein Beth-Schemesch d. i. Sonnenhaus war in Palästina dreimal vorhanden; zugleich war der Name so viel als das ägyptische On oder Heliopolis. Wir finden im Alterthume mehrere Babylon, Arados, Troja, Theben, Salamis, Athen u. s. w. In Italien gab es zwei Städte Namens Troja, welche von flüchtigen Trojanern gegründet sein sollten; Diodor spricht in demselben Sinn von einem Troja und Babylon am Nile *). Stephanus nennt neun Städte, welche Athen geheissen, nämlich in Attika, Laconica, Carien, Ligurien, Italien, Acarnanien und Euböa; Plinius **) setzt ein Athen nach Arabien. Es gab ein Alt-Tyrus, Παλαιτυρος, und ein Neu-Tyrus oder Insel-Tyrus; Kaiser Constantin wollte Constantinopel Neu-Rom genannt wissen. Es ist bekannt, dass es auch amerikanische Völker so gemacht. Die Toltecas gründeten Tollan oder Tula in Mexico, was, wie ausdrücklich bemerkt wird ***), nur ein aus früherer Heimath übertragener Name war. Es liegt hiebei nahe, an das *ultima Thule* der Alten zu denken ****). Der ebenfalls sehr auffallende Name

---

*) Livius I, 1. Diod. I, 56.
**) Hist. nat. VI, 28.
***) Clavigero, Geschichte von Mexico. Buch II. Cap. 1.
****) Dieses Thule (Thyle, Tyle, Thile, Tille), wurde zu einem Wandernamen, der auf verschiedenen Inseln und Halbinseln, wie Faroer, Mainland, Island, Friesland, Jütland, Scandinavien angewendet wurde. Humboldt, Kritische Unter-

Aztlan, womit die Azteken ihren Ursitz bezeichneten, hat mit Atlantis, Atlas so grosse Aehnlichkeit, dass man sich der Vergleichung nicht wohl erwehren kann. Haben die Mexicaner auch eine ganz andere Oertlichkeit, als die Atlantis der ägyptisch-griechischen Sage, gemeint, so scheint der Name doch derselbe zu sein;- er kann sich wirklich von jenem Urlande herschreiben, indem er auf andere Länder und Reiche, wie sie in späteren Zeiten blühten, überging.

Zuweilen finden sich mit den gleichen Namen auch die gleichen Umstände, indem man auf Letztere bei der Benennung Rücksicht genommen. So hat Pompeji im Staate New-York seinen Namen von den Ruinen, die man in seiner Umgebung gefunden hat; in Georgia ist Athens mit einer Universität; die südamerikanische Stadt Venezuela ist wie Venedig auf Inseln und Pfählen erbaut, daher ihr die Spanier diesen Namen gaben; die Antilleninsel Montserrat hat ihren Namen von ihrer Aehnlichkeit mit dem bekannten Berge in Catalonien erhalten.

Der schon den Alten unter dem Namen der kaukasischen Pforten bekannte Engpass in der Gebirgsstrasse, welche von der Festung Wladikawkas nach Georgien führt, heisst Dariel (Dariél), die Schlucht von Dariel. In Amerika findet sich derselbe Name; denn Darien lautet nach anderer Aussprache, welche wohl die ächtere ist, Dariel. Ein früherer Name war Uraba. Das ist wahrscheinlich derselbe Name wie Europa, und bedeutete eigentlich das amerikanische Abendland, so wie es nun den We-

---

suchungen übers. von Ideler I. S. 397 f. Das eigentliche Thule befand sich wohl im nordwestlichen Amerika und war das Tula, Tollan der Toltecas, wovon die Alten noch eine dunkele Erinnerung hatten.

sten der asiatisch-europäischen Ländermasse bezeichnet;
vergl. griech. ευρωπος, hebr. ערב, *ereb*, Abend. Ich
glaube, dass beide Namen Dariel und Europa (Uraba,
Ereb) aus Amerika in die jenseitige Welt verpflanzt worden sind.

Man hat sich bei solchen Uebertragungen häufig des
Vorsatzes von Neu bedient, wie wenn man die Namen
Neu-Spanien, Neu-Orleans, Neu-Hannover, Neu-
York, Neu-London etc. erfand. Sehr oft aber fehlt
dieses Unterscheidungswort; und kommt nun noch dazu die
mehrfache Anwendung eines solchen Namens in dem neu
bevölkerten Lande selbst, so entstehen arge Verwirrungen.
Vor einigen Jahren*) stand in einem öffentlichen Blatt: »Die
deutschen Einwanderer in Amerika haben die Gewohnheit,
ihre Niederlassungen daselbst nach deutschen Städten und
Dörfern zu benennen. Dadurch haben sich nun die Hamburg's, Frankfurt's, Nürnberg's etc. dermassen vermehrt, dass die Postbeamten in Verzweiflung sind. Wenn
es so fortgeht, so werden in 50 Jahren zwei Deutschlands vorhanden sein, deren Karten grosse Aehnlichkeit
haben; doch mit dem Unterschiede, dass auf den nordamerikanischen ein und derselbe Name zwei- bis fünfmal zu
finden sein wird.«

Nach all dem, was ich Ihnen nun vorgetragen und in
Erinnerung gebracht, werden Sie es nicht ungereimt finden,
wenn ich, unter der allerdings noch näher zu begründenden
Annahme einer der jenseitigen vorausgegangenen Bevölkerung
und Cultur Amerika's und deren dorthin gerichteten Ergusses,
die Meinung aufstelle, ein grosser Theil der geographischen
Namen des asiatischen, afrikanischen und europäischen Alterthums, ja fast alle diese Bezeichnungen von Ländern,

---

*) Im J. 1842.

Städten, Bergen, Flüssen, Seeen und Meeren seien ursprünglich nicht in dieser Hemisphäre, sondern in der unsrigen zu Hause, aus welcher sie durch wandernde Völker in die jenseitige hinübergekommen; Sie werden es nicht für allzu befremdlich und unglaublich halten, wenn ich z. B. zu behaupten wage, es habe noch ein anderes Babel, noch ein anderes Aegypten oder Mizraim, noch ein anderes Canaan gegeben, als die unter diesen Namen bekannten Länder Afrikas und Asiens und dies Original-Babel, Aegypten und Canaan gehöre der uralten Geographie und Geschichte Amerika's an. Von einem doppelten Aegypten wissen und melden, wie ich schon (S. 106) angeführt habe, die Indier in der That. William Jones führt Sagen an, nach welchen sich ägyptische Priester, die aber schwerlich aus Afrika kamen, in Indien niedergelassen; und ein indischer Pandit ertheilte den Bescheid: es gäbe zwei Länder mit Namen Misr, das eine im Westen unter der Herrschaft der Muhamedaner, was also das afrikanische Aegypten ist, das andere, dessen alle Sastras und Puranas gedächten, in einer bergigen Gegend im Norden von Ajodhia. Da man nun aber in Asien Nichts dieser Aussage Entsprechendes finden kann, so hat man sich wohl zu denken, sie deute nach Amerika hinüber und unter dem »bergigen Lande« sei der mit alten Culturstaaten besetzte Rücken der Anden zu verstehen.

Wie sehr nun aber eine solche Wiederholung geographischer Ortsbezeichnungen zu Verwechselungen und Irrthümern veranlassen und die Verlegung historischer Thatsachen an ganz falsche Oertlichkeiten herbeiführen kann, leuchtet ein. Nehmen Sie an, die nach Amerika übergesiedelten und mit dem Urlande jenseits des Meeres zur Zeit noch in steter, enger Verbindung stehenden europäischen Volksstämme würden von demselben völlig abgeschnitten und

lebten so für sich Jahrhunderte, Jahrtausende lang; so
würde ihnen die alte Heimath immer mehr verdämmern und
endlich wohl ganz aus dem Bewusstsein schwinden. Aber
ihre alten Geschichten von Europa her könnten sie dabei
immer noch wissen und forterzählen; und hiess es dann, Dies
oder Jenes sei an einem Orte geschehen, dessen Name in
Folge einer Uebertragung auch an einem amerikanischen
Orte haftet, so würde man die erzählte Begebenheit gewiss
an den letzteren hin verlegen. In einem solchen **Nürnberg**
würde man vielleicht die Stelle zeigen, wo **Eppelein von
Gailingen** über den Stadtgraben gesprungen; in einem
solchen **Wittenberg** und **Worms** würde der Sage nach
Luther seine Rolle gespielt, auf einer solchen **Wart-
burg** *) mit dem Teufel gekämpft haben; bei einem diesseitigen **Lützen**, **Leipzig**, **Waterloo** etc. würde man
von daselbst gelieferten Schlachten sprechen, deren Schauplatz in Wahrheit weit davon in Europa war; bei dem
erstgenannten Orte würde **Gustav Adolph** gefallen sein
müssen u. s. w. Für die Vorgänge des **Evangeliums**
würde man ein amerikanisches **Nazareth**, **Bethlehem**,
Nain, **Bethanien**, **Jerusalem** etc. in Anspruch nehmen. Dabei aber würde wohl auch viel Sonderbares, Un-
begreifliches und Ungereimtes herauskommen; und amerikanische Kritiker würden es geltend machen und diese alten
Geschichten für märchenhaft erklären. Gerade so ist es
nun, wenn mich nicht Alles täuscht, mit den biblischen
Urgeschichten gegangen. Sie sind eigentlich bei uns in
Amerika zu Hause; die nach Asien und Afrika auswandernden Völker haben ihre Geographie dorthin verpflanzt; die
alte, wahre Heimath ist dem Gedächtnisse der Nachkommen

---

*) Ein Ort dieses Namens ist in Tennessee.

entschwunden, und es haben diese die bezüglichen Thatsachen mit den asiatischen und afrikanischen Localitäten verknüpft, zu denen sie nicht passen wollen. Da wird denn Manches angefochten und mit scheinbarem Rechte für unwahr erklärt; aber nicht die erzählten Thatsachen, sondern die geographische Auffassung und Verknüpfung derselben ist falsch; und so wie diese unnatürliche Zwangsche gelöst ist, so nehmen sie wieder die Gestalt historisch möglicher und begreiflicher Begebenheiten an.

Sechste Vorlesung.

Sprachliche Erörterungen, namentlich zum Beweise, dass in Westindien (Haiti) vor Zeiten ein semitischer Dialekt gesprochen worden ist.

1.

Wenn Amerika der Erdtheil ist, von welchem aus die sogenannte alte Welt bevölkert worden ist, so werden sich wohl auch in den Sprachen beider Hemisphären Spuren und Anzeigen auffinden lassen, die dieser Wahrheit zur Stütze dienen. Zwar werden Aehnlichkeiten und Gleichklänge in einzelnen Wortformen, wie sie hier in der That in Menge vorhanden sind, grammatische Analogien, wie sie sich hier ebenfalls, namentlich in Hinsicht der semitischen Sprachen darbieten, es wird selbst die Nachweisung eines identischen Idioms, wenn eine solche möglich, nur so viel darthun, dass ein sprachlicher und somit auch völkerschaftlicher Zusammenhang nicht fehlt. Es lassen sich jedoch auch Fälle namhaft machen, aus welchen das höhere Alter der amerikanischen Sprachen und Wortbildungen erhellt. Da wir es vorzugsweise mit der Geschichte des hebräischen Volksstammes zu thun haben, so soll uns insbesondere die Frage beschäftigen, ob wir in den alten Indiauersprachen dem Idiome dieses Stammes begegnen; und da unserem Systeme zu Folge der ehemalige Sitz desselben hauptsächlich in den

Osten unseres Erdtheils zu setzen, so haben wir zu sehen, ob diese Bestimmung auch sprachlich bestätigt wird. Hier kann ich nun den jedenfalls wichtigen Beweis führen, dass einst in unbestimmbarer Vorzeit auf der grossen Antillen-Insel Haiti hebräisch oder ein dieser Sprache ganz nahe kommender semitischer Dialekt gesprochen worden sei. Wollen Sie die Geduld haben, auf eine solche Erörterung einzugehen, so erlaube ich mir in dieser Stunde, Ihnen Einiges davon vorzutragen.

2.

Ich werde zuerst eine Anzahl merkwürdiger Einzelheiten anführen, welche aber die Hauptstärke meines Beweises noch nicht enthalten sollen.

Aus der Sprache der alten Einwohner Haiti's und der benachbarten Inseln schreiben sich mehrere noch gebräuchliche Wörter her, die zum Theil zu ganz gewöhnlichen Ausdrücken der europäischen Sprachen geworden sind. Solche sind Kazike, Nigua, Name des Sandflohes, Orkan, Tabak, Mais *). Von all diesen lässt sich zeigen, dass sie zugleich ein etymologisches Verhältniss zum Hebräischen haben.

Kazike, *cazique* nach spanischer Schreibart und Aussprache, Anführer, *regulus* **), ist ein deutlich hebräisches Wort, und lautet als solches *chasek* mit der Bedeutung: stark, mächtig.

Nigua hiess haitisch der Sandfloh, *pulex penetrans*, der seine Eier unter die Nägel der Fusszehen legt und heftige Entzündungen verursacht; vergl. hebr. נגע, *nega'*, Plage von Gott gesandt.

---

*) Vergl. Martius, Ethnographie I. S. 760. II. S. 314 ff.
**) Daselbst II. S. 316: »cazic, cacique, caciqui, caxicus, casiche (pronunciatione diversa).«

Das Wort *hurrican*, Orkan kommt von dem haitischen *uracane*, *huracane*, *urogan*, womit man die furchtbaren Stürme bezeichnete, von welchen Westindien heimgesucht ist. Damit kann man in Amerika selbst mehrere den verschiedensten Gegenden eigene indianische Wörter vergleichen, die etwas Feindliches und Verderbliches bedeuten; so Galibi *hyorokan*, böser Geist, irokesisch *areguan*, Krieg führen, *harego*, ich bekriege, araukanisch *hueracan*, beleidigen; und dies Alles lässt sich auf das hebräische *harag*, verderben, tödten, zurückführen.

Auch Tabak, *tabaco*, ist ein Haiti-Wort, zeigte jedoch bei den Insulanern nicht das Kraut, sondern das Instrument an, womit man rauchte. Dieses Wort ist ganz semitisch formirt; denn der Grundlaut ist *bak*, *pak*, hebr. *puach*, *japhach*, athmen, blasen, hauchen, wehen, duften, wovon *taphuach*, von duftigen Gewächsen und Früchten gebraucht*).

Das Wort Mais ist ebenfalls aus der Sprache von Haiti geflossen, wo *mahiz*, *maiz* für dieses nahrhafte Naturprodukt gebräuchlich war**). Es lässt sich mit dem Namen

---

*) Tschipiwäisch ist *poagan* Pfeife, wo man eine andere Formation ohne den Vorsatz ת, aber mit dem semitischen *an* am Ende wahrnimmt. Von *puach* kommt auch das hebr. *piach*, Asche; und *Piqua*, aus Asche gemacht, ist Name einer Schawanesenhorde. So gehen hebräische Wurzeln und Formationsweisen durch verschiedene Indianersprachen. Mit ת wird auch sonst formirt; so ist die indianische Streitaxt Tomahawk, *tamahican*, von מחק, *machak*, schlagen, gemacht.

**) Man sehe jetzt die Zusammenstellung der amerikanischen Namen für *Zea Mays L.*, türkisches Korn, bei Martius, Ethnographie II. S. 427 f. Hiernach ist Taino, Yucatan *mahiz*, *mays*, Cauixana *mazy*, Araicu *metschy*, Sabuja *maschicöh*, Cayriri *madzo*, Letzteres = *fructus tostus*; Caiopos *muschiu* etc.

des hebräischen Festbrodes *mazzah* combiniren, welches man in Amerika vor Israels Auszug wohl aus Mais bereitet hat. Speciell beweisend ist die Vergleichung nicht, da das Wort sehr verbreitet ist und auch in den indo-europäischen Sprachen vorkommt, so dass man nicht weiss, welchem Idiom es eigentlich angehört, oder ob es in einer Ursprache gegründet, woraus es in beiderlei Sprachfamilien gekommen ist. Sehr deutlich aber ist in diesem Falle doch immerhin der allgemeine Zusammenhang in den Sprachen der beiden Hemisphären. Das griechische $\mu\alpha\zeta\alpha$ bedeutet Gerstenbrod, $\mu\alpha\sigma\sigma\omega$, $\mu\alpha\zeta\omega$, knete, $\mu\alpha\sigma\sigma\alpha\omicron\mu\alpha\iota$, kaue, esse. Aber die Griechen haben diese Wörter wohl eben so, wie die Israeliten ihr *mazzah* von ihrer amerikanischen (hyperboreischen) Heimath her. Im Lettischen ist *maise*, Speise, lapp. *mucse*, köstliche Speise, deutsch Muss, Gemüse. Auch in Amerika steht das Wort nicht einzeln und geht auch hier auf allgemeine Bedeutungen zurück. So im Delawarischen *mizin*, essen, *n'mizi*, ich esse, *n'mamizi*, ich bin essend. Was das süsse Brod der jüdischen Festfeier betrifft, so erklärt sich diese Eigenschaft aus der eigenthümlich amerikanischen Brodbereitung, indem das von den Indianern gebackene Maisbrod so süss ist, dass es Heckewelder n widerstand [*]). Assal sagt: »Obgleich die Inseln der Caraiben Salz erzeugten, so bedienten sie sich dessen dennoch nicht; daher war ihr Kassava-Brod für manchen Europäer eckelhaft-süss« [**]). So findet man auch in anderen Fällen, dass die hebräischen Gebräuche auf dem Festhalten uralter amerikanischer Sitten beruhen, die sich in unserem Erdtheile

---

[*]) Heckewelder, Nachricht von den indianischen Völkerschaften. Göttingen 1821. S. 326.
[**]) Assal, Nachrichten über die früheren Einwohner von Nordamerika etc. Heidelberg 1827. S. 120.

noch bis in die Zeiten der Entdeckung und weiterhin erhalten haben.

3.

Mehr solche Einzelheiten anzuführen, enthalte ich mich, um Ihre Geduld nicht zu missbrauchen. Ich habe jedoch noch Etwas im Rückhalte, worauf ich ein grosses Gewicht lege, und womit ich Sie bekannt machen muss.

Es wurden nämlich auf der Insel Haiti wunderliche, ja abgeschmackte Sagen und Fabeln erzählt, welche an sich werthlos sind, aber eine wichtige Bedeutung für uns dadurch erhalten, dass sie sich, wie man darthun kann, mit Hülfe semitischer Wortspiele gebildet haben müssen. Es sind Spielereien jener Art, an welchen sich Volk und Kinder auch innerhalb der europäischen Race ergötzen, so dass eine auffallend in's Ohr tönende Reihe von Alliterationen und ähnlich klingenden Wörtern und Wortverbindungen die Hauptsache, Sinn und Inhalt aber gleichgültig ist, und die Sätze in letzterer Beziehung so nichtssagend und albern sein können, als nur immer möglich ist. Englische Beispiele werden Ihnen von selbst einfallen; ich will Ihnen ein Paar solche aus deutschem und französischem Sprachgebiete zum Besten geben.

»Wenn Wasser Wein wäre, wie wollten wir weisse wollene Westen waschen!«

»Fischer Fritz fischt vier frische Fische; vier frische Fische fischt Fischer Fritz.«

Didon dina, dit-on, du dos d'un dodu dindon.

J'ai un point dans mon pourpoint, qui me pique et qui me point. Si je savais le tailleur qui a fait mon pourpoint, je lui donnerais autant de coups de poings qu'il y a de points dans mon pourpoint, qui me pique et qui me point.

Uebersetzt man Etwas der Art in eine andere Sprache, wo die Lautähnlichkeiten und Wortspielereien wegfallen, so begreift man nicht, wozu das soll, und wie man an solchen Absurditäten ein Gefallen finden kann.

Dass die Hebräer ganz dieselbe Art von Wort- und Lautspielen gehabt haben, lässt sich aus der Bibel nachweisen. Der Unterschied ist nur der, dass der Inhalt der Sätze in diesem Falle sinnvoll ist und nicht zur Albernheit herabsinkt. So im Segen Jakobs, wo mit dem Namen Gad die Formen *gud*, drängen, und *gedud*, Kriegsschaar, verbunden werden, so dass der durch Häufung ähnlicher Klänge auffällige Satz entsteht: *Gad gedud jegudennu wehu jagud akeb*, d. i. »Gad, Dränger bedrängen ihn, doch er drängt sie auf der Ferse zurück.« So, in ernster Weise, begann wohl der Gebrauch, und sank dann zu bedeutungslosem Spiel und Scherze herab. Im Buche der Richter*) kommt das Lautspiel vor: *Bilchi hachamor chamor chamorathaim* d. i. »mit einem Eselskinnbacken (schlug ich) einen Haufen, zwei Haufen.« *Chamor* heisst nämlich Esel, ist aber auch so viel als *chomer*, Haufen. Jeremias**) ruft: *pachad wapachath wapach alecha!* Schrecken, Grube und Fallstrick über euch! Wo de Wette nachahmend: »Grauen und Grube und Garn« übersetzt.

Ich theile Ihnen nun eine jener haitischen Fabeln mit, wo sich die Erzählung ursprünglich an dem Faden des Laut- und Wortspieles fortleitet, was aber nicht unmittelbar erkennbar ist, weil in der Nacherzählung die Anklänge verloren sind. So heisst es: Nach einer grossen Ueberfluthung des Erdreiches seien vier Brüder hungernd umhergeirrt, hätten einen Bäcker getroffen und ihn um Brod gebeten.

---

*) Cap. 15, 16.
**) Cap. 48, 43.

Der aber habe statt dessen einem der Brüder auf die Wange gespieen; dadurch sei eine Geschwulst entstanden und aus dieser; als man sie öffnete, ein Weib gekommen, welches die vier Brüder, die ohne Weiber gewesen, zur Frau genommen *). Nun vergleiche man im Hebräischen und Chaldäischen **) folgende Formen: *aragh, arak*, Erde, *rachaz*, schwemmen, *arach,* wandern, *arbagh, rebagh,* vier, *rik, rek*, von ungestilltem Hunger gebraucht, *ragheb*, hungrig, von Hunger entkräftet, *rakik,* Kuchen, Fladen ***), *ghug,* Brodkuchen backen, *raghah*, begehren, *rakak*, spucken, anspucken, *rok*, Speichel, *rakkah*, Wange, *rachasch*, aufquellen, *rachab*, sich aufthun, in der Conjugat. Hiphil öffnen, *rachamah, rechem*, Weib, Mädchen, *racham,* lieben, *raghjah, reghah,* Geliebte, Gefährtin.

Eine absichtliche Combination von ähnlichen Lauten, wo besonders die Consonanten *r* und *k* nebst ähnlichen, wie *g, ch, gh,* vortönten und die Sylben *rak* und *kak,* in allerlei Modificationen wiederkehrten, ist hier wohl unzweifelhaft. Wie könnte so der Zufall spielen! An dem Faden dieser Lautähnlichkeiten spann sich das Märchen fort, unbekümmert um die wunderlichen und unsinnigen Vorstellungen, die dabei herauskamen, ja vielmehr an dieser Tollheit ein volksthümliches Wohlgefallen habend ****).

Ich könnte Ihnen noch ein zweites Märchen mittheilen und eben so aus den semitischen Idiomen erklären. Es be-

---

*) Petri Martyris Ocean. Dec. I. lib. IX. p. 106.

**) Das fremdartige ע ist hier immer durch *gh* ausgedrückt.

***) Vergl. amerikanisch Hudsonsbay *arakana*, Brod.

****) In mythologisch-ernster Weise hat Kanne die Sache behandelt; so in seinem Pantheon S. 598 f. Auch er hat *rakak* speien, *rakik* Kuchen verglichen.

zieht sich auf die Organisation des Weibes; es ist namentlich ein durch die Worte *nekebah* und *nakab* gebildetes Wortspiel darin zu erkennen; ich sage nicht mehr, um nicht Ihr Zartgefühl zu beleidigen *). Man scheint mit so unfeinen mythischen Spässen das weibliche Geschlecht geneckt zu haben. Das ist an und für sich sehr interesselos. Aber ich halte diese Spuren in sprachlicher Hinsicht für wichtig und entscheidend genug, um behaupten zu dürfen, **man habe vor dem in Haiti einen Dialekt gesprochen, der mit dem Hebräischen identisch gewesen oder doch die grösste Verwandtschaft und Aehnlichkeit gehabt.**

4.

Reste dieses Sprachstammes fehlen auch in den benachbarten Theilen des Festlandes nicht; ich will Ihnen ein Paar Beispiele aus Yucatan und seiner Maya-Sprache, aus Florida und den östlichen Theilen von Südamerika nennen..

Die Halbinsel Yucatan fällt schon durch ihren Namen auf, der so deutlich an den biblischen Namen Joktan mahnt **). Hier findet sich z. B. *zac*, weiss, vergl. hebr. *zach* mit derselben Bedeutung; *cab*, hebr. *caph*, Hand ***);

---

*) Die Wissenschaft kennt keine Pruderie und darf Alles sagen, was zur Sache gehört. Man erzählte zu Haiti, das aus der Wangengeschwulst entstandene Weib habe Anfangs des sexualen Organs ermangelt; aber ein Vogel habe ihm dasselbe mit dem Schnabel gebohrt. Hebr. *nekebah* heisst Weib, und *nakab*, bohren.

**) Vergl. die Namen der Yucayos, der alten Bewohner der Bahama-Inseln, und die Form Jucati, welche durch *Indi Hispaniolae septemtrionales* erklärt wird.

) Vergl. auch Insel-Cariben *nu-cabo*, maypurisch *nu-capi*, *cappel*, zwei, chald. *kappel*, hebr. *caphal*, zweifach, doppelt machen, *caphul*, doppelt etc. In Florida befand sich ein den Apalachiten heiliger Cultus- und Tempelberg, Namens Olaimy, Olämi, der durch ein prächtiges Höhlenportal ausgezeichnet war *). Damit vergleicht sich hebr. *ulam, elam*, Halle, Porticus, besonders die Halle an der Vorderseite des salomonischen Tempels. In apalachitischer Sage tritt der See Theomi aus und verursacht eine grosse Fluth; hebr. *tehom*, Fluth, *tchom rabba*, das grosse Wasser, Meer. Als Endsylbe vieler Caraiben- und Cumanagotennamen, kommt *cuar*, Bergschlucht vor, wie *Guaymacuar*, Eidechsenschlucht; hebr. *chor*, Berghöhle. Das tamanakische *puti*, Weib, stimmt wohl auch nicht zufällig mit dem hebr. *poth* überein. Arawackisch in Surinam *adajjahün*, Herr **), ist wohl das indianisch gedehnte hebr. *adon* ***). Das derselben Sprache angehörige *ulluahü*. welches durch *vita, anima, animus* erklärt wird, kommt mit dem hebr. *eloah*, Gott überein *). Das ebenfalls arawackische *rurun*, kothig

---

meine Hand etc., wo *nu* der pronominale Vorsatz ist; arawackisch in Surinam *ükabbuhu*, Hand.

*) Rochefort, Hist. des Antilles c. 8.

**) Im arawackischen Vaterunser bei Quandt; sonst ist *adajjahü* angegeben.

***) Adonai für Gott will der Jude Montesinus bei einem Indianerstamme gefunden haben, der sich vom israel. Stamme Ruben ableitete und Abraham, Isaak und Jakob als seine Ahnherren nannte. Es wird darüber näher. in einer Nummer der II. Abtheil. die Rede sein. Marauha *atuyuna* bedeutet Greis, wohl in ehrendem Sinn.

****) Die Jumanas nehmen eine gute und böse Gottheit an, wovon sie die erstere Uauüloa nennen. Martius, Ethnogr. I. S. 485.

sein, *ruruli*, Roth, Moder, berührt sich mit dem hebr. *rur*, schleimen, *rir*, Speichel, Geifer. In Guiana finden sich ferner Aehnlichkeiten, wie nachstehende.

Puguli, ein Giftbaum, mit dessen Milch die Indianer ihre Pfeile vergiften; hebr. *piggul*, gräulich, abscheulich *). *Coumery*, Rothholz; hebr. *chamar*, roth sein, *camar*, entbrannt sein. *Hummari*, Kopfbinde von an einander gebundenen Federn; hebr. עמר, *omer*, *ghomer*, Garbe. *Pagaye*, ein dünnes Ruder, womit grosse Wellen auf's Schnellste zerschnitten werden; hebr. בקע, *baka'*, spalten. *Sura* ist in Guiana eine indianische Hütte, ein Stockwerk hoch, *kubuya*, ein niedriges Haus; vergl. arab. und hebr. *sur*, *schur*, Mauer, auch Stadtname, und *kubbah*, Schlafgemach, wovon spanisch *alcova*, Alcoven. *Tabui* ist in Guiana Halle, hebr. *ta*, chald. *tewah*, Zimmer, Gemach, von *tawah*, wohnen. Für Sonne und Tag ist im Süden ein Wort verbreitet, das ich in folgenden Formen angegeben und geschrieben finde: brasil. *cuarassi*, guaran. *quarasi*, *cuarazi*, Tupi *coaracy*, gemein-brasil. *arassu*, omaguisch *huarassi*. Das ist doch wohl kein anderes, als das hebr. *cheres*, *charsah*, persisch *khor*, *khorschid*, Sonne, Coresch, Cyrus, welcher Name von diesem Worte kommt **). So ist auch ein

---

*) Brasilianisch ist *mumuré*, eine Milch, die aus giftigem Holze fliesst; hebr. *merorah*, Gift, *meriri*, giftig. Wenn im Hebr. *chemah* zugleich Gift und Milch heisst, so kommt das wohl von dem milchartigen Safte solcher Giftbäume her.

**) Der Grundlaut ist wahrscheinlich *char*, *car*, *cor* etc. mit der Bedeutung Glanz, Pracht; daher auch die Namen für Gold und Putz, wie tamanak. *caricuri*, carib. *caricuru*, peruan. *cori*, *curi*, Gold; Humboldt, Reise IV. S. 718; hebr. *charuz*, Gold, *charusim*, Perlen- und Korallenschnüre; *charit*, Geldbeutel, auch

Wort für Stern in ziemlich durchgängigem Gebrauche: *Galibi serica, siricco*, Yaoi *chirikka*, tamanak. und otomak. *cirica*, wie es verschiedener Aussprache und Schreibart nach verzeichnet ist; »die Macusis, Cariben, Arawaaks etc. nennen einen Stern *seriko, serika, serigu*,« sagt Schomburgk*); Guiana *xeric*, das Siebengestirn; und diese Formen hängen doch wohl mit dem hebr. *sarach, serach*, aufgehen, Aufgang, von Licht und Sonne, zusammen.

Es giebt unter den Urbewohnern Amerika's bekanntlich eine eigenthümliche Klasse von Leuten, die sich als Zauberer, Beschwörer, Aerzte, Visionäre, Wahrsager, Traumdeuter bethätigen, ja die Rolle des Richters und Gesetzgebers spielen, ein grosses Ansehen geniessen und von wesentlichem Einflusse sind. Manche von ihnen stehen im Geruche einer besonderen Heiligkeit, so dass man sie, ihre Hütte und sonstige Habe selbst im Kriege und bei Plünderungen verschont. Sie erinnern zum Theile an die biblischen Propheten und Gottesmänner, einen Mose, Bileam, Elias etc.; man kann hier wenigstens eine Corruption oder Parodie jenes alttestamentlichen Charakters erblicken. Und nicht nur die Sache, sondern auch der Name stellt sich uns in weiter Verbreitung dar. Man findet ihn, wie er der Caraiben- Tamanaken-

---

als Frauenzimmerschmuck. Ein Halsschmuck der Cariben und das Metall, woraus er gefertigt war, hiess *caracoli*.

*) Reisen in Guiana und am Orinoko S. 424. Er bemerkt dazu, dass hingegen bei den Guinau's, deren Idiom von allen anderen Indianersprachen Guiana's abweiche, Stern *yuwinti* heisse. Hier scheint ein dem Westen eigenes, indogermanisches Element dazwischen gestreut. In der peruanischen Inca-Sprache (Quichua) bedeutet *inti* Sonne; Sanskr. *indh*, glänzen, *Indras*, der Gott des Himmels. *Yuw-inti* ist wohl aus *inti*, Licht und Glanz, und aus *yuw*, lat. *Jov-is, Ju-piter*, Gott, Himmel, zusammengesetzt und bedeutet Himmelsglanz.

und Tupisprache gemein ist, wiewohl in allerlei Modification der Aussprache und Verschiedenheit der Schreibart, in den Formen, *piaye, piajé, pajé, piaché, piaccé, boyé, boyaicou*. welchen wahrscheinlich ein semitischer Ausdruck zu Grunde liegt, so dass sie »Mund Gottes« bedeuten und eigentlich einen inspirirten, Orakel gebenden Priester und Propheten, einen Mann, durch den die Gottheit spricht, bezeichnen, nämlich von *peh, pejeh, pi*, Mund, und *jah*, Gott. Ich bitte, hiezu die Stelle im Buche Exodus zu vergleichen, wo Jehovah zu Mose sagt: »Ich will mit deinem Munde sein und dich lehren, was du reden sollst.« — »Und Aaron soll für dich reden; und er soll dir Mund sein und du sollst ihm Gott sein« *).

Ein merkwürdiger Fall ist endlich auch folgender. *Anni* heisst in Guiana ein schöner, starker Baum, aus dem sich die Indianer ihre Fahrzeuge verfertigen **); hebr. *oni*, Schiff, Flotte. Sollte man aus solchen Zusammenstimmungen nicht entnehmen dürfen, dass die semitisch redenden Völker hier im Osten Amerika's ihre Urheimath und ihren ältesten Wohnsitz gehabt?

Das Phänomen ist nicht auf diesen Theil des Continentes beschränkt; Spuren der Art sind auch sonst noch durch den ganzen Welttheil hin zerstreut, und das oft so augenfällig, dass sie auch hier nicht einem blossen Spiele des Zufalles zugeschrieben werden können ***). Doch haben

---

*) 2 Mose 4, 11—16. Man muss die ganze Stelle lesen.
**) Schomburgk a. a. O. S. 308.
***) Um ein Paar Beispiele aus der so eben erst erwähnten Incasprache zu geben, so heisst hier *pacar*, morgen, *pacaringa*, Tag werden, *pacarina*, Morgenröthe; hebr. *boker*, die Frühe, der Morgen. So ferner Quichua *yurac*, weiss; hebr. *jerakon*, Blässe des Angesichts. Quichua *sisa, sissa*, Blume; hebr. *zizah, ziz*, Blume, *ziz*, glänzen, blühen. Es hängt damit das hebr. *sisith*,

sich mir dieselben nirgends in so auffallender Weise, wie in den genannten Gegenden des amerikanischen Ostens, namentlich was die alte Sprache Haiti's betrifft, dargeboten. Es kommt dazu der Name Canaan oder wenn man den in unserer Aussprache unterdrückten fremdartigen Kehlhauch darzustellen sucht, *Cana'an, Canaghan* *), womit in diesen Regionen so mancher alte indianische Name stimmt, dass sich die Vermuthung aufdrängt, der Osten Amerika's, speciell der mittlere Theil desselben, das jetzt sogenannte Westindien, habe in alten Zeiten jenen Namen geführt. Der erste Name, welchen der hier anlangende Entdecker des Welttheiles zu hören bekam, war bekanntlich das sehr ähnliche Guanahani; unter den Inselnamen, welche Breton von den Caraiben erfuhr und in seinem Dict. Caraib. mittheilt **), befindet sich für die Grenadilles die Form *Cannouan;* eine Bahama-Insel hiess *Canacan* ***), was der ächten Aussprache des hebr. Namens noch vollkommener entspricht ****).

Vorderhaar, Quaste, Troddeln, zusammen; und auch in dieser Bedeutung ist das Wort amerikanisch: Yucatan *tzotz*, Mixtica *ydzidzique, ydzidzini*, Haar etc. etc. Hebr. *schuschan* ist Lilie, damit stimmt Pebas *susuman*, Blume; Martius, Ethnogr. II. S. 301. 417. *Cocamas* (ein Tupidialekt) ist *sisi*, Blume, *sisou* Gestirn, das. S. 299. 300.

*) Nach der Punctation unseres Bibeltextes, *Cna'an, Cnaghan*.

**) Das Buch ist selten; die Inselnamen sind aber auch bei Humboldt und Martius verzeichnet, bei Letzterem in der Ethnographie I. S. 739 f. II. S. 535. Ein Paar derselben gehen auf —*gana* und —*ganaim* aus.

***) Humboldt, Krit. Unters. II. S. 134.

****) Peter Martyr, Oceanica, Dec. II. lib. X. nennt die Insel Bimini: Aguaneo; Ribero führt eine Insel Guanina oder Guanima unter den Lucayen auf, deren auch Ponce de

5.

Ueberaus merkwürdig finde ich es, dass unter den berühmten Vorfahren der Chiapanesen, einer zum mexikanischen Reiche gehörigen Völkerschaft, die nach diesen Vorfahren ihre Monatstage benannte, neben einander ein Votan, wie ein dort ganz einheimischer Heros hiess, und ein Ghanan erscheint, so dass der dritte Tag dem ersteren, der vierte dem anderen geweiht *). Dies scheint darauf hinzudeuten, dass sich hier ein wodanisches (germanisches) und ein canaanitisches (phönizisches, semitisches) Element gemischt.

Dem alten Systeme nach, welches Alles von der jenseitigen Sphäre ausgehen lässt, müsste man annehmen, dass Menschen und Völker verschiedener Raçe aus Asien nach Amerika gekommen, und daselbst die Spuren ihrer Namen

---

Leon gedenkt, Humboldt a. a. O. S. 150. 152. Columbus spricht von einer Insel Goanin, und *guanin* oder *goanin* ist Name einer Mischung von Gold, Silber und Kupfer, woraus die Indianer Waffen und Bleche verfertigten, Oceanica, Dec. I. lib. VII. Herrera, Dec. I. lib. III. cap. 9. Unter den virginischen Inseln im Osten von Porto-Rico ist eine Namens Guana. Auch der Name Guiana möchte hieherzuziehen sein. In Brasilien sind die Guaycanan. Mehrere Namen der Art, wie den der Paraguana, Jabacuyana, Guayanicomo, Guanimanasse nennt Humboldt in dem Verzeichniss der Völkerstämme am Orinoko; Reise in die Aequinoctialgegenden V. S. 341 ff. Mithridates III. Abth. II. S. 426. 462. 470. 474. Auch der Name Manasse fällt auf; es werden ausser den Guanimanasses auch die Manisipitanas genannt.

*) Clavigero, Geschichte von Mexico I. S. 412. Ein Ghanin kommt in dem Geschlechtsregister der Afghanen vor, welche sich *Bene Iisrael*, Kinder Israels, nennen. Baseler Missionsmagazin 1837. S. 701 f. Gewiss nicht von Palästina, sondern von Amerika her.

und Sprachen gelassen. Was die Phönizier und Hebräer betrifft, so hat es nicht an Gelehrten gefehlt, welche glaubten, das Goldland **Ophir**, nach welchem jene beiden Völker zusammen Schifffahrten unternommen, sei amerikanisches Land gewesen *). Bekannt ist ferner die so oft geäusserte Meinung, dass die verlorenen Stämme Israels einen Weg nach Amerika gefunden, und dass namentlich die nordamerikanischen Indianerstämme deren Abkömmlinge seien **). Um aber zu zeigen, dass die Sprachen Amerika's, denen jedenfalls ein hohes Alter zuzuschreiben ist und von den Sprachforschern wirklich eingeräumt wird, auch in Rücksicht der ihnen, wie es scheinen möchte, aus der jenseitigen Hemisphäre beigemischten Bestandtheile von sehr alter und ursprünglicher Natur seien, muss ich noch einige interessante Entdeckungen zur Sprache bringen.

6.

Wörter, die, was die Idiome der alten Welt betrifft, in keine einfacheren Elemente zu zerlegen sind, lassen sich mit Hülfe unserer alten Indianersprachen auf solche Ele-

---

*) Dafür lässt sich Manches sagen. **Ayaviri** und **Cacayaviri** hiessen peruanische Landschaften. Nach einem kosmogonischen Mythus der Societätsinsulaner umarmte der Sohn eines Felsen den Sand des Meeres, der sodann einen Sohn **Ti** und eine Tochter **Opira** gebar. So könnte es allerdings scheinen, als sei Ophir ein alter Name des Küstenlandes Peru gewesen. Auch kommt 2 Chron. 3, 6 eine goldreiche Gegend פרוים vor, woraus schon **Kanne** den Namen Peru, פרו, zu entnehmen gewagt.

**) Auch dafür lässt sich sehr viel anführen. Aber es beweist doch Alles nur irgend einen Zusammenhang, nicht welchen.

mente zurückführen, wobei sich Wortbildungen geltend machen, die den Indianersprachen eigen, in denen der jenseitigen Hemisphäre aber, so weit ich sie kenne, nicht getroffen werden. Ich wähle, um das darzuthun, folgende Fälle aus. Hebräisch ist *tabbur* Berg; bekannt ist der Name des Berges T h a b o r, bei Josephus I t a b y r i o n, A t a b y r i o n. Hiemit ist in Amerika zu vergleichen: Jaoi *tabu*, maypurisch *tapu*, Galibi *tobu*, caribisch *tebu*, tamanakisch *tepu*, Stein, Fels, mexicanisch *tepetl*, Berg, mit der mexicanischen Substantivendung *tl*, tamanakisch *tepu - pano*, Steingegend, *tepu - iri*, Berg. Diese letztere Form stimmt mit den erstgenannten Wörtern und Namen, *tabbur*, T h a b o r, I t a b y r i o n zusammen und hat ihnen auch wohl den Ursprung gegeben. Jene merkwürdigen Felsen mit Charakteren und Figuren, von welchen G i l i i, A. v. H u m b o l d t und S c h o m b u r g k melden, heissen maypurisch *tapu mereme*, bemalter Fels; sonst heissen sie bei den Indianern auch *tamurumu*, was S c h o m b u r g k für eine Verderbung aus *tapu mereme* hält; sie werden auch *timeri*, *timehri* genannt *). Im Hebräischen, Talmudischen und Arabischen finden sich die Formen *thimarah*, *thimorah*, *thimmur*, *thamur*, *thamrurim* für Palme, Säule, aufgerichtete Säule, Wegweiser, Thurm, architektonische Zierrath. Ist nun jenes indianische *tumurumu*, *timehri* in der That aus *tapu mereme* entstanden, und hängen auch hier die vergleichbaren semitischen Wortformen mit den amerikanischen zusammen, so ist das Verhältniss auch hier wieder dieses, dass die ersteren auf einer amerikanischen Wortbildung beruhen. Daraus wäre zugleich auf das ausserordentlich hohe Alter jener »bemalten Felsen« Südamerika's zu schliessen.

---

*) Rob. Herm. Schomburgk, Reisen in Guiana und am Orinoko. Leipz. 1841. S. 399.

Hebräisch *khethoneth, cuttoneth* ist Unterkleid, Leibrock, *tunica*, griech. χιτων; im Chaldäischen, Syrischen, Arabischen dasselbe Wort mit verschiedener Aussprache: *khidan, khedono* etc. für Lein, leinenes Zeug, Baumwolle, baumwollenes Zeug, *cotton*, Cattun. Von den Morgenländern, sagt man, erhielten die Griechen ihr *chiton*, das Wort machte den Weg von Osten nach Westen bis zu uns. Aber es ist nicht im Orient entstanden; wir weisen es in der Quichua- oder peruanischen Incasprache nach und zeigen hier auch seine Entstehung auf. Hier heisst *catani*, ich decke, hülle, davon *catana*, Hülle, Kleid. Aber das *n* ist nicht radical; *catani*, ich decke, *catan*, er deckt; in anderen Formen fällt das *n* weg, Imperativ *catai*, Particip *catac* etc. Die Form auf *an, on, un* ist also wohl aus dieser Sprache her, die sehr alt zu sein scheint. Das männliche Gewand hiess in derselben *cuschma*, worin Sie leicht das griech. κοσμος, Schmuck, entdecken werden.

Das hebr. *tit*, Lehm, Töpferthon, scheint ein sehr einfaches Wort; Tucano in Amerika ist *diita*, Sanskr. *ditis*, Erde, *dityas*, Erdgeist, womit in griechischer Mythologie der Name des Erdsohnes Tityos und der Titanen, die von ihrer Mutter Gäa wider den Vater Uranus aufgereizt worden, zusammenhängt. Araukanisch ist *tuetu*, irden, von *tue*, Erde, und der Endung *tu*. Hier ist also selbst das scheinbare Urwort *tit, dit* zerlegt und seine Entstehung aus zwei amerikanischen Elementen klar.

Das hebr. *muth* heisst sterben, *maweth*, chald. *moth*, der Tod. Damit verhält es sich ebenso. Er vergleicht sich mit *muhat*, welches bei den Pimas in Sonora tödten bedeutet, dem *matai*, sterben, in der Chamori-Sprache der Marianen-Inseln, und dem malayischen *maout*. In der amerikanischen Corasprache ist *mueat* Tod; aber die Sylbe *mu* ist hier das Radicale, womit auch das koptische *muy*, Tod, harmonirt. Wäre das Wort erst vom Hebräischen aus in jene anderen Sprachen gelangt, so würde ein solcher Fall, wie der in der Corasprache, schwerlich vorkommen.

Das hebr. *rosch*, Kopf, womit in Afrika: Harrer *rusa* stimmt, erklärt sich aus einer Wortbildung, die im Guaranischen erhalten, sonst aber unbekannt ist. Hier bedeutet *aca* Kopf, *rosaca*, mein Kopf; *ros*, *rosch*, *rusa* ist wahrscheinlich eine Abkürzung davon und heisst ursprünglich gar nicht Kopf, sondern bloss mein. Hier ist zu bemerken, dass im Amerikanischen die Wörter, welche Körpertheile bezeichnen, mit dem Possessiv-Worte mein oft dermassen zusammenwachsen, dass sie gar nicht mehr davon zu trennen sind *).

Hebr. *nin*, *ma-non* ist Kind, Nachwuchs; das Verbum *nun* bedeutet in den abgeleiteten Formen sprossen, *subolescere;* bei den Pimas in Sonora heisst *nunuwo* Kind; damit hängt wohl auch griech. ναννος, ναννιον, Zwerg, Puppe, zusammen. Aber das *n* am Anfang scheint nicht radical zu sein. Maypurisch am Orinoko ist *anili*, Sohn; *nuani*, mein Sohn; *niani*, euer Sohn etc. und aus dieser zusammengesetzten Form mit Verlust der Pronominalbedeutung möchten wohl obige Wörter geworden sein.

Sehr merkwürdig ist auch der Umstand, dass Wortformen, die in den Sprachen der alten Welt vereinzelt stehen, in denen der neuen, die sich aber auch hier wieder als die eigentlich viel ältere bewährt, Bestandtheile eines systematischen Ganzen sind, aus dem sie dann offenbar herausgerissen und so für sich erhalten wurden. Ein solcher Fall ist rücksichtlich der schon oben angeführten hebr. und chald. Formen, *caphal*, *caphul*, *kappel*, welche Verdoppelung anzeigen, bemerklich zu machen. Das System, aus

---

*) Ein ähnlicher Fall ist das französische *monsieur*.

welchem sie genommen sind, findet sich noch in Yucatan: *hunppel*, eins; *cappel*, zwei; *oxppel*, drei. Das endigende -*ppel* ist gemeinschaftlich, somit abzuschneiden; die differenten Grundlaute sind *hun*, *ca*, *ox*. Mit *cappel* hängt auch wohl das lat. *copula, copulare*, zusammen, eine Verbindung von Zweien besagend *). Aber diese Form steht isolirt; das Ganze, woraus sie genommen, ist zerstört und findet sich nur noch in Amerika.

Sie erkennen aus diesen Beispielen wohl schon deutlich genug, wie, abgesehen von den sich unmittelbar bietenden Aehnlichkeiten, auch ein tieferes Sprachstudium, eine zerlegende Sprachenchemie, so zu sagen, den Beweis liefert, dass Amerika eine ältere Welt, als die sogenannte alte, dass sie insbesondere, was ich in dieser Stunde vorzugsweise darthun wollte, die ursprüngliche Heimath des hebräischen Volksstammes und der sogenannten semitischen Nationen, Sprachen und Dialekte sei.

---

*) Deutsch sagte man vordem »sich zweien« in dem Sinne »sich einer anderen Person zugesellen.«

Siebente Vorlesung.

Ueberblick über das Ganze.

1.

Soll ich Ihnen nun, nach den vorausgeschickten Erörterungen, einen schon etwas näher eingehenden, doch freilich immer nur noch die Gestalt einer hypothetischen Meinung und Vorstellung tragenden Ueberblick über mein geographisch-historisches System geben, so habe ich folgende Reihe von Sätzen aufzustellen, auf die ich in den späteren Vorträgen in geschichtlicher Reihenfolge einzeln und mit Angabe der nöthigen Stützen und Belege zu sprechen kommen werde *).

2.

Im Anfang der Menschengeschichte befand sich in dem stillen Meere, den westlichen Küsten des amerikanischen

---

*) Da diese Vorträge nicht in vollständiger schriftlicher Niederlegung hinterlassen worden sind, so hat es der Herausgeber für zweckmässig erachtet, manches Speciellere schon hier gleich in den Noten zu erwähnen. Noch Eingehenderes werden die Beilagen enthalten, welche die II. Abtheilung dieses Werkes bilden und, so viel als möglich, zum Ersatze der fehlenden Vorlesungen zu dienen, bestimmt sind; eben so die Abhandlungen der III. Abtheilung.

Festlandes gegenüber, ein jetzt als solcher verschwundener Continent, von dem noch die vorhandenen Gebirgsinseln Polynesiens den zertrümmerten und zerstreuten Ueberrest bilden *). Dieser sich noch jetzt einer paradiesischen Beschaffenheit erfreuende Erdtheil, ein damaliges Festland, oder eine grosse, continentale Insel, wie Neuholland, wird in der Genesis Eden, in der ägyptisch-griechischen Ueberlieferung Atlantis genannt; hier, in dem östlichen Theile desselben, pflanzt Gott, nach biblischem Ausdrucke, den Paradiesgarten, Adams ersten Aufenthalt. Das Heraustreten des Menschen aus seinem ursprünglich friedlichen und glücklichen Zustande wird von der Genesis an das Essen vom Baume der Erkenntniss geknüpft — Symbol des Zusichselbstkommens im schlimmen, zerreissenden Sinne des Wortes. Er war zuerst in reflexionsloser Einheit mit Gott und der gotterfüllten Natur; die Beziehung auf sich in einseitigem Wissen und Setzen seiner selbst brachte den grossen Bruch hervor, an welchem seitdem das ganze Menschen- und Erdenleben krankt. Der Mensch wird aus seinem paradiesischen Ursitz vertrieben und durch feurige Phänomene dahin zurückzukehren gehindert **). Dies deutet das bereits Statt findende Eintreten schreckhafter Erscheinungen an.

Die Menschen scheinen nun völlig an den Ostrand des nachher untergegangenen Continentes hingedrängt worden zu sein. Von da, wo der Uebergang sehr leicht gewesen

---

*) Die von Korallen gebildeten Inseln sind nämlich abgerechnet.

**) »Und Gott Jehovah vertrieb den Menschen und stellte vor den Garten Eden die Cherubs mit den Flammen des Schwertes, zu bewachen den Weg zum Lebensbaum«. Mos. 3, 20.

sein mag *), geht nun eine Auswanderung nach Amerika hinüber und es entsteht daselbst eine Colonie, die ich Gründe habe, ohngefähr in die Gegend von Peru zu verlegen. Hier ist das biblische Nod, das Land der Flucht und der Verbannung, wohin Kain verwiesen wird; hier gründet derselbe die erste Stadt, Chanoch genannt **), welche mit dem Athen der Atlantissage, das sich auf dem gegenüberliegenden Festlande befunden und mit der Atlantis zugleich untergegangen sein soll ***), identisch zu sein scheint; hier ist das rührige, den weltlichen Künsten und Betriebsamkeiten ergebene, Werkzeuge und Waffen erfindende und in Kraft derselben gewaltsam handelnde und herrschende Geschlecht der Kainiten angesiedelt und entwickelt die ihm eigenthümliche Energie. Die Genesis hat uns aus jener Zeit ein wildes Lied erhalten, welches unbändige Rachsucht athmet ****). Weiterhin ist von Riesen

---

*) So beschaffen war nach Plato's Schilderung der Uebergang von der grossen continentalen Insel Atlantis zu dem gegenüber liegenden Festlande in der That; s. oben Vorlesung V. S. 116.

**) Vergl. die amerikanischen Ortsnamen Guanuco, Tiahuanaco, haitisch *conuco*, Pflanzung.

***) Auch Athen, Athenai ist ein amerikanisches Wort; *otaeney* bedeutet nach Heckewelder (Nachrichten von den indianischen Völkerschaften) im Indianischen Stadt überhaupt.

****) 1 Mos. 4, 23:

»Ada und Zilla, horchet meinem Rufe!
Ihr Frauen Lemech's, höret meine Rede!
Ob meiner Wunde streck' ich Männer nieder,
Ob meiner Strieme schlag' ich Jünglinge.
Gerochen wurde Kain siebenfach,
Lemech soll's werden sieben- und siebzigmal.«

die Rede und von Gewaltigen, die von Alters her berühmt, so wie überhaupt von dem Uebermuthe, der Bosheit und äussersten Verderbtheit des Menschengeschlechtes vor der Fluth, wo nur Noah eine Ausnahme macht *).

Der in einseitiger Weise zu sich selbst gekommene, auf sich selbst concentrirte Mensch empfindet und bethätigt hiernach seine noch ungebrochene, gewaltige Kraft in einer Weise, welche die von ihm bewohnte Erde zu einem Schauplatze von Gewaltthaten, Lastern, Gräueln und Grausamkeiten macht, wovon wir uns vielleicht kaum mehr eine Vorstellung machen können. Nun aber, da der Missbrauch menschlicher Vermögenheiten seinen Gipfel erreicht hat, tritt auch die aussermenschliche Natur aus ihren Schranken heraus, und es findet jene kolossalste aller von Sage und Geschichte erwähnten Katastrophen Statt, die wir unter dem Namen der Sündfluth **) kennen, indem von unten vulkanische Kräfte die Erde erschüttern, Wassermassen aus der Tiefe dringen, und sich zu gleicher Zeit die ganze Atmosphäre in Wasser auflöst — eine Verbindung von Erscheinungen, die in partieller Weise auch sonst vorkommt. Die Hauptzerstörung ging im stillen Meere vor sich, traf aber auch einen Theil von Amerika. Die continentale Insel, von welcher wir sprachen, das Eden der Bibel, die Atlantis der ägyptischen Ueberlieferung, ward völlig zertrümmert; zu gleicher Zeit wurde ein Stück der amerika-

---

*) »Noah war ein gerechter und frommer Mann in seinem Zeitalter und wandelte mit Gott.« 1 Mos. 6, 9.

**) Es ist dies eine neuere, durch Verderbung und Umdeutung entstandene Form. Die älteren und ächteren sind die mit *sin, sint, sind*, d. h. immer, überall, vollständig, gebildeten; *sinfluot, sintfluot*, Sindflut, die eine grosse, allgemeine und andauernde Ueberschwemmung anzeigen.

nischen Küste im Westen des Welttheils, wo sich die Urstadt Athen befand, weggerissen und in's Meer versenkt*).

Mitten in der fürchterlichsten Ausartung hatte sich ein besseres Geschlecht erhalten, welches ein stilles, gedrücktes Leben führte **), den Zustand der Dinge beklagte und ahnungsvoll in die Zukunft sah, die dieser übermüthigen Weltzeit ein gewaltsames Ende bereiten würde. Es treten uns hier aus dem Dunkel des vorfluthlichen Alterthums vorzugsweise drei Namen entgegen: S c h e t h oder S e t h, C h a n o c h oder H e n o c h und N o a c h oder N o a h; mit ersterem beginnt die fromme Linie; »damals fing man an, den Namen Jehovah's anzubeten« ***), — A n f a n g d e r R e l i g i o n s g es c h i c h t e. Der »mit Gott wandelnde« Chanoch tritt früher, als es damals gewöhnlich war, vom Schauplatze ab; man glaubt in ihm den A n n a k o s oder N a n n a k o s der Alten zu erkennen, der vor Deukalion gelebt haben, die bevorstehende Fluth vorausgesehen, die Menschen in den Tempeln versammelt und mit vielen Thränen gefleht haben soll, der auch ein altes, von vorzeitlichen Dingen oder kläglichem

---

*) Was Asien betrifft, so büsste es zu dieser Zeit wohl ebenfalls einen Theil seines Festlandes ein, indem sich namentlich die ostindischen Inseln und Archipele bildeten. Doch haben wir uns hiemit in völkergeschichtlicher Rücksicht und was unseren Bibelcommentar betrifft, nicht weiter zu berühren; da die Schrift durchaus nur nach Osten hinweist und die Geschichte der Menschheit ihren Weg von Eden-Atlantis hinüber nach Amerika nimmt. Erst späterhin in Folge der von letzterem Welttheile nach Asien gehenden Wanderungen und Völkerzüge kommt dieses an die Reihe.

**) Es waren, so zu sagen, »die S t i l l e n i m L a n d e,« wie man unsere Pietisten geheissen hat.

***) 1 Mos. 4, 26.

Flehen gebrauchtes Sprüchwort war *). Noah endlich, ein ebenfalls »mit Gott wandelnder« Mann, ist der wunderbare Schiffer, der die grosse Katastrophe übersteht, mit seinem selbstgebauten Fahrzeuge über den die Erde bedeckenden Wassern schwebt und mit seiner Familie und einer Anzahl geretteter Thiere in die neue Periode hinüber lebt.

3.

Eine wichtige Frage ist nun die, wo die Arche gelandet; denn bei der gewöhnlichen Annahme von dem armenischen Berge Ararat kann ich, aus zum Theile schon berührten Gründen, nicht stehen bleiben. Für mich stellt sich die Sache so. Die Arche wird nach Osten getrieben und landet auf einem Gebirge in der Gegend von Westindien. Es ist besonders die Insel Cuba, wo die Untersuchung zu haften veranlasst ist. Dort war noch bei der Entdeckung des Welttheiles die Sage von Noah mit den speciellsten, den biblischen ganz gleichen Zügen von Alters her einheimisch und örtlich fixirt, und selbst in dem Namen Cuba ist, wie sich zeigen lässt, die Bedeutung: Schiff, Arche verborgen **).

Westindien mit seinen Inseln gehörte damals noch zum Festlande ***); das Antillenmeer und der Meerbusen von

---

*) Vergl. Buttmann, Mythologus. Berlin 1828. I. S.176.
**) S. die betreffende Beilage, Abth. II.
***) Nach Peter Martyr († 1525) war in Amerika die Sage vorhanden, dass die westindischen Inseln ehedem in continentaler Weise zusammengehangen: *innumerabiles Mexicani sinus insulas, quas uno nomine Jucaias dicunt, cum caeteris majoribus, Aiti, Cuba, Jamaica, Borriquen, unam olim continentem fuisse. Ita ex majorum antiquissima traditione ipsos incolas asserere. Labentibus saeculis avulsas vi tempestatis et exiguis fretis divisas in tantum numerum excrevisse.* Ueber das Vulkanensystem der

Mexico, die sich erst später bildeten *), war ein niedrig gelegenes Flachland voll der üppigsten Vegetation, während im Osten ein grosser Gebirgsdamm dem Einbruche des atlantischen Oceans wehrte. Von diesem, wo die Arche aufgesessen, stiegen die Menschen nieder und nahmen die prachtvolle Niederung in Besitz. Daselbst gestaltete sich ein neues Herrscherreich; um diesem ein imposantes Centrum zu geben, fing man hier in einer gegenwärtig zum Meeresboden gewordenen Landschaft eine Stadt und ein pyramidales Riesengebäude zu bauen an, von wo aus Alles energisch zusammengehalten werden sollte. Es war den Unternehmern nicht vergönnt, damit zu Stande zu kommen; die Zeiten der Verwüstung waren noch lange nicht vorüber; ein Fluch lag auf allen Unternehmungen und Werken des in kolossaler Tendenz und Manier titanisch bemühten Menschengeschlechtes. Schreck auf Schreck, Zerstörung auf Zerstörung folgte, wie denn noch heutzutage Amerika ein Land voll physischer Katastrophen und Umwälzungen ist. Bei den damaligen Ereignissen scheinen besonders Orkane ihre Rolle gespielt zu haben, da von solchen in ausserbiblischen Nachrichten die Rede; es treten wohl damals zuerst jene Höllenstürme ein, an welchen noch zur Stunde Westindien leidet **); es war vielleicht der

---

Antillen, welches eine so grosse Gewalt besitzt, dass es von Zeit zu Zeit sogar das Festland erschüttert, s. Humboldt, Reise in die Aequinoctialgegenden des neuen Continentes, im I. u. III. Theile.

*) »Die niedrige Landschaft ostwärts der Anden von Guatimala und von Neuspanien scheint in's Meer versenkt worden zu sein und bildet jetzt den Grund des Antillenmeeres.« Humboldt, daselbst V. S. 398. Von der grossen Katastrophe, welche diese Umkehrung bewirkte, wird weiterhin die Rede sein.

**) Das Wort *hurrican*, Orkan, ist ein westindisches Wort; s. oben S. 129.

grösste und verheerendste Sturm, der je gewüthet hat, der wohl auch mit einer Erderschütterung begleitet war, welche die errichteten Gebäude umstürzte. Zugleich verfielen, nach Massgabe der alten Ueberlieferungen und einiger noch jetzt in Westindien zu entdeckenden Spuren und Reste des Uebels *), die Menschen in eine Art von Wahn-

---

*) Es kommt hier z. B. der Fall vor, dass ein epidemischer Wahnsinn ausbricht, von dem man keine Ursache entdecken kann. So geschah es während dem sich Pater Labat, der in den neunziger Jahren des 17. Jahrhunderts reiste und ein bekanntes Werk über diese Inseln geschrieben, auf der westindischen Insel Martinique aufhielt. »Sehr viele Menschen,« sagt derselbe,« verloren, ohne den mindesten Anfall von Fieber und ohne eine andere erhebliche Erkrankung, den Verstand und durchrannten als unsinnig die Strassen, wo sie unendliche Ausschweifungen begingen.« Es folgten darauf zwei andere Krankheiten. Labat beschreibt das betreffende Jahr überhaupt als ein wahres Unglücksjahr, voll Mord, Tod, Gefahr, unbegreiflicher, verhängnissvoller Thorheit, auch was die auf der Insel sich aufhaltenden Mönche und Missionäre betrifft. Man vergleiche mit diesem Berichte, was Graf von Görtz in seiner Reise um die Welt II. S. 9 f. von der Bevölkerung Cuba's (Habana) erzählt. Rücksichtlich der Sprachverwirrung, von der es auf diesen Inseln, selbst unter der weissen Bevölkerung, nicht an noch immer wahrnehmbaren Spuren fehlt, setze ich folgende Stelle aus Orbigny's amerikanischem Reisewerk her. »Guadeloupe ist in zwei Theile getheilt: Grande Terre und Basse Terre. Diese Benennungen sind fehlerhaft; denn Grande Terre ist der kleinste Theil, Basse Terre der höchste. Allein der Gebrauch hat nun einmal diese Ausdrücke geheiliget.« Gewiss sehr sonderbar; denn es ist schwer zu begreifen, wie man sich so verkehrt ausdrücken kann. So scheint in diesen Gegenden die uralte Geistesverwirrung, die hier, wenn wir recht sehen, zuerst hervorgetreten ist, bis in die letzten Jahrhunderte hinein, wenn auch in sehr vermindertem Grade, fortzudauern.

sinn und Geistesverwirrung, die sich auch in ihrer Sprache äusserte, und die sie in feindliche Parteien und isolirte Haufen spaltete, welche in verschiedener Richtung aus einanderstoben. Die Semiten zogen sich damals tief in den Süden, in die heisse Zone hinab, welche damals den uns in der Genesis aufbehaltenen Namen Ur, Feuer, Feuerland, führte *), und nahmen ihren Wohnsitz auf der Südseite des grossen, meerartigen Amazonenstromes, welche Eber, das Jenseitsgebiet hiess, wo sie denn nun als Casdim, wie sie die Bibel nennt, ihre Eigenthümlichkeit ausbildeten. Von

---

Dass die nämlichen Wörter bei verschiedenen amerikanischen Stämmen und Horden eine entgegengesetzte oder sonst seltsam veränderte Bedeutung haben, bemerkt Martius, Ethnographie I. S. 358. So ist Maxoruna *tzy*, Feuer, Cayriri *dzu* Wasser; Cayriri *nambi* Nase, bei den Tupis Ohr. Ist diese Veränderung, wie der genannte Forscher glaubt, eine absichtliche, so giebt sie eine so finster-feindliche Tendenz zur Zersplitterung und Isolirung kund, dass man eine im Wesen des Menschen eingetretene tiefe Störung und Verwüstung auch in diesem Falle erkennt.

*) *Ur*, *yr* und ähnliche Laute sind in den Sprachen Südamerika's sehr häufig, auch namentlich in Orts-, Fluss-, Thier- und Pflanzennamen. S. Martius, Ethnographie II. S. 95. 409. 415. 421. 451. 484 f. 531 f. Einige dieser Wörter scheinen auf ein Urland zu deuten, von wo aus Wanderungen gingen, wie Aruac *uria*, von, *a*, *de*; Tupi *ur*, kommen, anlangen; *oar*, geboren werden; man kann sich nicht enthalten, dabei das deutsche u r, lat. *orior*, *origo* zu vergleichen. Tupi *ore*, wir, wird mit Stolz gebraucht in *Ore*- oder *Ere-Manaos*, d. h. wir, die ächten, wahren Manaos. Es fehlt diesen Lauten in den süd-amerikanischen Sprachen auch nicht die Bedeutung von Licht, Feuer, Hitze, Röthe, Glanz; z. B. Jucuna *uiere*, Baniva *hiviri*, Gestirn; Pimenteira *iramugkquä*, warm; Baniva *ire*, Cotoxo *hyroh*, *kohira*, roth; Marauha *yrisy*, Feuer, Cariay *uruzy tanica*, roth, Mayoruna *hourou*, weiss (glänzend, schimmernd) etc.

da nahm dann aus Gründen, welche der biblische Bericht nicht namhaft macht, welche aber wohl darin bestanden, dass das von Ur Casdim ausgehende Geschlecht eine religionsgeschichtliche Mission in den nördlicher gelegenen Theilen Amerika's zu erfüllen hatte, eine rückwärts gekehrte Bewegung ihren Anfang *). Die Familie Therach-Abraham wanderte zunächst nach Charan **) aus, d. h.

---

*) Aehnlich lautend sind viele Namen der über Südamerika hin zerstreuten Indianerstämme, so der der Guaranis, Garanhuns, Guaraunos, Caranaos, Aricorones oder Urucurynys, Uaranacoacena etc. *Guarani* soll in der Sprache des Stammes »Krieger« bedeuten. Auf dem Hochlande Quito finden wir das erobernd eingedrungene Caravolk, welches unter der Dynastie der Schyris von Caran das Königreich Quitu bildete, bis dasselbe 1487 von Inca Huayna Capac eingenommen und zu einer Provinz von Peru gemacht wurde. Velasco, Historia de Quito.

**) Bedeutsam erscheinen die genealogischen Namen 1 Mos. 10, 24 f. Cap. 11, 12 ff., wie namentlich bei Schelach, Eber und Peleg nicht zu verkennen ist. Man übersetzt und erläutert dieselben durch: Entsendung (aus dem chaldäischen Ursitze), Uebergang (in das Land jenseits des Euphrat) und Theilung (in verschiedene Wohnsitze). Vergl. Bohlen, Genesis S. 138. Delitzsch, Commentar S. 306 der 3. Ausgabe. Dass Peleg eine Trennung anzeige, wird von dem Erzähler selbst Cap. 10, 25 angegeben; vergl. hebr. *palach*, theilen, griech. πέλεκυς, πελεκάω, und hebr. *pelech*. Bach. Das Wort erinnert aber auch an das griech. πέλαγος, Meer; es wird eine Benennung des Riesenstromes gewesen sein, der Südamerika in zwei, auch wohl völkerschaftlich und sprachlich scharf getrennte Theile schied. Der tiefere Süden jenseits des Amazonenstromes mag mit dem im Westen befindlichen Culturreiche zusammengehangen haben, wo, vielen Anzeigen zufolge, der indogermanische Volks- und Sprachstamm herrschte. Es deutet in Abrahams Geschichte, wie schon Andere gesehen, Manches

sie ging mit Ueberschreitung des Riesenstromes in das Ländergebiet über, welches jetzt Guiana heisst, zwischen dem Amazonenstrom und dem Orinoko, dem Rio Negro und dem atlantischen Meere liegt und als ein amerikanisches Mesopotamien beizeichnet werden kann. Als von drüben, aus dem Lande jenseits des Amazonenstromes herkommend hiess Abraham der **Hebräer**, **Ibri**, und seine Nachkommen wurden **Söhne Ebers** und **Hebräer**, **Ibrim**, genannt — ein Name, der sich auch in Amerika erhalten zu haben scheint, indem z. B. bei den Apinages *iprié* Mann, *iprom* Weib bedeutet, wo sich die Bedeutung in's Allgemeine erweitert haben würde*). Weiter ging die Wanderung nach Canaan

---

sehr augenfällig auf's Indische hin; aber man hat ihn desshalb nicht aus Indien abzuleiten; denn das Indische selbst hat seine Wurzeln und Anfänge im amerikanischen Urlande. Die Namen **Abram** und **Sarai**, die nachher in **Abraham** und **Sara** verwandelt werden, sind offenbar nichts Anderes, als die Götternamen *Brahmá* und *Sará* oder *Surasvati*. In den indoeuropäischen Sprachstamm schlägt auch der Name des Feuerlandes **Ur, Urim** ein, wie gleich aus dem lat. *uro*, brenne, erhellt. So darf man auch wohl keinen Anstand nehmen, die **Casdim**, zu denen die abrahamische Familie gehörte, als die **Reinen**, *casti*, im Unterschiede von den ausgearteten Stämmen Guianas und Westindiens, zu fassen; vergl. die heilige, zu den Reinigungen im delphischen Heiligthum gebrauchte Quelle **Kastalia**. Verwandt ist hebr. *chasid*, fromm, *chaside-Jehovah*, die frommen Jehova-Verehrer.

*) Die Form *iprom* gehört auch dem Dialekte der Carahos an. S. **Castelnau**, Expédit. und **Martius**, Ethnographie. Apinages *ipriré* ist Kind, Carahos *iprai-gai*, altes Weib. Die *Noticia do Brasil* vom Jahre 1589 S. 310 erwähnt unter den Tupistämmen die **Amoipiras** am südlichen Ufer des Rio de S. Francisco, welcher Name nach Einigen: »**Leute auf der anderen Seite des Flusses**« bedeutet, **Hervas**, Idea

d. h. in die nördlich vom Orinoko gelegene Region, die heutzutage Venezuela, Caracas, Westindien heisst. Die biblischen Namen haben trotz der Jahrtausende, die seitdem vergangen, in Südamerika und Westindien ihre Spuren gelassen, so die Namen Ur, Charan, Canaan, wie ich zum Theil schon erwähnt und späterhin vollständiger nachzuweisen gedenke.

Die moralische Entartung war zu der Zeit, da der Patriarch in das amerikanische Canaan einwanderte, daselbst auch wieder bis zum empörendsten Gipfel gestiegen; es waren namentlich die paradisischen Landschaften, welche nachher vom Meere überfluthet wurden und jetzt den Grund des Antillenmeeres bilden, mit Stämmen und Ortschaften besetzt, deren Gräuel zum Sprüchworte geworden sind *), und über

---

XVII. S. 25. Man könnte den Namen vom hebr. *am*, Volk, und *eber*, *Ibri* ableiten. »Die unter den Weissen ansässigen Indianer nennen sich *Canicarús;* die weiter westlich, besonders längs dem Amazonas wohnenden Stämme dagegen werden von ihnen *Yapyruara*, Leute des oberen Flusses, der Wildniss, genannt.« Spix und Martius, Reise III. S. 1034.

*) Auch bei den Indianern sollen sich Redensarten gefunden haben, welche durch: »Sünde Canaans« und »die Getadelten Canaans« übersetzt werden. Daraus folgt jedoch nicht, dass diese Indianer versprengte Israeliten aus Palästina sind; jenes Canaan ist das amerikanische Urland dieses Namens. Es ist in der That kein Gräuel, kein Laster und keine Unnatur, die sich nicht bei den Urbewohnern Amerika's gefunden hätte; s. z. B. Martius, Rechtszustände und jetzt dessen Ethnographie S. 74 ff. 118. 121. 126. 129. Spix und Martius, Reise in Brasilien I. S. 381. III. S. 1123: »Die menschenähnliche Organisation des Lamantins hat die Indianer zu einem schändlichen Laster gereizt, das sie bei dem Fange eines Weibchens um so häufiger begehren, da sie glauben, dadurch ihr Jägerglück zu befestigen.«

die vom Schicksale nun auch wieder das Todesurtheil gesprochen war. Es erfolgte der Untergang von Sodom und Gomorrha; ein Regen von Sternschnuppen, Feuerkugeln und Meteorsteinen steckte die Ortschaften in Brand; wozu sich eine zweite Katastrophe gesellte, eine partielle Sündfluth, durch welche das ebene Land zum Meere wurde. Vulkanische Kräfte, wie sie hier zu Hause sind, entwickelten sich mit solcher Gewalt, dass der im Osten befindliche Gebirgsdamm, dessen Reste die Antillen sind, zerrissen wurde, der Ocean durchbrach, und Westindien mit dem Antillenmeere und dem mexicanischen Busen seine gegenwärtige Gestalt erhielt. Lot mit den Seinigen hatte sich auf ein Gebirge geflüchtet, das damals zur Insel wurde; daher glaubten seine Töchter, die ganze übrige Welt sei ausgestorben oder wenigstens für sie nicht mehr da, und sie müssten sich, damit ihr Geschlecht nicht ausgehe, des bekannten Mittels bedienen, das hier in der That das einzig mögliche war. Von diesem isolirten Zustande schreibt sich auch wohl der Name L o t d. h. der Verborgene, Verschwundene her.

Im Westen des Welttheils, in der Andengegend, auf den Hochebenen des grossen Gebirgszuges hatten sich damals andere Bevölkerungen entwickelt und andere Herrschaften aufgethan. Dahin war nach altindianischer Sage, wie sie noch bei den Chiapanesen, einer Völkerschaft des mexicanischen Reiches, lebendig war, vom Thurmbau her der Heros V o t a n gekommen. Die i n d o g e r m a n i s c h e Race fing ihre Geschichte an; jener ganz deutsche Name war dort so heimisch, dass sich eine ganze Familie so nannte *); und

---

*) Man könnte den Gleichklang: V o t a n, W o d a n, so auffallend er ist, am Ende doch für zufällig halten; allein die Erscheinung steht nicht einzeln da, es bietet sich eine ganze Gruppe solcher Namen dar. Dahin gehören z. B. die peruani-

Spuren des betreffenden Sprachstammes sind im Westen eben so häufig und offenbar, als man im Osten das daselbst vorherrschende semitische Element gewahrt *). Die Urväter und

schen und chilesischen Personen- und Ortsnamen 'Huascar, Atahualpa, Lautaro, Sacsahuana etc., welche an Oskar, Adolph, goth. Athaulf, Lothar, Luther, Sachsen erinnern. Peruanische Incanamen sind Titu, Titucussi oder Titicussi; die Incas, sagt man, wurden vom Volke *capac titu* genannt, was so viel als Halbgötter sein soll. Man wird hier zunächst auf die römischen Namensformen *Titus*, *Titus Tatius*, *Titius Titienses*, *sodales Titii*; griech. τιω, τιτος, geehrt, lat. *titulus* geführt. Aber diese Namen sind zugleich auch ganz deutsch. In den angelsächsischen Stammtafeln werden als Nachkommen Vodens unter Anderen Titinon, Titmon, Tidil, Titilus oder Titulus genannt; altn. *Teitr*, ein üblicher Mannsname; dazu die Formen *thiuda*, *diot*, *Teuto*, *Tiuto*; *Tuisco* scheint aus *tiudisco* verkürzt, vergl. J. Grimm in der Mythol.

*) Von Sonora und Mexico bis zu Peru, Chili und der südlichen Spitze Amerika's hinab finden sich zerstreute Spuren des Indischen, Griechischen, Lateinischen und Germanischen. In Rücksicht des mit dem Griechischen und Lateinischen zu vergleichenden Chilesischen hat schon Molina eine Wörtersammlung geliefert, worunter sich Aehnlichkeiten, wie και und *cai*, ναι und nai, λαμπειν und *lampaicon*, πηλος und *pele*, ρευμα und *reuma*, *dapinare* und *dapin*, *lumen* und *lumlumen*, *vellem* und *velem* etc. finden. Es sind auch peruanische und indische Wörter verglichen worden; die Quichua- und Aymarasprachen können ihre Berührung mit dem Sanskrit und der ganzen indo-europäischen Sprachenfamilie nicht bergen; wir führen aus dem reichen Vorrathe von ungezwungenen Vergleichungen und einleuchtenden Zusammenstimmungen, der uns zur Hand ist und den wir anderswo vollständig mitzutheilen gedenken, nur folgende an. Das indische *nasa*, lat. *nasus*, deutsch Nase, engl. *nose* vermuthet man nicht in den Ursprachen Ame-

Vorfahren der Indier, Perser, Aegyptier, Griechen, Römer, Germanen und die Anfänge der Geisteserhebung und Cultur, die sich bei diesen Völkern in Asien, Africa und Europa entfaltete, sind in diese Welttheile von dorther, aus dem Westen Amerika's, gekommen. Dort befand sich das grosse Aegypten, aus dem so viele Völker stammen wollten, das Mizraim der Genesis und des Buches Exodus, das sich durch die beiden Amerika's hin erstreckende, darum Mizraim, Doppelveste genannte, wahrscheinlich jedoch in mehrere einzelne Herrschaften und Cultursitze getheilte Urreich, womit sich schon die hebräischen Altväter berührten, und welches in der Geschichte ihrer Nachkommen von Jakob bis Mose eine so bedeutende Rolle spielt. Dieses, nicht das afrikanische, welches nur eine entfernte Colonie des amerikanischen war, besucht bereits Abraham; späterhin kommt daselbst Joseph empor und noch später geräth hier das Volk Israel in eine schmachvolle, niederdrückende Dienstbarkeit.

---

rika's; es überrascht uns aber Quichua und Aymara *nasa*, Lule *nus*, was doch schwerlich Zufall ist. Das deutsche und englische Heil, heil, *heal*, ist ebenso in Peru einheimisch gewesen; *haylli* war eine Art von Refrain und Jubelruf, der bei Anstimmung von Freuden- und Preisgesängen zu ertönen pflegte. Im Sanskr. ist die Wurzel *hil*, froh sein; davon ist griech. ἱλαρός, lat. *hilaris*; *hilaria* ein römisches Frühlings- und Freudenfest, peruanisch *illa*, glänzen, *illan*, *illari*, hell; damit hängt wieder eine ganze Reihe von Wörtern zusammen, welche Heiterkeit, Helle, Wohlsein, Rettung besagen, wie εἴλη, ἴλη, deutsch Helle, εἶλαρ, Schutz, Hülfe, εἰλαπίνη, Festschmaus, ἰλάνη, ἱλένη, Fackel, ἥλιος, Sonne etc. Aus dem Mexicanischen ist ein bekanntes Beispiel *teotl*, Gott, wo *tl* bloss Endung ist, *tetéo*, Götter, *teoyotl*, Gottheit, *calli*, Haus, *teocalli*, Gotteshaus, Tempel, Opferpyramide, welche Formen in der auffallendsten Weise mit den griechischen Wörtern θεός, καλία, θεοκαλία stimmen.

Der Osten Amerika's, namentlich das westindische Canaan, schon in seinem Namen das Land der Knechte *), war von Stämmen besetzt, welche von dem Herrschervolke im Westen als Barbaren und Parias betrachtet wurden; letzteren Namen führte das Küstenland Paria, und er ist von da nach Asien gekommen. Aus diesen Gegenden holte man sich die Sklaven und Arbeiter, die zum Städtebau und zur Errichtung kolossaler Bauwerke dienten. Auf diese Weise mussten sich — nicht in Afrika, sondern im Westen Amerika's — namentlich die Hebräer bethätigen**); aber auch andere

---

*) Von כנע, cana', canagh, gebeugt, unterworfen, gedemüthiget sein. Sehr ausdrucksvoll ist in dieser Hinsicht die Stelle 1 Mos. 9, 25 ff., wo Ham unter dem Namen Canaan verflucht und zur absoluten Knechtschaft bestimmt wird: »ein Knecht der Knechte sei er seinen Brüdern« etc. Vergl. was schon oben in der I. Vorles. darüber bemerkt worden ist. Mit den Namen Canaan, Guanahani, Guana, Guiana, Cayenne stimmen denn auch in verschiedenen Sprachen der beiden Hemisphären die Ausdrücke für eine niedrige und verächtliche Menschen- und Thierart zusammen. Die Sklaven in Peru hiessen *Yanaconas*, lat. *canis*, griech. κυων, Guanschen auf Palma *aguyan*, in Amerika huronisch *aguienon*, Camé *okong*, Botocudo *encong, inkan*, Hund; Camacans und Cataxo *caun*, Affe; Camacans *cuia*, Chavantes *cuhé*, Schwein, Botocudo *cuian*, Tamandua; s. M. v. Neuwied und Martius in den Wörterverzeichnissen. Die Wassermenschen, die es in Surinam geben soll, heissen *lukku kujaha*, wilde Menschen, arawackisch *lukku*, Mensch, s. Quandt, Surinam S. 104. 300. Dazu rabbinisch *goi, gojah*, Heide, Nichtjude; in der Bibel *goi, gojim*, Volk, Völker, insbes. von Nicht-Israeliten gebraucht und oft mit dem Nebenbegriffe des Feindlichen und Barbarischen. Man nimmt auch hier wieder den grossen, beide Hemisphären umfassenden Zusammenhang wahr.

**) 2 Mos. 1, 11 ff.

altamerikanische Völkerstämme, wie die **Azteken, Tolteken** und **Quiché's**, welche ganz ähnliche Dinge, wie die Hebräer erzählen und wovon die Letzteren noch von Mose wussten und bei seinem Zuge gewesen sein wollten *), gehörten dazu — Dinge von höchstem historischem Interesse, welche weiterhin **) sämmtlich näher erörtert und erwiesen werden sollen.

4.

Nun kam aber auch über diese westlichen Nationen ein schweres Geschick; es ist unter dem Namen der **ägyptischen Plagen** bekannt; man hat aber keinen wahren Begriff davon. Es war eine grosse, fürchterliche Krankheitsperiode des alten Amerika, ohngefähr wie der »**schwarze Tod**« **des Mittelalters**, der Asien und Europa durchzog und so grauenhaft wüthete, dass es schien, es solle das gesammte Erdleben vernichtet werden ***). Diese altamerikanische Pest war mit grossen vulkanischen Phänomenen begleitet, wozu namentlich auch die sogenannte ägyptische Finsterniss, eine durch Staub- und Aschenregen bewirkte tief nachtende Dunkelheit gehörte. Diese Zeit des Entsetzens, der Noth und der Verzweiflung löste alle socialen Bande; die unterdrückten Völker versagten ihren Beherrschern den Gehorsam, und **Mose**, der Mann jener Zeit, führte sein Volk, dem sich

---

*) **Stephens**, Reiseerlebnisse S. 369. Nach einem Manuskripte des **Don Juan Torres**, des Enkels des letzten Königs der Quiché.

**) S. namentlich unten Abtheil. III. »Israels Wanderzug« §. 25.

***) S. hierüber die vortreffliche Schrift von **Hecker** und, was die von diesem Gesichtspunkt aus zu beleuchtenden »ägyptischen Plagen« betrifft, des geistvollen **Schnurrer** Chronik der Seuchen.

noch andere geknechtete oder wildfreie Völkerstämme anschlossen, in den Norden hinauf, der in der Bibel durch den Namen Baal Zephon und den heiligen Berg im äussersten Norden bezeichnet ist, und in den auch die arabische Tradition die Wanderer unter Wegweisung eines Nordlichtes ziehen lässt. Verfolgt zunächst und eingeschlossen konnte man sich nur über das rothe Meer, d. h. über das sogenannte Purpurmeer, Mare Vermejo, im Westen Amerikas, nach Californien hinüber retten. Gerade damals entstand nun, wie das Buch der Weisheit noch ganz bestimmt an die Hand giebt, in diesem Golfe eine vulkanische Bodenerhöhung, welche den Bedrängten zur Brücke diente und dann wieder unter dem Meere verschwand, was dem nachsetzenden Heere zum Verderben gereichte. Dann wurde noch weiter nordwärts gezogen; da stiess man zuletzt auf die gefrorene Behringsstrasse, die man auch wieder »trockenen Fusses« überschreiten konnte, und gelangte von da nach Asien, wo man südwärts zog, um ein warmes, gesegnetes Land zu erreichen.

Das war aber mit neuen, grossen Schwierigkeiten verbunden. Die asiatischen Südländer waren schon besetzt, China, Indien, Persien gestatteten das Eindringen der Wanderer nicht; und so wurde man durch Asien hin westwärts fortgetrieben, wobei man von einer Wüste zur anderen kam, von einer Noth und Calamität in die andere gerieth. Die amerikanischen Culturvölker hatten nämlich schon lange vorher Kolonien ausgesendet, welche in den damals noch wärmeren Norden und von hier aus weiter fort in den Süden Asiens, so wie nach Afrika und Europa zogen und übersiedelten. Die Perser wissen noch ganz bestimmt von ihrem Aufenthalt im Norden und wie sie, durch die eintretende Kälte dieser Region bewogen, von da herab nach Persien gewandert. Die griechischen Colonien, namentlich Delos, standen mit den Hyperboreern oder übernordischen Menschen, wie man die Amerikaner nannte, in frühester Zeit noch in Verbindung; Reisende, Gesandte und Gaben kamen von Amerika her, und umgekehrt gingen Griechen dahin, um ihr Urland zu besuchen, wo, ihrer Aussage nach, namentlich ihr Apollodienst zu Hause war. Dieser Verkehr aber hörte allmählich auf, als das Klima im Norden rauher, die Wege ungangbarer, die völkerschaftlichen Verhältnisse ungünstiger wurden *). So hatte Israel den doppelten Nachtheil, erstlich dass es in die sogenannte alte Welt, die aber damals die neue war, zu einer Zeit kam, als die Wanderung durch klimatische Veränderungen bereits mit den grössten Nothständen und Gefahren verknüpft war; und dann, dass es Asien nicht, wie frühere Einwanderer, wie namentlich die Perser, die dies noch bestimmt versichern, menschenleer und unbesetzt fand; so dass es lange Zeit genöthigt war, sich in öden, unfruchtbaren Steppen und Wüsten aufzuhalten und daselbst das grösste Elend zu erdulden, bis es sich endlich an den Küsten des mittelländischen Meeres festzusetzen im Stande war.

Israel kam demnach, wie es Jesaias schildert, ja ausdrücklich angiebt **), nicht von Süden und Westen, nicht aus Afrika und dem Lande am Nil, sondern vom Norden und Osten Asiens her, wohin es von Mexico, Sonora, Cali-

---

*) Man sehe die betreffenden Stellen der Alten, besonders die gewichtvollen Nachrichten Herodot's und die mehr mythisch aussehenden, aber doch auch sehr merkwürdigen Pindar's, Pythia X., wo gerühmt wird, wie Held Perseus in das hyperboreische Wunderland gekommen; »denn Nichts scheine unglaublich zu sein, wenn Götter das Werk zum Ziele führen.« Ueber die Hyperboreer handelt insbesondere unten in der III. Abth. dieses Werkes §. 30 des »israelitischen Wanderzuges.«

**) S. Vorlesung I.

fornien aus gezogen war. Damit stimmt denn auch jener, der herkömmlichen Vorstellung gegenüber so befremdliche, unserer Auffassung hingegen vollkommen entsprechende Umstand, dass es nicht vom Süden, sondern vom Osten her in Palästina eindrang. Da aber gab es einen neuen Kampf. Auch Palästina war schon besetzt; man stiess auf stamm- und sprachverwandte Völker, die eben so, wie die Israeliten und wohl auch mit ihnen das jenseitige Urland verlassen, sich aber auf dem Wege von ihnen getrennt hatten und ihnen vorausgeeilt waren. Diese musste man erst bewältigen, um sich die in Anspruch genommenen Ländereien anzueignen. Erst wenn dies geschehen — es war überdies nur theilweise möglich — sah man sich am Ziele.

So hatte man nun halb Amerika und ganz Asien durchzogen. Die Anreger und Anführer der ungeheueren Wanderung, die Brüder Mose und Aaron, waren todt, eine ganze Generation war aufgerieben; alle, die nach Palästina kamen, waren auf dem Wege geboren, somit kein eigentlicher Amerikaner mehr übrig, zwei starke und unverwüstliche Menschen ausgenommen, Josua und Caleb*), welcher letztere 85 Jahre alt und von noch völlig ungebrochener Kraft war, da er seinen Antheil am Lande in Anspruch nahm, so wie es im Buche Josua als etwas Besonderes und Ausserordentliches verzeichnet ist **).

5.

Es ist wohl der Mühe werth, noch ein Paar besondere Worte über die Himmelsgegenden zu sprechen, von welchen her und nach welchen hin die Menschen vor und

---

*) Denselben Namen führen wohl in Amerika die Galibi.
**) 4 Mos. 14, 22 ff. Cap. 26, 65. 3 Mos. 1, 35 f. Jos. 14, 10 f.

nach der Fluth gewandert und sich ausgebreitet. Wir haben uns in dieser Hinsicht ganz nach den Angaben und Andeutungen der Bibel und den dadurch an die Hand gegebenen Folgerungen und Vermuthungen gerichtet, und hiebei gefunden, dass sich dieselben auf das Füglichste und Ungezwungenste den oceanischen und amerikanischen Localverhältnissen, die wir dafür in Anspruch genommen, anpassen lassen.

Innerhalb des Zeitraumes, den die Bibel von den paradiesischen Anfängen an bis zur Fluth schildert, nennt und hält sie constant die Richtung **von Westen nach Osten** fest. Es ist schon gleich der östliche Theil von Eden, wo Gott »den Paradiesgarten pflanzt« *); und von da aus geht der Weg nicht westwärts hin; diese Gegend wird vielmehr ganz unberührt gelassen und immer nur von der weiter nach Morgen fortrückenden Wanderung und Verbreitung des Geschlechtes gesprochen. Adams Weg geht augenscheinlich nach Osten hin; denn **östlich vor den Garten** d. h. an die östliche Seite und Grenze desselben stellt Gott die Cherubs, die ihm den Rückweg verwehren**). Was Kain betrifft, so nimmt er seinen Wohnsitz ganz ausdrücklich noch weiter weg **östlich von Eden** in dem

---

*) 1 Mos. 2, 8. Gewöhnlicher Vorstellung nach fällt **Eden** mit dem **Garten in Eden**, dem Paradiese, worin die ersten Menschen vor dem Falle leben, in Eins zusammen. Die Bibel aber unterscheidet. Der Garten ist ein besonderer Theil des Landes Eden; aus ihm, dem Garten, werden die ersten Menschen vertrieben, nicht aber aus Eden, wo sie noch fortwährend ihren Aufenthalt haben und behalten. Aus dem Lande Eden wird erst Kain verbannt. Vgl. Buttmann, Mythologus. Berlin 1828. I. S. 109 ff. 158.

**) 1 Mos. 3, 24.

ausserhalb dieses Landes gelegenen Nod *). Wenn nun Eden eine Insel, wenn es, wie wir anzunehmen geneigt, die Atlantis der Alten war, so ist damit eine, wenn auch nur kurze und unschwierige Ueberschreitung des Meeres ausgedrückt; und wenn wir, unserem Systeme gemäss, diese Insel in das stille Meer setzen, so bietet sich uns für die in Rede stehende Colonie die ostwärts gelegene Küste von Südamerika dar.

Nun kommt die Fluth; die Arche ruht auf den Gebirgen des Landes Ararat, denn dieser Name bezeichnet hier nicht einen Berg, sondern eine Gegend, ein Land. Wo dies gelegen, erfahren wir nicht; denn die Landung in Armenien auf dem daselbst befindlichen sogenannten Ararat ist eine Chimäre. Aber was sehr auffallend ist, die Richtung, welche in der nachfluthlichen Periode die Wanderungen nehmen, ist auf einmal eine ganz umgekehrte; sie geht von Osten nach Westen hin. Die Richtung, welche die Arche genommen, scheint demnach auch wieder eine östliche gewesen zu sein; und Alles, namentlich auch die so auffallend hervortretende und so einheimische Tradition von Cuba, spricht dafür, dass sie auf dem gebirgig erhöhten Theile der Antillenregion gelandet, die damals noch nicht insulanisch gestaltet war, vielmehr noch zum amerikanischen Festlande gehörte. Da man sich nun am Ostrande des Continentes, am Gestade des atlantischen Oceans befand, so begreift es sich, dass die neue Menschenverbreitung nicht weiter ostwärts vor sich ging, sondern die von der Bibel **) bezeichnete westliche Richtung nahm, wo zunächst ein üppig blühendes Flachland winkte. Das biblische Sinear und

---

*) 1 Mos. 4, 16: »Kain wohnte im Lande Nod *kidmath Eden*« — *kidmah = kedem*, Orient, Ostgegend.

**) 1 Mos. 11, 2.

Babel, als das Thal, die tiefliegende Ebene, בקעה, bezeichnet, in welche die Menschen hinabsteigen, liegt für uns in der Gegend des Antillen-Meeres, eine nachher zum Grunde dieses Meeres gewordene Niederung. Von hier aus, dem Schauplatze einer socialen Entzweiung und Zersplitterung, bei welcher Alles in jeder Hinsicht aus den Fugen geht, tritt eine Zerstreuung in alle Weltgegenden ein. Während der amerikanische Votan vom Thurmbau her im Westen des Welttheiles anlangt, deutet die Bibel die äquatoriale Zone als diejenige an, in welche die Semiten südwärts bis jenseits des Amazonenstromes hinabgeschleudert werden. Aus dem Feuerlande Ur, speciell dem Ur der Casdim oder Reinen, von dem moralischen Verderben der auf's Neue entarteten Menschheit unberührt Gebliebenen, geht dann Abraham aus, um seine Mission unter den anderen Völkern des Continentes, namentlich in Canaan und Mizraim zu erfüllen, unter welchen Namen erstlich eine mit wilden oder halbwilden Stämmen angefüllte Gegend im Osten, und dann ein Culturreich im Westen des Welttheiles zu verstehen ist. Wir gerathen hiebei auf's Neue besonders in die Antillen-Region, die nun aber zur Zeit Abrahams in Folge einer vulkanisch-neptunischen Katastrophe ihre gegenwärtige Gestalt erhält. Im Westen erdulden späterhin die Israeliten ihre Knechtschaft; dann treten Umstände ein, welche eine Völkerwanderung veranlassen, bei welcher sich die amerikanischen Völkerstämme aus den unwohnlich und verderblich gewordenen südlicheren Gegenden fast alle hinauf in den Norden drängen und einander von einem Punkte zum anderen fortstossen, so dass sich zuletzt der grösste Theil derselben mit oder wider seinen Willen über die Behringsstrasse oder die die beiden Continente verbindende aleutische Inselkette nach Asien ergiesst. Hier geht der Weg naturgemäss von Norden nach Süden, von Osten nach

Westen hin; es ist dies der Weg, den namentlich auch der israelitische Heerhaufen einhält, auf dem er theils durch das Suchen nach einem warmen, wohnlichen Aufenthalt, theils durch die Unmöglichkeit, in die schon besetzten Länder des östlichen und südlichen Asiens einzudringen, fortgetrieben wird, bis man sich endlich, nachdem man so viele Steppen und Wüsten durchzogen, hiebei ein ganzes Geschlecht seinen Untergang gefunden und ein gewissermassen ganz neues entstanden war, im äussersten Westen von Asien eine bleibende Wohnstätte erkämpft — eine Richtung, die sich nicht nur aus unserem ganzen Zusammenhange ergiebt, sondern auch, wie schon mehrmals berührt, sogar bestimmte Volkserinnerungen und ausdrückliche Angaben der heiligen Bücher für sich hat.

Wie wenig Willkür in diesen Bestimmungen herrscht, wie sehr sie sich namentlich nach den biblischen richten und wie harmonisch sich hiebei Alles zum Ganzen gestaltet, das dürfte Ihnen wohl jetzt schon einleuchten; es wird dies noch mehr der Fall sein, wenn Sie die Geduld haben wollen, mit mir der Reihe nach alles Einzelne und Besondere durchzugehen, wie es in einer zweiten Abtheilung dieser Vorträge geschehen soll.

6.

Das ist nun, meine Herren, in seinen allgemeinsten und wesentlichsten Zügen und Umrissen gezeichnet, das historisch-geographische System, das sich mir durch vieljähriges Nachdenken über die betreffenden Gegenstände gebildet hat, das die falschen Ortsbestimmungen urgeschichtlicher Dinge nebst den darauf beruhenden weiteren Irrthümern zu berichtigen und so eine in Rücksicht jener frühesten Zeiträume, Völkersitze, Völkerwanderungen, Katastrophen etc. ganz neue Geschichte zu construiren unternimmt; durch welches einerseits die biblischen Berichte und Darstellungen in ihr wahres Licht gesetzt und von einer Menge sonst nicht zu beseitigender Widersprüche und Ungereimtheiten befreit, andererseits zwei in vorhistorischem Dunkel liegende Welttheile aufgehellt und in den allgemeinen welthistorischen Prozess hineingenommen werden, aus welchem sie in Folge der herkömmlichen Ansichten hinausgeschleudert erscheinen. Bis zu dem Punkte, wo wir unsere übersichtliche Darstellung abgeschlossen haben, d. h. bis zur Ankunft Israels in Palästina, wo sich das amerikanisch-asiatische Wandervolk endlich eine neue Heimath erkämpfte, erstreckt sich das System. Von da an ist in der Auffassung der biblischen Relationen und dessen, was in sonstiger Sage und Geschichte damit zusammenhängt, Nichts weiter zu rügen und zu ändern; die Zweideutigkeiten und Missverständnisse, die bis dahin gewaltet, hören auf, und es bleibt nunmehr in allen ferneren Beziehungen bei den angenommenen und gangbaren Vorstellungsweisen.

Zweite Abtheilung.

Beilagen

zu

Dr. George Brown's
Vorlesungen.

I.

Die Bibeln und Bibelsagen der amerikanischen Urvölker.

Da wir zu behaupten wagen, dass die Genesis, wenigstens ihrer reinen, primitiven Grundlage nach, ein altamerikanisches Buch sei, so ist es zweckmässig, darauf hinzuweisen, dass derartige Bücher, welche zunächst die allgemein kosmischen und menschlichen Urgeschichten enthielten und dann die Geschichte eines besonderen Volksstammes daran knüpften, auch sonst wohl alles Wissenswürdige und Massgebende in sich zu fassen bestimmt waren, bei den Urbewohnern jenes Welttheils in der That im Gebrauche gewesen. Wir heben in dieser Beziehung Folgendes aus.

Teoamoxtli, d. h. das göttliche Buch *), war eine Sammlung von Malereien der Tolteken, jenes berühmtesten und cultivirtesten Volkes von Anahuac, worin die Geschichte, Mythologie, Dogmatik, Moral und Astronomie desselben enthalten und namentlich vom Ursprung und den ersten Wanderungen der Indianer die Rede war, mehrfach entsprechend den Traditionen der Genesis von den ältesten Geschicken des Menschengeschlechtes. Was auch Boturini,

---

*) So wie wir unsere Bibel »die heilige Schrift« nennen.

der hierüber berichtet *), aus dem Kreise seiner Vorstellungen hineingelegt haben mag — so bemerkt doch auch der kritische Clavigero **): »Daran zweifelt Niemand, der die Geschichte der Toltecas studirt hat, dass sie deutliche und bestimmte Kenntnisse von der allgemeinen Fluth, von der Verwirrung der Sprachen und der dadurch veranlassten Zerstreuung der Völker gehabt, ja dass sie sogar die Namen derjenigen ihrer Vorfahren genannt, die bei jener allgemeinen Zerstreuung von den übrigen Familien getrennt worden waren.«

Dieselbe Gewohnheit, ihr historisches und sonstiges Wissen und Glauben durch Malereien auszudrücken, herrschte, wie bei den Tolteken, so auch »seit undenklichen Zeiten,« wie Clavigero ***) sagt, bei den Acolhuas, den sieben aztekischen Stämmen und allen cultivirten Nationen des Landes Anahuac. »Einige dieser Darstellungen waren historisch, wie z. B. die ersten 13 Gemälde aus der Sammlung Mendoza's, die Reise der Azteken in Gemelli's Reisebeschreibung; andere waren mythologisch und stellten Religionsgeheimnisse dar, von welcher Gattung ein Band in der Bibliothek zu Bologna ist; wieder andere enthielten Gesetze, Gebräuche, Verzeichnisse der zu entrichtenden Abgaben, wohin alle Gemälde vom 14. bis zum 30. in Mendoza's Sammlung gehören« etc. Es befanden sich ferner nach Acosta in Yucatan gewisse, nach indianischer Art gebundene Bü-

---

*) Lorenzo Boturini Benaducci von Mailand kam 1736 nach Mexico, verschaffte sich eine kostbare Sammlung von alten Malereien und Handschriften, die ihm aber von der spanischen Regierung weggenommen wurde, und machte 1746 zu Madrid einen Abriss des grossen Werkes bekannt, das er hatte schreiben wollen.

**) Geschichte von Mexico Buch II. Cap. 2.

***) A. a. O. B. VII. C. 47.

cher, worin die Eingeborenen ihre Kenntnisse von den Gestirnen, Thieren und anderen Naturgegenständen, ihre Eintheilung der Jahreszeiten, so wie auch die Geschichte ihres Alterthumes sehr genau verzeichnet hatten — kostbare Denkmale der amerikanischen Vorzeit, die ein unverständiger Eifer den Flammen übergab.

»An den Ufern des Ucayale im Osten von Peru fand ein Missionär noch gegen die Mitte des verflossenen Jahrhunderts Bücher mit hieroglyphischen Darstellungen und isolirten Charakteren, welche die Eingebornen von ihren Vorfahren als Ueberlieferungen ihrer früheren Schicksale erhalten haben wollten.« — »Die Pano's hatten alte hieroglyphische Gemälde mit Figuren von Menschen und Thieren und einer grossen Anzahl isolirter, mit bewunderungswürdiger Ordnung und Symmetrie in Linien abgetheilter Charaktere, die der P. Narcisso Gilbar an den Ufern des Ucayale ein wenig nördlich von dem Einflusse des Sarayasu fand, die zusammengelegt unsern Quartbüchern völlig ähnlich waren und die der Missionär mit grosser Mühe durch die Manoa, die einzige der Panos-Sprache kundige Völkerschaft, erlangte, da die Panos den Inhalt als ein vor den Weissen zu bewahrendes Geheimniss betrachteten. Ein alter Pano erklärte am Fuss eines Palmbaums jüngeren Stammgenossen jenen Inhalt, der ehemalige Wanderungen und Kriege ihres Volkes betroffen haben soll, aus diesen altväterlichen Ueberlieferungen« *).

Auf dieselbe Weise sind wohl auch ursprünglich die biblischen Urkunden und Traditionen verzeichnet gewesen.

---

*) Mithridates Th. III. Abth. II. S. 324. 582. Humboldt, Vues des Cordillères I. p. 72. Vorstellung der Caraiben von gebundenen Büchern, dessen Reise in die Aequinoctialg. V. S. 27.

C. Colton *) sagt: »Nicht selten äussern nordamerikanische Indianer beim Anblicke des Bibelbuches, das man ihnen übergiebt und dessen Geschichte man ihnen in grossen Zügen vorträgt: Dieses Buch hat einst unseren Voreltern gehört.« Sie erkennen in dessen Inhalt ihre eigenen amerikanischen Urgeschichten. Dergleichen Züge werden zu Beweisen der bekannten Meinung und Behauptung gebraucht, dass diese Indianer von den verlorenen Stämmen Israels stammen. Aber was man von ihren den biblischen Geschichten entsprechenden Sagen anführt, erstreckt sich nicht über das hinaus, was die Genesis enthält; und schon Clavigero hat die wichtige Bemerkung gemacht, dass die Amerikaner, namentlich die Mexicaner, in ihren Malereien und Traditionen zwar sehr deutlich das Andenken an die Schöpfung, die grosse Fluth, die babylonischen Vorgänge bewahrt, Nichts aber von den, ob auch noch so erheblichen, Begebenheiten gewusst, die sich in der alten Welt weiterhin zugetragen, und die ihnen, wenn sie daran Theil genommen hätten, schwerlich so spurlos aus dem Gedächtnisse gekommen wären. Noch nie hat man unseres Wissens bei den Indianern z. B. Etwas von Josua, David, Salomo, der Wegführung der Stämme gehört. Unseren Forschungen zu Folge findet sich im traditionellen Bewusstsein des alten Amerika alles Biblische bis auf Mose, diesen und einen Theil der mosaischen Heerführung und Wanderung mit eingeschlossen. Dann reisst der Faden ab; und so scheint sich zu ergeben, dass bis dahin Alles, was die Bibel erzählt, dem amerikanischen Welttheile angehört, daher sich daselbst auch so unver-

---

*) In seiner »Reise zu den nordamerikanischen Seeen und unter den Indianern im nordwestlichen Gebiete im Jahre 1830.« Baseler Missionsmagazin 1834. S. 498.

kennbar, selbst bis in die speciellsten Züge hinein, erhalten hat; alles Uebrige aber der anderen Hemisphäre zufällt, in welcher jene Indianer wohl niemals gewesen sind. Dass rückgängige Bewegungen Statt gefunden, ist nicht undenkbar; aber die mit der Genesis übereinstimmenden Indianersagen sind kein Beweis dafür; sie bilden, indem sie so allein dastehen, vielmehr einen nicht ungewichtigen Gegenbeweis.

So viel auch in den Traditionen der Uramerikaner, so wie in ihren Sitten und Gebräuchen, mit biblischen und jüdischen Dingen stimmt, so ist das doch keineswegs die einzige Analogie, welche bemerklich wird. Eben so sehr wird man in anderen Fällen z. B. an das Indische, Griechische, Aegyptische gemahnt. So hatten die Irokesen die Vorstellung von dem indisch-griechischen Höllenflusse und der mythischen Schildkröte, welche die Erde trägt. Nach der Schöpfungsgeschichte der Quiché, der alten Bewohner Guatemala's, war Anfangs nichts Bestimmtes und Bewegtes, nur Stille, Nacht und Finsterniss; aber ein Schöpfer und Bildner war da, eine mächtige Schlange — was ganz ägyptisch lautet *). Ausser der bibelgemässen Fluthsage hat sich bei den Indianern noch eine andere gefunden, über welche Gilii, Rich. Schomburgk und Humboldt **) berichten und die ganz der griechischen von Deukalion und der Entstehung des neuen Geschlechtes nach der Fluth entspricht.

Was die Literatur der amerikanischen Sagen und Mythen betrifft, so mögen hier noch folgende Citate stehen.

James Athearn Jones, Traditions of the North-American Indians. London 1830.

Ternaux-Compans, Essai sur la théogonie mexicaine. Paris 1840. (Annal. d. Voyag.).

---

*) Las historias del Origen de los Indios etc. von Pater Francisco Ximenos. Vienna 1857. Vergl. Einleitung S. 161.
**) S. auch Martius, Ethnogr. I. S. 646.

Rafn, Cabinettet for americanske Oldsager. (Antiquarisk Tidskrift. Kiöbenhavn 1852 — 54).
Müller, Geschichte der amerikanischen Urreligionen. Basel 1855.
Brasseur de Bourbourg, Popol-Vuh, le livre sacré et les mythes de l'antiquité mexicaine. Paris 1861.
J. G. Shea, Geschichte der kathol. Missionen unter den Indianerstämmen der Vereinigten Staaten 1829 — 60. Aus dem Engl. von Roth. Würzburg bei Etlinger. Der Uebersetzer hat zu diesem Buche einen ethnologischen Anhang gegeben, der S. 596 ff. auch die Mythologie, Theologie und Kosmogonie der Aboriginer berührt und die Gründe angiebt, welche man für die Abstammung derselben vom Volke Israel geltend zu machen pflegt. In letzterer Beziehung ist eine Hauptquelle, die sich durch Glaubwürdigkeit und Wichtigkeit der Angaben auszeichnet, Adair's hist. of. Americans Indians. London 1775 *). Dazu: »Beweis, dass die amerikanischen Indianer die Abkömmlinge der verlorenen Stämme Israels sind.« Von M. M. Noah, Major der Miliz zu New-York etc. Deutsch: Altona bei Hammerich 1838. Man kann aus all dem viel lernen, auch wenn man nicht die beschränkte An- und Absicht der Verfasser theilt. Ein Zusammenhang ist bewiesen; und es sollte nicht für erlaubt gelten, davon so ganz einfach ignorirend abzusehen, oder sich so vornehm-verächtlich darüber zu äussern, wie von Seiten Derer, die anderen Auffassungs- und Denkweisen huldigen, zu geschehen pflegt. Es ist ein Theil der Gesammtwahrnehmung, womit man es hier zu thun, den man anzuerkennen und zu den übrigen Theilen derselben hinzuzuneh-

---

*) Vergl. Vater's Urtheil in den »Unters. über Amerika's Bevölkerung« S. 15.

men hat, um dann eine Erklärung des Ganzen zu versuchen — das ist die allein aufrichtige und ächt wissenschaftliche Verfahrungsweise. Die Erklärung aber wird, wenn Alles allseitig erwogen wird, schwerlich eine andere, als die unsrige, zu sein vermögen.

II.
Die altamerikanischen Schriftcharaktere.

Die mexicanischen Handschriften sind bekanntlich grösstentheils vernichtet worden, indem man die fremden, unbekannten Zeichen für Zauberformeln hielt, die in Verbindung mit einem teuflischen Aberglauben und Götzendienst stünden — ein zu entschuldigender, sachlich aber nicht genug zu beklagender Irrthum und Verlust. Einige sind gleichwohl erhalten worden, haben zum Theil auch ihren Weg nach Europa gefunden und werden in den öffentlichen Bibliotheken daselbst als seltene Schätze bewahrt. Die merkwürdigste darunter ist die Dresdner Handschrift, welche im III. Bande der Antiquities of Mexico vollständig in Kupfer gestochen ist. Humboldt hat einige Seiten derselben in seinem Atlas Pittoresque abgezeichnet. Sie wurde 1739 zu Wien für die öffentliche Dresdener Bibliothek erstanden; weiter zurück reicht ihre Geschichte nicht. Sie ist aus der amerikanischen Agave gemacht; man hat sie den mexikanischen Handschriften zugeordnet. Humboldt[*] äussert keinen Zweifel über den aztekischen Ursprung derselben; sie hat jedoch in der Ausführung mit den andern wenig Aehnlichkeit. Die Schriftzeichen scheinen, ungleich

---
[*] Vues des Cordillères p. 266. 267.

den mexicanischen, rein willkührlich zu sein, und es ist möglich, dass sie Tonzeichen sind. Die Zeichnung derselben ist sauber, die Gestalt eine gewöhnlich unregelmässige, aber kreisförmige und sehr kleine; sie sind, wie die ägyptischen, sowohl wag- als senkrecht, meist in ersterer Weise geordnet und scheinen, nach der vorherrschenden Richtung auf die eine Seite hin zu urtheilen, von der Rechten zur Linken gelesen worden zu sein, wie die semitischen. Die in der Handschrift gemalten Figuren haben eine Art von Kopfputz, der einige Aehnlichkeit mit unseren Perücken hat; am Kinn der einen bemerkt man einen Bart; viele davon sitzen mit übergeschlagenen Beinen; die Gesichter sind von der Seite aufgenommen; die Zeichnungen mit einem Geiste und einer Ungezwungenheit entworfen, die sie den harten, eckigen Umrissen der Azteken sehr unähnlich machen. Das Ganze lässt auf eine weit höhere Bildung schliessen, als die aztekische gewesen ist.

Es ist keine Spur zu entdecken, von welcher Gegend man zu dieser Seltenheit gelangte. Man hat an Mittelamerika, an den Wohnplatz jener geheimnissvollen Stämme gedacht, welche die Monumente von Palenque und Mitla gebaut. Prescott, indem er von den Schriftbildern der amerikanischen Gebäude spricht *), sagt: »Man findet im Gebrauche gerader Linien und Punkte eine Aehnlichkeit zwischen der palenqueschen Schreibart und der Dresdener Handschrift. Es ist möglich, dass diese Punkte gleich den Kreisen in der mexicanischen Schrift, Jahre bezeichneten.« In Beziehung auf die palenquesche Schrift heisst es: »Man entnimmt aus den angenommenen willkührlichen Formen der Bilder, dass sie einen sinnbildlichen, vielleicht einen lautlichen Charakter gehabt. Die Bilder sind in senkrechten

---

*) Eroberung von Mexico II. Anhang.

Linien geordnet und die Köpfe durchgehends nach der rechten Seite gekehrt, wie in der Dresdener Handschrift.«

Der mexicanische Geschichtsforscher Abbé Brasseur de Bourbourg glaubt an das Vorhandengewesensein einer phonetischen Schriftart im alten Amerika. Auch Major Noah in New-York nimmt eine solche an.

C. S. Rafinesque*) hat die verschiedenen graphischen Systeme des Gedankenausdruckes bei den Urvölkern Amerika's in folgender Reihe aufgestellt.

1. Gemalte Symbole oder Hieroglyphen der Tolteken, Azteken, Pano's und Anderer.

2. Umrisse von Figuren oder abgekürzte Symbole zum Ausdrucke von Begriffen, selbst bei den rohesten Stämmen Nord- und Südamerika's.

3. Quipos oder Knoten an Strängen bei den Peruanern und anderen Bewohnern Südamerika's.

4. Wampums oder Stränge von Muscheln und Perlen bei den Indianern Nordamerika's.

5. Runische Schnitte oder Kerben an Zweigen, bei ebendenselben.

6. Runische Marken in Reihenfolge, Worte und Begriffe ausdrückend bei den alten Völkern Nordamerika's und Mexico's.

7. Alphabetische Symbole in Gruppenreihen, Sylben und Laute bezeichnend, das System der Denkmäler von Palenque.

8. Cursive Symbole in Gruppenreihen in den Manuskripten der Guatemaler und Anderer.

9. Sylbenlettern in Reihen, das neuere System der Cherokesen etc.

---

*) Brief an Champollion. Philadelphia 1832.

Ein Kikapuh führte bei seinem Stamm ein Gebet ein, welches auf Ahornstäbe eingeschnitten wurde, und zwar mit Charakteren, die einige Aehnlichkeit mit den chinesischen hatten.

Brachten nun die Israeliten ihre amerikanische Urbibel, welche jetzt das 1. Buch Mosis, die sogen. Genesis bildet, aus jenem Welttheile mit und entstand dann vielleicht in derselben Manier des schriftlichen Ausdruckes sofort auch eine Fortsetzung, wie sie in den übrigen mosaischen Büchern enthalten ist, so fragt sich, welcher Aufzeichnungs- und Darstellungsweise bediente man sich? War es die hieroglyphische der Tolteken und Azteken; war man bereits im Besitze eines alphabetischen Schriftcharakters? Auch Letzteres ist nicht undenkbar, wenn man das Beigebrachte im Auge hat. Wahrscheinlicher aber ist es uns, dass die ältesten Theile der Bibel zu allererst durch eine Art von symbolischer Malerei zu Stande gekommen, wie sie in Mexico gebräuchlich war. Die Mexicaner hatten ja, wie aus ihren Sagen erhellt, am mosaischen Zuge Theil genommen, waren aber nicht mit nach Asien übergegangen, sondern im Norden zurückgeblieben, von wo sie späterhin wieder südwärts zogen. Die hieroglyphischen Malereien wurden in dem Falle traditionell erklärt; und es gab wohl Leute, welche ein ganzes Buch der Art Wort für Wort auswendig wussten, so dass ihnen die Bilder und Zeichen des Buches nur zum Leitfaden und zur Unterstützung des Gedächtnisses dienten.

III.
Das Paradies in der Südsee.

Der Gedanke, dass der Mensch zu allererst auf den Inseln der Südsee aufgetreten, ist nicht ganz neu. Es hat ihn schon Dr. v. Autenrieth zu Tübingen in seinen academischen Reden über den Menschen *) geäussert. Gerade so, meint er, wie auf jener noch jetzt paradiesischen Inselwelt mussten die Naturverhältnisse sein, unter welchen der Mensch entstand und die ersten Zeiten seines Daseins zubrachte; und er setzt dies, wie mich dünkt, sehr schön auseinander, wenn auch nicht Alles, was er vorbringt, dem jetzigen Stande der Naturwissenschaft entspricht. Er macht namentlich die brodartigen Lebensmittel geltend, auf welche den Menschen sein ganzer Bau anweise und welche ihm dort die Natur in so reicher Fülle von selbst darbiete. Er glaubt aus der biblischen Beschreibung Edens sogar herauszulesen, dass es eine Insel war.

In ähnlicher Weise hat sich auch schon Haug **) erklärt. Er weist auf javanische Ueberlieferungen von Zertrümmerung eines Continentes hin und vermuthet, dort in der überschwänglich reichen Naturfülle, dem Vaterlande der Brodfrucht und des Pisangs, möge das älteste Verbreitungssystem des Menschen gewesen sein.

Man wird nicht sagen können, dass diese Ansicht irrationell, unwissenschaftlich, ungereimt sei. Man wird ihr wenigstens als einer Hypothese, wofür sich plausible Gründe vorbringen lassen, die Berechtigung, neben anderen der Art zu existiren und sich so gut, als möglich, geltend zu machen, einräumen müssen.

---

*) Tübingen 1825. S. 6 ff.
**) Allgem. Geschichte 1841. I. S. 77.

Dann aber ist ein System, wie das Brown'sche, eine blosse Consequenz, der man dasselbe Zugeständniss zu machen hat, bis es etwa, sie schlagend zu widerlegen, gelingt. So namentlich in Bezug auf die biblischen Urgeschichten, deren Verlegung in jene fernen Welttheile bis auf die Zeiten Mosis allerdings sehr seltsam und paradox erscheint, aber nur desshalb, weil wir gewohnt sind, sie uns in solcher Nähe vorzustellen. War Eden eine Insel im stillen Ocean, etwa eine ausgedehnte, vom Meere umfluthete Landschaft, die sich nahe mit Amerika berührte, und die dann in einer grossen von Erdbeben, Fluthen und Länderzerstörungen bewirkten Katastrophe in ihrer Totalität zu Grunde ging, so muss die nach Osten gerichtete Verbreitung der ersten Menschenfamilie, welche die Genesis erzählt, nothwendig auf Amerika's früheste Bevölkerung bezogen werden, und es muss sich im Wesentlichen Alles so gestalten, wie es sich unser Freund ausgedacht, sollte er auch in einzelnen, weniger sicheren Punkten fehlgegriffen haben, die dann, ohne dass das Ganze verurtheilt würde, nur als solche zu betrachten und zu berichtigen wären.

IV.
Dante's Vorstellung von der Lage des Paradieses und einer vorzeitlichen Veränderung der Erdoberfläche.

Bei Dante findet sich die frappante Vorstellung von einer vorzeitlichen Veränderung der Erdoberfläche, wobei auf der einen Halbkugel eine grosse Continentalmasse untergegangen, auf der anderen aber, die erst ganz mit Wasser bedeckt gewesen, eine solche neu hervorgetreten sei. Dort auf der Antichthon oder Gegenerde hätten die ersten Eltern gelebt; dort hätte sich die *prima gente* des Anblicks jener vier herrlichen Sterne, *luce sante*, des südlichen Kreuzes erfreut, »welche zu schauen den nördlichen Gegenden in ihrem traurigen Wittwenstande niemals gestattet ist.« Dies habe sich geändert, indem in Folge jener Katastrophe auf der Erdhälfte, wo das irdische Paradies gelegen, die gesammte Ländermasse untergesunken, dagegen in unserer Hemisphäre ein gewaltiges Festland, dessen Mittelpunkt Jerusalem, emporgestiegen sei. Diese gewiss nicht willkührlich erfundene Annahme gründet sich wohl auf eine uralte Tradition, die mit der von der Atlantis zusammenhängt, welche letztere uns mit dem Eden der Bibel in Eins zusammenfällt. Auf der überflutheten Gegenerde erhebt sich nun nach Dante der Berg oder die Berginsel des Fegefeuers,. wobei wir uns nicht enthalten können, an den ungeheueren vulkanischen Feuerschlund der Sandwich-Insel Hawaji zu denken *).

Wir führen diese merkwürdigen Aeusserungen des grossen italienischen Dichters desshalb an, weil sie erstlich zur Bestätigung der Ansicht dienen, dass sich das Paradies der Bibel auf einem durch die Fluthkatastrophe zu Grunde gegangenen Continente des stillen Meeres befunden, zweitens

---

*) S. bei Dante: Purgatorio I, 22. 37. XXVIII, 78. 91. XXX, 85. Inferno XXVI, 133. Eine Beschreibung des Vulkanes Kirauea findet man bei Ellis, Reise durch Hawaji. Deutsch: Hamburg 1827. S. 117 ff. Es ist hiernach ein Feuersee, ohngefähr zwei Meilen lang und eine breit; über 100 kegelförmige Inselchen, eben so viele Krater enthaltend, erheben sich um den Rand und über die Fläche des brennenden Seees. »Es stellte sich ein ungeheueres vulkanisches Rundgemälde dar, dessen Eindruck durch das beständige Brüllen des grossen, unterirdischen Ofens vermehrt wurde«

auch darauf schliessen lassen, dass die jetzt sogenannte alte Welt in einem entfernt liegenden Alterthume, von dem aber doch auch noch diese Spur zurückgeblieben, für die neue gegolten, vielleicht sogar als solche bezeichnet wurde, so dass die Meinung entstand, diese Ländermasse sei, während auf der andern Hemisphäre in Oceanien und Amerika so viel Land unterging, zum Ersatze dafür aus den Fluthen emporgestiegen.

V.
Das Elysium des Westens, die Inseln der Seligen und die Gärten der Hesperiden, als Erinnerungen der Griechen von ihrer jenseitigen Heimath her.

Die Alten setzten ihr Elysium in den Westen, an die »Enden der Erde.« So weissagt bei Homer*) Proteus dem Menelaos: »Dich führen die Götter dereinst an die Enden der Erde, zu der elysischen Flur, wo der bräunliche Held Rhadamanthys wohnt und ganz mühlos in Seligkeit leben die Menschen; nimmer ist Schnee, noch Winterorkan, noch Regengewitter; ewig weh'n die Gesäusel des leis anathmenden Westes, die Okeanos sendet, die Menschen gelinde zu kühlen.« Hesiod**) nennt diese glückliche Westgegend μακαρων νησους, die Inseln der Seligen, »wo am Okeanosstrom die Helden in Freuden leben.« Nach Pindar***) ist auf diesen Inseln die Burg des Kronos; kühle Seelüfte wehen, goldstrahlende Gewächse befinden sich

---
*) Odyss. IV, 561 ff.
**) Opp. 153.
***) Ol. II, 75 ff.

daselbst etc. Nur ist es doch gewiss auffallend, dass auch in Amerika der Glaube herrschte, die Todten gingen nach Westen über das Meer; so in Chili, Brasilien, Guiana, Nordamerika *). Woher diese Uebereinstimmung? Das System giebt folgende Antwort darauf.

Die in Rede stehende Vorstellung ist eine ursprünglich amerikanische und bezieht sich auf die reizenden Inseln der Südsee, die man einst im vorzeitlichen Amerika sehr wohl gekannt zu haben scheint, welche, wie wir anzunehmen Gründe haben, nachdem die frühesten Bewohner dieses Welttheiles in der Fluthkatastrophe umgekommen, von Amerika aus neu bevölkert worden sind. Die Griechen, eine hyperboreische d. h. amerikanische Nation, brachten jene Vorstellung aus ihrem Urlande nach Asien und Europa und gaben ihr die mythische Gestalt, in der wir sie bei den alten Autoren antreffen.

Wenn man eine Beschreibung der Südseeinseln liest, wie sie Autenrieth, der dorthin das Eden der Bibel setzt, in gedrängter Kürze giebt**), so erstaunt man wohl über die Aehnlichkeit, welche dieselbe mit dem Gemälde hat, welches die Alten von ihren im fernen Westen gelegenen Inseln der Seligen entwerfen.

»Innerhalb der Wendezirkel, auf den Inseln des grossen Südmeeres, wächst noch gegenwärtig der Brodfruchtbaum wild; neben ihm die Pisangstaude mit ihren mehlicht-süssen

---

*) Stevenson, Trav. in South-America I. p. 51. Frezier, Voyage p. 101. Barläus, Brasil. Gesch. S. 711. Gilii, Saggio etc., der von dem westlichen Paradiese der Ottomaken am Orinoko erzählt. Allg. Historie der Reisen XVII. S. 31. Die Chippewas-Indianer setzen nach ihrem Tode in einem steinernen Kahne nach einer schönen Insel an einem grossen See über. Mackenzie, Reisen S. 133.

**) Ueber den Menschen. Tübingen 1825. S. 7 ff.

Feigen; unter vielerlei anderen fruchttragenden Bäumen auch eine eigenthümliche Art wirklich goldfarbiger, apfelartiger Früchte *(Spondias dulcis)*, welcher Forster den Vorzug vor jedem andern Obste giebt*). Nach ebendemselben ernähren schon 3—4 von den Brodfruchtbäumen der Gesellschaftsinseln einen Menschen 8 Monate des Jahres hindurch, und selbst für die übrige Jahreszeit bieten sie ihm in überreif gewordenen Früchten noch einen von selbst gesäuerten essbaren Brodteig dar. Die Pisangfrüchte oder Paradiesfeigen, die in den heissen Ländern grösstentheils die Stelle unseres Brodes vertreten, reifen am meisten in der Zeit, wenn der Brodfruchtbaum ausruht, und in Bündeln, die zuweilen die Last eines Mannes sind.«

Wahrlich, das sind die Mutterbrüste der Natur, wie sie dieselben im Anfange der Zeiten ihrem Kinde, dem Menschen, gereicht haben muss.

»Auf jenen kleinen, paradiesischen Inseln drang nicht der Tiger Indiens, der Löwe, die Hyäne vor, noch auch das Krokodil; die Gebüsche bergen keine giftigen Schlan-

---

*) »Der Ewi, uneigentlich der gelbe Apfel genannt, ist so gross als eine Nonpareil, und von heller, goldener Farbe, aber länglich und an Geruch und Geschmack von unseren Aepfeln verschieden, indem er nicht nur eine Steinfrucht ist, sondern auch an Geschmack mehr einer Pfirsche gleicht. Man hat ihn mit dem Ananas oder Mango verglichen. Er wächst auf einem grossen, sich prächtig ausbreitenden Baume, zu dreien oder vieren in einem Büschel, wird durch Samen oder Ableger fortgepflanzt, bringt bald Früchte hervor, und ist den grössten Theil des Jahres zeitig. Die Rinde liefert ein durchsichtiges Gummi, Namens Copau, welches dem von dem Pflaumenbaum nahe kommt, und dessen sich die Insulaner statt Pech zu ihren Canots bedienen.« Missionsreise in's südliche stille Meer unter James Wilson.

gen; die Plage aller heissen Länder, jene die Luft erfüllenden Wolken brennendstechender Insekten, aus gifthauchenden Sümpfen erzeugt, sie fehlen ebenfalls. Die Luft ist äusserst rein. Ein immerwährendes Grün bedeckt die Erde, Berge mit Wald beschattet voll klarer Quellen und Bäche, und erfrischende Seewinde kühlen die Glühhitze der tropischen Sonne; müssiger sind hier die durch ihren senkrechten Stand hervorgerufenen tropischen Regen, welche die eine Hälfte des Jahres hindurch unter den Wendezirkeln herrschen; es fehlen die Orkane, die in der Nähe der heissen Continente nicht selten so furchtbare Verheerungen anrichten; und Kälte ist ganz unbekannt.«

Man sieht: Nichts trifft so sehr mit jenen Vorstellungen des griechischen Alterthumes zusammen. Und wie müsste man hier nicht auch zugleich an die **Gärten der Hesperiden und ihre goldenen Aepfel** denken, welche die älteste Sage an **die Enden der Erde, den Okeanosstrom und den äussersten Westen setzt**! Das Alles, so fabelhaft es scheint, ist doch keine blosse Dichterfabel. Jene goldenen Aepfel sind vorhanden; sie finden sich dort in der Südsee in Wirklichkeit. Auch hätte man solche Vergleichungen wohl schon längst angestellt, wenn nicht die ungeheuere Entfernung wäre. Wie die Griechen dazu gekommen sein sollten, von der oceanischen Inselwelt und ihrer Beschaffenheit zu wissen, das konnte man sich nicht denken. Durch unser System wird es denkbar. Die scheinbar fabelhaftesten Dinge nehmen eine reale, natürliche und geschichtliche Gestalt an, wenn wir sie als Erinnerungen aus der uralt amerikanischen Heimath fassen. Ausserdem schwebt Alles fortwährend in der Luft; und man hat es mit lauter Mythen und Märchen zu thun, bei denen man oft gar nicht begreift, wie die Alten darauf gekommen sind.

VI.
Eva in den Sprachen und Sagen Amerika's und Oceaniens.

Schawanesisch nach **Assal** ist *equiwa*, Frau, *niwa*, mein Weib, *kiwa*, dein Weib, wie *nola*, mein Vater, *kola*, dein Vater, nadowessisch nach **Carver** *ota*, Vater. Weib wird also eigentlich *iwa* lauten; und das ist wohl Eva, *Vulg. Heva*, hebr. *Chawwah*, Eigenname des ersten Weibes; das appellative Wort ist hier zum *nomen proprium* geworden — ein Fall, der bei Vergleichung der Namen und Wörter der »alten Welt« mit denen Amerika's so häufig zu beobachten ist *). Panos nach **Castelnau** *aico*, Guaycurus nach demselben *ivuavo*, Weib.

Bei den Chavantes heisst der Mond *herd* und *oud*, Cherentes *uod*, Chicriabas *ua;* das bedeutet aber wahrscheinlich im Grunde nur **Frau**, d. i. Sonnenfrau, wie der Mond in diesen Sprachen sonst wirklich heisst; so bei den Macame-Crans *pull*, Sonne, *pul-ourera*, Mond, eigentlich Frau der Sonne, Cayapos *pulurua*, dasselbe Wort **).

Die Vorstellung, dass das Weib aus einer Rippe oder einem Knochen geschaffen sei, findet sich in amerikanischen und oceanischen Sagen. Mit Verwunderung hörte der Missionär **Gilii** ***) diese Tradition aus dem Munde der Indianer am Orinoco, bei welchen er 18 Jahre lang weilte: der Gott Purunaminari habe auf den erstgeschaffenen Mann einen Schlaf fallen lassen, eine seiner Rippen genommen und

---

*) So ist in den Indianersprachen Athen: Stadt, Hellene und Aegyptier: Mensch, Ibis: Vogel u. s. f., worauf wir in diesem Werke verschiedentlich zu sprechen kommen. Vgl. Einleit. S. 17.
**) Martius, Ethnographie I. S. 257 f.
***) Saggio di Storia Americana etc. Rom 1782.

daraus das Weib gebildet *). Bei den Arecunas, Accawais und Macusis heisst der Weltschöpfer Macunaima; derselbe erschuf erst Pflanzen und Thiere, und dann den Mann. Dieser verfiel in einen tiefen Schlaf; und als er erwachte, fand er an seiner Seite das Weib stehen **). Nicht eine asiatische Ueberlieferung haben hier die Indianer bewahrt; sondern die Genesis, als ein amerikanisches Buch, enthält in diesen, wie in anderen Fällen, eine amerikanische.

In Oceanien finden wir den Namen des Urweibes in der Form *Ieu;* mit einem ähnlichen Worte wird Knochen und Bein benannt, dazu auch dieselbe Schöpfungsgeschichte erzählt. Auf der Insel Rotuma, zwischen den Schifferinseln und den neuen Hebriden, heisst der Gott, der die Insel erschaffen haben soll, *Raho* und seine Frau *Ieu* ***). Und der englische Missionär Ellis ****) hörte auf Tahiti, der bekannten Societätsinsel, auch wieder ganz dieselbe Sage, wie sie Gilii am Orinoko vernahm: der Gott Taroa habe auf den Erstgeschaffenen, den er aus rother Erde gebildet, einen tiefen Schlaf fallen lassen, dann einen *ivi* d. i. Knochen von ihm herausgenommen und daraus das Weib gemacht. Diese Tradition, sagten die Insulaner, hätten sie gehabt, bevor noch zu ihnen ein Fremder gekommen. Einige behaupteten auch, das Weib hätte *Ivi (Eve* nach engl. Schreibart) ge-

---

*) »Wie verwunderlich mir das war«, setzt Gilii hinzu, »kann man sich denken; nicht weniger erstaunte ich, als sie mir sagten: Purunaminari habe das Licht vor der Sonne geschaffen.«

**) Martius, Ethnographie I. S. 645. Dazu auch eine Fluthsage, theils der biblischen, theils der griechischen ähnlich. »Diese Traditionen werden von alten Frauen von einer Generation auf die andere fortgepflanzt.«

***) Jahrbücher des Glaubens 1848. H. 5. S. 44.

****) W. Ellis, Polynesian Researches. Lond. 1730. II. p 38.

heissen. »Es ist dies«, bemerkt Ellis, »ein ursprüngliches Wort, und bezeichnet einen Knochen, eine Wittwe und ein Schlachtopfer im Kriege«. Auf Neuseeland ging die Rede, drei Götter, der oberste mit zwei anderen *), hätten den Urmenschen hervorgebracht, das Weib aus seiner Rippe gebildet und *Hevih* genannt, was noch immer Bein bedeute **).

Man sieht, dass dies Alles viel zu selbstständig, sogar in sprachlicher Besonderheit zu fest gewurzelt ist, als dass es durch Juden oder Christen in jene Welttheile getragen sein könnte. Und so wiederholen wir: **der Inhalt der Genesis ist von dorther, ein amerikanisch-oceanischer.**

VII.
Noah auf Cuba.

1.

Die Ueberlieferung von der **grossen Fluth und dem Fluthmann Noah mit den speciellsten biblischen Zügen**, so dass die Identität unläugbar ist, tritt uns in Amerika als eine von Alters her auch wieder ganz einheimische entgegen. »Die Mexicaner«, sagt Clavigero ***), »pflegten den Noah Coxcox und Teocipactli zu nennen, die Michuacanesen aber Tezpi. Dieselben erzählten: Es sei einmal eine grosse Sündfluth gewesen, und Tezpi habe sich mit Frau und Kindern, allerlei Gethier und Sämerei auf ein

---

*) Eine solche Trinität findet sich mehrfach in Oceanien und Amerika.
**) Nichola, Narrative of a voyage to New-Zealand. London 1827.
***) Geschichte von Mexico. Abhandl. I. Cap. 2.

Schiff gerettet, das wie ein Kasten gestaltet war. Wie die Wasser sanken, habe er den Vogel Aura fliegen lassen, der nicht wiedergekommen, da er sich von Aas genährt; auch andere nachher ausgesendete Vögel seien ausgeblieben; nur ein Kolibri sei zurückgekehrt und habe einen kleinen Zweig mitgebracht. Von dieser Familie glaubten sie sämmtlich abzustammen.«

Erstaunt man schon hier über die grosse Uebereinstimmung mit der Erzählung der Genesis, so wird man noch mehr in Verwunderung gesetzt, wenn man Folgendes liest.

»Von den alten Indianern in Cuba erzählen einige amerikanische Geschichtschreiber, dass sie auf die Fragen der Spanier nach ihrer Herkunft Folgendes ausgesagt. Sie hätten von ihren Vorfahren vernommen, dass die Gottheit Himmel und Erde und alle Dinge geschaffen; dass dieselbe die Menschen wegen ihrer Frevel durch eine grosse Fluth zu strafen beschlossen, ein alter Mann aber die Katastrophe vorausgesehen, ein grosses Fahrzeug gebaut und sich mit seiner Familie und vielen Thieren darauf begeben. Als die Ueberschwemmung nachliess, habe er einen Raben ausgesandt, der nicht wiedergekommen, weil er Aas gefunden; darauf habe er eine Taube fliegen lassen; die sei wieder erschienen und habe einen Zweig des amerikanischen Baumes Hoba im Schnabel gehabt. Wie der Greis endlich wahrgenommen, dass die Erde wieder trocken sei, habe er sein Fahrzeug verlassen, sich Wein von wilden Trauben gemacht *) und sei in Folge dessen trunken geworden und in Schlaf verfallen. Wie er nun entblösst dagelegen, habe einer seiner Söhne dessen gespottet, ein anderer hingegen ihn

---

*) »Die Weinstöcke wachsen auf Cuba in Ueberfluss und werden so dick, als ein Mannsleib«. Baumgarten, Geschichte von Amerika I. S. 623.

sorglich zugedeckt, wesshalb der Alte bei'm Erwachen Jenen verflucht, diesen aber gesegnet habe. Von dem verfluchten Sohn glaubten sie selber abzustammen, und aus diesem Grunde sämmtlich nackt zu gehen; die Spanier, welche Kleider trügen, möchten wohl von dem anderen herkommen« *).

Je grösser freilich solche Ueberlieferungswunder sind, desto mehr ist der kritische Verstand unserer Zeiten zur Hand, der eine christliche Färbung und Fälschung darin wahrzunehmen glaubt. Allein man braucht bloss die von Catlin beschriebenen Gebräuche des jetzt ausgestorbenen Mandanerstammes zu lesen, um sich zu überzeugen, wie tief diese Dinge in Geschichte und Bewusstsein der amerikanischen Menschheit wurzeln. Dort ward auch noch die Arche nachbildlich dargestellt und zum Centrum eines Cultus gemacht; es kamen Taube und Oelzweig vor **). Solche Culte und Feste hatten die Indianer nicht von Europa her; sie müssen aus den ältesten Zeiten stammen. Wir zweifeln nicht daran, dass auch die westindische Tradition aus ältester primitivster Quelle stammt und nur wegen des gemeinschaftlichen Ursprunges in solchem Grade mit der biblischen stimmt.

---

*) Clavigero a. a. O.

**) George Catlin hat in London eine Schrift erscheinen lassen: O-kee-Pa, a Religious Ceremony and other customs of the Mandans. Diese Indianer waren zum Theile Weisse, keine Halbblütigen, und von zweifelhafter Abstammung, sondern wahre Indianer, ächte Söhne Amerika's. Die Mandans gehörten jedoch zu einer höheren Raçe, ein ruhiger, friedlicher Stamm, von dem man sagte, er hätte nie einen Weissen getödtet. Das O-kee-Pa war der religiöse Brauch zur Erinnerung an die grosse Fluth. Ein Aufsatz: »Feier der mosaischen Fluth bei den Mandan-Indianern« steht im »Ausland« 1867. Nr. 32. S. 765 f.

Die uns hier so ausnehmend wichtige westindische hat auch A. v. Humboldt, dem man eine unkritische Leichtgläubigkeit nicht vorwerfen kann, einer besonderen Aufmerksamkeit und Erwähnung gewürdigt. »Gabriel von Cabrera,« sagt er, »fand auf Cuba eine Ueberlieferung, welche jener der Völker semitischer Race von Noah gleicht, der zum ersten Male die Wirkungen eines durch Gährung erzeugten Getränkes verspürte. Er setzt hinzu, es knüpfe sich an diese Sage die Vorstellung von zweierlei Menschenraçen, einer nackten und einer bekleideten. Sollte Cabrera zu den Analogien des Weibes mit der Schlange, des Kampfes der zwei Brüder, der grossen Wasserfluth, der Flösse von Coxcox, des Ausspähervogels und so manch' anderer Mythen, die uns unzweifelhaft machen, dass ein Zusammenhang alter Traditionen zwischen den Völkern beider Welten vorhanden gewesen, einen neuen Zug beigefügt haben?«

2.

Dass sich in dem Theile von Amerika, den wir heutzutage Westindien nennen, die Arche niedergesenkt, die Geretteten ihre Wohnsitze genommen und von hier aus die Menschheit nach der Fluth sich erst über das übrige Amerika und dann über die ganze Erdoberfläche verbreitet habe, darauf führt uns nicht nur dieser ganze systematische Zusammenhang; es kommen auch sehr sprechende specielle Gründe dazu, insbesondere was Cuba betrifft. Diese Insel passt zum Schauplatze der von der Genesis berichteten Geschichte Noah's und seiner Söhne auch als Weinland. Auf derselben wurde in den ersten Jahren nach der Eroberung auch von den Spaniern aus wilden Trauben Wein gepresst *). Selbst der

---

*) Humboldt, Reise in die Aequinoctialgegenden etc. VI. S. 179.

Namo scheint zu entsprechen und für diese Gegend, als den Niederlassungsort der Arche, zu zeugen. Ein Theil von Cuba hiess Cubanacan; ganz ähnliche Namen begegnen in der Nähe: Cubao, Cubana, Cacabo waren Provinzen von Haïti; eine kleine Insel hiess Cubagua. Es war dies wohl Alles nur derselbe Name in verschiedener Form, durch Verpflanzung verdoppelt, oder desshalb auf mehreren Punkten haftend, weil mit dieser Benennung, worin man leicht die Bedeutung: Kahn, Schiff, Kasten, Arche erkennt, das ganze Hochland, wo sich das rettende Fahrzeug senkte, und wo dasselbe wohl noch lange nachher, bis es zerfiel, ein Gegenstand des Staunens und der Ehrfurcht war, bezeichnet wurde *). Es liegt hier ein Urwort vor, wie es mit allerlei Modification des Lautes und des Sinnes noch in vielen Sprachen gefunden wird und etwas Gehöhltes, Vertieftes, Umfassendes, Bergendes ausdrückt. So ist z. B. hebr. und chald. *chob*, *choba*, *chuba*, *chubba*, Schooss, Busen; Cobe, ein äthiopischer Hafen, engl. *core*, Hafen; Sanskr. *kûpas*, *kumbâ*, *kumbhî*, griech. κυβη, κυββα, cupa, κιββα, κυβας, κυπη, κυμβη, κυμβος, κυπελλον, κυμβαλον; mit vortretendem *s*: σκυφος, σκαφος. σκαφη, welche Formen Höhlung, Gefäss, Umkreis, Tasche, Sarg, Schale, Trog, Wanne, Napf, Becher, Kahn, Schiff bezeichnen; so ferner hebr. *caph*, hohle Hand, Pfanne, Schale, wozu die schon oben S. 134 f. angeführten amerikanischen Wörter *cab*, Hand, *nu-cabo*, *nu-capi*, meine Hand,

---

*) Nach unserer Annahme hatte Westindien nach der Fluth bis zu Abraham's Zeiten hin noch nicht seine insularische Gestalt und bildete einen Theil des Festlandes mit einer Gebirgsgegend, welche nachher durch vulkanische Ereignisse zerrissen wurde und dem atlantischen Meere das Eindringen gestattete; s. die Vorlesungen und die unten folgende Beilage über die Katastrophe von Sodom und Gomorrha!

gehören; lat. *cacus*, hohl, *capere*, fassen, in die Hand nehmen, *cacabus*, κακαβος, Topf; hebr. *kebah*, Thiermagen, *chuppah*, Brautgemach, *kubbah*, Schlafgemach, auch im Arabischen, daher spanisch *alcora*, Alcoven, lat. *cubare*, *cumbere*, in Guiana *kubuya*, Hütte, niedriges Haus, engl. und deutsch *coop*, Kufe, Koben, Kober, *coffer*, Koffer, Kübel. Mit σκαφος, σκυφος hängt Schaff, Schiff, *ship* zusammen. Es tritt theils vor *k* ein *s* und wird mit ihm zum *sch;* theils geht *k*, *ch* in *h* über, welches leicht abfällt, so dass der Anfangsconsonant ganz verloren geht. So haitisch *hara*, Korb, engl. und deutsch *haren*, Hafen, griech. καπανη und απηνη Wagen, womit sich denn auch sehr ungezwungen der Name Havana, Habana combiniren liesse. Gewisse Fahrzeuge heissen indianisch in Brasilien *ubaa* *), was mit Cuba sehr nahe zusammentrifft; es ist, um die höchste Wahrscheinlichkeit zu begründen, sogar auch das vollständige Wort nachweisbar, so wie es in der Sprache der Cherentes existirt, wo *couba-rai* durch *cymba magna* und *couba-ri* durch *cymba parva* übersetzt wird **).

Noch ist die Form κιβωτος, Kasten, zu nennen, die höchst merkwürdiger Weise zugleich ein Beiname der berühmten Stadt Apamea in Phrygien war. »Mir ist kein

---

*) P. Eckart in Murr's Reisen einiger Missionarien etc. S. 475. *Uba*, Einbaum, aus einem Baumstamme verfertigtes Fahrzeug; Martius, Ethnographie I. S. 195. 531.

**) Martius, Ethnographie II. S. 140. Vergl. daselbst S. 136: Chavantes *coubacré*, *cymba*, *couba-jowéreé*, *cymba magna*. Als Benennung eines Hafens von Cuba kommt *Baracoa* vor, worin vermuthlich dieselbe Bedeutung liegt, vergl. das indianische Wort *piraguas* (auf Boriquen oder Puerto Rico), franz. *pirogue*, womit auch *barca*, *barque* stimmt. Die Insel Portorico hiess indianisch *Boriquen*, welcher Name sich noch in dem eines Caps daselbst, *Punta Bruquen*, erhalten hat.

Zweifel«, sagt Buttmann*), »dass dieser Beiname seinen Grund in jener alten Sage gehabt, nach welcher sich der Kasten (Arche) des aus der grossen Fluth geretteten Stammvaters hinter dieser Stadt niedergelassen.« Auch hieher nach Phrygien nämlich wurde der Ararat gesetzt, auf welchem die Arche gelandet. Die sibyllinischen Bücher erzählen nach Erwähnung der Fluth: »In Phrygien lieget
Steil, fern sichtbar ein Berg, mit Namen. Ararat heisst er.
. . , ...
Aus ihm quellen hervor des Stromes Marsyas Adern;
Aber auf seinem Gipfel sich senkend ruhte der Kasten ($\varkappa\iota\beta\omega\tau o\varsigma$),
Als sich der Regen gelegt.«

Dann gibt es auch eine Anzahl Münzen von Apamea, die einen auf den Wassern schwimmenden Kasten zeigen, worin ein Mann und eine Frau zu sehen. Auf dem Kasten sitzt ein Vogel und ein anderer fliegt heran, einen Zweig mit den Füssen haltend. Dicht dabei steht dasselbe Menschenpaar, mit aufgehobener Rechte, auf festem Land. Ueberdies sind auf einigen Exemplaren die Buchstaben $N\Omega$, auf andern nur noch das N zu erkennen. Die Zweifel an der Aechtheit der Münzen, sowie an der von jüdisch-christlichem Ursprung freien Sage sind schon von Buttmann zurückgewiessen.

Hiernach könnte man wirklich glauben, die Arche sei in Phrygien niedergesessen, und Apamea habe davon den Namen Kibotos, Kasten, Arche erhalten. Allein auch hier, wie in Armenien, kann Uebertragung Statt gefunden haben. Das Wort $\varkappa\iota\beta\omega\tau o\varsigma$ — nebst $\varkappa\iota\beta\omega\varrho\iota o\nu$, Fruchtgehäuse, $\varkappa\iota\beta\iota\sigma\iota\varsigma$, $\varkappa\upsilon\beta\iota\sigma\iota\varsigma$, Tasche etc. — gehört in die oben aufgezeigte, überall verbreitete Verwandtschaft, in welche allem Anschein nach auch Cuba einzureihen ist; man sieht hier

---

*) Mythologus I. S. 194.

jedenfalls, wie bestimmte Localitäten von der rettenden Arche benannt worden sind, wobei man sich eine Zeit zu denken hat, wo das grosse Ereigniss noch in lebhaftem Andenken stand. Am natürlichsten that man so, und zu allererst wird es geschehen sein, wo die wundersame Schifffahrt wirklich geendet hatte, und das Werkzeug derselben, so lang es dauerte, auch noch in der Folgezeit gesehen, besucht, angestaunt wurde. Wo auf der Erde dieser Ort gewesen, ist Gegenstand der Untersuchung; und die unsrige führt uns nach Westindien, Cuba, Haiti, Portorico hin, dieselbe Gegend, in welche Abraham geräth, als er bei seinem Kriegszuge den Feind bis Choba verfolgt, und in welcher seine Zusammenkunft mit dem Priesterkönig Melchisedek Statt findet.

3.

Sollen wir endlich auch noch unsere Meinung über den Namen Ararat sagen, so ist es nicht schwer, mit Hülfe einer allgemeinen Sprachvergleichung, wie sie bei so uralten Benennungen die oft allein mögliche Methode ist, einen entsprechenden Sinn auch hier zu entdecken. Das Wort ist mit einer in den Sprachen häufig vorkommenden Verdoppelung der Anfangssylbe gebildet, die Basis ist *arat*. Hiezu vergl. in Amerika: Oregones in Maynas *aratay*, Fahrzeug, *cymba* *), und im indogermanischen Sprachstamme Sanskr. *rathas*, *rathyan*, griech. $\varrho \varepsilon \delta \eta$, $\varrho \varepsilon \delta \iota o \nu$, lat. *rheda, rota*, welche Wörter Wagen, Rad, Floss, Fahrzeug bedeuten, deutsch Rad, Ruder, engl. *rudder;* in $\varepsilon \varrho \varepsilon \tau \tau \omega$, rudere, $\varepsilon \varrho \varepsilon \tau \mu o \varsigma$ Ruder, ist auch noch der vorschlagende Vokal erhalten; aus $\varepsilon \varrho \varepsilon \tau \mu o \varsigma$ ist lat. *remus* geworden. Und so hat es den grössten Anschein, dass auch Ararat nichts Anderes, als Schiff, Arche heisse. Uebrigens scheint das Wort, als

---

*) Nach Martius, Ethnographie II. S. 297.

Bezeichnung des Landes, der Gegend, in die allgemeine Bedeutung: **Land, Erde** übergegangen zu sein; in dieser kommen die Formen: Arawacken *ororu*, Bare *raty*, Cayriri *rada, rattah* vor.

4.

Wenn nun aber — so fragt man vielleicht — diese ganze Tradition so rein amerikanisch ist, sollte denn in dem Welttheil nicht auch eine Spur vom Namen **Noah** zu finden sein? Wenn dieser Name oder ein ihm ähnlicher in den Fluthsagen vorkäme, so würde das wenig helfen, ja sogar als ein Gegenbeweis betrachtet werden können; denn man würde überzeugt sein, dass er von den Europäern herkäme, namentlich von den Geistlichen und Missionären eingeschwärzt sei; und die Sagen selbst würden dadurch verdächtigt werden. Anders ist es, wenn bei den Tecuna's nach der Aufzeichnung von **Spix** der Grossvater durch *nooe*, die Grossmutter durch *nooeyte* bezeichnet wird *). Hiebei muss bemerkt werden, dass in den indianischen Idiomen die Begriffe: **Vater, Grossvater, Greis** öfters durch Wörter ausgedrückt werden, welche **Aehnlichkeit mit dem Namen biblischer Patriarchen** haben. So bei denselben Tecunas, wo nach der Aufzeichnung von **Spix** *yaquòe* Greis bedeutet **), welches Wort so nah an **Jakob** anklingt; vergl. Taino *ahiacabo*, Grossvater, Oyambi *cacouawa*, Bart —

---

*) **Martius**, Ethnographie II. S. 159. Der Oheim heisst seltsamer Weise *ooe* mit Wegnahme des Anfangslautes, wahrscheinlich um den geringeren Rang dieses Verwandten anzuzeigen, der aber in Amerika doch auch in hoher Achtung stand; s. daselbst I. S. 352 f.

) **Martius, a. a. O. S. 160.

wohl von dem bärtigen Alten benannt *). In der Sprache der Coretu heisst der Vater *tsáackö*, was wir kaum anführen würden, wiewohl es einigermassen an Isaak anklingt; aber Martius bemerkt dazu in einer Note: »Die Brasilianer finden hier Isaak oder Jakob und eine Andeutung jüdischer Abstammung.« Ich entdecke in derselben Sprache etwas noch Auffallenderes und wundere mich, es nicht ebenfalls geltend gemacht zu sehen. Weib wird hier durch *noómi* bezeichnet **); vergl. die Noomi des Buches Ruth. Im Idiome der Cayriri wird Weib durch *ruté* ausgedrückt; hier haben wir auch den Namen Ruth. Wenn das Zufälligkeiten sind, so sind es sehr sonderbare. Doch um wieder auf den Namen Noah zu kommen, so heisst der Grossvater Cayriri *nhiké*, was zwar nicht so unwiderstehlich, wie obiges *nooe* an Noah, Noe mahnt; aber insofern noch treuer ist, als es den zweiten Consonanten des hebr. *Noach* bewahrt. Eine dazwischen stehende Form ist Uainuma *nioho*, was ebenfalls Grossvater bedeutet. Patagon. *nuken*, Mensch, scheint sich auf Noah, als den Stammvater des Menschengeschlechtes nach der Fluth, zu beziehen und gleichsam Noachido zu bedeuten. Culino *noaway* ist Regenbogen, worin auch wohl eine Erinnerung an den Fluthmann und die Zeit liegt, wo sich dieses atmosphärische Phänomen zum ersten Male dargestellt. Sieht man also näher zu, so findet sich der Name Noah in Amerika noch mannigfaltig bewahrt und angewendet; und dergleichen Fälle würden sich bei weiterem Nachsuchen vielleicht noch mehr finden.

---

*) Daselbst. S. 314. 320.
**) Das Wort kommt auch sonst noch vor: Curetu *nomi*, Weib, *noimi*, Tochter; Cobeu *nomia*, Weib, *nomi hetokou*, Mädchen; Tucáno *nomio*, Weib; Oyambi *nimene*, Weib, *nimeni*, Tochter. Martius, Ethnographie II.

VIII.

Ueber die babylonische Urgeschichte.

1.

Das alte Babel lag an der Stelle, die jetzt durch das arabische Dorf Hillah bezeichnet ist. Unter den weiten Ruinenhaufen, die sich hier zu beiden Seiten des Euphrat ausbreiten, imponirt durch Masse und Höhe insbesondere die sogenannte Nimrodsburg, Birs Nimrud, auf dem rechten Stromufer, ein pyramidaler Berg, der aus einer langhingestreckten Basis, einer darauf gethürmten kegelförmigen Masse und endlch einem thurmähnlichen Aufsatze besteht *). Man nimmt an, dass ein Stockwerk im Schutte vergraben liege und ein anderes von der obersten Höhe herabgestürzt sei. In dieser Ruine erblickt man das Ueberbleibsel des einst so berühmten Belustempels, den Nebucadnezar schon vorgefunden, aber verschönert habe; der Unterbau soll von dem vereitelten Unternehmen herrühren, welches die Bibel beschreibt **).

Und hier hat man nun ein Document entdeckt, welches diese Ansicht in der That zu erhärten scheint. Es war nämlich zur Zeit des babylonischen Reiches ein stehender Brauch, bei architektonischen Werken Urkunden einzumauern, welche über deren Entstehung Auskunft gaben; sie

---

*) Die Maasse nach Rich, Ker Porter und Layard: Basis etwa 60, die darauf gethürmte Masse 200, der Aufsatz 35 Fuss Höhe. Rawlinson hat sie indessen nach trigonometrischen Messungen bedeutend reducirt. Journ. of the Roy. As. Soc. 1859. Append. p. 14.

**) Franz Kaulen, die Sprachverwirrung zu Babel. Mainz 1861. Cap. 14.

pflegten in Keilschrift auf thönerne Cylinder eingedrückt zu werden, und solche sind in der Ruine gefunden, übersetzt und erläutert worden. Ob auf diese Interpretationen mit Sicherheit zu bauen, ist die Frage, und das um so mehr, da sie nicht ohne Schwanken und Widerspruch sind, und namentlich Rawlison von Oppert's Erklärung in wichtigen Stücken abweicht *). Wir wollen indessen nicht weiter daran mäkeln, sondern einfach zusehen, was uns auf diesem Wege dargeboten wird.

Als Urheber des neuen Baues nennt sich in der entdeckten Inschrift Nabudochodonosor, *instaurator pyramidos et turris, filius Nabopallassaris regis Babylonis etc.* Die Wiederherstellung des alten Baues sei im Auftrage des Gottes Merodach geschehen. Er nennt das Gebäude *domum luminum VII. terrae, ultimae memoriae monumentum Borsipporum;* nach Rawlinson: *the wonder of Borsippa.* Ein früherer Fürst, *rex anterior* oder *rex primus,* der erste König, habe es bereits vor 42 Menschenaltern in Angriff genommen, aber nicht vollendet. Die Ursache wären die Menschen gewesen, welche die Worte nicht gehörig ausgesprochen, *sine ordine praeferentes verba;* auch wären störende Naturphänomene, Erdbeben und Gewitter eingetreten. Das ist ganz die Sage, wie wir sie in und ausser der Bibel treffen. Was folgt daraus? Ich führe in dieser Beziehung die Worte von Oppert und Kaulen an.

»*Personne ne contestera le grand intérêt qui se rattache à cette phrase et qui fait de ce monument un des plus remarquables, si non le plus important de tous les documents trouvés jusqu-ici. Elle nous enseigne, que la ruine aujourd'hui nommée Birs-Nimroud est le reste*

---

*) Journ. Asiat. 1857. T. IX. p. 125. T. X. p. 168. Daselbst 1860. T. XV. p. 445.

d'un édifice érigé par Nabuchodonosor en l'honneur des sept planètes et reconstruit sur l'emplacement d'une autre ruine qui, déjà à l'époque du destructeur de Jérusalem, passait pour le théatre de la confusion des langues.« So Ersterer; der Andere sagt: »Was wir hieraus entnehmen, ist die Gewissheit, dass der Birs Nimrud schon vor 2400 Jahren als das Denkmal der nämlichen Katastrophe angesehen wurde, wofür wir es nach der Genesis halten müssen.« Mit Abzug des Wortes »müssen« können wir den Satz gelten lassen.

Und dann ist der übrigens allerdings sehr interessante Fund gar nicht dazu geeignet, in unsere Auffassung störend einzugreifen. Ort und Bau galten schon zu Nebucadnezar's Zeit, 600 v. Chr., als der Gegenstand des Unternehmens und als der Schauplatz der Begebenheit, wovon die biblische Nachricht spricht, wovon so viele Sagen, auch die babylonische, melden — das ist Alles. Auch an die grosse Pyramide zu Cholula *) knüpfte sich die uralte, heimathlos umherschwebende, sich aber, wo und wie sie konnte, zu fixiren bestrebte Tradition. Wie sich die Sage von der grossen Fluth und der Landung der Arche bald an diesen, bald an jenen Berg anschloss, Letztere z. B. auf den höchsten Gipfel des Himalaya, der desshalb *Naubandhanam*, Schiffsbindung, genannt wurde, stehen geblieben sein soll, während anderwärts der Ararat in Armenien oder Phrygien, und andere Höhen der »alten Welt«, in Mexico der Berg Culiacan **) etc. dafür in Anspruch genommen wurde, eben so

---

*) Diese sollte Xelhua, einer der durch die Fluth hindurchgeretteten sieben Riesen errichtet haben, um dadurch den Himmel zu ersteigen; die Götter aber, erzürnt über seine Verwegenheit, warfen Feuer herab und unterbrachen den Bau, worauf jede Familie eine besondere Sprache erhielt.

**) Clavigero, Gesch. von Mexico. Buch VI. Cap. 2.

geschah es auch in Betreff des sagenberühmten Riesenthurms, der Himmelstürmung der Giganten, der Sprachenverwirrung und Völkerzerstreuung. Und dass sich diese Ueberlieferung hier in Babylon so einheimisch machte, war um so natürlicher, da es allem Anscheine nach dasselbe Geschlecht war, welches schon in dunkler Vorzeit im amerikanischen Urlande ein erstes Babel mit einem gigantischen Teocalli *) gebaut, dann in Folge einer grossen Völkerwanderung nach Asien übergesiedelt und daselbst ein zweites Babel gegründet und einen zweiten Teocalli der Art errichtet hatte. Es konnte gar nicht anders sein, als dass mit der Zeit, nachdem man Jahrhunderte und Jahrtausende vom Urlande abgeschnitten war, dergleichen Verwechselungen und Identificirungen eintraten, wozu besonders die verdoppelten Namen verleiteten, wie näher in unserer V. Vorlesung erörtert worden ist.

Hiebei erwäge man die in der Inschrift selbst enthaltene **Zeitbestimmung!** Von dem Urkönige, der den kolossalen Bau unternommen, bis zu Nebucadnezar seien 42 Menschenalter verflossen. Rechnet man hier nach gewöhnlicher Art, so dass drei Generationen auf ein Jahrhundert gehen, so fällt das erste Unternehmen 1400 früher, als die Wiederherstellung, 2000 vor Christus. Oppert bemerkt jedoch, dass nach chaldäischen Begriffen auf ein Menschenalter zwei Generationen zu je 35 Jahren gehen; dadurch wird das Ereigniss 1540 Jahre weiter zurückgeschoben, und der König spricht von einem Zeitraume von ohngefähr **drei Jahrtausenden**.

Es ist jedenfalls eine sehr lange Zeit, die man sich als die seit dem ersten Unternehmen vergangene dachte. Inner-

---

*) Der bekannte mexicanische Ausdruck für einen pyramidalen Tempelbau.

halb einer solchen — das wird einleuchten — konnte, ja musste sich wohl bei der Abgeschnittenheit vom Urlande und bei dem Mangel eigentlicher Historie das Bewusstsein über den wahren Sachverhalt trüben und eine Verlegung des jenseits Geschehenen, wovon man noch eine sagenhafte Vorstellung hatte, in das Diesseits erfolgen. Man hatte ein Babel, ein Borsippa vor sich; auch letzterer Name, der nach Oppert einen Theil von Babylon, wie Westmünster einen Theil von London, bezeichnete *), war wohl ein aus dem Urlande und der Urstadt übertragener; von einem Babel und Borsippa meldete die Tradition — was ist natürlicher, als dass man glaubte, sie spräche von den Localitäten und Gegenständen, die man vor sich hatte?

Der von Nebucadnezar vorgefundene und wiederhergestellte Bau, das asiatische Nachbild jenes urzeitlich amerikanischen, konnte ohne ausserordentliche Ereignisse durch das blosse Alter gelitten haben. Auch wieder des genannten Königs ausgeführtes Riesen- und Prachtwerk verfiel; wir wissen, dass es Alexander restauriren wollte; 10,000 Arbeiter waren in Thätigkeit, konnten aber in zwei Monaten mit Aufräumung des Schuttes nicht fertig werden **).

2.

Die Vorstellung und Sage von einem projektirten, aber gestörten Riesenbau des Alterthums und einer auf einen einheitlicheren Zustand folgenden Spaltung und Zerstreuung der Menschen und Sprachen ist jedenfalls eine auch in Amerika vollkommen einheimische; sie fehlt sogar auf den Inseln

---

*) Zeitschrift der deutschen morgenländ. Gesellschaft VII. S. 406.
**) Arrian, Exped. Alex. VII, 17.

des stillen Meeres nicht *). Bekannt genug sind in dieser Hinsicht die mexikanischen und chiapanesischen Traditionen; in der letzteren ist der Thurmbau in die auch sonst so höchst merkwürdige amerikanische Votanssage verflochten. Man müsste, wenn man das betreffende vorzeitliche Drama in Asien spielen oder es als Dichtung daselbst entstanden sein liesse,. die davon sprechende Ueberlieferung aus diesem Welttheil nach Amerika, ja sogar bis auf die Inseln des stillen Meeres gelangen und in diesen fernen Regionen so feste Wurzeln schlagen lassen — und wäre das etwa einfacher, natürlicher, ungezwungener, glaublicher, als wenn man Amerika zum Ausgangspunkte macht? Ein Stamm in Brasilien erzählte, dass in uralter Zeit ein hohes

---

*) Vergl. Lüken, Traditionen des Menschengeschlechtes. Münster 1856. S. 222 ff. 285 ff. Kaulen a. a. O. S. 176 f. Wuttke, Gesch. des Heidenthums I. S. 157. 282. Delitzsch, Genesis. 2. Aufl. z. d. St. Der Besorgniss des Letzteren, es möchten die Sagen der Amerikaner und Oceanier von den Missionaren herrühren, widerspricht Kaulen in der Note S. 177. Immer wird die Erscheinung, dass die Traditionen der Genesis in jenen Welttheilen so heimisch, ja noch heimischer sind, als in der sogenannten alten Welt, höchst auffallend bleiben, und sich mit der herkömmlichen Meinung, dass Asien der Ursprung, Schauplatz und Ausgang der betreffenden Dinge gewesen, nicht wohl vereinigen lassen. Von unserem Standpunkte aus ist sie nicht mehr verwunderlich, sondern gerade das, was ganz so passt und zu erwarten ist. Es verhält sich eben so in architektonischer Hinsicht. Kaulen meint, die Stufenpyramiden der Mexicaner möchten noch eine Erinnerung an ihre ehemalige asiatische Heimat sein. Aber diese Pyramiden, Trocalli's, Nimrodsthürme sind vielmehr die der amerikanischen Cultur besonders eigenthümlichen Bauformen und ihr weit isolirteres Vorkommen in Asien und Afrika nur ein ausgehender Rest uramerikanischen Bauwesens und Baugeschmackes. Vergl. oben Einleit. S. 18 ff.

Gebäude bis zum Himmel empor gebaut worden sei, das aber einstürzte, worauf die Vielheit der Völker entstand*); und ganz so haben auch die Fidschi-Insulaner in der Südsee die Sage bewahrt, die Menschen hätten vor Alters einen Thurm gebaut, der bereits bis an den Himmel ragte, als die Fundamente brachen, worauf sich die Arbeiter in alle Welt zerstreuten. Ich glaube nicht, dass diese Tradition von Asien dahin gekommen ist; sie nahm nach Oceanien, wie nach Asien, ihren Weg von Amerika aus, wo man einst in ferner Vorzeit eine solche Riesenpyramide, mexikanisch *teocalli*, zu errichten begonnen, wobei jedoch durch unerwartete Ereignisse nicht nur der Bau unterbrochen, sondern auch die centralisirende Absicht auf's Niederschlagendste vereitelt und in ihr völliges Gegentheil umgewandelt wurde **).

Auch scheint sich die Sitte, mitten in Residenzstädten***), einen pyramidalen Tempelberg und Königspallast anzulegen, von Babel und Nimrod, als amerikanischer Urstadt und urgewaltiger Herrscherperson her bis auf die Zeiten der europäischen Eroberung herab, in stereotyper Weise continuirlich erhalten zu haben. Der grosse Tempel, *teocalli*, des Kriegsgottes in Mexico, dem alten Tenochtitlan, war

---

*) Nach Martius, Ethnographie I. S. 282.

**) Die Region, wo dies vorgegangen, ist, unseren Spuren und Zusammenhängen gemäss, schon oben S. 152 ff. angedeutet worden. Sie bildet so wenig mehr ein über das Meer erhabenes Land, als das Eden der Bibel; es sind ehemalige Länder, die durch grosse Katastrophen in's Meer versenkt wurden: Eden im stillen Meer; der Schauplatz der babylonischen Sage im Osten Amerika's, wo sich jetzt der mexicanische Meerbusen und das Antillenmeer befindet.

***) Der Belustempel erhob sich nach Layard mitten in der Stadt.

zugleich die Citadelle der Stadt und, mit dem Palaste des
Königes verbunden, der Sammelplatz aller Schätze. Das
Arsenal bildete mit allen Nebenbauten einen eigenen um-
mauerten Stadttheil mit einem gewaltigen terrassirten Stein-
bau in der Mitte, von dessen plattem Dach man eine weite
Umsicht über die Stadt und den See hatte, worin sie lag,
und auf welchem der letzte, verzweifelte Kampf der Azteken beim Untergang ihres Reiches Statt gefunden hat. Der
Belusthurm zu Babylon war genau nach den Himmelsgegenden orientirt, wie der grosse Teocalli in Mexico und die
berühmte Pyramide zu Cholula. Diese Aehnlichkeit nebst
anderen, welche die grossen amerikanischen Bauwerke mit
den entsprechenden asiatischen haben, ist schon von A. v.
Humboldt *) hervorgehoben worden. Man kann diese

---

*) S. dessen Vues des Cordillères etc. und Reise in die
Aequinoctialgegenden V. S. 319: »Beim Lesen der Reise des
Herrn Eversmann nach Bockhara war mir die Beschreibung
eines durch Menschenhände aufgeführten Hügels auffallend,
welcher eine halbe Meile im Umkreis hat und mitten in der
Stadt liegt, und auf welchem der Palast des Chans erbaut ist.
Dieser Kunsthügel, Aerk genannt, erhebt sich mitten aus der
Ebene, so dass er den Blick des Reisenden schon aus der Ferne
auf sich zieht. Er ist aus Backsteinen und Thonerde erbaut.
Ich hatte öfters Gelegenheit, in meinen Werken die auffallende
Aehnlichkeit anzudeuten, welche die mexicanischen Teocallis
mit der Pyramide des Belus und anderen Stockwerk- oder Stu-
fengebäuden des östlichen Asiens haben. In dem Aerk des
Chans von Bokhara finden wir nun selbst auch die schichten-
weise wechselnden Backsteine und Thonerde, welche im Bau
der Pyramide von Cholula angetroffen werden.« Zusammenhänge sind hier nicht abzuweisen; die Frage ist nur die, wo
die analogen Erscheinungen ihren Anfang und Ausgang gehabt,
welcher der beiden Continente die primitive oder die secundäre Rolle spiele.

Analogien nicht wohl für zufällig halten; sie dienen aber auch nicht zum Beweise asiatischen Einflusses auf das alte Amerika, indem das Umgekehrte das offenbar bei Weitem Wahrscheinlichere ist.

3.

Die Absicht, welche man bei Errichtung des vorzeitlichen Riesenbaues gehabt — setzen jene Insulaner hinzu — sei diese gewesen, zu sehen, ob auch im Monde Menschen seien. In amerikanischer Sage wird die Entstehung der grossen Pyramide zu Cholula auf ein altes Riesengeschlecht zurückgeführt, welches die mexicanische Hochebene bewohnte, und einen Berg aufrichtete, um in den Himmel zu steigen u. s. w. In der griechischen Mythe thürmen die Giganten Berg auf Berg zum Himmel empor; Zeus aber spaltet die aufragende Masse mit seinen Blitzen und die Himmelstürmer werden unter den Trümmern begraben. Ueberall spricht sich die Vorstellung von etwas quantitativ, besonders in der Richtung nach oben hin, ganz Ungeheurem, Ueberkühnem und Beispiellosem aus. Das Unternehmen, wovon diese sich an verschiedene Localitäten mythisch anknüpfenden Erinnerungen sprechen, ist allem Anschein nach ein in der That wahrhaft gigantisches und titanisches gewesen; und ich stehe nicht an, zu glauben, dass es kolossaler war, als Alles, was der Art in Asien und Afrika je zu Stande gekommen; dem entsprechend denn auch der Eindruck gewesen sein muss, wenn es, wie die Sagen melden, durch ein gewaltsames Naturereigniss plötzlich umgestürzt wurde. In Amerika findet man noch heutzutage die erstaunlichsten Gegenstände der Art. Baron J. W. von Müller hat den Cerro Montezuma oder Moctecuzoma, wie ihn die Eingeborenen nennen, besucht und gefunden, dass dieser Berg, mit einer relativen Höhe von

2000 Fuss, eine ungeheuere Pyramide gewesen, auf deren Spitze ein Heiligthum stand, und zu welcher die des Cheops, mit einer Höhe von etwa 500 Fuss, sich wie ein Zwerg zu einem Riesen verhält. Ein anderer Gegenstand der Art ist der Wunderberg von Altamira, bei welchem man zweifelt, ob man ein Werk der Natur oder einen von Menschenhand emporgethürmten Kunstberg vor sich habe *).

Jede Stufe und Periode lebendiger und bestrebsamer Menschheitsentwicklung hat ihre besondere Art von Kraft, Grösse und Leistungsfähigkeit und bringt es in diesem ihrem eigenthümlichen Genre zu einer Virtuosität, die zu anderer Zeit verschwunden ist, an die dann wohl gar nicht mehr geglaubt wird, oder deren Leistungen, wenn noch beweisende Reste davon existiren, das Erstaunen der ihr entfremdeten Zeiten und Geschlechter erregen und denselben als unbegreifliche Wunderdinge erscheinen. So hat es, wie nicht nur alte Sagen und mythische Vorstellungen, sondern auch historische Berichte und die noch übrigen Riesenwerke der Vorwelt lehren, Bildungsstufen und Zeiträume gegeben, wo man vor Allem, ja ausschliesslich das quantitativ und massenhaft Grosse und Ungeheuere zu lieben, zu bewundern und zu schaffen pflegte; das bezeugen uns namentlich jene allbekannten Pyramiden, Tempel, Felsengrotten und Kolosse des ägyptischen, babylonischen, indischen Alterthums **),

---

*) Von Beiden ist schon in der Einleitung die Rede gewesn.
**) Zu den grossartigsten Leistungen der indischen Kunst gehören die Grottentempel, welche sich in den nördlichen Theilen der westlichen Ghatgebirge und auf einigen gegenüberliegenden Inseln befinden. Sie sind in den Granit des Gebirges gehauen, oft in mehreren Geschossen übereinander, mit Vorhöfen, Pfeilerhallen, Grottenzellen und monolithen Tempeln. Unweit der Stadt Bombay in der Nähe des Dorfes Ellora ist das Gebirg im Umkreise von etwa einer Stunde zu solcherlei Tempeln ausgehöhlt, deren man gegen 30 gezählt hat.

der Koloss von Rhodos etc. In anderen Zeiten ist die Richtung eine mehr innere und geistige, ästhetisch feine, speculative, moralische; es waltet und wirkt, wie bei dem hierin so einzigen Hellenenvolke, das Schönheitsprincip, der poetische Sinn und reine Kunstgeschmack;. es baut der Gedanke seine Systeme, die oft in ihrer Art nicht minder kühn und grossartig, ja noch unendlich bewundernswürdiger sind, als die Kunstberge, Felsentempel, Kolosse etc. eines gigantisch bauenden und bildenden Alterthumes; es leistet der Glaube, die Liebe, die Begeisterung für höhere und himmlische Dinge das Unglaubliche. Und das ist der der besseren und höheren Natur des Menschen entsprechende Gang der Dinge; dagegen die Schätzung und Hervorbringung des äusserlich und massenhaft Grossen und Erstaunlichen der ersten und untersten Stufe der Entwicklung angehört, daher auch hauptsächlich dem Continente zufällt, dessen Geschichte eine noch ältere, als die der »alten Welt« ist, und wo Werke geschaffen wurden, welche an quantitativer und materieller Grossartigkeit und an titanischem Auftragen die der anderen Hemisphäre noch übertroffen haben.

IX.
Nimrod und sein Reich in Amerika.

1.

Von Nimrod heisst es Cap. 10 der Genesis: er war ein grosser Jäger, גבר קיד, ein Held der Jagd, לפני יהוה, vor Jehova, wie man zu übersetzen pflegt. Aber לפני heisst auch gegen im Sinne der Feindschaft; und in צור, jagen, liegt auch die allgemeine Bedeutung; nachstellen, auf Vernichtung ausgehen; צוד נפש, nach dem Leben trachten, tödtlich anfeinden. Wir finden in jenen Worten einen Gegensatz zum Jehovaculte und Jehovaglauben; Nimrod, das ist wohl der Sinn, war ein grosser Gegner desselben und schoss, um seine Verachtung dieser Gottheit zu bezeigen, nach ihr in den Gewitterhimmel, wie die Thracier, von denen Herodot *) sagt: »Sie schiessen mit Pfeilen in den Himmel hinauf gegen Donner und Blitz und bedrohen den Gott, indem sie glauben, es sei kein anderer Gott als der ihrige« **). Der Erste, der so that, war wohl Nimrod; und dies erzählt uns die Genesis mit Hinzufügung eines Sprüchwortes: »Darum spricht man: wie Nimrod ein Held der Jagd gegen Jehova« d. h. ein grosser Feind des Jehovacultus, wie jener titanischer Urkönig, oder auch wohl allgemeiner: ein Mensch, so verwegen, dass er sich vor Nichts scheut und selbst wider Gottheit und Schicksal anzugehen wagt.

Die orientalische Sage bestätigt diese Auffassung, indem

---

*) B. IV, 94.

**) Das Schiessen in den Himmel kommt auch im Mittelalter und selbst noch, der Volkssage nach, in den neuesten Zeiten vor. Thomas Cantipratanus (Mirac. et exempl. sui temporis libri duo. Duaci 1605. p. 450) erzählt von einem Spieler, der aus Wuth, Alles in Würfeln verloren zu haben, einen Pfeil in den Himmel schoss, *quasi ipsum coeli dominum percussurus*. Eine ähnliche Geschichte, die sich 1553 begeben haben soll, steht bei Wolf, deutsche Sagen Nr. 191; hier wird ein Dolch gen Himmel geworfen. Ein polnischer Edelmann, Albert Perekonski, dem all sein Vieh gefallen, schiesst eine Pistole gen Himmel, daselbst Nr. 194. Noch im Sommer des Jahres 1838 soll ein Mann in der Gegend von Stettin, über ungünstiges Wetter ergrimmt, sein Gewehr ergriffen und dreimal nach dem lieben Gott in den Himmel geschossen haben; Temme, Volkssagen von Pommern und Rügen. Berlin 1840. Nr. 264. S. 311 f.

sie von Nimrod Folgendes erzählt. Er beschloss, dem hebräischen Gotte öffentlich den Krieg zu erklären. Zu diesem Behufe liess er sich einen grossen Kasten machen, setzte sich hinein mit Bogen und Pfeil und liess sich von vier angeketteten Lämmergeiern gen Himmel tragen. In der Höhe schoss er einen Pfeil ab, der einen vorüberfliegenden Engel streifte und blutig in den Kasten zurückfiel. Nimrod meinte, den Gott getroffen zu haben; als er aber den Flug zur Erde zurücklenkte, war über Nimrods Volk des Herrn Gericht ergangen, die Erde hatte in ihren Grundfesten gebebt und Babylon war in Schutt und Graus verwandelt *). Von Gog und Magog wird geweissagt, sie würden eben so Gott den Krieg erklären und Pfeile in den Himmel schiessen **). Dass eine solche Vorstellung vorhanden und verbreitet war, ist jedenfalls gewiss.

Vergleichen wir nun die Sagen, Namen und Symbole des alten Amerika, so finden wir ganz entsprechende Aehnlichkeiten. So heisst es in einer mexicanischen Mythe: die Sonne des dritten Weltalters war erloschen, und es erschien eine neue. Nach dieser schoss Held Citli drei Pfeile gen Himmel; den letzten ergriff die Sonne und schoss ihn dem Helden in den Kopf ***). Ferner soll einer der mexicanischen Herrscher, Montezuma I., ein Mann von ausserordentlicher Stärke und unbeugsamem Muthe gewesen sein und so grosse Thaten verübt haben, dass man ihn Tlacaele, Mann von grossem Herzen, und Ilhuicamina, Schütze des Himmels, nannte. Abgebildet wurde er in der Art, dass über seinem Haupte die Figur, wodurch die Mexicaner

---

*) Rosenöl, Sagen und Kunden des Morgenlandes. Stuttg. u. Tübingen 1813. I. S. 51.
**) Daselbst S. 306.
***) Clavigero, Gesch. v. Mexico.

den **Himmel** undeuteten, **von einem Pfeile durchschossen zu sehen war** *). Er sollte also wohl als ein zweiter Nimrod bezeichnet werden; der amerikanische Urkönig wurde hier, wie es scheint, mit dem Namen **Ilhuicamina** bezeichnet; eine peruanische Erinnerung an denselben werden wir unten erwähnen. Am frappantesten ist es, dass die Sitte, **bei schweren Gewittern Pfeile in das Firmament zu schiessen**, bei den amerikanischen Aboriginern noch jetzt beobachtet wird **). So einheimisch zeigt sich die Sache in diesem Welttheil; und wir können in Folge dessen um so weniger zweifeln, dass die orientalische Nimrodsage hier in Amerika wurzele.

2.

Nimrod's Reich war der Genesis zu Folge ein doppeltes, indem er zuerst in **Schinear**, dann in **Aschur** herrschte. »Der Anfang seines Reiches war **Babel** und **Erech** und **Accad** und **Calne** im Lande **Schinear**. Von da zog er aus nach **Aschur** und bauete **Ninive** und **Rechoboth-Ir** und **Kalah** und **Resen** zwischen Ninive und Kalah, das ist die grosse Stadt.« אשור wird in dieser Uebersetzung als Accus. der Richtung gefasst, wie es die vorausgehenden Worte: »der Anfang seines Reiches« etc. fordern. Es ist von einer Erweiterung oder Verlegung der Herrschaft die Rede. Das zweite Reich, das amerikanische Assyrien, entstand wahrscheinlich nach der Katastrophe, welche das amerikanische Babylonien, welches wir in die Gegend verlegen, wo jetzt das Antillenmeer, durch Orkane

---

*) Clavigero B. III. C. 17. In **Mendoza's** Sammlung das 7. u. 8. Gemälde, bei **Clavigero** Tafel 15, wo die Köpfe und Symbole der mexicanischen Könige.

) **Martius, Ethnographie I. S. 329.

und Erdbeben erlitt. Dadurch soll eine Völkerzerstreuung bewirkt worden sein; in jener Stelle wird uns angedeutet, dass Nimrod oder, wenn unter diesem Namen eine ganze Dynastie zu verstehen sein sollte, das Herrschergeschlecht der Nimrode sich nach einem anderen Theile von Amerika wendete und da sein Reich wiederherzustellen unternahm.

Das zweite Reich, **Aschur** genannt, scheint nicht kleiner, als das erste, vielmehr noch ausgedehnter gewesen zu sein und noch grössere Städte gehabt zu haben. Als die grösste von all den in der Stelle genannten wird **Resen** bezeichnet, das in der »alten Welt« nicht aufzufinden ist *).

Resen heisst hebr. Zaum; also wohl eine Zwingburg für empörungslustige Völkerschaften. Nichts Anderes wird auch **Calne** und **Kalah**, **Khelach** bedeutet haben; vergl. Sanskr. *khalinas*, griech. χαλινος, Zaum, χαλαστον, χαλαρα, Kette. In der Geschichte von Florida begegnet ein alter Ortsname **Matike**; vergl. hebr. *metheg*, Zaum, lat. *mitigare*, sänftigen, zähmen, bändigen.

Die Namen sind theils aus dem semitischen, theils aus dem indogermanischen Sprachgebiete, was für die Geschichte der Sprachen von Wichtigkeit, zumal wenn es, wie wir dafürhalten, lauter uramerikanische Benennungen und Wortformen sind.

Rechoboth-Ir bedeutet **Strassen einer Stadt** oder **Strassenstadt**. Auf dem Kamme der Cordilleren an der Grenze von Peru liegen die Ruinen der alten Stadt **Chulucunas**, wo man **schnurgerade Strassen** mit Häusern aus Porphyrblöcken, Trümmer von imposanten

---

*) Vergl. oben S. 62 f. Schrieben sich davon die Etrusker her, welche sich **Rasener** (*Rasna*, *Resna* auf etrusk. Gräberurnen) nannten?

Gebäuden und ein Bauwerk findet, das man im Lande das Incas-Bad nennt.

Dürfte man dieser Spur folgen, so würde sich für die nimrodische Wanderung die Richtung von Osten nach Westen ergeben. Vom Thurmbau kommend erschien der amerikanische Votan bei den Chiapanesen, einer der Krone Mexico zinsbaren Nation, die auf das höchste Alter Anspruch machte.

3.

Beide Reiche, Schinear und Aschur, haben vier Städte:

I. Schinear.
Babel, Erech, Accad, Calne.

II. Aschur.
Ninive, Rechoboth-Ir, Kalah, Resen.

Diese Wiederholung der Vierzahl ist wohl nicht ohne Bedeutung; die Tetras ist jedenfalls ganz amerikanisch und begegnet in der alten Geschichte des Welttheiles fast überall; es fehlt dabei auch nicht eine sagenhafte Erinnerung an den Urherrscher, von dem sich die Eintheilung der amerikanischen Reiche in vier Theile und Distrikte und Tetrarchien herschreiben sollte.

In Peru erzählte man: Nachdem sich die Wasser der Sündfluth verlaufen hatten, trat in Tiahunacu ein grosser Herrscher auf, der die Welt in vier Theile theilte und diese an vier zu Königen erhobene Männer verschenkte, so dass den nördlichen Manco Capac, den südlichen Colla, von dem die Landschaft den Namen erhielt, den östlichen Tocay und den westlichen Pinahua erhielt. Diese Eintheilung war das Vorbild derjenigen, die nachher die Incas vornahmen, als sie das Reich ebenso in einen nördlichen, südlichen, östlichen und westlichen Distrikt theilten, wovon der erste

Chinchasuyu von der Landschaft Chincha, der zweite Collasuyu von der Landschaft Colla, der dritte Antisuyu von der Landschaft Antis, der vierte Cuntisuyu von der Landschaft Cunti hiess.

Einige in Peru erzählten von vier Brüdern, welche aus den Oeffnungen gewisser Felsen zu Paucartampu bei Cuzco hervorgekommen. Sie wurden **Manco Capac, Ayar Cachi, Ayar Vchu** und **Ayar Sauca** genannt; dem ersten derselben schrieben sie die Gründung der Stadt Cuzco zu. Das dreimal vorkommende Wort **Ayar** wusste man aus dem Peruanischen nicht mehr zu deuten; was auf ein hohes Alter der Ueberlieferung führt *). Die uramerikanische Vierzahl scheint sich hier näher durch 1 + 3 zu bestimmen, so dass man sich einen obersten Herrn zu denken hat, der, wegen der Grösse des Reiches, dem er allein nicht vorstehen konnte, drei Mitregenten annahm, selbst aber doch immer den ersten Rang behielt.

Es gehören hieher auch wohl die vier Landstriche, *uthal mapu*, mit vier Toquis oder Oberhäuptlingen in Araucanien. Aehnliche Einrichtungen in Anahuac. Die Mexicaner theilten ihre Stadt in vier Quartiere und gaben jeder einen besonderen Schutzgott; »diese Eintheilung,« sagt Clavigero ist noch jetzt unter dem Namen St. Paul, St. Johann, St. Sebastian und St. Marie vorhanden.« Auch die Stadt und Republik Tlascala war in vier Theile mit besonderen Namen und Oberhäuptern getheilt, welchen letzteren auch die dazu gehörigen Ortschaften unterworfen waren, so dass der ganze Staat wie aus vier kleinen Monarchien gebildet war. Die vier Häupter formirten nebst den Vornehmen vom ersten Range eine Art von Senat und

---

*) *Eyeri*, Plur. *eyerium* hiess in der caraibischen Weibersprache Mann. Manao *n-eyeri*, mein Bruder.

Aristokratie, die über Frieden und Krieg entschied und sonstige Anordnungen traf.

4.

Was den Namen **Nimrod** betrifft, so liegt es nahe, an das semitische *marad*, abfallen, abtrünnig werden, wie »von Jehova« oder »vom Lichte,« *marad*, aufrührerisch, *marah, himrah*, widerspenstig sein, zu denken. Aber das wäre ein Scheltname, den der Semite dem antijehovistischen Urkönige gegeben hätte; er selbst oder eine nimrodische Dynastie könnte sich nicht so geheissen haben. War Nimrod Eigenname, Königstitel, fürstlicher Geschlechts- und Familienname *), so muss das Wort einen ganz anderen Sinn gehabt haben. Nehmen wir den indogermanischen Sprachstamm zu Hülfe, so bietet sich auch in der That eine zu der Grösse und dem Stolz eines solchen Despoten ganz passende Bedeutung an. *Ni-mrod* hiess der Gott oder der Göttliche, wörtlich der Nicht-Sterbliche von der Negation *ne, ni* und von *mrod, mord, mort*, dem griech. βροτος st. μροτος, lat. *mortalis;* vergl. Sanskr. *martas, martyas*, getödtet, tödtlich, *mdras, martis*, Tod, Mord, griech. und lat. μορος, *mors*, μαραινω etc. Mit den verneinenden Präfixen *in* und *a* werden von diesen Wörtern gebildet *immortalis*, αβροτος, αμβροτος, αμαρανθος, αμαρατος, Sanskr. *amartas, amartyas*, unsterblich, *ama-*

---

*) Vergl. die Wiederholung und erweiterte Bedeutung der Namen Cäsar, Augustus, Napoleon etc., in Amerika die drei Votane und die chiapanesische Votans-Familie; Nimrut (Nemaradu) findet sich auf ägyptischen Monumenten als einheimischer Name, nämlich im Stammbaum Schoschenk's I., des bibl. Sisak; Brugsch, Reiseberichte S. 141.

ras, göttlich *). Durch den ganzen Stamm hindurch geht aber auch die Negation *na, ne, ni, no*, wovon im Indischen *nakin*, nichts, *nakas*, niemand, lat. *nihil, nemo, nefas, nescius, nequeo* etc., engl. *nothing, never*, deutsch nicht, nichts, niemand etc. **). Der Grieche formirt gleichbedeutend ακερος und νηκερος, απαθης und νηπαθης, ατρεκης und νητρεκης. Setzen wir zu Wörtern, wie μαρατος, βροτος, μροτος, statt der Negation α die gleichübliche *ne, ni*, und ziehen wir die Endung ab, die dem betreffenden Idiome noch nicht eigen gewesen sein wird, so kommt Nemrod, Nimrod heraus.

5.

Nimrod wurde als Schütze, Jäger, Krieger, Riese unter die Sterne versetzt. Er ist der Orion der Griechen, ein mythisches Urbild gigantischer Grösse und Kraft, Jäger und Riese, Gewalt anthuend menschlichen und über-

---

*) Diese Composition, angewendet auf Himmel, Licht, Gestirn, Sonnenaufgang, als auf die Sphäre und Erscheinung des Ewigen, Göttlichen, findet sich auch im Amerikanischen, wie Uainuma am Yupura *hamahraita*, Himmel; *amaraki* und *hamahrae petschu*, Tag; *amaraá* und *amaräpatähbake* Morgenzeit, *hamarhohy opery pytische*, Morgenstern. Martius, Ethnographie II. S. 245. 247.

**) Auch das negirende *n*, einfach, verdoppelt, als Vorsatz etc. ist ganz amerikanisch; so Miranha *nani*, nicht; Tupi *nhote*, nicht mehr, nur; *nitio*, nein, nicht; *nitio abá*, Niemand, *nitio goaçu*, leicht, und dergleichen Zusammensetzungen mehr; Tupi *gatu, igatu*, gut (griech. αγαθος, deutsch gut), Oyambi in Guyana *icatou*, gut, *nicatou*, böse; Aroaqui *ne* und *nen* Verstärkung der Negation. Martius, Ethnographie I. S. 704. II. S. 7. 51. 74. 278. 320. Das maypurische *nuca*, nein, kommt mit noch, lat. *nec, negare*, überein etc.

menschlichen Frauen, von Göttern geliebt, aber auch gestraft und getödtet. Das Sternbild Orion heisst im Aram. und Arab. der Riese; im Hebr. wird ein solches כסיל, der Thor, genannt, und man glaubt, dass es dasselbe Gestirn, der nach orientalischer Sage an den Himmel versetzte Nimrod sei, welcher als Urheber des babylonischen Götzendienstes dem Hebräer der Thor d. h. der Gottlose war. In Amerika heisst der Orion Palicur *mahori* (3 *reges*); *mora, morox-aba, morubix-aba, murumuxaua (x = sch)* sind indianische Ausdrücke für die Anführer im Kriege *); hebr. *morch* ist Pfeilschütz, griech. μωρος, thöricht. Wie all dies, so weit es übrigens auseinander liegt, in Verbindung gebracht werden kann, macht unsere Erörterung klar. Sonst ist in Amerika Cocruna *öhöri*, Orion; Tecuna *ouria*, Bogen, Geschoss, Carajas *uriathahüh*, Botocudo *oroun*, gross, hoch; und so ist es wahrscheinlich, dass Orion eigentlich ein altamerikanisches Wort für Schütze und Riese war. In der Tupi-Sprache wird das Gestirn *crerapari*, der Bogen *urapara, ouxourapara* genannt; hier finden wir also den unter die Sterne versetzten Nimrod-Orion als Pfeilschützen bezeichnet. Mehrere indianische Wörter, welche **Bogen, Jagd, Jagdrevier, Wald, Baum, wildes Thier** bedeuten, können, besonders in Verbindung und sachgemässer Zusammenstellung betrachtet, wie Abkürzungen und Verderbungen des Namens Nimrod erscheinen. So Botocudo *nem, neem*, Bogen, Pebas *nemey*, Yaguas *nimbu*, Tiger, Zapara *numuno*, Cocamas *yumuncroki*, jagen, Maxuruna *nimuru*, Cayapos *inromu*, Carahos *irom*, Wald, Araquaju

---

*) **Martius**, Ethnographie I. S. 172. 620. Im *diccionario tupi* (daselbst II.) ist *mora, mura*, Krieger, Feind; *moraçaha*, Keule, *moramonhang*, Krieg führen, *moramonhangába*, Krieg, Streit.

ymira, Mura *moira*, Baum etc. Hier vergleicht sich jedenfalls mit *nimuru*, Wald: lat. *nemus, nemoris*, griech. νεμος; im Semitischen *namer, nemar*, Parder. Wer will, kann annehmen, dass Nimrod aus diesen oder ähnlichen Formen und Sprachwurzeln gebildet sei und eigentlich Waldmann, Weidemann, Jäger, Schütze bedeute, etwa wie lat. aus *nemus*: *nemoralis, nemorensis*, wie Diana heisst, *nemoricagus* formirt ist. Wir halten jedoch unsere obige Ableitung für die richtigere; wir vermuthen, dass auch die semitischen Wörter *marad, mered, marduth* für aufrührisch, abfallen, Abfall, Empörung *), aus dem Namen gemacht, nicht umgekehrt. Der letztere hat sich in vielfältigen Bruchstücken und Trümmern über die Erde zerstreut und offenbart so auch seinerseits die babylonische Verwirrung und Zersplitterung.

X.
Die Orkane und Erdbeben Westindiens.

Wir haben die amerikanisch-babylonische Katastrophe, die wir nach Westindien setzen, mit den in dieser Gegend einheimischen Orkanen — ein Name, der dorther stammt und althaitianischen Ursprungs ist — in Verbindung gebracht. Ein solcher Sturm hat erst wieder in letzter Zeit, am 29. October vorigen Jahres, in Westindien getobt, wovon die Zeitungen viele, erst übertriebene, dann ächtere Nachrichten brachten, die aber gleichwohl noch immer entsetzlich genug lauteten.

Der Schauplatz der Verwüstung waren die kleinen An-

---

*) Hiob 24, 13. מֹרְדֵי־אוֹר, die abtrünnig werden vom Lichte, es hassen, ihm den Krieg ankündigen.

tillen. Um 11 Uhr des erwähnten Tages brach auf der Salzinsel der Orkan von Nordnordwest los; um $12^1/_4$ Uhr legte sich seine Wuth; es trat fast Windstille ein; doch wurde es dunkler und dunkler, und um $12^3/_4$ Uhr war es beinahe Nacht. Bald darauf brach ein zweiter Orkan los, der aber aus Südsüdost herblies, und wüthete bis gegen $2^3/_4$ Uhr. Auf St. Thomas traten diese Erscheinungen je $^3/_4$ Stunden später ein; durch die Strassen tobte der Regen vermischt mit dem herübergepeitschten Seewasser; auch will man einen oder mehrere Erdstösse verspürt haben. Als der Orkan ausgetobt hatte, boten die Küsten von St. Thomas und den benachbarten Eilanden einen grauenvollen Anblick dar. Etwa 80 Schiffe lagen zertrümmert oder schwer beschädigt am Strande, oder waren ganz zu Grunde gegangen; über 300 Leichname wurden zu St. Thomas aufgefischt oder gefunden; den Gesammtverlust schätzte man auf das Doppelte. Viele Häuser wurden theilweise, manche ganz zerstört. Die Werften waren geradezu weggeblasen; während des Orkans wurden ganze Stockwerke von Gebäuden weithin geschleudert, Fenster wirbelten durch die Luft; in einer Strasse fand man in einem Trümmerhaufen mehrere Karrenräder, einen Anker, Marmorplatten, ein Klavier und Schiffsplanken, Alles wie Schnee zusammengeweht. Auf der Insel Tortola hatte die Gewalt des Phänomens fast Alles umgerissen und es drohte eine Hungersnoth. Der Postdampfer »Douro,« durch welchen diese zuverlässigeren Berichte einliefen, nachdem vorher Gerüchte vom Untergange Tortola's etc. gesprochen, war am 29. October auf der Fahrt von Southampton nach Westindien noch 250 Seemeilen von St. Thomas entfernt. Es wurde auf ihm keine atmosphärische Strömung bemerkt; doch war der Horizont sehr dunkel, und es fiel der starke Wogenschwall an dem Tage und eine unerwartete Strömung nach Süden, so wie eine düstere, fast schwarze Färbung des Meeres an der Stelle des tiefen atlantischen Blaues auf.

Um ein älteres Ereigniss zu vergleichen, so fügen wir die auszügliche Schilderung eines solchen an, wie es Don Alvar Nuñez Cabeça de Vaca im J. 1527 auf Cuba erlebt und in seiner Reisebeschreibung *) erzählt hat. Er war von den im Hafen von Trinidad, einer Stadt der genannten Insel, liegenden zwei Schiffen an's Land gegangen. Eine Stunde darauf gerieth das Meer in gewaltige Aufregung; der Nordwind war so heftig, dass die Boote das Land nicht erreichen konnten und die Seeleute auf den Schiffen bleiben mussten. Am nächsten Tage wurde der Sturm so furchtbar, dass zu Lande Häuser und Kirchen sämmtlich erschüttert, erstere zum Theil umgestürzt wurden. »Wir mussten uns, »sagt der Bericht,« zu sechs bis acht zusammenhalten, um nicht vom Winde fortgeführt zu werden.« Sie zogen die ganze Nacht umher, ohne einen Ort zu finden, der ihnen Sicherheit bot. »Am Morgen darauf gingen wir nach dem Hafen, erblickten die Schiffe nicht mehr und erkannten, dass sie untergegangen waren. Eine Viertelmeile vom Meere entfernt, erblickten wir die Schaluppe eines Schiffes auf einem Baume hängend. Zehn Stunden weiter an der Küste fand man die Leichen zweier Soldaten meines Schiffes und die Deckel einiger Kisten; die Leute waren durch Quetschungen dermassen entstellt, dass man sie kaum wieder erkannte. Siebzig Personen und zwanzig Pferde kamen in den zwei Schiffen um; bloss die an's Land Gegangenen, einige dreissig an der Zahl, wurden gerettet. Wir blieben mehrere Tage in diesem Zustande, vielfach leidend und dem äussersten Hunger ausgesetzt; denn die Stadt war zerstört, die Heerden versprengt, die Gegend

---

*) Cap. 1 bei Ternaux-Compans.

in einem jammervollen Zustande, viele Bäume entwurzelt, die Waldungen verheert und blätterlos.«

Um auf die vorjährige Schreckensperiode in Westindien zurückzukommen, so wurde St. Thomas vom 18. Nov. an auch durch eine Reihe von Erderschütterungen heimgesucht. Einer von dort eingegangenen Nachricht vom 21. Nov. zu Folge wurden seit dem 18. Nachmittags 89 Stösse verspürt, von welchen 7 eine Minute lang anhielten. »Alle Häuser sind zerrissen und für die Bewohner unsicher. Am 18. stieg die See auf wie eine Mauer. Man zählt 50 Todesfälle. Die Zerstörung von Eigenthum ist ungeheuer und übertrifft bei Weitem die durch den Orkan angerichteten Verheerungen.« Die Stösse erstreckten sich in geringerem Masse auf Portorico, St. Croix, Tortola und andere benachbarte Inseln. »Das Unglück ist so gross, dass viele Kaufleute liquidiren und sich anderswo niederzulassen gedenken.«

Orkanen und Erdbeben ist besonders auch Jamaica ausgesetzt. »Da pflegt das Meer auf einmal stille und so glatt, wie ein Spiegel, zu werden. Kurz darauf verdunkelt sich die Luft und der Himmel wird mit dichtem Gewölke umzogen; dann erscheint er wie Feuer und es fängt furchtbar zu blitzen an; auf den Blitz folgen entsetzliche Donnerschläge. Nun erhebt sich ein Wind mit solcher Heftigkeit, dass die stärksten Bäume mit der Wurzel ausgerissen, die Häuser umgestürzt und alle in seinem Striche liegenden Pflanzungen verschüttet werden. Hat sich der Sturm gelegt, so ist es ein jammervoller Anblick, wenn man die Gebäude zerstört, ganze Wälder niedergelegt und andere solche Wirkungen sieht. Eine zweite Beschwerde, die diese Insel zu erdulden hat, sind die Erdbeben, womit sie gewöhnlich alle Jahre einmal, und zwar nach vorhergegangenem starkem Regen, heimgesucht wird. Hauptsächlich ist das zu erwähnen, welches sich den 7. Juni 1692 ereignet hat. Ganze Städte wurden umgestürzt, Berge spalteten sich, die ganze Insel bot das Bild vollkommener Zerstörung dar. Noch wird jedes Jahr an diesem Tage ein Buss- und Bettag gehalten. Wenn sich solch ein Unglück, ein Orkan oder Erdbeben, ereignet, so wird die Luft sehr ungesund; und was der Wuth des Windes und der Erschütterungen entgangen, muss fürchten, durch eine sicher darauf folgende Krankheit hingerafft zu werden« *).

XI.
Die Katastrophe von Sodom und Gomorrha als ein Ereigniss der amerikanischen Vorzeit.

1.

Unsere Fassung der Katastrophe von Sodom und Gomorrha ist einer wichtigen Beanstandung ausgesetzt. Es kann scheinen, als hätten wir in diesem Stücke die Bibel selbst wider uns; und diesen verhängnissvollen Schein zu tilgen, dürfen wir nicht unterlassen.

Es ist hiebei vor Allem auf die Gestalt und Beschaffenheit der betreffenden Urgeschichten, wie sie uns gegenwärtig vorliegen, aufmerksam zu machen. Sie bestehen erstlich aus einer ursprünglichen, gewiss ächten, sehr alten, wahrscheinlich aus dem jenseitigen Urlande selbst herrührenden Grundlage, und dann aus einigen hie und da dazwischen geworfenen Einschaltungen und Zuthaten, welche von dem reinen, eigentlichen Texte unterschieden werden müssen und nicht die gleiche Autorität, wie dieser, in Anspruch nehmen

---

*) Baumgarten, Geschichte von Amerika. Halle 1753. II. S. 739 f. Ueber die westindischen Stürme und »das wilde Orkan-, Erdbeben- und Feuerjahr 1867« s. auch: »Unsere Zeit« von Rud. Gottschall, Jahrg. IV. H. 5. S. 389 ff. und »Globus« Bd. XIII. Lief. 3. S. 96.

können. Es finden sich insbesondere bei der Bezeichnung der Orte, wo sich das Erzählte ereignet haben soll, erklärende und erörternde Beisätze, welche offenbar späteren Ursprunges sind, ganz nur den Werth und das Gewicht von Randglossen und Noten haben, wider eine abweichende Ansicht Nichts zu beweisen und zu entscheiden, eben so wenig aber, wofern sie als unrichtig erkannt werden sollten, dem Grundtexte zum Vorwurfe zu gereichen und ihm Etwas von seiner Würde und seinem Ansehen zu entziehen im Stande sind. Den Letzteren nehmen wir wider eine destructive und entwerthende Kritik stets möglichst in Schutz; und es liegt ja in unserem eigenen, höchsten Interesse, die Gültigkeit desselben aufrecht zu erhalten, da wir dessen so sehr als Leitfaden und Stütze bedürfen, und mit ihm, als einer unbrauchbaren Quelle voll Erfindung und Irrthum, unser ganzes System dahinstürzte. Es wäre jedoch von einem Manne der Wissenschaft und historischen Forscher zu viel gefordert, wenn sich derselbe auch an die von fremder Hand eingefügten Erklärungen halten sollte, die sich selbst, als solche, so deutlich charakterisiren und zu erkennen geben. Dergleichen treffen wir wiederholt im 14. Capitel, wo der Krieg beschrieben ist, in welchen Abraham verwickelt ward. Die Scene ist dieselbe Gegend, welche, nachfolgendem Berichte gemäss, mit ihren Ortschaften und ausgearteten Bewohnern durch eine feurige Katastrophe unterging. Vers 2 steht: »Bela, das ist Zoar.« — »Thal Siddim, das ist das Salzmeer;« v. 8 steht noch einmal: »Bela, das ist Zoar,« und v. 17: »Thal Schawe, das ist das Königsthal.« Hier ist also das Salzmeer oder das todte Meer genannt. Zoar war eine wohlbekannte Stadt an diesem Meere; im Königsthale errichtete sich Absalom ein Denkmal*). Auf diese Weise ist nun freilich, ganz der

---

*) 2 Sam. 15, 18.

von uns bestrittenen gangbaren Vorstellung gemäss, Alles in die nächste Nähe gerückt, aber in so völligem Widerspruche mit den eigentlichen, zu Grunde liegenden Textangaben, die ja ganz andere Namen nennen, dass es in die Augen springt, wie sich hier in verhältnissmässig sehr später Zeit ein palästinensischer Erklärer bemüht, die ihm ausserdem in der Luft schwebende Ueberlieferung mit einem geographisch festen Boden zu versehen, für Begebenheiten, die in entfernten, aus dem Bewusstsein der Lebenden verschwundenen Regionen gespielt, einen bekannten Schauplatz zu ermitteln, und die in der heiligen Urkunde erwähnten Orte und Gegenstände in der eigenen Umgebung nachzuweisen. Von so fremder Einmischung abzusehen, wird um so erlaubter erscheinen, je mehr sie selbst gerade durch ihre willkührlichen und zwangvollen Bestimmungen den Beweis liefert, dass die alte Relation einen ganz anderen Schauplatz der Ereignisse und ganz andere Ortschaften, als die ihr durch Missverstand, Ortsverwechselung und Ausdeutung aufgedrungenen, gemeint.

Was die Ausdeutung des Städtchens Bela durch Zoar, d. h. Kleinheit, betrifft, so liesse sich dieselbe etwa dadurch rechtfertigen, dass letztere Benennung nicht sowohl Eigenname, als allgemeine Bezeichnung einer verhältnissmässig kleinen und geringen Ortschaft, so viel als Dorf, Flecken, Städtchen gewesen; vergl. Cap. 19, 20, wo Lot die Unansehnlichkeit und Unwichtigkeit des Ortes, wohin er zu fliehen gedenkt, geltend macht. Ist aber das Zoar am todten Meere gemeint, so müssen wir widersprechen. Dieses erfuhr kein vernichtendes Schicksal; es hatte zu des Eusebius und Hieronymus Zeit eine römische Besatzung, und Bischöfe von Zoar waren bei den Concilien von Chalcedon und Constantinopel zugegen. Das Zoar-Bela der Genesis dagegen ging, wie wir sehen werden, ebenfalls unter und kann nicht identisch mit dem Ersteren sein.

2.

Der Text also nennt uns als die betreffende Region einfach das Thal Siddim und zwar im Gegensatze zu dem Gebirge, wohin sich schon Cap. 14, 19 nach der Schlacht, in welcher die Könige von Sodom und Gomorrha geschlagen werden, die Flüchtigen begeben. Da wir die Scene nach Westindien verlegen, so ist es interessant zu wissen, dass Haiti in der Sprache der alten Einwohner ein gebirgiges Land bedeutete. Der Name ist auch biblisch und lautet hier Ai, Vulg. Hai, sonst auch Ajja und Ajjath mit dem für uns unsprechbaren Kehlhauch am Anfange; ein Ai kommt schon in der Geschichte Abrahams vor. Cap. 13, 10 wird die untergegangene Landschaft als »der Kreis des Jordan« bezeichnet, der treflich bewässert gewesen und in paradiesischem Flore gestanden, »bevor Jehova Sodom und Gomorrha verderbte.« Den wählte sich seiner Schönheit wegen Lot, als er sich von Abraham trennte; er wandte sich vom Osten ab und wohnte westlicher hin »in den Städten der Niederung,« als welche Sodom, Gomorrha, Adama, Ziboim und Bela-Zoar bezeichnet werden *). Der Name Gomorrha, der auch in ausgedehnterem Sinn für den ganzen District unterworfener Stämme und Völkerschaften im Osten der Anden, also wohl gleichbedeutend mit Canaan gebraucht worden sein mag **), hat

---

*) 1 Mos. 10, 19. Cap. 14, 2. Hosea 11, 8.

**) So werden in der Schrift die Namen Canaaniter und Amoriter bald in engerem, bald in weiterem Sinne gebraucht; und der letztere, hebr. *Emori*, ist vielleicht nur andere Aussprache für *Ghemori*; Ghemoriter, Gomorrhiter mit dialektischem Wechsel der Buchstaben Aleph und Ain.

sich, wie es scheint;. in Amerika noch mehrfach erhalten und das in sehr kennbarer Form. So hiess das im J. 1502 von Christoph Columbus entdeckte Honduras zuerst **Guaymura**; unter den von **Humboldt** am Orinoko aufgezählten Völkerstämmen befinden sich die **Guajamura, Guayumoros**; unter den von **Acunna** und **Martius** verzeichneten in Brasilien die **Cumayaris** und die von den Portugiesen *Botocudos* genannten *Aimorés, Aimborés, Aimurés*, oder *Guaymurés;* in Guyana ist ein Fluss **Kumaro**, in Brasilien eine Ortschaft **Camaru**, als eine Nation in Maynas werden die **Cahumari** genannt. Es liegt in dem Namen, wie in **Canaan, Guanahani** etc., der Begriff der Knechtschaft, den man aus dem hebr., samarit. Wurzelworte עמר erkennt. Die Cap. 14 genannten Häuptlinge der Stämme und Ortschaften Siddim's »hatten zwölf Jahre dem **Kedorlaomer** *), gedient, und im dreizehnten waren sie abgefallen.« Es wird in diesem merkwürdigen Abschnitte der Genesis ein Aufstand der unterworfenen Nationen im Osten Amerika's wider ihre der westlichen Raçe angehörigen Bändiger beschrieben. Es kommen hier auch die Ortsnamen **Choba** und **Schawe** vor, welche den westindischen Inselnamen **Cuba** und **Saba** entsprechen. Was den Namen **Jordan** betrifft, der von *jarad*, gehen, fliessen benannt, vergl. syr. *jardo*, See, so bedeutet derselbe »Fluss« überhaupt, wie **Rhein**, verwandt mit **Rinne, rinnen**, goth. *rinna*, Sanskr. *rinas*, griech. ϱεων etc. Der hier genannte Fluss, der Hauptfluss des Landes, der Fluss oder Strom *par excellence*, kann, wenn unsere Ortsbestimmung richtig ist, kein anderer gewesen sein, als der **Missisippi**, der sich

---

**) Dieser Name *Kedor-la-Omer* oder *Ghomer* mit dem orientalischen Kehlhauch Ain bedeutet Oberherr (vergl. κιδαρις, κιταρις hebr. *khether*) des Sklavenlandes Ghomer, Gomorrha.

jetzt in den Golf von Mexico stürzt, vor Zeiten aber, als dieser Meerbusen und das Antillenmeer noch nicht existirte, statt ihrer vielmehr sich Landschaften ausdehnten, die nach Osten hin mit dem antillischen Gebirgsrande, nach Westen hin mit dem hier befindlichen Theile des Festlandes zusammenhingen, seinen Lauf weiter in den Süden hinab verfolgte und auch diese blühenden Regionen durchströmte, worauf wir zurückkommen werden. Ausserbiblische Nachrichten sprechen von 13 Städten, die untergegangen; und die die Sache scheinbar vergrössernden Sagen sind hier wohl ganz in ihrem Rechte und beruhen keineswegs auf phantastischen Uebertreibungen. Die Genesis nennt und hebt in ihrer sparsamen, die Erklärer so oft in Verlegenheit setzenden Weise nur die Hauptpunkte hervor und lässt mehr errathen, als sie ausdrücklich sagt.

In dem Thale Siddim, der sogenannten Pentapolis, woraus nachher das todte Meer geworden sein soll, regierten, der biblischen Erzählung nach, fünf Könige; und vier mächtige Herrscher, »ostasiatische Zwingherren,« wie man meint, zogen gegen sie in dieses Gebiet heran, um ihren Streit mit ihnen auszufechten und die abgefallene Pentapolis wieder unter ihre Herrschaft zu beugen. Wem müsste das nicht auffallen? Die Genesis hat offenbar eine viel grössere Landschaft, und ganz andere Verhältnisse, als die gemeinten, im Sinne gehabt; und wer die Sache in der Weise der gewöhnlichen Auffassung nimmt und festhält, fordert den Hohn der Kritik heraus, wie wenn es dieselbe für ein Zeichen der ganz unhistorischen Natur des 14. Capitels bezeichnet, »dass die mächtigen Herrscher Oberasiens selber mit vereinter Macht gegen einen abgefallenen District von einigen Meilen heranziehen, da das ganze Ländchen Palästina kaum die Kriegsunkosten verlohnte und ohnehin von einem einzigen Satrapen mit einer mässigen Schaar leicht zu unterwerfen gewesen wäre.«

3.

Erst gingen der Genesis zu Folge die im Thale Siddim gelegenen Ortschaften mit Ausnahme des kleinen Bela-Zoar, durch feurige Meteore unter. Dann aber wurden, indem zu dieser Zeit, wie es scheint, der ganze östliche Theil des mittleren Amerika's in vulkanisch-elementarischem Aufruhr war, auch ganze grosse Erdflächen vom Meere überfluthet. Dies ist in der biblischen Erzählung zunächst schon dadurch angedeutet, dass Lot beim Eintritte der Katastrophe nach Zoar flüchtet, dadurch zwar dem Feuer entgeht, sich aber dann auch hier nicht sicher glaubt, und desshalb auf das Gebirge flieht, ohne Zweifel weil die Wasser andrangen und jetzt auch Zoar verschlungen wurde, wie deutlich genug sogar der Name bezeugt. Denn der Erzählung Cap. 14 zu Folge hiess der Ort auch **Bela**, und dies bedeutet **etwas Verschlungenes**, von *bala'*, *billa'*, verschlingen, verschlucken, auch im Sinne des zu Grunde Richtens, Verderbens. Diesen Namen erhielt der Ort natürlich erst, nachdem er wirklich in den Wassern verschwunden war; da nannte man ihn »**die verschlungene, versunkene Stadt**,« von der vielleicht noch Spuren am oder im Meere bemerkbar waren. Es ist auch denkbar, dass im Texte ursprünglich noch Etwas stand, was man späterhin, nach bereits eingetretener Ortsverwechselung, so wenig mehr zu deuten wusste und mit dem angenommenen Schauplatze der Begebenheit so gar nicht zu vereinigen wusste, dass man es in der Verlegenheit lieber ausfallen liess. Auch dass die in den anderen Continent hinübergewanderte Ursage sich bei ihrer örtlichen Fixirung daselbst doch immer an ein Gewässer anschloss, wie in Palästina und Deutschland der Fall, in welch letzterer Beziehung das Betreffende unten zur Sprache kommen wird, ist in Anschlag zu bringen.

4.

Das Benehmen Lots und seiner Töchter bei und nach der Katastrophe erscheint, vom gewöhnlichen Standpunkte aus betrachtet, in mehr als einer Beziehung in dem Grade wunderlich und unbegreiflich, dass eine Deutung wie die unsrige, wenn es auf's Verstehen ankommt, gewiss sehr wünschenswürdig und nöthig erscheinen muss; und es ist wohl der Mühe werth, noch etwas näher darauf einzugehen.

Der Engel befiehlt dem Lot gleich von vorn herein, auf das Gebirge zu fliehen. Aber vor diesem fürchtet sich Lot; es scheint ihn dort, wohl weil es daselbst an Nahrung und Obdach gebrach, oder weil daselbst wilde Thiere hausten, ebenfalls nur das Verderben zu erwarten; er bittet daher, ein Städtchen in der Nähe, jenes unbedeutende Bela-Zoar, zu seinem Asyle wählen zu dürfen. Es wird ihm gestattet, und er sieht sich hier in der That geborgen und von dem feurigen Ereigniss unberührt. Dass die Bewohner sich feindlich erzeigt, wird nicht gesagt. Gleichwohl bleibt er nicht an dem Orte; eine neue Furcht ergreift ihn, deren Ursache sich nicht herausstellt, und er begiebt sich mit seinen Töchtern — wohin? Auf eben das Gebirge, wovor ihm nur eben erst so sehr gegraut, und wo er nun ein nothgedrungenes, armseliges Troglodytenleben führt. Was soll man dazu sagen? Und jetzt meinen die Töchter gar, kein Mann sei mehr auf der Welt, mit dem sie sich naturgemäss verbinden könnten; und mit ihnen und ihrem bereits alten Vater werde auch dieser letzte Rest ihres, ja des menschlichen Geschlechtes überhaupt, untergehen. Und so greifen sie denn zu dem bekannten Mittel, welches den Stammvätern zweier bekannter, den Hebräern nahe verwandter Völkerschaften, den Moabitern und Amonitern, das Dasein verleiht. Dieser letztere Zug hat von jeher viel Anstoss und Aerger erregt und den Apologeten viel Noth und Qual gemacht, so dass sie sogar zur allegorischen Auslegung griffen; von der Kritik hat sie viel zu leiden gehabt, ist von de Wette »eine Dichtung von sehr geschmackloser und gehässiger Art,« von Hartmann »eine saubere Erzählung, die dem Erfindungsgeiste des Verfassers keine Ehre macht,« von P..v. Bohlen »ein merkwürdiger Beleg für den Hass der Hebräer gegen Nachbarvölker, deren Verwandtschaft sie nicht ableugnen konnten,« genannt worden *). Alle diese Anstösse und Vorwürfe gehen durch unsere Erklärung in den Wind.

5.

Wir verlegen die Scene, wie unsere Leser schon wissen, und wie wir unserem Systeme und Zusammenhange gemäss nicht anders können, in die zerrissene, auf eine solche Katastrophe in Gestalt, Beschaffenheit und Sage selbst zurückdeutende Gegend des östlichen Amerika, welcher man den Namen Westindien gegeben hat, die in alten Zeiten der Wohnsitz canaanitischer und phönizischer Völker war und damals im Ganzen den diesen Nationen eigenen Namen Canaan (Guanahani etc.) führte **). Sie nimmt durch diese Verlegung und Beziehung auf das Schicksal und die Gestaltung eines so grossen Welttheiles, der durch sie nach Osten hin an continentaler Ausdehnung beträchtlich verlor, ganz andere Dimensionen an, als sie bisher in ihrer Beschränkung auf die palästinensische Localität gehabt hat. Man pflegt sich die Katastrophe als eine bloss feurige vorzustellen; und

---

*) Vergl. des Letzteren Genesis S. 215.
**) Vergl. oben S. 139.

das, im Verein mit der Gegend, wohin man sie setzt, und wohin sie so wenig passt, macht die Sache so unfasslich und scheinbar ungereimt. Aber sie erscheint in einem ganz anderen Lichte, sobald man sich eine nachfolgende Fluth denkt, wie sie durch die in Westindien thätigen vulkanischen Kräfte wohl bewirkt werden konnte. Man weiss, dass ähnliche Ereignisse hier noch in späteren Zeiten vorkamen *). Auch scheinen feurige Meteore mit nachfolgenden vulkanischen Schrecknissen und Zerstörungen in der Art zusammenzuhangen, dass sie ihnen gleichsam als Vorboten vorausgehen **). Um so mehr sind wir berechtigt, dem

---

*) »Es ist« sagt Humboldt, Reise in die Aequinoctialgegenden I. S. 480 »eine an den Küsten von Cumana und auf der Insel Margaretha sehr verbreitete Meinung, dass der Meerbusen von Cariaco einer mit Einbruch des Oceans verbundenen Länderzerreissung seinen Ursprung verdanke. Das Andenken dieser grossen Revolution hatte sich bei den Indianern bis zum Ende des 15. Jahrhunderts erhalten; und man erzählt, dass um die Zeit der dritten Reise des Columbus die Eingeborenen davon, als von einem sehr neuen Ereignisse sprachen.« — Der grosse Cayman, eine Insel zwischen Cuba und Jamaica, wurde erst 1843 durch ein Erdbeben verschlungen.

**) Humboldt und Bonpland haben in Amerika, einen Fall beobachtet, wo sich »die ausserordentlichsten leuchtenden Meteore« zeigten, die man in Masse ansteigen, Bogen beschreiben und niederfallen sah. Tausende von Feuerkugeln und Sternschnuppen kamen bei 4 Stunden lang wechselnd zum Vorschein; ein Theil des Himmels war ganz erfüllt davon; zu Anfang der Erscheinung bemerkte man am ganzen Himmelsraume keine, drei Monddurchmessern gleichkommende, Stelle, die nicht jeden Augenblick voll feuriger Meteore war. Das Nähere lese man in Humboldt's citirtem Reisewerk II. S. 284 ff. nach. »Die Einwohner von Cumana, welche fast alle diese Phänomene beobachteten, waren dabei gar nicht gleichgültig und unbe-

Feuerregen der Genesis eine vulkanische Länderzerreissung und Ueberschwemmung nachfolgen zu lassen. Das Gebirgsland am atlantischen Ocean, wovon die Antillen die, diesen vormaligen Ostrand und Gebirgsdamm des Continentes noch immer sehr kennbar darstellenden Reste sind, wurde durch jene furchtbaren Potenzen gewaltsam zerbrochen und zerstückelt, der Ocean brach ein, die Niederung wurde zum Meere und das Gebirge, wohin sich Lot geflüchtet, zur Insel *). Die Familie sah sich hier in der That von aller

---

sorgt. Die ältesten von ihnen erinnerten sich, dass den grossen Erschütterungen von 1766 eine ganz ähnliche Erscheinung vorausgegangen.« Am 21. Oct. 1766 war Cumana durch ein fürchterliches Erdbeben völlig zerstört worden. — Im Canton Freiburg fand am 5. Juni 1850 ein Feuerregen von Sternschnuppen Statt. Am 6. wurde an mehreren Orten, in der Schweiz und in Deutschland eine vom Winde getriebene Feuersäule gesehen, die sich zu Villaranon auf einem Hause absetzte, das sogleich in Flammen stand und einen Augenblick nachher nur noch ein rauchender Trümmerhaufen war. Am 10. wurde ein Erdbeben verspürt. Die zerstörenden Kräfte und Vorgänge der Natur stehen gleichsam im Bunde mit einander und treten oft, wie gegen das Reich des Lebens, namentlich den Menschen, verschworen, mit und nach einander auf.

*) Ob sich bestimmen lässt, welche der westindischen Inseln dafür in Anspruch zu nehmen, darüber sind wir bis jetzt noch zweifelhaft. Es ist wahrscheinlich eine der kleinen, nur oder fast nur aus einem Felsen oder Berge bestehenden Eilande dieses Inselgebietes gewesen. Wir begnügen uns, nur die kurze Schilderung einiger kleinen Antillen aus einem modernen Reisewerk anzufügen. »Die Insel Nevis, nur eine halbe Stunde von der Südspitze der Insel St. Kitts entfernt; ist sehr klein, aber anmuthig; das ganze ist trefflich angebaut, bis auf einen hohen, gewaltigen Berg in der Mitte, dessen Spitze in die Wolken reicht.« — »Montserrat, klein und unbedeutend, hat weniger flaches Land und die Zuckerfelder ziehen sich an

Welt abgeschnitten und ganz nur auf sich selbst beschränkt — und so kann man sich über Nichts mehr wundern, was uns das alte Buch berichtet. In Palästina hätten die um ihren Familienbestand besorgten Frauen nur von ihrem Gebirge herabsteigen, nach Zoar, wo sie in jüngster Zeit ihre Zuflucht gefunden, zurückkehren oder sich sonst im Umkreise ein wenig umsehen dürfen; da hätte es ihnen schwerlich an Männern gefehlt; und um so zu handeln, dazu hätten sie auch wohl Verstand genug gehabt. Delitzsch *) meint, sie hätten sich als Uebriggebliebene einer fluchbetroffenen Stadt dermassen gebrandmarkt gefühlt, dass sie gefürchtet, es müsse mit ihrem greisen Vater und ihnen, den Männerlosen, ihre Familie aussterben. Allein ihr Verhältniss zu jener Stadt war ja ein ganz anderes, vielmehr gegentheiliges und ehrenvolles. Die Familie war in Sodom gar nicht eigentlich zu Hause; Lot wird **) von den Ein-

---

den Bergen hin. Letztere sind rauh und zerklüftet und ihre Häupter in Wolken gehüllt.« — »Die unbewohnte Felseninsel Redonda, ein seltsames Stück Welt von schroffem Aussehen. Sie bildet einen hübschen, weiten Bogen, ist aber der Brandung sehr ausgesetzt.« — »Wir lagen vor Basse Terre auf Guadeloupe; hübsches Ufer, flach, dann hügelig, im Hintergrund eine hohe Bergreihe, begrenzt im Süden durch die Souffrière, einen kegelförmigen, 5000 Fuss hohen Vulkan, dessen rauchenden Gipfel uns der Nebel verbarg. Der östliche Theil der Insel, eigentlich eine Insel für sich, hat das unglückliche Point à Pitre, welches vom Erdbeben zerstört wurde, zur Hauptstadt. Bald hinter Guadeloupe folgt eine Anzahl von Klippen und Inseln, die Saintes, und in der Ferne sieht man schon die hohen Berge Dominica's..... Diese Insel ist sehr gebirgig und hat grosse Gipfel und romantische Schluchten.«

*) In seinem Commentar über die Genesis S. 400 der 3. Ausgabe.
**) Cap. 19, 9.

wohnern ausdrücklich als ein Fremdling bezeichnet, der ihnen Nichts zu sagen habe. Er theilt ihre schändlichen Sitten nicht, er bewahrt das Gastrecht, er widersetzt sich dem Gräuel, den sie begehen wollen, so viel er nur immer kann; und die Familie konnte sich rühmen, dem Strafgerichte, durch welches die gottlosen Städte vertilgt worden waren, durch eine ganz besondere göttliche Huld und Führung entronnen zu sein. Wie also konnte sie sich als gebrandmarkt betrachten! Eben so wenig lässt sich, wie auf der anderen Seite geschieht, der Satz halten, man habe es hier ganz nur mit einem vom Volkshasse eingegebenen »Volksmärchen« zu thun. Man hätte ja bei so feindseligem Verfahren in Lot, dem Brudersohne Abrahams, und dessen Nachkommen, den Moabitern und Ammonitern, die eigene, nirgend verhehlte Verwandtschaft beschimpft; Lot wird sonst durchgängig als ein tadelloser Mann dargestellt und namentlich in scharfen Gegensatz zu den ausgearteten Einwohnern Sodoms gestellt; die Gottheit nimmt auch ihn in ihren ganz besonderen Schutz und entzieht ihn auf das Gnadenreichste dem hereinbrechenden Unheil; den »Söhnen Lots« wird ihre Abstammung nicht zum Vorwurf gemacht, sondern, wie im Deuteronomium geschieht [*]), vielmehr zur Ehre angerechnet, und Israel angewiesen, das ihnen, als solchen, verliehene Besitzthum unangetastet zu lassen; dazu kommt noch, dass König David von der Moabiterin Ruth abstammte, wie in der Geschlechtstafel am Ende des Buches Ruth ganz unbedenklich verzeichnet ist. Und so sieht man: Die Auffassungen und Erklärungen gehen, so lange man die wahren Verhältnisse nicht kennt, rechts und links auf lauter evidente Verfehltheiten und Ungereimtheiten hinaus. Die Genesis selbst ist unschuldig daran; sie ist namentlich

---

*) 5 Mos. 2.

von all den particulären Ab- und Rücksichten frei, welche man ihr angedichtet hat; sie, die einen Philisterfürsten zu einem frommen Manne macht, den Gott einer Erscheinung und Weisung würdiget, einen Melchisedek über Abraham stellt, vom sterbenden Jakob mehrere seiner Söhne, der Urväter der 12 Stämme, worunter nicht nur der erstgeborene Ruben, sondern auch Levi, von welchem Mose und Aaron stammte und der israelitische Priesterstamm herrührte, unnachsichtig verfluchen lässt, ganz offen auch alle die Sünden und Gräuel erzählt, welche die Söhne Jakobs, diese Urväter des Volkes, begangen, dieselben noch überdies aus einer Ehe entspringen lässt, die im Gesetze verboten ist*) — sie berichtet, zum Erstaunen rein und treu, nur der überlieferten Wahrheit gemäss.

6.

Von der Zerstörung des antillischen Gebirgsdammes und der dadurch bewirkten Fluth wissen und sprechen noch, wie es scheint, in ihren alther vererbten Sagen, doch ebenfalls mit mythischer Ortsversetzung und entsprechender Modification die Araber. Denn es ist dies vermuthlich die historisch-reale Basis der Tradition, nach welcher einmal vor Zeiten bei Saba ein colossaler Wall oder Damm durchgebrochen und dadurch die Ueberschwemmung und Verheerung einer herrlich blühenden Gegend oder vielmehr zweier solcher verursacht worden sein soll. Das Ereigniss ist unter

---

*) Diesen Umstand hebt auch Delitzsch im Commentar S. 464 der 3. Ausgabe hervor. »Jakob hat zwei Schwestern zu Frauen, was das mosaische Gesetz ausdrücklich verpönt; Lev. 18, 18...... Dieser durch Betrug zu Stande gekommenen, nach dem späteren Gesetze detestabeln Doppelehe verdankt das Volk des Gesetzes seine Entstehung. Mit unbeugsamer Wahrhaftigkeit und starrster Objectivität erzählt das die Thora.«

dem Namen *seil el arim*, Ueberfluthung der Dämme, bekannt; das gewaltige, felsenartige Werk wird der Damm von Mareb, gleichbedeutend mit Saba, genannt. Man errichtete, heisst es, Gebäude darauf; es hielt Jahrhunderte lang, aber die Einwohner des Landes waren so gottlos, dass ein Strafgericht erfolgte, der Damm brach, die Wasser über die Stadt Saba oder Mareb und viele andere Ortschaften gingen, eine Menge Menschen umkamen und eine grosse Anzahl von Stämmen zur Flucht und Auswanderung bewogen wurde. Reiske schrieb darüber eine Abhandlung: *de Arabum epocha vetustissima* etc. Leipz. 1748. Der Name Saba begegnet auch in Westindien; es heisst so eine schon erwähnte Insel, eigentlich ein blosser Fels, worauf man sich dennoch niedergelassen hat; wie denn diese Inseln oft nur aus blossen Felsen, Klippen und Bergen bestehen. In früheren Zeiten mag der Name, der hier haften blieb, eine grössere Ausdehnung gehabt haben. Auf Haiti befindet sich eine Gebirgskette, Cibao genannt, und bei den Indianern Südamerika's heisst seba Fels oder Stein[*]). Der Koran gedenkt der Katastrophe in der XXXIV. Sure, welche Saba heisst; er spricht von zwei rechts und links gelegenen Gärten oder blühenden Landstrichen, welche auf diese Weise zu Grunde gegangen. Als der mexicanische Meerbusen und das Antillenmeer noch nicht war, floss der Mississippi, der sich jetzt in den Ersteren ergiesst, weiter fort durch das niedrig gelegene Land und theilte es in zwei Theile, einen östlichen und einen westlichen; dies waren wohl die beiden Gärten, von denen Muhammed spricht. Schlagen diese Vermuthungen nicht fehl, so haben wir hier auch eine arabische

---

[*)] Rob. Herm. Schomburgk's Reisen in Guiana und am Orinoko. Leipz. 1841. S. 48. Aruac *siba*, Fels; Martius, Ethn. II. S. 310.

Erinnerung von Amerika her vor uns. Sie siedelte sich ebenfalls im Diesseits an, so wie die hebräische Tradition das todte Meer für sich in Anspruch nahm. Es wäre noch mehr der Art anzuführen. In Temme's »Volkssagen von Pommern und Rügen« findet sich unter dem Titel: »Das Pommer'sche Sodom und Gomorrha« *) eine der biblischen Erzählung ganz ähnliche, aber auch wieder örtlich fixirte Volkssage, so dass man an irgend einen Zusammenhang nicht zweifeln, und doch nicht wohl annehmen kann, die Sage sei aus der Bibel genommen und nur örtlich angewandt. Man zeigt bei Gutzkow den See, in welchen die gottlose Stadt versunken sein soll; ein Engel, sagt man, führte die Einwohner heraus, die sich nicht umsehen sollten; eine Frau blickte zurück und wurde in einen Stein verwandelt; auch der wird gezeigt und noch dazu ihr ebenfalls versteinerter Hund. Der entfernte Ausgangspunkt all dieser Sagen ist wohl in einem anderen Welttheil zu suchen, von wo sie durch Auswanderungen, wie nach Palästina und Arabien, so auch zu uns nach Europa gekommen sind.

7.

Trotz der Jahrtausende, welche seit den in Rede stehenden Thatsachen verflossen sind, und trotz der vielen Veränderungen, die seitdem in Westindien und den benachbarten Theilen des Continentes vorgegangen sein müssen, lässt sich diese Gegend Amerika's, auf die Wahrnehmung vieler, verschiedenartiger Spuren und Zusammenstimmungen hin, doch immer noch als diejenige erkennen, in welcher die hebräischen Altväter gewohnt und insbesondere die Vorgänge Statt gefunden, welche die Genesis in Hinsicht der Kriegsführung Abrahams, des Schicksals des Thales Siddim und der Ent-

---

*) S. 208 f.

stehung der Moabiter und Ammoniter erzählt. Es tritt hier in der Genesis auch die erhabene Gestalt des Priesterköniges Melchisedek hervor, der nach Beendigung des Krieges im Thale Siddim eine Art von Eucharistie mit Austheilung von Brod und Wein feiert; und man erstaunt, wenn man liest, wie diese harmlose Feier noch nach der Entdeckung Amerika's bei den alten Einwohnern der grossen Antillen beobachtet wurde *). Rücksichtlich der troglodytischen Lebensart Lots und der Entstehung der Moabiter und Ammoniter zu dieser Zeit und unter so seltsamen Umständen, die sie wohl selbst nicht verhehlten, ist der Höhlencultus, der auf den Antillen gefunden wurde, nebst den auf Höhlen bezüglichen Sagen daselbst beachtenswerth. Aus solchen, sagte man, seien die Menschen hervorgekommen, zu einer solchen, wie sie den Einwohnern Haiti's heilig, wallfahrtete man **). Der Name Ammon scheint sich auf den westindischen Inseln in den alten, indianischen Insel- und Ortsnamen mehrfach erhalten zu haben; so in *Amonhana*, *Ouahomoni*, *Oubouemoin* ***); eine Bahama - Insel hiess *Amuana*, eine Höhle auf Haiti *Amaiauna* ****). Ich habe,

---

*) Eine ausführliche Beschreibung derselben, wie sie auf Haiti und Porto Rico Sitte war, ist in Baumgarten's Geschichte von Amerika, Halle 1752. I. S. 627. II. S. 625 zu lesen.

**) Daselbst S. 615 f.

***) Bei den zwei zuletzt genannten Namen sind die vorgesetzten Laute abzurechnen; *oubaou* heisst caraibisch Wohnung, Insel; andere solche Inselnamen waren *Oualichi*, *Ouaitoucoubouli* etc. Vergl. Breton, Diction. caraibe. Petr. Martyr, Ocean. p. 54. Humboldt, Reise in die Aequinoctialgegenden V. S. 319 f. Martius, Ethnographie I. S. 739 f. II. S. 535.

****) P. Martyr 103. 107. Martius a. a. O. I. S. 758.

wenn ich nicht irre, in einem älteren Werke als südamerikanischen Ortsnamen auch Moab gefunden *). Die Nationalgottheit der Nachkommen Lot's hiess bekanntlich Camos; »Volk des Camos« steht für Moab; und ein der Sonne geweihter Felsen in Südamerika hjess Camosi **). Das Alles, theils schon einzeln, noch mehr aber in seiner Anhäufung und Verbindung betrachtet, leitet dazu an, ja zwingt wohl am Ende, in diesen Regionen die ursprüngliche Heimath der erwähnten Völkerschaften, so wie der gesammten canaanitisch-phönizisch-hebräischen Stamm- und Sprachverwandtschaft zu erblicken, hier demnach auch, als auf ihrem wahren, nur durch Länge der Zeit und Missverständniss in andere Welttheile verlegten Schauplatze, die betreffenden Urgeschichten der Genesis spielen zu lassen.

8.

Zuletzt sei noch einiger interessanter amerikanischer Erinnerungen gedacht. Ein indianisches Volk, von den

---

*) Brown hat wohl die Stelle bei Jean de Lery, histoire d'un voyage fait en la terre du Bresil 1585. p. 49 im Sinne: »..... un fort des Portugais, nommé par eux Spiritus sanctus et par les sauvages Moab.«

**) Humboldt in seiner Abhandlung über die Wasserfälle des Orinoco (Ansichten der Natur. B. I. S. 211 der 2. Ausgabe) erzählt: Der bei jenen Wasserfällen belegene Felsen Keri hat seine Benennung von einem fernleuchtenden weissen Fleck, in welchem die Indianer eine auffallende Aehnlichkeit mit der Mondscheibe erblicken. Dem Keri gegenüber auf dem basaltähnlichen Zwillingsberge der Insel Ouivitari zeigen die Indianer mit geheimnissvoller Bewunderung eine ähnliche Scheibe, die sie als das Bild der Sonne, Camosi, verehren. Keri ist gegen Abend, Camosi gegen Morgen gerichtet.

Canadiern Montagnais genannt, erzählte von einem ehemaligen Riesengeschlecht, von einer die ganze Erdoberfläche bedeckenden Wasserfluth und einer darauf folgenden Zerstreuung der Menschen in alle Gegenden. In der Fluthzeit hätten vier Personen auf einer schwimmenden Insel Zuflucht gefunden und sich so vom Untergange gerettet. Dann sei Feuer vom Himmel gefallen und habe die Welt verbrannt *).

Hier meint nun Lüken **): es sei die Sage vom künftigen Weltbrande »in seltsamer Verwirrung« mit der von der Sündfluth zusammengestellt und als vergangene Katastrophe bestimmt. Dem ist gar nicht so. Die Angaben jenes Volkes entsprechen der Reihe nach ganz den Berichten der Genesis. Die hervortretenden Punkte sind: Zeit der Riesen, Fluthperiode, babylonische Zersplitterung, Katastrophe von Sodom und Gomorrha. Dass auch die letztere in den Traditionen der amerikanischen Urvölker vorhanden, will unseren Gelehrten freilich nicht einleuchten, weil sie auf einen Distrikt von Palästina bezogen wird, von dessen Geschichte man nicht einsieht, wie sie nach Amerika gekommen und hier in den Sagen eine so bedeutende Rolle spiele. Anders liegt die Sache, wenn man weiss, dass die Genesis ein amerikanisches Urbuch ist, welches nur von diesem Welttheile spricht, und dass jene Katastrophe ein in diesem Welttheile vorgegangenes urgeschichtliches Ereigniss von grosser Bedeutung gewesen. »Sehr merkwürdig,« sagt Martius, indem er von den Manaos handelt ***), »ist die Sage von einer Zerstörung durch Feuer, von einem Brande, der sich

---
*) Jahrbücher des Glaubens 1852. Heft V. S. 9.
**) Traditionen des Menschengeschlechtes S. 209.
***) Ethnographie I. S. 579 f.

vom Gebirge her in erschrecklicher Ausdehnung verbreitet, die Wälder verzehrt und nur unfruchtbares Gestein übrig gelassen habe. Hängt diese Sage vielleicht mit den Flammen zusammen, die zuweilen aus dem Serro Duida und dem Guacaro hervorbrechen sollen? Eine ähnliche Sage wird weit im Süden von den Yuracares berichtet« *).

Nach der Vorstellung der Crens oder Guerens endlich ist der Mond ein furchtbares Wesen: er verursache Donner und Blitz, ja falle zuweilen auf die Erde herab, wodurch viele Menschen umkämen **). Hier ist, wie mich dünkt, ein deutliches Anzeichen der Meteore und Feuerkugeln gegeben, welche in früherer Zeit durch ihr Herabfallen Brände verursacht haben. Das Wort für Mond, welches jene Indianer brauchen, hat bei ihnen eine sehr umfassende Bedeutung und heisst auch Sonne, Donner, Blitz. Es lautet *taru*; bei den Betoi am Rio Casanare *teoro*, Mond; vergl. Sanskr. *târan*, *târâ*, Stern, griech. τερας, Wunderzeichen, *portentum*, *prodigium*.

XII.
Der Kriegszug Abrahams und die amerikanischen, insbesondere westindischen Zustände und Verhältnisse zu dieser Zeit.

1.

Nichts ist interessanter, als der Cap. 14 der Genesis beschriebene Krieg, in welchem wegen der Gefangennehmung

---

*) Andree, Westland I. S. 125.
**) Max v. Neuwied, Reise II. S. 59. Martius, Ethnographie I. S. 328.

seines Brudersohnes Lot auch Abraham verwickelt wird und sich als ein so kühner und glücklicher Kriegsheld erweist. Wird freilich der Schauplatz desselben nach Asien gesetzt, so kommen die ungereimtesten Dinge heraus. Die mächtigen Herrscher Oberasiens ziehen mit vereinter Macht gegen einen abtrünnigen Distrikt von einigen Meilen heran*), und der Nomade Abraham schlägt mit 318 Mann und 3 verbündeten Amoritern die vereinigten Kriegsheere derselben und verfolgt sie 20 Meilen weit durch alle canaanitischen Völkerschaften hindurch! Anders verhält es sich, wenn wir uns in die amerikanischen Verhältnisse versetzen, wie sie unserem Systeme nach vordem bestanden haben und wie sie uns durch diese nicht genug zu schätzende Schilderung der Genesis mit ihren speciellen Angaben näher bekannt werden. Es ist ein altamerikanischer Raçenkampf, was uns hier vorliegt, ein Kampf des westlichen Herrschervolkes gegen den empörten Osten, der nach Selbstständigkeit ringt und das ihm auferlegte Joch von sich abschütteln will. Den Mittelpunkt der Verschwörung und Empörung bildet die sogenannte Pentapolis, das Thal Siddim mit seinen fünf Städten Sodom, Gomorrha, Adma, Zeboim und Zoar**). Dies müssen wir uns in der zu jener Zeit

---

*) Ganz Palästina war ohngefähr halb so gross, als die Schweiz und ein Drittel so gross als Bayern. Raumer, Palästina. Leipz. 1838. S. 25.

**) Die Namen Siddim und Sodom (S'dom) enthalten die Bedeutung tiefer Lage und gebirglosen Flachlandes; vergl. hebr. *sadeh*, Acker, Feld; *schedemah, sch'demah*, Gefilde. Dieselbe Bedeutung hat das Thal Schawo v. 8 desselben Capitels; vergl. hebr. *schawah*, eben sein, amerikanisch *savana*, Ebene, Grasflur. Aber auch Wörter mit moralisch böser Bedeutung scheinen mit diesen Namen in Verknüpfung zu stehen. So mit Siddim und Sodom hebr. *satah*, abweichen, untreu

noch nicht vom eingebrochenen Ocean überschwemmten Gegend des Antillenmeeres denken. Aber auch andere Völker, wider welche von Seiten des Herrschervolkes gestritten wird, und welche daher wohl auch mit im Aufstande waren, Rephäer, Susiten, Emiten, Choriter, Amalekiter, Amoriter, werden genannt. Die scheinbaren Herrscher Oberasiens, welche Amraphel, Arjoch, Kedorlaomer und Thidal heissen, gehören vielmehr dem westlichen Culturreiche des vorzeitlichen Amerika an, welches in den biblischen Urgeschichten Mizraim genannt wird. Es sind nicht sowohl selbstständige Monarchen, als Landvögte, Gouverneure, Satrapen, bestimmt, die unterworfenen Völker des Ostens zu überwachen und im Zaume zu halten *); und ihre Gebiete, welche unter den Bezeichnungen Schinear, Elassar, Elam und Land oder Wohnsitz der Gojim erscheinen, unter welchem letzteren Ausdrucke wohl die ganz wilden Stämme dieser Region verstanden und zusammengefasst werden **), sind Distrikte, Gouvernements, Satrapien, wofür sie zu sorgen haben. Die Namen verrathen das indogermanische, namentlich altindische Idiom, welches sich aber schon vor der Auswanderung der Indier

---

sein, *setim*, Vergehungen, *satam*, *satan*, hassen, verfolgen, anfeinden; mit Schawe hebr. שׂיא, *schaw'*, Laster, Frevel.- Zeboim bedeutet die Kriegerischen, von *zeba*, *zebah*, Krieg führen, wie Emim, Emiter v. 5 die Schrecklichen; *zabua* (mit Ain) bedeutet Hyäne, talmud. *zeboim*, Raubthiere.

*) Josephus macht die vier Könige zu assyrischen Feldherrn und Unterkönigen. Vergl. Jes. 10, 8.

**) *Goi*, Plur. *gojim*, Volk, Völker, besonders von auswärtigen Nationen, Nicht-Israeliten gebraucht. Im Rabbinischen ist *goi*, *gojah*, Nicht-Jude, Heide, Christ. Im Arawackischen heisst *kujaha* wild. Vergl. die diesen Punkt betreffende Note der VII. Vorlesung S. 161.

aus ihrem amerikanischen Urlande gebildet hatte. Amraphel ist *Amarapâla*, Beschützer der Götter, in Arioch lässt sich der indische Fürstentitel *Aryaka*, der Verehrte, in Schinear, Schinghar das Löwenland *Sinhara* erkennen. In Amerika selbst finden sich noch Anklänge, wie der Volksname Aruac in Guyana *) und der der Elamis in Florida, wo sich auch der Cultusberg Olaimy befand.

2.

Wie Abraham vernimmt, dass Lot gefangen ist, führt er 318 eingeweihte hausgeborne Sklaven und

---

*) Portugiesen, Spanier, Holländer, Franzosen, Engländer sagen Aroaqui, Aravacos, Arawaaken, Arouagues. Arawaaks. Die so geheissenen Indianer nennen sich selber *lukku*, Plur. *lukkunu*, Menschen; und jener Name soll ein Scheltwort sein und Mehlmacher, Mehlesser bedeuten, von *aru, haru*, was in der Aruac-Sprache Salzmehl heisst. So mag man ihn auslegen; für die wahre, ursprüngliche Wortbedeutung kann ich das nicht halten. Lafitau, Moeurs des Sauvages, hat den Namen Arioch aus dem Irokesischen und Huronischen erklärt; hier heisst *aregouan*, Krieg führen, *harego*, ich bekriege, *ario, gario*, schlagen, tödten, *hariok, hariosk, rariosk*, Tödter, Ueberwinder; Galibi ist *erecou, erecourono*, Krieg, Zorn; es hängt damit auch wohl das westindische *urogan, huracane* für Sturm, Orkan, Galibi *hyorocan*, Dämon zusammen. Hebr. *harag* ist tödten, *hereg*, Mord, Schlachtbank, *haregah*, Schlachten, Würgen; vergl. oben S. 129. Wir haben hier ein uraltes Wort vor uns, welches schon die amerikanische Vorzeit für Kriegsfürsten, Feldherrn, Helden und streitbare Nationen angewendet zu haben scheint. Im Munde der Indianer, welche den Aroac diesen Namen gaben, konnte er auch wohl Feind, Fremdling bedeuten, wofür hingegen die Aroac das Wort *paletti*, Plur. *palettiju* haben. S. über dieselben Martius, Ethnographie I. S. 686 ff. Ueber *paletti* in Vergleich mit dem entsprechenden ägyptischen Worte bei Herodot war schon in der Einleitung S. 17 die Rede.

Krieger heraus und jagt mit ihnen den fremden Kriegsheeren nach *). Das ist ganz amerikanisch. Man lese, was Rochefort**), Biet***) und Lafitau****) von den Initiationen sagen, welchen bei verschiedenen Völkern des alten Amerika die Krieger, Anführer und Oberhäupter unterworfen wurden, und man wird verstehen, was der biblische Schriftsteller sagen will. Man wird sich vorzustellen haben, dass jene Leute, die durch die überstandenen Prüfungen und Weihen einen gewissen Rang erhalten hatten, der sie weit über andere Sklaven oder Untergebene stellte, nur der Kern des Heeres gewesen, mit welchen sich Abraham aufmachte, um seinen Brudersohn zu befreien. Und was die drei Verbündeten des Patriarchen, die Amoriter Eschkol, Aner und Mamre betrifft, so wird man sich unter ihnen grosse Häuptlinge zu denken haben, die im Stande waren, mit einer ebenfalls ansehnlichen Kriegsmacht zu ihm zu stossen. Noch scheint der Name Mamre in dem des südamerikanischen Flusses Mamoré nachzutönen †). Und was die Amoriter als Verbündete Abraham's betrifft, so ist Galibi *yamori* = *amicus, foederatus, socius* ††).

3.

Die Entdecker haben bei den alten Bewohnern Westindiens die grössten Contraste bemerkt. Sie schildern die Einen als sanftmüthige, mit den Künsten des Friedens nicht

---

*) 1 Mos. 15, 14.
**) Hist. morale des Antilles.
***) Voyage de la France equinoxiale en l'Isle de Cayenne.
****) Moeurs de sauvages Americains.
†) Eine sehr zweifelhafte Etymologie dieses Namens s. bei Martius, Ethnogr. II. S. 512.
††) Martius a. a. O. II. S. 329.

unvertraute Völkerstämme, bei welchen unter Anderem auch Frauenregiment und erbliche Dynastenwürde galt; die Anderen als solche, welche die grausamsten und wildesten Sitten hätten, wiewohl sie Beide nahe bei einander wohnten. Columbus sagt von den Ersteren, sie seien unkriegerisch und waffenlos und gehörten keiner Sekte an; er glaube, dass sie mit leichter Mühe *(ligeramente)* zu Christen gemacht werden könnten. In der Bulle des Papstes Alexander VI. vom 4. Mai 1493 werden sie als friedfertige, nackte, keine thierische Nahrung geniessende Menschen *(nudi incedentes nec carnibus vescentes)* bezeichnet, die an einen Gott, Schöpfer Himmels und der Erde, glaubten; sie schienen auch dem Papste leicht bekehrbar zu sein. Die Eingebornen von Cuba, Haiti und Portorico waren von den Caraiben total verschieden. Die caraibischen Bewohner der kleinen Antillen schildert Columbus als mit Sagaien *(azagayas)* bewaffnet, deren metallische Composition, in der Haiti-Sprache *guanin* genannt, seine Aufmerksamkeit erregte. Er nennt sie *Caribales*, woraus, wie man behauptet, »die Gelehrten,« um das Wort zu latinisiren, *Canibales* gemacht. Auf der zweiten Reise des Vespucci ward eine von Anthropophagen bewohnte Insel entdeckt, die von ungeheuerer Grösse gewesen sein sollen und *Camballi* oder *Cambazi* genannt werden. Es waren die Caraiben auf Trinidad, welche Insel auch »die Insel der Riesen« genannt ward. Von diesem anthropophagischen Gigantenvolke heisst es, dasselbe habe Streifzüge nach anderen Inseln gemacht, um Menschen zu rauben [*)].

[*)] Vergl. Humboldt, Krit. Untersuch. übers. von Ideler II. S. 342. 435 ff. 439. Garcia in dem Werke: Origen de los Americanos, leitet das Wort *canibal* aus dem Phönizischen her und bringt es mit dem Namen Hannibal zusammen. Ich werde nicht dieselbe Behauptung wagen; allein da hier so viel

Das Canaan, welches uns die Genesis schildert, zeigt uns ganz ähnliche Elemente und Gegensätze. Es haust und

---

Semitisches begegnet, so könnte in der Form *Caribales*, woraus *Canibales* verderbt sein soll, doch immer eine Zusammensetzung mit dem Gottesnamen Baal vermuthet werden, zumal, da von den Mayas in Yucatan, wie schon oben S. 59 angeführt worden ist, ein Balam verehrt wird. Garcia macht auch die interessante Bemerkung, dass das charakteristische Kennzeichen der caraibischen Ortsnamen die Silbe *car* sei, wie in *Cariaco, Caripe, Carupano, Caroni* der Fall, und dass eben so das ganze Volk *Carina, Carinago* heisse. Nun hat das hebr. *kari* die Bedeutung des Berufenen, Auserwählten, Bevorzugten, 4 Mos. 16, 2 und 1, 16. Dieses Prädicat mochte sich wohl jenes stolze Volk geben; und *Caribal* verderbt *Canibal*, bedeutete dann das auserwählte Volk des Baal. Nach Wilhelm von Humboldt ist der Name des caraibischen Gesammtvolkes *Calli*, oder *Cal; Callinago*, abgekürzt *Callina*, sagten die Männer, *Calliponam* die Frauen, indem Beide bekanntlich eine verschiedene Sprache hatten. Dict. Galibi. Paris 1763. p. 84. Wir haben hier den so oft bemerklichen Wechsel von *r* und *l* vor uns. Uebrigens kommt, wie oben erwähnt, auch der für die Caraiben auf Trinidad gebrauchte Name *Camballi* vor, und in dem Verzeichnisse der brasilianischen Stämme von Martius finden sich die *Uanibas, Anibas*, die vordem am Rio Aniba gewohnt; in Harthink's Guiana begegnen die *Annibali*; und das klingt doch wieder höchst auffallend an Hannibal, Annibal, Ἀννίβας an. In der Ethnographie von Martius I. S. 708 steht: »*Anibas, Anoiüba*, Männer von drüben.« Das wäre, dem Sinne nach, das hebr. *Eber, Ibrim*. In der Quichua heisst *cari, cari-runa* Mann. *Cari ayba (Caribi)*, böse Männer, nannte man am Amazonas einfallende Anthropophagen; daselbst S. 687. *Cariba, Cari-apiába*, nannten die Tupi sich selbst, dann einen siegreichen Fremdling, einen Weissen, Portugiesen; daselbst S. 150. 754. »In der *lingua geral brasilica* hat das Wort die Bedeutung Held, wie *carr* im Gälischen.«

frevelt hier das ausgeartete Geschlecht, welches im Thale Siddim seine Sitze hat; es werden uns noch andere Stämme genannt, welche sich mit jenem gegen ihre Beherrscher empört haben und wider welche diese mit Heeresmacht herbeiziehen: die Rephäer, ein Name für Riesengeschlechter, die unbekannten Susiton mit der ebenfalls unbekannten Stadt Ham, die Emiten d. h. die Schrecklichen, die Choriter, Amalekiter und Amoriter. Auf der anderen Seite steht der milde Priesterkönig Melchisedek in der Friedensstadt Salem mit seiner unschuldigen Eucharistie. Innerhalb dieser einheimischen Elemente und ihres Gegensatzes befinden sich die aus dem äquatorialen Südlande Ur herstammenden Fremdlinge Abraham und Lot, und Ersterer ordnet sich dem erhabenen Melchisedek unter und giebt ihm den Zehnten.

Letzterer spricht zu ihm: »Gesegnet sei Abram von Gott dem Höchsten, der Himmel und Erde geschaffen!« Hier also derselbe Gottesglaube, der sich auch bei jenen antillischen Indianern gefunden. Nehme man dazu den als Priester des höchsten Gottes und Weltschöpfers Brod und Wein spendenden »König der Gerechtigkeit,« und das einfache, harmlose Brodopfer, das auf Haiti und Portorico gefunden wurde, so wird die Annahme, dass Melchisedek in dieser Gegend gewohnt und gewaltet habe, und dass sich seine sanfte Religion daselbst bis auf die Zeit der Entdeckung erhalten, wohl nicht unbegründet erscheinen.

Die Meinung, dass Salem und Jerusalem identisch seien, fällt, wie sich von selbst versteht, bei unserer Ansicht dahin. Melchisedek's Stadt muss in der bezeichneten Antillengegend gelegen haben. Kurz bevor er mit Abraham zusammentrifft, was im Thale Schawe der Fall, wird als der nördlichste Punkt, den Letzterer auf seinem Kriegszuge erreicht und von dem er dann wieder südwärts zurückkehrt, Choba d. i. Cuba genannt. Hier finden wir ein Cap Maysi, ein Name, der mit dem Haytiworte *mayz*, *mahiz*, auf Cuba *maysi* *) übereinkommt, somit wohl so viel als Ort des Brodes, der Brodaustheilung, der Eucharistie im Sinne Melchisedeks. Vielleicht befand sich hier vor Zeiten ein Centralheiligthnm der Antillenbewohner, wo eine heilige Brodspendung Statt zu finden pflegte, wie sie Melchisedek eingeführt zu haben scheint. Dasselbe bedeutet bekanntlich Bethlehem, von *beth*, Haus, und *lechem*, Speise, Brod. Es gab in Palästina zweierlei Ortschaften dieses Namens, die eine, Geburtsstadt David's und Jesu, lag im Stamme Juda **), eine andere im Stamme Sebulon ***). Der Name war wohl in beiden Fällen aus dem Urlande übergetragen.

Mythische Gestalten, die an den Melchisedek der Genesis erinnern, finden sich bei mehreren Völkern des Alterthums. Bei den Persern ist die Rede von einem alten Religionsstifter Hom oder Homanes, der schon vor Zoroaster gelebt und gewirkt habe. Mit ihm verbinden sich auch eucharistische Ideen; Hom heisst zugleich ein mythischer Lebensbaum und Trank der Unsterblichkeit ****); vergl. in Amerika: Quichua *umu*, Magier, Prophet; Cotoquina *oma*, Miranha *ümaanha*, Baum; Culino *humynui-sautd*, Zweig; Pimenteira *umd*, Blatt †). Bei den Griechen erscheint ein alter Priesterkönig und Weissager auf Delos, mit Namen Anios, welcher drei Töchter hat, Oino, Spermo und Elais genannt; sie besitzen die Gabe, Alles, was sie wollen, in Wein, Getreide und Oel zu verwandeln, heissen

---

*) Martius, Ethnographie II. S. 319.
**) Micha 5, 1.
***) Jos. 19, 15.
****) Vergl. Offenb. Joh. 2, 7. Cap. 22, 2. 14.
†) Nach Martius, Ethnographie II.

auch **Oinotropä**, die Weinverwandlerinnen, weil sie im Stande sind, Wasser in Wein zu verwandeln. Ein wahrscheinlich symbolischer Mythus, die eucharistischen Weihen und ihre segensreichen Wirkungen andeutend. Die alten Einwohner von Haiti schrieben dem priesterlich geweihten und gesegneten Brode wunderbare Wirkungen zu; und so wird es auch sonst gewesen sein. Die Priesterkönige **Melchisedek** und **Anios** sind schon von Creuzer in der Symbol. und Mythol. auf eine lesenswerthe Weise verglichen worden. Ein Zusammenhang zwischen dem Allen wird schwerlich abzuweisen sein. Die Sagen von **Hom** und **Anios** sind vielleicht Nichts als mythische Erinnerungen an Melchisedek vom jenseitigen Urlande her, wo derselbe eine bedeutungsvolle, weithin anerkannte Rolle gespielt zu haben scheint*). **Anios** soll so viel als Sohn des Kummers, Schmerzensreich, Benoni sein, wegen des Kummers, den seine Mutter Rhöo um seinetwillen erduldet hatte (ἀνιασθῆναι). Ob aber nicht auch hier wieder eine Anspielung auf eucharistische Nahrungsspende begegnet? Die Laute *an*, *on*, *anan*, *anon* etc. sind Urwurzeln und Urformen, welche die Bedeutung des Nutzens, Helfens, Erquickens haben und besonders auf vegetabilische Naturproducte angewendet worden sind. Griech. ονιος, ονειος, nützlich, ονημι, ονινημι; ottomakisch am Orinoko *onnona* Mais, lat. *annona*, Vorrath von Lebensmitteln, Getreide, Wein, Milch etc. Amerikanisch ist ferner auch Ananas: *nana*, *anana*; in der Macusi-Sprache ist *anai*, *anain*, Pa-

---

*) Erinnerungen an ihn, so wie an Abraham, als an vorzeitliche Religionsstifter und Reformatoren, dürften sich auch wohl noch in Amerika erhalten haben; sie sind aber vielleicht unter Namen und Mythen versteckt, die ihre unmittelbare Erkennbarkeit hindern. Es würde dies der Gegenstand einer eigenen Untersuchung sein.

ravilhana *aihniain,* Mais; und am östlichen Fusse der Sierra Pacaraima liegt eine Ortschaft Anai*) — auch wieder ein amerikanisches Bethlehem, wie Maysi auf Cuba.

Und nun erlaube man uns noch schliesslich eine Vermuthung über Damascus zu äussern, welches die Genesis in der Erzählung vom Kriegszuge Abrahams mit Choba (Cuba) verbindet **). Wir können dasselbe, unserer Theorie nach, nicht für das bekannte syrische halten; auch dieser Name ist aus dem Urlande übergetragen; das originale Damascus muss in Westindien, dem originalen Canaan, gewesen sein; und der Name scheint auch wieder nichts Anderes als Ort des Brodes oder der Brodspendung bedeutet zu haben. Er lautet hebr. *Dammeschek, Darmeschek;* das vorgesetzte *dar* = *dor,* arab. دَارٌ, ist Wohnung, Haus, wie *beth* in Bethlehem; *meschek* aber ist ein amerikanisches Wort für Mays; so Sabuja *maschikö,* Cayriri *mosiccih* ***), abgekürzt Panos *schequi,* Maxoruna *schuky* etc. Das Wort hängt wohl auch mit den Formen *mayz, mahiz, maysi,* Araicu *metschy;* Cauixana *mazy* zusammen ****). Hebr. ist diese letztere Form in *mazzah, mazzoth* übrig, was der bekannte Ausdruck für das ungesäuerte Pascha-Brod ist.

---

*) Rob. Herm. Schomburgk, Reise in Guiana S. 73.
**) 1 Mos. 14, 15.
***) Vergl. Baniva *matsuca, matschuca* = *Jatropha Manihot* L. *(farina);* Zapara *imazacka,* Batata; Mariaté *mysakary,* Frucht überhaupt.
****) S. die Namen für Mays bei Martius, Ethnographie II. S. 427 f.

XIII.
Die Trinitäts-Idee des amerikanisch-hebräischen Alterthums, wie sie in Abraham's Geschichte begegnet.

Höchst eigenthümlich und merkwürdig ist die Erscheinung, welche kurz vor der Zerstörung Sodom's und Gomorrha's dem Abraham und dann dem Lot zu Theile wird. Jehovah stellt sich hier in Gestalt dreier Männer oder Engel und zugleich als doch nur Einer und Derselbe dar; wird auch als solcher von Abraham und Lot genommen, so dass dem Gedanken an eine trinitarische Vorstellung von der Gottheit, die sich hier ausdrücke, nicht wohl auszuweichen ist. »Und es erschien ihm Jehova unter den Terebinthen des Mamre...... und siehe, drei Männer standen vor ihm.« Im Folgenden heisst es theils: »sie sprachen zu ihm,« theils: »Jehova sprach.« Abraham erkennt sogleich ohne Weiteres die Gottheit und spricht zu den Dreien in diesem Sinne. Nun trennen sich zwar diese, und zwei davon gehen nach Sodom, während der Patriarch mit dem noch verweilenden Jehova wegen der Schonung Sodoms unterhandelt, so dass es scheint, als sei nur eine der drei Gestalten der Gott, und die beiden anderen seien nur zwei ihn begleitende Engel; ja es werden diese in der That als Engel bezeichnet und sagen sogar zu Lot, Jehovah habe sie gesandt. Diese Auffassung wird gleichwohl wieder zweifelhaft, Lot redet die Erscheinenden erst mit: »Meine Herren!« dann jedoch einfach mit: »mein Herr!« an; er trägt eine Bitte vor und die Antwort lautet, als wenn nur Einer und zwar Jehova selbst spräche: »Siehe ich nehme auch in diesem Stücke Rücksicht auf dich« etc. *).

---
*) 1 Mos. 18, 1 ff. Cap. 19, 1 ff.

Eine alte Dreieinheitsidee liegt hier fühlbar zu Grunde, sei es auch, dass dieselbe durch die Darstellung, wie sie auf uns gekommen, theilweise verdunkelt werde; und wenn das christliche Alterthum in der Erscheinung seine Trinität erkannte, so war es wohl auf richtigerem Wege, als die dasselbe desshalb so grosser Beschränktheit beschuldigende Kritik *). Hat man doch nicht einmal nöthig, das christliche Dogma herbeizuziehen, um in der betreffenden Erzählung eine Art von Dreeinheit zu erkennen, wie sie mehrfach auch im heidnischen Alterthum vorhanden war! Welchem nur einigermassen Unterrichteten ist nicht der indische **Trimurtis**, d. h. der **Dreigestaltige** bekannt? Er wird theils durch eine Figur mit drei Häuptern, wie sie schon in den alten Felsentempeln erscheint **), oder durch die Verbindung eines Zirkels mit einem Dreiecke oder durch die Sylbe *Om*, die aus den Chiffern *A*, *U* und *M* besteht und mit der das Lesen jeder heiligen Schrift begonnen und beschlossen wird, ausgedrückt. Auch die Aegyptier wandten die Dreizahl auf die Gottheit an ***). Die heidnischen Pommern, besonders die zu Stettin und Julin, verehrten vor Allem ihren **Triglaf**, ein **dreiköpfiges** Idol, das von reinem Golde gewesen und zu Stettin auf dem mittelsten Stadtberge gestanden haben soll. Noch heisst so ein Dorf, wohin die Julinischen Priester, wie man sagt, ihren Triglaf gebracht, als St. Otto die Tempel brach ****). Zu

---

*) Bohlen, Genesis S. 206.
**) Die Portugiesen sahen sie als Darstellung des christlichen Dogmas an: hanno questi Bramini imagini che figurana la santa Trinità; honoran molto il numero trinario. Barbosa bei Ramusio I. p. 295.
***) Hermes trismegistos und ter unus.
****) Temme, Volkssagen von Pommern und Rügen. Berlin 1840. S. 49 f. mit der daselbst angeführten Literatur.

Romove in Preussen befand sich eine heilige Eiche, wo die drei Götter: **Perkunnos, Pikollos** und **Potrimpos** verehrt wurden. Man baute an der Stelle das **Kloster der heiligen Dreifaltigkeit** und vergrub unter dem Eckstein ein Crucifix und einen **dreieckigen Ring** *). In der Geschichte Abraham's kommt auch eine Trias ihm verbündeter Amoriter vor, welche **Aner, Eschkol** und **Mamre** heissen; es sind Brüder, uud im Haine des Mamre wohnt der Altvater **). Es fragt sich, ob hier nicht die Namen vorliegen, welche die drei Personen oder Gestalten einer dreifach gedachten Gottheit im Dialekte der Amoriter geführt. Wir brauchen hiebei den drei Brüdern ihre historische Existenz so wenig streitig zu machen, als dem Abraham, der erst **Abram** d. h. **Bram, Brâhmâ** geheissen; denn es war eine alterthümliche Sitte, die Namen von Gottheiten zu führen. Es liesse sich denken, dass die drei Amoriter mit Abram zusammen die Gottheit in der Art dargestellt hätten, dass sie der Letztere als die Eine, die Ersteren aber als die in drei Personen Unterschiedene repräsentirten. Auch bei den Indiern finden wir **Brâhmâ**, das Grosse, als neutrales Abstractum, auch **Parábrahma**, das Urgrosse, genannt, welches als das absolut Höchste, Ursprüngliche und Wesenhafte angesehen wird, worin Alles seinen letzten Grund habe; erst eine Manifestation von ihm ist dann der weltschaffende **Brahman**, Nominativ *Brahmâ*, der mit *Vishnus* und *Sivas* den dreifachen Gott, Trimurtis, bildet. Dies Alles wird wohl auch historisch verknüpft sein, so dass sämmtliche, so weit auseinanderlaufende Fäden von einem Punkte ausgegangen; aber wo haben wir diesen zu suchen? Sollen wir Alles aus Indien

---

*) Tettau und Temme, Volkssagen Preussens und Litthauens. Berlin 1837. S. 19 ff. mit den Citaten daselbst.
**) 1 Mos. 14, 13 u. 24. Cap. 18, 1.

ableiten? Die indischen Dinge selbst sind unserem Systeme nach aus Amerika her; sehen wir, was sich etwa auch hier für Analogien bieten!

Drei gekrönte Köpfe fand del Rio in den Ruinen von Palenque, und die Bewohner des Plateaus von Bogota hatten einen Gott, der drei Namen führte, wovon der bekannteste Bochica (sprich Botschika) war: auch zeigten die Priester von Iraca den spanischen Eroberern Idole, die ihn mit drei Köpfen darstellten. Hierbei haben schon Andere an den indischen Trimurtis erinnert. Dazu kommt noch jene in Nordamerika unter der Erde gefundene Vase, der man den Namen Triune-Idol gegeben hat. Sie besteht aus drei Köpfen, die vermittelst eines Rohres oder Griffes mit einander verbunden sind. Das eine der Gesichter stellt eine alte, die beiden anderen zwei junge Personen dar. Die Farbe ist bei dem alten Gesichte gelb, bei dem zweiten rothbraun, bei dem dritten schwach scharlachroth und hochroth *). Hieraus geht jedenfalls so viel mit grösster Wahrscheinlichkeit, theilweise mit Gewissheit hervor, dass auf verschiedenen Punkten des alten Amerika eine Art von Trinität, eine einheitlich verbundene göttliche Trias verehrt worden ist; und wir dürfen zu Gunsten unseres Systems wenigstens die Vermuthung aussprechen, dass auch diese Idee eine ursprünglich amerikanische, und als solche dem Patriarchen, dem wir diesem Systeme nach seinen Aufenthalt in diesem Continente anweisen müssen, eigen gewesen sei.

---

*) Vergl. über diese amerikanischen Gegenstände Minutoli, Beschreibung einer alten Stadt etc. Berlin 1832. S. 50. Braunschweig, Altamerik. Denkmäler. Berlin 1840. S. 139. A. v. Humboldt in der Cottaischen deutschen Vierteljahrsschrift Januar — März 1839. S. 107 ff. Assal, Nachrichten etc. Heidelb. 1827. S. 67.

XIV.
Moria. Ueber die Cultusstätten des amerikanisch-hebräischen Alterthums.

In Abraham's Geschichte *) kommt ein Land (*erez*) und Opferplatz Moria, *Morijjah*, vor, den in einer späteren Erzählung auch ein Hügel in Jerusalem führt, wo Salomo seinen Tempel baut **). Die beiden Orte sind desshalb keineswegs für identisch zu halten ***); und der Name ist nicht sowohl Eigenname, als Benennung eines heiligen Ortes, Opferplatzes überhaupt. Blicken wir nach Oceanien und Amerika hin, so werden uns sehr einleuchtende und merkwürdige Analogien begegnen.

In der Südsee fanden sich die heiligen Haine, Einschliessungen und Opferstätten, welche Morai hiessen. Die Societätsinsel Eimeo heisst bei den Insulanern Morea, Muria ****), oder es wird so ein District dieser Insel genannt†). Eine andere Societätsinsel ist Maurua. Es ist damit vielleicht auch der Name der südamerikanischen Insel Marayo zu verbinden, die sonst St. Johannes heisst.

Weiter werden in Abraham's und in späterer hebräischer Geschichte gewisse Bäume, Haine, Hügel mit dem Namen More bezeichnet — ein wohl zu der nämlichen Gruppe gehöriges Wort. In Brasilien, wohin wir den Ursprung des hebräischen Geschlechtes zu setzen, Gründe haben,

---

*) 1 Mos. 22, 2.
**) 2 Chr. 3, 1.
***) Die Samaritaner setzten bekanntlich statt des jerusalemischen Tempelberges den Garizim.
****) So der »Missionsreise in die Südsee mit dem Schiffe Duff unter James Wilson« und »Cook's dritter Reise« gemäss.
†) Nach Forster.

ist *mora, moira* Wald, Holz; es existiren hier Volksstämme mit dem Namen *Moira-Tapuya*, d. h. Wald- oder Holz-Indianer; ein Stamm daselbst sind die Muras *). Demnach scheint es, als ob *mor, more* etc. eigentlich so viel als Baum, Wald, Hain sei; *Morijjah* könnte dann mit dem hebr. Gottesnamen *jah* gebildet sein und Hain Gottes, heiliger Hain bedeuten. Moria hiess übrigens auch der der Athene geweihte Oelbaum auf der Burg zu Athen.

Baum und Hain spielt in der Geschichte Abraham's, theils als Wohn-, theils als Cultusort, eine auffallend hervortretende Rolle. Er wohnt unter den Terebinthen des Amoriters Mamre, seines Verbündeten **); er pflanzt eine Tamariske bei Berseba, verkündet daselbst den Namen Jehova's und nimmt da auch seinen Aufenthalt ***). An solchen Orten wird geopfert und geprediget. Wie sehr dies Alles dem oceanischen und amerikanischen Alterthum entspricht, wird noch mehr aus Folgendem erhellen.

Die Bewohner von Radack haben heilige Cocospalmen, in deren Krone sich ihr Gott Anis niederlässt ****), und auf Huaheine war ein prächtiger Baum, der mit seinen sich zur Erde senkenden und zu neuen Bäumen emporsprossenden Zweigen einen dem höchsten Gotte der Insel, Tani, geweiheten Hain formirte †). Den interessantesten Vergleich

---

*) Martius, Rechtszustände S. 13. Anhang S. 18. Nr. 195 u. 196 und neuerdings Dessen Ethnographie.
**) 1 Mos. 14, 13. Cap. 18, 1.
***) 1 Mos. 21, 33. Cap. 22, 19.
****) A. v. Chamisso, Werke II, S. 229.
†) Baseler Missionsmagazin 1832. S. 146. »In der Nähe des Baumes befindet sich ein Tempel, in welchem die Regenten der Insel begraben liegen, und wo sie am Fusse des heiligen Berges, unter dem Schatten des prachtvollen Aoa in mehr als orientalischer Verzierung neben einander ruhen.«

aber bilden die amerikanischen Riesencypressen, wovon drei zur Bildung eines altindianischen Heiligthumes gehörten. Eine solche (*cupressus disticha L.*) erhebt sich in dem zapotekischen Dorfe Santa Maria del Tule östlich von der Stadt Oajaca innerhalb der Mauer, welche die Kirche umgiebt. Sie ist älter, als die spanische Invasion; ihr Stamm hat 124 span. Fuss im Umfang, und es rinnt aus ihr oben, wo sie sich in Zweige spaltet, eine Quelle hervor. »Die alten Indianer hielten diesen Baum für heilig. Fast immer findet man drei davon in der Nähe der Ruinen alter Adoratorien, oft in Gegenden, wo die Natur den Baum ursprünglich nicht hervorbringt und wohin er nur aus weiter Ferne gebracht sein kann. Auch zu Tule, dessen Kirche auf dem Platze des alten Adoratoriums gebaut ist, sind drei dieser Cypressen vorhanden. Die erste ist die beschriebene; eine zweite, nicht weit von jener, steht noch innerhalb der Mauer, eine dritte ausserhalb derselben, von der ersten kaum weiter, als die zweite, entfernt. Beide sind ebenfalls sehr grosse Bäume. Zu Mitla, in der Nähe der Paläste, befinden sich ebenfalls drei solche Cypressen« *). An einem anderen Orte, wo vom Staate Oaxaca in den vereinigten Staaten von Mexico die Rede **), lesen wir Folgendes: »In der ganzen Provinz findet sich der ungeheuere Stamm der *cupressus disticha*, der 36 Metres im Umfange hat. Dieser alte Baum ist dicker, als alle Boababs Afrika's, was minder erstaunlich ist, seit man entdeckt hat, dass er die Vereinigung von drei verschiedenen Stämmen ist.«

Die Auswahl dieses dreifachen Baumes zu religiösem Zwecke und dessen dreifache Anpflanzung — sollte

---

*) Ausland 1840. Nr. 10. S. 37.
**) In Orbigny's amerikan. Reisewerk.

sie nicht ebenfalls ein Anzeichen der schon oben nachgewiesenen altamerikanischen Trinitäts-Idee sein? Und berührt sich diese Spur nicht wieder augenscheinlich mit der Geschichte Abraham's? Was er pflanzte, wird wohl ein solcher Baum, die Haine, wo er wohnte, wo er opferte und predigte, werden eine Trias solcher Bäume gewesen sein und sich auf die von ihm verehrte göttliche Dreiheit und Dreieinheit bezogen haben. So namentlich der Hain des Mamre, wo ihm seine Gottheit in dreifacher Gestalt erscheint.

XV.
Die Circumcision in Amerika und Oceanien.

1.

Ein sehr befremdlicher, für unser System aber in demselben Masse sprechender Umstand ist der, dass sich jener sonderbare Ritus, den Abraham bei seinem Geschlechte eingeführt haben soll, und der für das nationale und religionsgesetzliche Abzeichen seiner Nachkommen gilt, auch in Amerika und Oceanien gefunden und sich selbst bei ganz fremdartigen und isolirten Volksstämmen von unbestimmbar alter Zeit her gebräuchlich und einheimisch gezeigt hat. Wir sind in Folge dessen um so berechtigter, den Schauplatz der patriarchalischen Urgeschichten und den Ursprung des hebräischen Geschlechtes mit seinen absonderlichen Sitten und Gebräuchen in diese Regionen zu verlegen, wo sich noch alle vorzeitlichen Seltsamkeiten in Spuren und Resten darstellen, die uns schliessen lassen, dass sie hier entstanden und aufgekommen. Keineswegs sind solche Dinge, wie die Circumcision, den bekannten Träumen gemäss, von der »alten Welt« nach der »neuen« gekommen; sie sind von Letzterer durch auswandernde Völker und die von ihnen in Asien, Afrika und Europa angelegten Colonien in diese Welttheile verpflanzt worden. Wie die Hebräer, so haben auch andere alte Nationen, namentlich die Aegyptier, bei welchen der Priesterstand und die in die Mysterien Eingeweihten beschnitten sein mussten, diese uramerikanische Ceremonie hinübergebracht; sie war ohne Zweifel schon in dem jenseitigen Mizraim gebräuchlich, wo Israel geknechtet war. Im Buche Josua*) wird der Mangel der Circumcision sehr merkwürdig und ausdrucksvoll als die »Schmach« oder »Schande Mizraims« d. h. als etwas daselbst für Schmach und Schande Geltendes bezeichnet. Das hier gemeinte Land aber ist das amerikanische Ur- und Originalägypten, aus dem das Volk von Mose ausgeführt worden war.

2.

Es ist der Mühe werth, die betreffenden Thatsachen etwas genauer in's Auge zu fassen. Peter Martyr, der genau unterrichtete Zeitgenosse der Entdeckung Amerika's, berichtet wiederholt, dass die Spanier die Einwohner von Yucatan beschnitten angetroffen. Pater Gumilla, der 30 Jahre lang am Orinoko lebte, fand dieselbe Sitte bei den Salivas, namentlich bei jenen, die noch in ihren Urwäldern lebten, auch bei anderen Stämmen am Apure-Fluss. Hartsink in seiner Beschreibung von Guiana nennt als Solche, welche die Beschneidung hätten, ebenfalls die Salivas. Die Kinder würden am 8. Tage beschnitten und viele stürben in Folge der Operation; er fügt, als dieselbe Beobachtung darbietend, die Guamas und Ottomaken hinzu.

Dem Jesuiten Veigl**) zu Folge war bei den Panos

---

*) Cap. 5, 9.
**) Murr, Reisen einiger Missionarien etc. S. 67.

in der Landschaft Mainas eine Beschneidung der Mädchen im Gebrauche; nach Narc. Girval*) wurde die Operation an beiden Geschlechtern von allen Indianern am Ucayale vollzogen. Hugo Grotius**) giebt die Sitte von den Bewohnern Yucatans an, Acosta von den Mexicanern ***). »Der Pagé (Magier, Zauberarzt) der Indianer bethätigt sein Amt schon bei den Neugeborenen durch die Operation der Beschneidung.« — »Die Tecunas üben sie in ihren Wäldern an beiden Geschlechtern aus, und unmittelbar nach der Operation wird dem Kinde der Name beigelegt.« — Unter den Beweisen, welche die Carmeliter für die jüdische Abstammung der Indianer in den Sitten der Manaos zu entdecken geglaubt haben, war namentlich die Beschneidung und die Scheu vor dem Genusse des Schweines« etc. »Am Orinoko nahmen die Operation am 8. Tage der Säuglinge beiderlei Geschlechtes die Salivas, Guamos, Otomacos vor; andere Wilde an den Beiflüssen des Apure brachten den Kindern von 10—12 Jahren zahlreiche Verwundungen am ganzen Körper mit grossem Blutverlust, oft bis zum Sterben, bei« ****). Nach Alex. Mac Kenzie hatten auch die Chippewey-Indianer die Circumcision.

Sie ist eben so auch in Oceanien, auf den Inseln der Südsee, in Neuholland, auf Madagascar entdeckt worden. Nach Mariner†) wurde sie von den Fidschi-Insulanern auf völlig jüdische Manier vollzogen. Auf minder vollständige Art geschah es nach Forster und Langsdorf auf den Societäts- und Marquesas-Inseln. Es ist

---

*) Zach, Monatliche Corr. III. 1801. S. 463.
**) De orig. gentis Amer.
***) Hist. natur. y mor. de las Indias Lib. V. c. 26. Vergl Martius, Ethnographie I. S. 583. Note.
****) Martius a. a. O. S. 582 f. 587.
†) Nachrichten über die Tonga-Inseln. Weimar 1819. S. 505.

davon auch in Cook's Reisen die Rede. Man hatte auf Otahaiti sogar einen Schimpfnamen für einen Unbeschnittenen. . Eine Art von Beschneidung bei den freien Stämmen der Philippinen-Inseln soll nach Chamisso ursprüngliche Sitte und nicht vom Islam herzuleiten sein. Die Fichten- oder Pinus-Insel, 28 Meilen von Neu-Caledonien, hat dunkelfarbige, wiewohl nicht negerartige Bewohner, bei welchen das männliche Geschlecht ebenfalls beschnitten wird *).

3.

Ein bekannter, vielfach behandelter Streitpunkt ist der, ob der Ursprung des Ritus hebräisch oder ägyptisch sei. Für die letztere Ansicht entscheiden sich Neuere. Sie halten es für undenkbar, »dass die stolzen ägyptischen Priester eine so schmerzhafte Ceremonie von nomadisirenden Hirten angenommen haben sollten.« Auch werde von Herodot und anderen alten Autoren ausdrücklich berichtet, wie es Phönizier und Syrer selbst eingestanden, den Gebrauch aus Aegypten zu haben. Zudem spreche die Genesis, indem sie

---

*) Mehrere dieser Nachrichten hat schon Autenrieth in seiner Abhandl. über die Beschneidung (Tübingen 1829) zusammengestellt und mit Citaten belegt. S. ausser dem bereits Angeführten: Gumilla, Historie de l'Orenoque. Avignon 1758. I. p. 183. Noah, Beweis, dass die amer. Indianer die verlorenen Stämme Israels sind. Altona 1838. Chamisso, Werke II. S. 127. Nautical Magazine 1848. Vol. XVII. Zeitschrift für vergleichende Erdkunde 1850. Bd. X. S. 353 ff. Eine Abhandlung über den Gegenstand hat auch der Medicinalprofessor Friedreich in einer besonderen Schrift, Ansbach 1844, und in seinem Werke »zur Bibel,« Nürnberg 1848, geliefert. P. v. Bohlen hat sich darüber in seiner »Genesis« und seinem Werke über Indien I. S. 290 ff. geäussert. Noch andere Citate findet man in den erwähnten Schriften und Abhandlungen.

die Einsetzung desselben erzählt, in der Art, als sei es eine schon hinlänglich bekannte Sache, was hier von Gott befohlen wird; und als solche erscheine es auch, so fern es bei so vielen Individuen, namentlich der grossen Anzahl von Sklaven, sofort an demselben Tage ausgeführt wird *). Hiebei kommt der alte Bibelglaube nothwendig in eine peinliche Verlegenheit: und es wagen neuestens selbst bibelfreundliche Ausleger nicht mehr, ganz einfach nur die Meinung früherer Zeiten festzuhalten und zu vertheidigen. »Wenn,« sagt Delitzsch, »Herodot die Ueblichkeit der Beschneidung bei den Kolchern, Aegyptiern und Aethiopen, bei den Syrern an den Flüssen Thermodon und Parthenius, bei den Phöniziern und Macronern bezeugt, und dabei bemerkt, dass die palästinensischen Syrer und die Phönizier dieselbe von den Aegyptern gelernt zu haben bekennen, wie die Syrer am Thermodon und Parthenius von den Kolchern**); so ist Verbreitung mittelst Nachahmung innerhalb dieses Völkerkreises, zu welchem nach Diodor***) auch die Traglodyten, nach Jeremia****) wie es scheint, auch Edom, Ammon und Moab gehören, zwar immer noch denkbar; und es liesse sich mit Ewald annehmen, dass der noch jetzt bestehende Brauch bei den äthiopischen Christen, den Congonegern etc. das Ueberbleibsel einer uralten vom Nilthale ausgegangenen afrikanischen Bildung sei †). Aber man hat den Gebrauch auch in Amerika, auf den Südsee-Inseln, und bei den südlichsten Negerstämmen ††) vorge-

---

*) Vergl. in diesen Beziehungen die schon oben angeführten Schriften von Bohlen und Friedreich.
**) Herodot II, 101.
***) III, 32.
****) Cap. 9, 25.
†) Alterthümer S. 103.
††) Klemm, Culturgesch. III, 255. 291. IV. 305.

funden, so bei den Damaras im tropischen Südafrika, deren Häuptlinge, wie uns Francis Galton erzählt, am Beschneidungstage, als einem Festtage, etwa ein halb Dutzend Ochsen schlachten. Hier kann man sich weder einen Zusammenhang mit der abrahamischen, noch mit der altägyptischen Beschneidung vorstellen«*).

Delitzsch sucht sich dadurch zu helfen, dass er annimmt, die heidnische Beschneidung stehe für sich und sei aus dem Gefühle der Unreinheit der menschlichen Natur hervorgegangen. Auch das schon ist eine gefährliche Concession. Dem Glauben wird es nicht gut denkbar sein, dass auf etwas von Gott durch eine besondere Offenbarung Eingesetztes der Mensch so ganz auch von selbst kommen könne. Und wenn die Operation auf den Fidschi-Inseln völlig auf jüdische Manier vollzogen wird, wenn amerikanische Indianer, gerade so, wie es in der Genesis vorgeschrieben wird, am achten Tage beschneiden, bei den Otahaitiern sogar ein Schimpfwort für einen Unbeschnittenen begegnet, so will sich ein äusserlicher, geschichtlicher Zusammenhang, der sich auf all diese Gebräuchlichkeiten erstreckt, nicht abweisen lassen. Die Sache ging allem Anschein nach von einem und demselben Punkte aus und verbreitete sich von da in ausstrahlender Weise und verschiedener Richtung in alle Welttheile hin**). Aber ist es glaublich, dass sich dieser Punkt in dem palästinensischen Alterthum und Hirtenleben befunden; dass, wenn wir den abrahamitischen Ursprung annehmen, von daher die exclusiven Aegyptier in Afrika zur Einführung des Gebrauches bestimmt worden seien; dass der palästinen-

---

*) Fr. Delitzsch, Commentar über die Genesis. Leipz. 1860. S. 384 f.

**) Auch die Tomuren zu Dodona waren, dem Namen nach zu urtheilen, Beschnittene.

sische Nomade und sein Geschlecht mittelbar oder unmittelbar bis in die weitesten Fernen hin, selbst auf die alten Bevölkerungen Amerika's und Oceaniens gewirkt?

4.

Wir unsererseits könnten es gleichwohl unternehmen, die altgläubige Auffassung zu retten. Von unserem Standpunkte aus wird nicht nur der allgemeine Zusammenhang der Sache und ihr Ausgang von einem und demselben — in die amerikanische Vorzeit zurückzuversetzenden — Punkte denkbar; wir könnten sie auch wohl vom hebräischen Altvater ableiten; denn wenn wir die Patriarchengeschichte in jenen Welttheil verlegen, so wird in derselben Alles weit grossartiger und der Ausdehnung fähiger; viele nationale und religiöse Differenzen und Scheidewände, die sich später bildeten, haben, wie wir aus der Geschichte Abrahams entnehmen können, der mit Canaanitern, Amoritern, Philistern, Hethitern und Aegyptiern in so gutem Vernehmen steht und von ihnen so sehr geachtet und geehrt wird, zu seiner Zeit noch nicht gewaltet; es lässt sich somit denken, dass er als Prophet und Religionsstifter eine weit grössere und umfassendere Rolle gespielt, als wir uns vorstellen, und selbst auf das amerikanisch-ägyptische Mizraim gewirkt. Von da kann der Gebrauch auch auf die oceanische Inselwelt, die von Amerika aus befahren, besucht und bevölkert worden zu sein scheint, so wie in das südliche Afrika gekommen sein. Wie leicht in der Patriarchenzeit ein solcher Ritus auch zu anderen Völkern und Geschlechtern überging, zeigt die Erzählung der Genesis, wo sich die Sichemiten, damit der Sohn ihres Häuptlings Jakobs Tochter Dina zum Weibe erhalte, sämmtlich der Operation unterwerfen*).

---

*) Mos. 34, 24.

Herodot sagt, die Phönizier und die Syrer in Palästina, d. h. die Israeliten und die übrigen beschnittenen Stämme daselbst, gäben es selber zu, dass sie den Gebrauch von den Aegyptiern gelernt. Sie sagten vielleicht nur, sie hätten ihn von Mizraim, d. h. dem jenseitigen Urlande her. Es scheint nämlich, wie schon bemerkt, nicht nur speciell das ägyptische Urreich im Westen Amerika's, sondern auch im weiteren Sinne der ganze Welttheil so geheissen zu haben. Daher sollten und wollten so viele Wanderer, Menschenstämme, Völker, die schwerlich alle in Afrika gewesen, aus Aegypten sein; sie waren in Wahrheit von drüben aus Amerika her, von wo sie denn auch ihre uralten Gebräuche herübergebracht.

5.

Uebrigens lässt sich immerhin, auch ohne Schaden für Bibel und Bibelglauben, so viel annehmen, dass die von Abraham an sich und seinem Hause vorgenommene Ceremonie nicht absolut neu gewesen, wenn man nur begreift und bedenkt, worauf es hier insbesondere ankam und abgesehen war. Die Circumcision mochte bereits für gewisse Fälle, wie deren einer in Mosis Geschichte vorkommt*), auch in Beziehung auf priesterliche Würden und mysteriöse Weihen im Gebrauche sein; es mochten hochadelige Geschlechter und herrschende Klassen der Gesellschaft ihren Stolz darein setzen, das unterscheidende Zeichen an sich zu tragen, während niedriges Volk und Sklaven dessen entbehrten, ja sich dadurch gar nicht adeln durften. Der Sinn der Handlung Abrahams war vor Allem der, dass sein

---

*) 2 Mos. 4, 24 ff. Zippora beschneidet hier ihren Sohn, um den von einer schweren Krankheit befallenen Gatten zu retten.

ganzes Haus und Geschlecht ein heiliges und priesterliches sein sollte; er stellte sich und die Seinigen dadurch den höheren Classen der Societät gleich, in die er eingetreten war, und musste so verfahren, um in derselben sein Ansehen zu behaupten und auf sie prophetisch wirken zu können. Etwas aber scheint neu und originell gewesen zu sein, dass er nämlich auch die Glieder seines Hauses, die nicht seines Geschlechtes und keine freien Leute waren, dass er, wie mehrmals ausdrücklich bemerkt wird, mit sich und seinem Sohne auch **Fremdlinge** und **Sklaven** beschnitt. Dies war für Letztere eine Erhebung zu einem Stand und Rang, auf welchen sie gar keinen Anspruch zu machen hatten, eine Ausgleichung der socialen Differenzen durch eine gemeinsame religiöse Weihe, wie sie wohl ganz unerhört und gegen die bisherige Sitte war. Der Sklave, wenn er übrigens auch noch immer seine untergeordnete Stellung behielt, war nun nicht mehr Sklave im eigentlichen Sinne des Wortes; er wurde dadurch seinem Herrn gewissermassen gleichgesetzt; es war bereits eine Anticipation der christlichen Anschauung, dass vor Gott Alles gleich sei und kein Ansehen der Person gelte.

Hieraus erklärt es sich denn auch, wesshalb sich sämmtliche Personen des Hauses sofort, nachdem der Patriarch die betreffende Offenbarung erhalten, ganz willig und ohne Widerrede eine so schmerzliche Verletzung gefallen lassen, wider welche sie, wenn dieselbe etwas ganz Neues und Ungebräuchliches gewesen und nicht jenen wahrhaft liberalen Charakter gehabt hätte, wohl hätten murren und sich auflehnen können. Es ist offenbar in diesem Sinne, dass es die Erzählung so aus- und nachdrücklich sagt und immer wieder auf's Neue sagt, es seien alle männlichen Personen im Hause Abrahams ohne Ausnahme beschnitten worden: »Acht Tage alt soll bei euch alles Männliche beschnitten werden nach eueren Geschlechtern; der Hausgeborene und der mit Silber Erkaufte, jeder Fremdling, der nicht von deinem Samen ist. Beschnitten werde dein Hausgenosse und mit Silber erkaufter Sklave.« — »Da nahm Abraham den Ismael, seinen Sohn und alle seine Hausgeborenen und alle seine mit Silber erkauften Sklaven, alles Männliche unter den Leuten seines Hauses und beschnitt sie, wie Gott ihm befohlen hatte.« — »An diesem selbigen Tage ward Abraham und Ismael, sein Sohn, beschnitten, und alle Leute seines Hauses, die Hausgeborenen und die silbererkauften Sklaven von fremden Völkern wurden beschnitten mit ihm.«

Diese, wie es scheint, überflüssigen, ja unbegreiflichen Wiederholungen werden, von unserem Gesichtspunkt aus betrachtet, vollkommen klar und erregen das höchste Interesse, indem sie so angelegentlich ein universales Humanitätsprincip aussprechen und einschärfen, das man nicht erwartet, das hier die Ehre der Bibel, des Altvaters und der ihm gewordenen Offenbarung ausmacht, und das trotz der auffallenden Weise, mit der es geltend gemacht wird, so lange unbemerkt geblieben ist.

Die Gegner des Bibelglaubens meinen mit der Behauptung, dass der hebräische Ritus nicht originell, sondern von den Aegyptiern entlehnt sei, Etwas gesagt und gewonnen zu haben, und können dadurch eine den wahren Sinn der Sache ebenfalls nicht erkennende Apologetik wirklich in Verlegenheit bringen. Was uns aber in der erläuterten biblischen Darstellung entgegentritt, das ist nicht so wohl Annahme und Nachahmung eines fremden Gebrauches, als vielmehr, was die Art der Anwendung und Ausführung betrifft, Differenz und Gegensatz dazu; indem die stolze ägyptische Exclusivität in eine universale religiöse Gleichheit und Brüderlichkeit verwandelt wird.

XVI.

Jakob und seine Söhne. Die nach Amerika und Indien hinweisenden Sitten, Gebräuche und sprachlichen Momente dieses Theiles der hebräischen Urgeschichte.

1.

Dass die Genesis ein ächt amerikanisches Werk sei, welches entweder schon in dem jenseitigen Continente verfasst und bei der Auswanderung, gleich dem Mumienkasten Josephs*), mit hinweg und nach Asien hinübergebracht, oder doch dem Stoffe nach aus altamerikanischen Ueberlieferungen gebildet wurde, so dass die asiatischen und afrikanischen Vorgänge, Entwicklungen und Verhältnisse dabei ganz aus dem Spiele blieben — das beweist ganz vorzüglich die Geschichte Jakobs und seiner Söhne, namentlich des Joseph, der nach Aegypten d. h. in das westlich gelegene Cultur- und Herrscherreich verkauft wird, welches damals die überwiegende Rolle in dem Continente spielte, und der hier zum allmächtigen Günstling und Stellvertreter des Herrschers erhoben wird. In dieses Reich, das schon in der Geschichte Abrahams berührt wird, das von den östlich wohnenden, semitisch redenden Stämmen, die unter dem Namen Canaan zusammengefasst waren, Mazor, Veste, oder Mizraim, Doppelveste, genannt wurde, und von dem das afrikanische Aegypten nur eine Colonie und culturgeschichtliche Fortsetzung war, lässt uns nun die Genesis einen näheren Einblick thun. Alles, was sie hier erzählt und schildert, gehört der amerikanischen Vorzeit an; und es lässt sich dies auch noch sehr bestimmt nach-

---

*) 1 Mos. 50, 25. 2 Mos. 13, 19. Josua 24, 32. Cap. 33, 19.

weisen, indem wir die zum Theil bis auf unsere Zeiten herab in dem Continente erhaltenen Zustände, Sitten und Wortformen vergleichen. Wir wollen dies durch einige beispielsweise hervorgehobene Momente belegen.

2.

So ist erstlich das uns so fremdartige Dienen um die Braut ein ganz amerikanischer Brauch; und es konnte nicht fehlen, dass bei Erwähnung desselben, wie man ihn bei verschiedenen Indianerstämmen vorfand, schon Anderen der Gedanke an den biblischen Ahnherrn kam, der für seine Frauen Rahel und Lea bei ihrem Vater Laban zweimal sieben Jahre dient *). So sagt Martius **) in Beziehung auf die Ureinwohner Brasiliens: »Der Jüngling widmet sich, wie einst Jakob bei Laban, oft mehrere Jahre hindurch allen Diensten und Verrichtungen des präsumtiven Schwiegervaters mit unverdrossener Emsigkeit. Er geht für ihn auf die Jagd und zum Fischfange, er hilft ihm die Hütte bauen, den Wald reinigen, Holz tragen, Kähne zimmern, Waffen machen, Netze stricken etc. Bisweilen verdingt sich der Brautwerber an die Familie einer fremden Horde, ja sogar eines fremden Stammes.« So war es auch bei den Indianern Guatemala's im Gebrauche, eine Verbindung mit einem Mädchen durch Knechtsdienste auf bestimmte Zeit und durch Geschenke an die Eltern des Mädchens zu erkaufen ***); und Aehnliches fand Carver ****) bei den Nadowessiern; junge Menschen, die um ein Mädchen war-

---

*) 1 Mos. 29, 18 ff.
**) »Rechtszustände« und »Ethnographie.« I. S. 107 f.
***) Nach Orbigny's Reisewerk.
****) Reisen durch die inneren Gegenden von Nordamerika in den Jahren 1766—68.

ben, wohnten bei den Eltern ein Jahr lang, ordneten sich ihnen als Bediente unter, gingen auf die Jagd, brachten aber alles von ihnen erlegte Wild der Familie. Bei einigen Indianern Nordamerika's dient der Bräutigam, der aber bereits in die Rechte des Gatten eingetreten, im schwiegerväterlichen Hause so lange, bis eine Frucht der Verbindung geboren ist; dann trennt er sich und bauet eine eigene Hütte *). Auch das entspricht einigermassen, indem sich Jakob erst späterhin mit seinen Frauen und den bereits von ihnen geborenen Kindern von Laban trennt **).

3.

Jakob, hebr. יַעֲקֹב, bedeutet Fersenhalter, Hinterlister, von עָקַב, *akeb*, Ferse, auch Nachsteller, *insidiator*; *akab*, die Ferse halten, zu Falle bringen, betrügen, *akob*, trügerisch, *okbah*, List; dies Alles mit dem für uns unsprechbaren Kehlhauch am Anfange. Die Kunst, die Umstände listig zu seinem Vortheile zu benützen, ist einer der Hauptzüge in Jakob's Charakter, der, unkriegerisch, und allem Trotzenden und Gewaltsamen abgeneigt ***), dieses Vermögen ausbildete, um nicht im Leben zu kurz zu kommen. Und wie die Genesis ganz ohne Hehl alle die Listen und Künste des israelitischen Urvaters erzählt, so scheint auch das amerikanische Alterthum, in welches unserem Systeme nach diese Geschichten fallen, keinen Anstoss daran genommen, ihm die Sache vielmehr zur Ehre angerechnet zu haben. Es ist nämlich auffallend, dass so viele Wörter und Redensarten in den Dialekten der südamerikanischen

---

*) Nach Charlevoix.
**) 1 Mos. 31, 17.
***) Dagegen sich Abraham im Nothfalle als ein kühner Krieger und Heerführer erwies.

Tupi-Sprache durch Formen, die an »Jakob« anklingen, intelligente Eigenschaften und Kraftäusserungen 'ausdrücken, wobei man sich jedoch auch denken kann, dass ein Andenken an den Patriarchen, insofern er Religionslehrer und Reformator war, darin enthalten sei. Es ist überhaupt sehr seltsam und wunderbar, wie sich in den Sprachen des südlichen Amerika, wir wissen nicht, ob sonst noch, die Geschichte Jakob's spiegelt. Wir heben, um dies zu zeigen, aus den von Martius *) gelieferten Wörterverzeichnungen der Tupidialekte Folgendes aus: *acuab, aycudb, oicua* und *codub*, kennen, erkennen, begreifen, wissen; *codub ucár*, kund geben, wissen; *codub morandúba*, das Geheime entdecken, *ojecodub*, aufhellen, *moteco codub*, lehren, belehren, den Weg zeigen; *ocaaubucdr*, verkündigen; *jacodub eté*, Scharfsinn, Betriebsamkeit, klug; *aconub-eyma, jacodub eyma*, unwissend, tölpisch **); *jacóa*, vernünftig urtheilen, *cuapdba*, Weisheit, Wissenschaft, *cuapdra*, gescheit — in welchen Fällen das Grundwort theils noch vollständig erkennbar ist, theils nur verschieden modificirt, abgekürzt und mit Ableitungssylben vermehrt erscheint. In bösem Sinn ist Tupi *ecopé*, Verrath. Noch mehr! Die Genesis ***) erzählt, wie Jakob zu Bethel einen Altar errichtet, zuvor aber Haus und Begleitschaft von allem Abgöttischen säubert, die anstössigen Gegenstände vergräbt, »Reinigung und Wechsel der Gewänder« vorschreibt. Dem entspricht sonderbar genug: Tupi *jucyb* und *yacuia*, waschen, reinigen, *jucyb oba*, die Kleider reinigen ****); waschen und baden heisst auch *ejasucka*,

---

*) Im II. Theile der »Beiträge zur Ethnographie und Sprachenkunde Amerika's.«
**) *Eté*, viel, sehr; *eyma*, ohne.
***) 1 Mos. 35.
****) *Oba*, Kleid.

yasuka (Omaguas *yasuka*, waschen), wo man glauben kann, den Namen Isaak zu hören, der ebenfalls als ein derartiger altamerikanischer Reformator gegolten und im Andenken gestanden zu haben scheint. Noch nicht genug! *Jecodub* sagt man, **wenn das Verlorene wieder zum Vorschein kommt.**

»Jakob, dein verlorener Sohn
Kehret wieder, o gräme dich nicht!«

singt ein orientalischer Dichter. Und nun fragen wir: Ist nicht in diesen überraschend zutreffenden Ausdrücken der amerikanischen Sprachen gewissermassen die ganze Geschichte Jakob's enthalten, wie sie uns die Genesis vorführt? Und sind nicht auch sie demnach ein starker Beleg der Behauptung, dass die Genesis ein amerikanisches Urbuch und ihr Inhalt ein vorzeitlich oceanischer und amerikanischer sei?

4.

Joseph ist Jakob's Lieblingssohn, dem der Vater zur Auszeichnung einen **bunten Rock** macht *). In Guatemala hatte man einen Anzug von weissem Baumwollenzeuge, verschiedenartig getüpfelt, den aber nur die Adeligen tragen durften **). Das bunte Kleid erhob also den Bevorzugten über alle seine Brüder, machte ihn so zu sagen, adelig, während sie gegen ihn um eine Rangstufe tiefer herabgesetzt wurden. Auch im Segen Jakob's wird Joseph

---

*) Der Ausdruck ist כתנת פסים; man versteht: »Oberkleid der Enden, *passim*,« welches bis zu den Händen und Fersen geht. Die LXX. übersetzen: $\chi\iota\tau\omega\nu\alpha\ \pi o\iota\kappa\iota\lambda o\nu$, Luther: einen bunten Rock. Saalschütz, Archäol. I. S. 3, vertheidigt dies durch $\pi\alpha\sigma\sigma\epsilon\iota\nu$, $\epsilon\mu\pi\alpha\sigma\sigma\epsilon\iota\nu$, bestreuen, besprengen, einsticken. Es ist dafür, was aber Niemand bemerkt und geltend macht, auch das alte Amerika.

**) Nach Orbigny.

als der **Fürst seiner Brüder** bezeichnet, wiewohl Juda Scepter und Herrscherstab hat *).

5.

Zur Zeit der Eroberung Mexico's ereignete sich etwas der Geschichte Joseph's sehr Aehnliches, nur dass die betreffende Person weiblichen Geschlechtes war. Ich habe die berühmte Mexicanerin Donna Marina im Sinne. Sie wurde in ihrer Jugend, um sie zu Gunsten ihres Bruders bei Seite zu schaffen, von ihrer Mutter heimlich an einige Kaufleute von Xicallanco ausgeliefert. Diese gaben sie an ihre Nachbarn weg, und diese schenkten sie dem Cortez. Sie wurde Christin und des Letzteren Geliebte, erhielt den erwähnten Namen und spielte eine bedeutende Rolle. Nachher wurde sie an einen angesehenen Spanier verheirathet. Auf der Reise, die sie im J. 1524 mit Cortez nach Honduras machte, hatte sie Gelegenheit, ihre Mutter und ihren Bruder zu sehen, welche wegen der Rache, die sie nehmen möchte, in grosser Furcht waren; aber die Verstossene und so unvermuthet Erhöhete behandelte dieselben mit Grossmuth und Zärtlichkeit **). Wir werden wohl nicht irren, wenn wir annehmen, dass sich die Geschichte Joseph's ohngefähr auf demselben Schauplatze zugetragen habe, da auch alles Uebrige auf diese Annahme hinführt.

6.

Dass die sieben Aehren auf einem Halme in Pharao's Traume vom Mais zu verstehen, hat schon Lafitau ***) bemerkt. Dieser ist wohl schon in hohem Alterthume in

---

*) 1 Mos. 49, 26.
**) Clavigero, Geschichte von Mexico. Buch VIII. Cap. 5.
***) Moeurs des Sauvages Chap. 7. §. 3.

Amerika gebaut worden. Die Cultur der Mais-Pflanze, aus welcher die Peruaner auch Zucker bereiteten, ist nach Martius uralt; man findet sie und die Banane, den Baumwollenstrauch, die Quinoa und die Mandiocca-Pflanze eben so wenig wild in Amerika, als unsere Getreidearten in Asien, Afrika und Europa. Einige amerikanische Länder waren an Getreide besonders reich. Die Tlascalaner handelten hauptsächlich mit Cochenille und Mais. Der Mangel, der zuweilen selbst in den gesegnetsten Ländern des Continentes herrscht, wird besonders durch die daselbst thätigen vulkanischen Kräfte herbeigeführt. So litt Peru im J. 1678 in Folge des Erdbebens, welches sich in der Gegend von Lima und an der ganzen Küstenlinie fühlbar machte, an grosser Unfruchtbarkeit. Der Mais, der Roggen und die anderen Getreidearten wurden völlig vernichtet und einige Jahre hindurch erzeugte die Erde fast Nichts *). Auch Heuschrecken richten furchtbare Verheerungen an. Sie verfinstern zuweilen die Luft, einem dichten Gewölke gleich, fallen an den Seeküsten nieder und verbreiten Verwüstung über das ganze Pflanzenreich. Clavigero**) erzählt davon als Augenzeuge aus den Jahren 1738 und 39 und wie auf der Halbinsel Yucatan in Folge eines solchen Heuschreckenschwarms eine Hungersnoth entstanden sei.

7.

Die sieben schlechten und die sieben guten Jahre scheinen mythischer Natur zu sein; aber es giebt im Erdleben in der That dergleichen Perioden, Zahlen und Gegensätze. Ich finde sie namentlich in Amerika. Eines allgemeinen Misswachses, der Mais und Waizen traf, und der

---

*) Nach Orbigny.
**) Gesch. von Mexico Buch I. Cap. 14.

sieben Jahre lang anhielt, gedenkt Pater Sepp in seiner Reise nach Paraguay *); und in Jamaika will man ein alle sieben Jahre wiederkehrendes Sterben der Bevölkerung bemerkt haben **). Die nordamerikanischen Heuschrecken lassen sich nach Carver nur alle sieben Jahre sehen — was man die Heuschreckenjahre nennt. Ueber die Zahl Sieben als Naturperiode, in Beziehung auf Mensch, Thier und Witterung macht Schubert ***) interessante Bemerkungen.

8.

Die Aegyptier verkaufen sich dem Pharao in ihrer Hungersnoth um Brod. So gaben die Mexicaner, wenn die Mais-Ernte missrieth, ihre Freiheit um Mais-Aehren hin. Clavigero ****) beschreibt eine Hungersnoth, die durch schlechte Jahre und missrathene Mais-Ernte entstanden war. Sie wird in die Jahre 1448—53 und 54 gesetzt; im letzten Jahre 1454 erhielt man endlich wieder eine treffliche Ernte von Mais, Hülsenfrüchten und allen Arten von Obst. »Viele,« heisst es hiebei, »erkauften ihre Freiheit für Lebensmittel.« Eine Art der Sklaverei war diese, dass sich 2—3 Familien aus Armuth verbindlich machten, einem bestimmten Herrn fortwährend einen Sklaven zu stellen. Im J. 1506 sahen sich viele Familien aus Mangel an Lebensmitteln genöthigt, sich

---

*) Sie ist der Uebers. von Charlevoix's Geschichte von Paraguay beigegeben; s. hier II. S. 12 f., wo von jener siebenjährigen »pestilenzialischen Dürre« wiederholt die Rede ist.
**) Baumgarten, Geschichte von Amerika II. S. 740.
***) Ahndungen einer allgem. Geschichte des Lebens. Th. II. Bd. II. Leipz. 1821. S. 15.
****) A. a. O. Buch IV. Cap. 12.

zu diesem Vertrage zu entschliessen *). Man hatte übrigens Getreidehäuser **); und diese wurden geöffnet, wenn Noth eintrat. So geschah es zur Zeit einer Dürre, die im ersten Decennium des 16. Jahrhunderts in Mexico Statt fand; der König vertheilte Alles, was aufgeschüttet war. Joseph schüttete in den sieben fruchtbaren Jahren Getreide auf, und öffnete dann, als der Hunger kam, die Vorräthe ***).

9.

»Man trug für Joseph besonders auf und für seine Brüder besonders uud für die Aegyptier, die mit ihnen assen, besonders; denn die Aegyptier dürfen mit den Hebräern nicht essen, weil es ein Gräuel ist« ****). Dazu halte man, was A. v. Chamisso †) von seinem Aufenthalt auf den Sandwich-Inseln erzählt: »Der Tisch war für uns in einem Hause, das im Umfange des königlichen Morai lag, auf europäische Weise gedeckt. Der König geleitete uns dahin mit seinen Häuptlingen; doch nahm weder er, noch einer von den Häuptlingen Antheil an dem Mahle; wir verzehrten es allein. Unsere Matrosen wurden nach uns auf gleiche Weise bewirthet. Nach uns speiste Tameiameia in seiner Wohnung allein, wobei wir ihm zuschauten, so wie er uns zugeschaut hatte.«

Dass die Insulaner des stillen Meeres mit den alten Amerikanern in enger Beziehung gestanden, sei es durch Abstammung und Verwandtschaft, oder durch Verkehr oder

---

*) Clavigero, Buch VII. Cap. 18.
**) Die peruanischen Korn- und Vorrathshäuser hiessen *pirua*; vergl. $\pi\nu\varrho\sigma\varsigma$, Waizen, $\pi\nu\varrho\iota\nu\sigma\varsigma$, $\pi\nu\varrho\alpha\mu\iota\nu\sigma\varsigma$ etc.
***) 1 Mos. 41, 48. V. 56.
****) 1 Mos. 43, 32.
†) Werke, I. S. 213. 224.

durch Beides zugleich, lässt sich aus vielen Gründen annehmen *). Die insulanischen Sitten und Einrichtungen werden dieselben gewesen und geblieben sein, wie sie in einem gewissen Zeitraume in Amerika bestanden; und so können wir unsere Vergleichungen wohl eben so gut von dorther, als von Amerika nehmen. Ja es mag sich dort noch Manches erhalten haben, was in Amerika bei den grossen Umwälzungen, die dieser Welttheil erfahren hat, verloren gegangen ist, und wovon uns hier, wiewohl es vielleicht daselbst ursprünglich zu Hause gewesen, kein erkennbarer Rest mehr entgegentritt.

10.

Was die sprachlichen Momente betrifft, so kommen in der Geschichte Josephs mehrere Namen, Titel und Ausdrücke vor, welche man für ägyptisch hält und die man aus dem Afrikanischen zu deuten sucht. Wir brauchten dagegen keinen Einspruch zu thun; denn indem wir das afrikanische Aegypten als eine Colonie des amerikanischen betrachten, können, ja müssen wir auch eine Identität oder nahe Verwandtschaft der beiderseitigen Sprachen annehmen. Allein wir haben schon bemerkt, dass sich im Westen Amerika's, unseren Spuren zu Folge, der indogermanische Sprachcharakter entwickelt hat; und schon K. v. Bohlen hat eine Anzahl ägyptischer Wörter und Namen mit so viel Glück aus dem Sanskrit gedeutet **), dass man erkennt, wie auch hier in Afrika das indogermanische Element gewaltet hat, und dass wir unsere Behauptung in Beziehung auf das amerikanische Urland um so zuversichtlicher und widerspruchsloser aufrecht halten können. Nun sind die

---

*) Vergl. unten Abth. III. Nr. III, 6.
**) Altes Indien II. und unten in dieser Abtheil. Nr. XXIII. und XXV.

Erklärungen, welche unsere Aegyptologen und Bibelausleger von jenen in der Genesis vorkommenden Ausdrücken geben, nicht eben die ungezwungensten und sichersten; und Manches würde sich viel leichter und ansprechender aus dem Indischen, Griechischen, Lateinischen, Deutschen ausdeuten lassen. Wir legen unsere Versuche der gelehrten Welt zur Prüfung vor.

Den Königstitel פַּרְעֹה, Φαραω, Pharao, können wir, so sonderbar es scheine, als ein rein deutsches Eigenthum ansprechen. Es ist das altgermanische *frâuja*, *fraho*, *frô*, Herr. Das Wort ist eben so sehr in Amerika zu Hause, wo *uara*, Herr, Mann, Krieger bedeutet; man nimmt an, dass es einen Bestandtheil der südamerikanischen Nationalbenennung *Tobayaras*, *Toba-uara*, *Tupyares* bilde *). Als eine Tupihorde werden die *Uara-guaçu* oder *Araguaju* genannt; »die grossen Männer,« erklärt Martius **), »vielleicht auch, mit der vollen Bedeutung des angelsächsichen *Vare*, die grossen Wehrmänner.« Sie befinden sich am Rio Paru; es scheinen auch mehrere Ortsnamen der Art, wie Paru, Peru in diesen Zusammenhang zu gehören. Die Bibel kennt ein Goldland *Parwaim* ***). Man findet den Namen auch bei den Insulanern des stillen Meeres; so in den Formen Faaroau, Faarua, Faori, wie wir sie geschrieben finden ****); ein Geschlechtsregister der Könige ʻvon von Hawaji trägt an der Spitze den Namen Poorahoo †). Dies deutet, unserem Systeme nach, auf Amerika zurück, da jene Inselwelt ihm zu Folge von Amerika aus bevölkert

---
*) Martius, Ethnographie I. S. 171.
**) Daselbst S. 708.
***) 2 Chron. 3, 6.
****) Baseler Missionsmagazin 1827. S. 263. Jahrgang 1830. S. 8. Jahrgang 1838. S. 88.
†) Nach Cook's dritter Reise. Englische Schreibung.

worden ist *). Das Wort ist auch in's Semitische übergegangen; im hebr. und arab. פָּרַע liegen die Bedeutungen: anführen (im Kriege), *summum tenuit*, frei sein, frei machen, פְּרָעוֹת, Fürsten, Edle, Barone. Sanskrit ist *varas*, *piras*, Mann, Gemahl, *vairin* Krieger **).

Potiphar wird der Oberste der Leibwache Pharao's, und Potiphera der Schwiegervater Joseph's, Priester zu On, genannt. Die Namen sind wohl im Grunde dieselben, indem -*phar* und -*phera* = *pharao*, Herr, König ist, *poti* aber die Bedeutung des Untergeordneten, Dienenden hat; vergl. unsere Bote, Dienstbote, poln. *pod*, altpreuss. *po*, unten, unterhalb ***), Botocudo *po*, Fuss; die

---

*) Nach der Fluth nämlich, s. Abth. III. Nr. III. F.

**) Das Wort Pharao ist von unseren Gelehrten aus dem Aegyptischen, nämlich aus *uro*, mit dem Artikel *piuro* oder *phuro* erklärt worden. Nach Schwarze, Koptische Grammatik 1850. S. 240, aber ist diese Form unbelegbar und incorrekt. Dem thebaischen *erro*, basmur. *rra*, steht unser Herr, lat. *herus* etc. nahe. Auf ägyptischen Monumenten kommt nach H. Brugsch (Aus dem Orient. Berlin 1864. S. 36) als Bezeichnung des Herrschers *Per-aa*, *Pher-ao* vor, und ist »wörtlich so viel als das grosse Haus oder das hohe Haus, ganz analog dem bekannten Titel morgenländischer Fürsten: die hohe Pforte, das hohe Haus.« Wir lassen den eigentlichen, urersten Sinn des Namens dahingestellt; doch will uns diese Erklärung nicht einleuchten. Unseres Wissens wird der Herrscher, Sultan selbst nicht so genannt; Thor, Pforte, in den semit. Sprachen שַׁעַר, תרע, bedeutet zunächst das grosse Thor orientalischer Königsburgen, dann Königsburg, Serail. Was die heutige Türkei unter der hohen Pforte, Bab, Ali, versteht, wird von Herm. v. Vampery im Globus von Andree 1868. Bd. XIII. Lief. 1. S. 15 f. erläutert.

***) Daraus hat man den Namen Preussen: *Porussi*, *Borussi*, die unterhalb den Russen Wohnenden, erklärt.

indianischen Sklaven in Amerika heissen Poitos; griech. ανϑραποδον, Sklave. Sanskr. ist *pad*, *pâdas*, Fuss, griech. πους, ποδος, lat. *pes*, *pedis*, engl. *foot*, griech. πεδον, πεζα, deutsch Boden; in brasilianischen Ursprachen finden sich für Fuss und Bein die Formen *paid*, *idpaid*, *ingpaid* *). Ein Stamm der Tupis in Brasilien führte den Namen Potyuara, der von einem so geheissenen Anführer kommen soll **). Dieses Potiphar, Potiphera, Potyuara, Diener des Herrschers, war wohl ein altamerikanischer Ehrentitel für höhere Staatsbeamte, ähnlich unserem »Minister,« welches eigentlich auch bloss Diener bedeutet ***).

Pharao setzt den Joseph über ganz Mizraim, schmückt ihn mit seinem Siegelringe, mit einem feinen, seinem Range gemässen Gewand und goldener Halskette, lässt ihn auf dem zweiten, unmittelbar nach dem königlichen kommenden Staatswagen fahren und vor ihm ausrufen: *abrech!* Dies Wort lässt sich aus dem Semitischen selbst durch *ab*, Vater, und *rech*, König oder Reich erklären. »Vater des Königes« ist ein orientalischer Ausdruck für Wesir, und Cap. 45, 8 sagt Joseph: »Gott hat mich zum **Vater Pharao's und seines ganzen Hauses** und zum Herrscher im ganzen Lande Mizraim gemacht.« Dies ist, wie es scheint, die Erläuterung jenes Rufes, welche die Genesis selber giebt. Aber die ihn bildenden Laute sind keineswegs nur semi-

---

*) Nach M. v. Neuwied u. Martius, Ethnogr. II. S. 169. 171.

**) Martius, daselbst I. S. 54. 192. Andere Erklärungen des Namens s. ebendaselbst.

***) Nach unseren Bibelauslegern sollen jene biblischen Namen »einen der Sonne (*ra*) Geweihten« bezeichnen, koptisch *p-ete-ph-rae*, *ille*, *qui solis est;* memphitisch φρη, mit aspirirtem Artikel, die Sonne. Delitzsch, Commentar 1860. S. 526. Brugsch, Gramm. démotique p. 82.

tisch; sie gehören eben so sehr oder noch mehr dem indogermanischen Stamme an, konnten somit auch dem Idiome des amerikanischen Reiches eignen. Griech. ist απφα, lat. *avus, abavus, atavus*, Vater, Grossvater etc., in Amerika Uirina *apa*, Vilela *op*, Vater, Cariay *apii*, Grossvater etc. Mit *rech* vergl. *rex, regere*, die deutsche Heldenbenennung Recke, *recchio;* ferner reich, Reich; Gott heisst in alter Sprache *der riche*. In Oceanien finden sich die Formen *ariki, hariki, hieri, erih, jeri,* — mit englischer Schreibart *ereekee, cree, orooaeeka* — für Anführer, Häuptling, Herr *).

Die Gemahlin Joseph's, die Tochter Potiphera's, wird Asnath (LXX. Ἀσενέθ) genannt. Darin, sagt man, sei der Name der Göttin Neith, der ägyptischen Athene, nicht zu verkennen. Wir können das immerhin gelten lassen; bemerken jedoch, dass Asnath, als Zusammensetzung gefasst, die grösste Aehnlichkeit mit den altgermanischen und nordischen Wörtern und Namen hat, welche mit vorgesetztem *as, ans, os* gebildet sind, wie z. B. *ásmegin*, die göttliche Macht, *ásbiörn, ásbirna, óspirn;* so viel als *ursus divinus, ursa divina; anshelm, anshilt, ansnôt* etc. **). Letzterer Name *ansnot, ásnot* kann sogar völlig mit Asnath zusammenzufallen scheinen. Eine uns durch die Sprachen und Culte Amerika's an die Hand gegebene Vermuthung ist übrigens diese.

Asnath ist wohl eigentlich der Name einer in jenem

---

*) Man erklärt *abrech* aus dem koptischen: *abork*, wirf dich nieder! von *bor*, hinwerfen. Aber wesshalb sollte sich das Volk niederwerfen? Das musste dasselbe aus dem Aufzuge errathen. Man erwartet einen bezeichnenderen Ausdruck, einen solchen, der ganz bestimmt die Würde des Mannes, vor dem man sich zu demüthigen hatte, zu erkennen giebt.

**) Vergl. Grimm, Mythol. unter GOTT.

merikanisch-ägyptischen Urreiche verehrten Erdmutter
ad Getreidegöttin gewesen, welchen die Gemahlin Joseph's nicht schon von Anfang an führte, sondern mit
Beziehung auf die das Land versorgende Getreide-Aufspeicherung Joseph's annahm. Mit *nath* vergleicht sich nämlich *naty*, *yuanathy*, was in mehreren amerikanischen
Sprachen den Mais bedeutet *). Die Göttin und das Naturprodukt, das ihr Geschenk war, ja in dem sie selbst
als gegenwärtig gedacht wurde, konnte durch dasselbe Wort
bezeichnet sein, wie lat. *Ceres* auch für Getreide und
Brod steht **). *Asnath* wäre dann etwa so viel als *diva*
oder *sancta Ceres*. Beide, die Göttin und die Frucht,
scheinen auch abgekürzt bloss *as* genannt worden zu sein;
im Hebr. ist davon *asam*, Speicher, Vorrathskammer,
und der Mais hiess indianisch auch *aouassi*, *ouassi*,
oos, *ayaze*, *yasit*, *hazes* ***). In Mexico hatte man eine
Göttin der Erde und des Getreides, Centeotl, auch
Tonacajohua d. h. »die uns erhält« genannt; sie hatte
5 Tempel und 3 jährliche Feste, und wurde ganz besonders
von den Totonacas — und zwar ohne Menschenopfer —
verehrt. Es wird wohl dieselbe gewesen sein, die im höheren mexicanischen Alterthume *Asnath* hiess. So thun wir
hier vielleicht auch einen Blick in die vorzeitliche Mythologie des alten Amerika.

Pharao giebt dem Joseph auch einen ganz besonderen
Ehrentitel, der in unserer Bibel צָפְנַת פַּעְנֵחַ geschrieben
und punctirt ist. Man hat ihn theils aus dem Semi-

---

*) Martius, Ethnographie II. S. 427 f. In einigen bedeutet *natay*, *näti* Wurzel, daselbst S. 415.

**) Eben so bekanntlich Bacchus für Wein. *Sine Cerere et Baccho*, ohne Brod und Wein.

***) Martius, Ethnogr. II. S. 348. 364. 427.

tischen*) durch: »Enthüller des Geheim[en]«, u[nd] aus dem Koptischen**) durch: »Retter der W[elt]« klärt. Beides gezwungen genug. Doch schein[t da]s [Zu]-dem Sinne nach der wahren Bedeutung ziem[lich nahe] kommen; denn so Etwas, wie »Retter des L[eidenden]« od[er] »Volkes« erwartet man hier. »Es liegt [noch näher,] sagen neuestens die Ausleger, »פענח als das m[it d]e[m A]r-tikel versehene altägyptische *anch*, Leben***) [anzus]eh[en] und den Namen durch »»Stütze«« oder »[»Erhalter««] des Lebens«« zu übersetzen.«

Wir unsererseits können uns nicht enthalten, bei פ־ענח, einfach ענח, an das dem Laute nach so entsprechende Anahuac zu denken, welches der Name der mexicanischen Hochebene war, deren civilisirte Bewohner Anahuatlaca oder Nahuatlaca genannt wurden. Das Wort soll, mexicanisch ausgelegt, »nahe dem Wasser« bedeuten und sich zunächst auf die Städte, welche auf kleinen Inseln und am Ufer zweier Seen lagen, bezogen haben. Wir lassen die eigentliche Bedeutung dahingestellt, halten aber den Namen für sehr alt. Botocudisch in Brasilien ist *naak* so viel als Erde, Land****). So ohngefähr, wie *Anahuac, Anaak, Naak* hiess wohl schon zu Joseph's Zeit ein grosses, amerikanisches Reich, dasselbe, was die mo-

---

*) Von צפן, verbergen, und פען, eröffnen.

**) *P-sot-om-ph-eneh* von *sot*, Heil und *eneh*, Zeitalter. Das hat mit der ersten Hälfte des Namens gar keine Aehnlichkeit.

***) Wonach ein Quartier von Memphis *p-ta-anch*, die Welt des Lebens, genannt wurde.

****) Maxim. von Neuwied, Reise nach Brasilien II. S. 306. Auch bei Martius, Ethnogr. II. S. 181.

saischen Bücher mit dem semitischen Mazor oder Mizraim bezeichnen. Jene Formen scheinen mit vielen Wörtern der indogermanischen Sprachen, auch mit anderweitig biblischen und amerikanischen Namen und Titeln zusammenzuhängen, welche die Bedeutung des Hohen, Machtvollen, Herrschenden, Gewaltigen, ja Gigantischen haben. So ist im Griech. αναξ, König; Ἀνακες heissen die Dioskuren; αvακτορον und αvακειον, Palast, Tempel, Dioskurentempel; Ογκα, ein Name der Athene; ανωγω, befehle, ανωγη, Befehl; αναγκη, Zwang, Nothwendigkeit; Ancus, röm. Königsname; Inachos, Urkönig von Argos, Stammherr der Inachiden, daher Argos »das Land des Inachos;« peruanisch Inca; lat. ungere, salben, eigentlich wohl zum König machen; in der Bibel sind Söhne Anaks, Anakim, Anakiten ein altes Riesenvolk; otomitisch nahnuoghá, wird durch gloria erklärt, ñâhçur, grosser Herr *); auf den grossen Antillen mit gegnerischer Bedeutung anaki, Feind **), was schon Andere mit den Anakim der Bibel verglichen haben. Aber was bedeutet der ganze Titel, den Joseph erhält? Was will צָפְנַת, Zaphnath, sagen?

Wir glauben darin eine indogermanische Participialform auf nt, ant, and zu erkennen. Es ist wohl zaphant auszusprechen; und das ist = sarant, lat. salvant-, salvans, helfend, rettend. Die Wurzel ist zaph, zar, sar, Sanskr. sév, griechisch σαος mit ausgefallenem Digamma = savos, nebst dem Verbum σαοω; im lat. salvus, salvare scheint ein l eingesetzt, wenn diese Form nicht vielmehr die ältere und in den andern das l ausgestossen ist. Der Ehrenname Joseph's würde demnach bedeuten:

---

*) Nach Piccolomini.
**) Nach Oviedo. Martius, Ethnogr. II. S. 315.

»Retter des Landes und Reiches *Anach, Anahuac,*« des späterhin sogenannten Mexico.

Zum Beweise, dass Participialformen jener Art dem alten Amerika in der That nicht fremd gewesen, scheint Folgendes zu dienen. Der Hauptgott der alten Deutschen war W o d a n, W u o d a n, W u o t a n, V o t e n; in der Biographie des h. Columbanus heisst er W o t a n t; es ist unser wüthend, wenn auch nicht in dem Sinne eigentlicher Raserei, sondern nur in dem des ungestümen Angehens in Kampf, Krieg und Jagd. »*Wodan, id est fortior* (nach anderer Lesart *furor*), *bella regit,*« sagt A d a m von B r e m e n; er ward in kriegerischer Rüstung abgebildet; er ist und heisst Krieger, Jäger, W e i d e m a n n; der wilde Jäger heisst W o d; derselbe ruft »wod, wod,« und »woid gut!« ist ein Jägerschrei. Nun ist aber der Name V o t a n bekanntlich auch der eines alt- und uramerikanischen Stammhelden von grosser, nationaler Bedeutung; und es widerstreitet dem Gefühle, anzunehmen, dass eine so grosse Aehnlichkeit oder vielmehr Identität des Lautes rein zufällig sei [*]). Ist es aber wirklich der deutsche Name, der uns hier in Amerika so unerwartet entgegentritt, so ist damit wohl auch zugleich die Participialform auf *ant* gegeben, nur dass eben so, wie in der gewöhnlichen Aussprache des Namens Wuotan etc. das *t* abgefallen, was dagegen in עצבנה erhalten ist.

---

[*]) Ueber den W o d a n der Völkertafel s. Abth. III. Abhandl. II. B.

XVII.
Esau-Edom in Brasilien.

1.

Die Genesis *) führt uns die dualistisch contrastirenden Zwillingsbrüder Esau und Jakob vor, von Anfang einander feindlich und äusserlich, wie innerlich, völlig verschieden von einander. »Esau ward ein jagdkundiger Mann, ein Mann des Feldes, Jakob aber ein frommer Mann **), der in Zelten wohnte.« Als sie geboren wurden, »kam Esau heraus: *admoni*, röthlich, oder rothbraun und ganz wie ein haariger Mantel.« Damit stimmen denn auch die Namen Esaw, Esau, der Haarige, und Edom, der Rothe. Er war der Stammvater der Edomiter oder Idumäer, der Rothen auf dem Gebirge Seir. Die beiden Brüder werden auch gleich von vorn herein als die Stammväter, Repräsentanten und Vorbilder zweier, trotz ihrer nahen Verwandtschaft sehr differenter und uneiniger Volksstämme bezeichnet. Als sich Rebekka Mutter fühlt, und »die Kinder sich in ihrem Leibe stossen,« wird sie besorgt und fragt desshalb die Gottheit, die ihr zur Antwort giebt: »Zwei Völker sind in dir und zwei Nationen scheiden sich aus dir« etc. Es ist in diesem Orakel, wie in den Segensverleihungen und Zukunftsbestimmungen Isaak's, die den beiden Söhnen werden ***), von der Oberherrschaft Jakob's, des jüngeren, und der Dienstbarkeit Esau's, des

---

*) Cap. 25.

**) Das hebr. תם, fromm, hat hier die Bedeutung ruhiger, stiller, allem Wilden und Gewaltthätigen abholder Sinnes- und Lebensart.

***) 1 Mos. 27, 28 und 39 f.

älteren, der jenem nachstehen und unterworfen sein werde, die Rede. Die uns bekannte Geschichte der beiden Volksstämme will damit nicht recht stimmen; es zeigt sich nur ein mit wechselndem Glück und Vortheil geführter Kampf. Die Edomiter haben ihr Land, »das Land ihrer Besitzung,« und ihre Könige; sie werden zu Zeiten geschlagen und unterworfen, siegen aber auch, dringen vor und erobern; zur Zeit des Judas Maccabäus besitzen sie Hebron, und es wird ihnen dasselbe von diesem wieder abgenommen *). Im Deuteronomium wird sogar untersagt, eine feindliche Stellung gegen sie anzunehmen; die Israeliten sollen sich hüten, sie zu bekriegen, denn Jehova werde ihnen nicht einen Fuss breit vom edomitischen Lande geben **). Sie selbst halten sich für unbezwinglich. Der Prophet Obadja, wider Edom weissagend, spricht: »Der Trotz deines Herzens verführte dich, weil du wohnst auf Felsenhöhen, deinem erhabenen Sitz; du sprichst in deinem Herzen: Wer stürzt mich zu Boden hinab?« Und aus einer Stelle des Propheten Jeremias ***) sieht man, dass sie ihrem Landbesitze auch Judäa hinzuzufügen hoffen: »Weil du sprachst: Diese beiden Völker und Länder müssen mein sein, und wir wollen sie einnehmen« etc. Wie reimt sich das mit der in der Genesis zugesicherten Herrschaft Israels über Edom? — Wie Isaak dem Esau seinen Segen ertheilt, spricht er, nach richtiger Uebersetzung, von einem Umherschweifen, Wandern und Irren Edoms, wobei sich derselbe von Israel losreissen werde ****). Das ist ganz unbegreiflich.

---

*) 1 Maccab. 5, 63.
**) 5 Mos. 2, 5. Vergl. Jos. 24, 4.
***) Cap. 35, 10.
****) 1 Mos. 27, 40. Das Nähere kommt unten §. 5 zur Sprache.

Zur Zeit der Herodianer herrschten edomitische Könige über Israel — das ist mehr als Emancipation, hier kehrt sich die Sache völlig um. Allein mit dem Theile der israelitisch-edomitischen Volksgeschichte, der im Westen Asiens spielt und den patriarchalischen Orakeln so wenig entspricht, haben wir es, was diese betrifft, gar nicht zu thun; es sind hier bloss die weit abgelegenen amerikanischen Verhältnisse nebst dem, was sich auf dem Wanderwege der semitischen Völker von dem einen Continent in den anderen und ihrem Aufsuchen neuer Wohnsitze begab, in's Auge zu fassen. Auf diese Weise kommt man stets zurecht; ausserdem entgeht man nirgend den Widersprüchen und Dunkelheiten.

2.

Der Stammvater der Edomiter zeichnete sich, nach der Beschreibung der Genesis, durch seine **rothe (rothbraune) Körperfarbe**, so wie auch durch eine **anormale Ueppigkeit der Haarbildung, Hypertrichosis**, aus, wie sie hie und da in der That vorkommt, sogar bei weiblichen Personen *), auch an Neugeborenen beobachtet wird. Diese Beschaffenheit wird sich wohl, wenigstens theilweise, auf seine Nachkommen vererbt haben **); wegen ihrer Haut-

---

*) Wie bei der berüchtigten Julia Pastrana. Nach der Abbildung zu urtheilen, die ich von ihr gesehen, muss sie ein wahres Scheusal gewesen sein.

**) Es lässt sich hiebei an die Merowinger erinnern. Sie hiessen *cristati*, χριστάται, τριχοφάται, die Borstigen, weil, der Sage nach, allen Königen dieses Geschlechtes Borsten auf dem Rücken wuchsen. Ein Ungeheuer sollte die Stammmutter überwältigt und diese dann einen Sohn von seltsam wundersamem Ansehen geboren haben, der Merowig geheissen ward.

farbe konnten wohl auch sie den Namen des rothen Edom führen, wie die Phönizier und Punier, ohne Zweifel aus gleichem Grunde die Rothen hiessen. Etwas Besonderes war Esau's üppige Körperbehaarung. Der Stamm führt bei den biblischen Schriftstellern auch diesen letzteren Namen; wiewohl Edom der gewöhnlichere ist. Die Ausdrücke: »Haus Esau's« und »Gebirge Esau's« kommen wiederholt bei Obadja vor.

3.

Blicken wir nun nach Brasilien hin, so finden wir in den Vorstellungen der Indianer daselbst etwas frappant Aehnliches, so dass wir nicht umhin können, an den biblischen Esau-Edom zu denken. P. Eckart, einst Missionär in der Capitania von Pará *), erzählt, der Mittheilung eines Ariquena-Indianers gemäss, von dem südamerikanischen Dämon Gurupira, der den noch in der Wildniss wohnenden Indianern zuweilen erscheinen solle, und das in folgender Gestalt. Er ist, den Kopf ausgenommen, völlig mit Haaren überzogen; seine Zähne sind schneeweiss; seine Kopfzierde ist der indianische Federbund; aus schönen Federn, wie dieser, bestehen auch Halskragen, Armbänder und Schurz. In der einen Hand trägt er Bogen und Pfeil, in der anderen einen Stock von dem kostbaren Holze *ybyca pinima* **). Wenn er kommt, so fragt er die

---

Grimm, Sagen II. Nr. 419. Ein todtgebornes Kind der Pastrana soll einen ebenfalls ungewöhnlichen Haarwuchs gehabt haben.

*) Bei Murr, Reisen einiger Missionarien etc. S. 585 ff.

**) »Die Camacans bereiten zur Zierde gewisse Pfeile, die mit vieler Kunst aus festem, schönem Holze gearbeitet und äusserst glatt und glänzend polirt sind; die Bewickelung daran ist mit gefärbter Baumwolle weiss und rothbraun auf

Anwesenden, ob sie Etwas zu essen hätten; antworteten sie mit Nein, so schiesst er einen Pfeil ab, und sofort liegt zu seinen Füssen ein erlegtes Thier. Zuweilen führt er einen der Versammelten mit sich hinweg »in seine Heimath« *). Eine andere Beschreibung entnehmen wir aus dem »Globus« von Andree **). Eine Art von Waldgott kommt hiernach bei allen Tupivölkern vor; er wird Gurupira genannt und verschiedentlich beschrieben; doch immer als eine Art von Ungeheuer. In Ega erscheint er mit rother Haut und lang herabhängender, rothhaariger Zottelmähne. Er beherrscht unterirdische Wiesen und waldige Jagdgründe, wo er Wild in Menge findet.« Auch in der brasilianischen Reise von Spix und Martius ***) ist von dem Gurupira oder Corupira der Indianer die Rede; er ist hiernach ein neckischer Waldgeist, der ihnen unter allerlei Formen begegnet und weniger schrecklich, als andere von ihnen gefürchtete Dämonen — der Jurupari, Ypupiara und Uaiuara — ist.

Sollte nicht auch diese so überraschende Zusammenstimmung den Beweis verstärken, dass die hebräischen und canaanitischen Völkerschaften zu allererst in diesen Gegenden — dem östlichen Süd- und Mittelamerika — zu Hause gewesen? Esau-Edom, als Stammherr und Repräsentant

---

eine zierliche Art gemacht. Auf ähnliche Art verfertigen sie lange, glatte Stäbe, welche man vor Zeiten zuweilen in den Händen ihrer Anführer sah.« Maximilian v. Neuwied, Reise nach Brasilien II. S. 216. Der Stock des Gurupira ist wohl eine solche Häuptlingszierde, ein altindianischer Herrscherstab. Vergl. 1 Mos. 49, 10.

*) Das dürfte auf Menschenopfer deuten.
**) »Am oberen Amazonas« im XII. Bande, 3. Lief. 1867. S. 71.
***) Th. III. S. 1109.

eines solchen Geschlechtes, wurde wohl in der beschriebenen Weise abgebildet, auch wohl als eine Art von Feld- und Jagdgott verehrt: er ist unter dem Namen Ονσωος d. i. Usow, auch in den phönizischen Sagenkreis aufgenommen; und jene Indianer haben ihre Vorstellung von ihm dort, wo er allem Anschein nach gelebt und sich in seiner Art ausgezeichnet, noch bis in die letzten Zeiten herab bewahrt.

4.

Es ist jedenfalls von Interesse, wahrzunehmen, wie stark und wie ausdrücklich in der Geschichte der hebräischen Urväter, besonders in der des Jakob, die äusserlichen Eigenthümlichkeiten, durch welche sich Menschen- und Völkerstämme unterscheiden, hervorgehoben sind. Man sieht sich hier in eine Vorzeit versetzt, wo die Natur, wie es scheint, dergleichen Differenzen, nicht etwa nur allmählich durch Auseinandergehen der Geschlechter in genealogische, örtliche und klimatische Entfernungen, sondern gleichzeitig, sogar in derselben Familie und aus demselben Mutterschosse, wie bei den Zwillingen Esau und Jakob der Fall, mit contrastirender Entgegensetzung erzeugte. Jakob sagt zu Rebekka: »Esau, mein Bruder, ist ein behaarter Mann und ich bin ein glatter Mann« *). Rebekka ist die Schwester Labans, und hebr. *Laban* heisst eben so der Weisse, wie *Edom* der Rothe.

Was nun die Urbewohner Amerika's betrifft, die man sich als durchgängig rothe Menschen mit mangelnder oder schwacher Bart- und Körperbehaarung vorzustellen pflegt, so ist zu bemerken, dass man auch bei ihnen bedeutende Differenzen trifft, namentlich was die südamerikanischen Gegenden betrifft, die wir für den Uraufenthalt des he-

---

*) 1 Mos. 27, 11.

bräischen Geschlechtes halten. Der erwähnte P. Eckart berichtet: »Am Flusse Xingu war eine Nation mit Namen *Coriberé*, die an Weisse viele Europäer übertraf.« Und an einem anderen Orte heisst es von den Carapachos am Maragnon: »Sie sind weiss und haben äusserst starke Bärte. Das Nämliche hat der Missionär P. Narciso Girval de Barcelo bei dem zahlreichen Stamme der Chipeos bemerkt.« — »Die Carapachos sind wegen ihrer weissen Gesichtsfarbe und ihrer Bärte berühmt; auch sollen ihre Weiber von vorzüglicher Schönheit sein« *). Die monströse Körperbehaarung eines Esau kann ich in Amerika nicht so bestimmt nachweisen; doch lässt sich auch in dieser Beziehung Einiges beibringen. Volney sah Wilde mit erstaunlich langen Achselhaaren; Spix und Martius trafen einige Indianer mit dichtem Bart und stark behaarter Brust. Ein Mann mit weisslichen Flecken und Punkten — Symptomen eines eigenthümlichen Krankheitszustandes — hatte einen auffallend starken Wuchs des Haupthaares. Letzteres fällt oft sehr stark in die Augen. Von den Camacans wird erzählt, wie sie das Haupthaar unbeschnitten und von ausserordentlicher Länge wild herabhängend trugen, während Barthaare nur an einigen Männern sichtbar waren. Die genannten Reisenden überraschten eine wilde Schöne, die mit allerlei Zeichen und Figuren seltsam bemalt war, und deren schwarz glänzendes Haupthaar wie ein Mantel auf die rothbraunen Schultern herabhing. Es giebt in Brasilien auch sogenannte Confusos, Mischlinge mit übermässig langem Haupthaar, das sich von der Mittelstirne an auf $1 - 1\frac{1}{2}$ Fuss Höhe fast lothrecht erhebt, so eine ungeheuere Frisur und natürliche Perücke

---

*) Fischer, die spanischen Besitzungen in Amerika. Dresden 1802. S. 258. 264. Vergl. oben S. 110.

bildend, die oft so hoch ist, dass sie sich tief bücken müssen, um die Thüre ihrer Hütten zu passiren *). Dass in Amerika eine Monstrosität, wie die von der Genesis dem Esau zugeschriebene, vorhanden gewesen, scheint jedenfalls die Vorstellung zu bezeugen, welche sich jene Stämme von ihrem Gurnpira oder Curupira machen. Es steht mit einer solchen vorzeitlichen Hypertrichose vielleicht auch die indianische Sitte in Verbindung, sich die Bart- und Körperhaare auszuraufen. Es war dies der Gegensatz dazu, die Bemühung, sich von jener Ungestalt möglichst zu entfernen und frei zu erhalten; und der Mangel an Behaarung, der sich bei diesen Völkern zeigt, möchte, wenn auch nunmehr zur natürlichen Eigenschaft geworden, doch nur durch die, viele Generationen hindurch geübte Sitte entstanden sein**).

5.

Ueber den Segen, welchen der hintergangene Isaak statt des Esau dem Jakob und dann, nachdem diesem so grosse Vortheile zugesichert waren, in sehr abgeschwächter Weise, so dass er fast einem Fluche ähnlich, dem Esau ertheilt, ist folgendes Nähere zu bemerken.

Es werden hier, wie schon angedeutet, keine asiatischen und keine nachmosaischen Verhältnisse geschildert, sondern ganz nur urheimisch amerikanische, wie sie vor dem Auszuge aus Mizraim (Amerika, Mexico) Statt gefunden, dann aber eine wesentliche Veränderung erfahren haben müssen. »Dienen sollen dir Völker und huldigen Nationen. Sei, ein Herr deinen Brüdern, dass sich dir beugen deiner

---

*) Vergl. Vater, Ueber Amerika's Bevölkerung S. 73 f. Spix und Martius, Reise I. S. 366. 376. II. S. 693. 820. III. S. 1148.

**) Vergl. Vater a. a. O. S. 83 f.

Mutter Söhne.« Dies bezieht sich auf die Erhöhung und Machthabung Joseph's in dem westlichen Cultur- und Herrscherreiche, das er verwaltete, so dass er gewissermassen der Gebieter des ganzen Welttheiles wurde, namentlich auch die östlich wohnenden Völkerschaften, unter welchen so nahe Anverwandte (Brüder) der Israeliten waren, in seiner Gewalt hatte. Denn jenes Reich befasste dieselben zwar nicht staatlich, es schloss sie als Barbaren und Parias vielmehr aus, hielt sie aber doch in seiner Botmässigkeit *) und nahm aus ihnen seine Knechte und Arbeiter. Ein weiterer Bezug findet Statt auf das mosaische Zeitalter, wo sich der grosse Heerführer an die Spitze einer amerikanischen Völkerwanderung stellte, wovon Israel nur der Kern, die übrigen Völker — in der Bibel *ereb* genannt — die sich anschliessenden, so ebenfalls unter des Mose Leitung und Oberbefehl stehenden Theilnehmer waren. »Von deinem Schwerte sollst du dich nähren und deinem Bruder dienstbar sein; wenn du aber **auf der Wanderung bist und irrend umherschweifest** **), magst du sein Joch von deinem Nacken schütteln.« Hier wird Esau-Edom, d. h. der edomitische Volksstamm, als ein Glied des sich unter Mose gestaltenden Völkerzuges gedacht und ihm an-

---

*) Daher der im 14. Capitel der Genesis geschilderte Krieg des Herrschervolkes gegen die abgefallenen canaanitischen Stämme und Häuptlinge in dem damals noch continentalen Westindien.

**) Das im Texte stehende Wort ist *rud*, umherirren, umherschweifen, das auch eine merkwürdige Verwandtschaft hat, sowohl in dem indoeuropäischen, als in dem semitischen Sprachgebiete. Vergl. hebr. *rus*, laufen, *rusch*, im Elend sein; griech. ροθος, Gang, böotisch ein rauher Gebirgsweg; engl. *rout*, *rot*, franz. *route*, deutsch Rotte, in welchen Wörtern die Bedeutungen: Lauf, Weg, Strasse, Zug, Marsch, Trennung, Zerstreuung, Untergang liegen.

gezeigt, dass er bei dieser Gelegenheit, sich vom Zuge lösend, eine freie, ganz unabhängige Stellung gewinnen werde. Die Edomiter gehörten, wie ohnehin anzunehmen, unter diejenigen Theilnehmer der semitischen Wanderung, welche auf dem Wege durch Asien hin sich absonderten, den Israeliten voreilten und sich schon vor deren Ankunft in Palästina ein Besitzthum verschafften.

XVIII.
Die Aino's in Jesso.

Als Zusatz zu vorstehendem Aufsatze möge hier Einiges über die Aino's auf der zur japanischen Gruppe gehörigen Insel Jesso stehen. Die Japanesen nennen sie Mosino's, die Allbehaarten. Ihr Haupthaar ist dick und mattenartig verflochten, einen ungeheueren Büschel bildend; sie haben einen langen und dichten Bart, und ausserdem sind Antlitz, Arme und Hände, ja fast der ganze Leib mit dunklen Haaren bedeckt. Sie zeigen übrigens ein sanftes, dunkles Auge und eine nicht unschöne Stirne. Um das 6. Jahrhundert unserer Zeitrechnung, als in Japan der erste Mikado herrschte, sollen diese Aino's die Herren nicht nur Jeddo's, sondern auch des nördlichen Nippon gewesen sein; sie wurden aber von den Japanesen bis in den Norden Jesso's zurückgedrängt. Ihre Hauptgottheit ist der Bär. Sie sind gastlich und haben eine Art von Sündenfallgeschichte, doch mit merkwürdiger Umkehrung des Verhältnisses. Der erste Mensch war ein Weib, welches von einem Manne den Apfel der Erkenntniss nahm und dadurch die Glückseligkeit des paradiesischen Zustandes verlor. Es muss ein sehr altes, zum aussterbenden Theile des Menschengeschlechtes gehöriges Volk sein; sie schwinden unter japanischer Herrschaft dahin *).

XIX.
Bedeutung und Gebrauch der Zwölfzahl bei den Indianern Amerika's.

Sehr merkwürdig ist die Bedeutung und der Gebrauch der Zwölfzahl bei den amerikanischen Aboriginern. Dem Feuer, welches der Urvater aller Indianer sein soll **), giebt die Mythologie derselben 12 Genien zu, Manittos genannt. Es wird ihm ein Opferfest begangen, wobei man eine Art Ofen baut, zu welchem 12 Stangen, jede von einer besonderen Holzart, genommen werden, welcher mit 12 glühenden Steinen geheizt wird, und in welchen sich 12 Männer begeben; so wie auch 12 Pfeifen Taback zur Opfergabe auf die glühenden Steine geschüttet werden. In ähnlicher Art begeht man auch andere Feierlichkeiten: 12 Stöcke werden im Kreise befestiget und mit Docken behangen, dann 12 glühende Steine in den Kreis gerollt, deren jeder einem Gotte oder Genius geweiht; eine durch seine Grösse ausgezeichneter Stein ist »dem grossen Gott im Himmel gewidmet.« Sonderbarer Weise hielten es auch einige Indianer für gut, sich zur Reinigung von ihren

---

*) Allgem. Zeitung. Beilage vom 7. Jan. 1865.
**) Man erinnere sich hiebei, wie oft sich der Gott Israel's vermittelst feuriger Phänomene manifestirt. Die Cheeraken sind nach Adair von *cheera*, Feuer, benannt, und ihre Magier heissen *cheera-tahge*, Männer von himmlischem Feuer erfüllt.

Sünden mit 12 verschiedenen Stöcken schlagen zu lassen *). Es ist oder war ferner eine Sitte der Indianer, ihre Altäre aus 12 Steinen zurecht zu legen, gerade so wie es bei den Israeliten gebräuchlich war **). Es existirte sogar eine Ueberlieferung, nach welcher sämmtliche Indianer von einem Manne, der 12 Söhne hatte, abstammen sollen ***).

Wir setzen noch folgende Notizen hinzu. Zu Tenayuca sollen die Chechemecas eine Volkszählung veranstaltet haben, wesshalb die Stadt den Namen Nepohualco, Ort der Zählung, erhalten; und Torquemada berichtet, es hätten sich daselbst noch zu seiner Zeit 12 Haufen Steine befunden, die während der Zählung hingeworfen worden waren ****). Dieses Volk scheint sich also ebenfalls in 12 Stämme oder Tribus getheilt zu haben. —. In Florida war ein eigenthümliches Gebäude, welches zum Todtentempel, zur Schatzkammer und zum Waffen- und Geräthemagazin diente. Vor dem Eingang standen 12 hölzerne Figuren von Riesengrösse, die vordersten 8 Fuss hoch, die folgenden immer etwas kleiner; alle führten Waffen oder andere Werkzeuge, aber jedes Paar andere; die vordersten hielten Keulen in einer Stellung, als wollten sie damit zuschlagen; die zweiten Streithämmer, die dritten Ruder, die vierten Aexte, die fünften Bogen und Pfeil, die letzten Piken †). Man wird hier unwiderstehlich an den Segen Jakob's erinnert:

---

*) Wir entnehmen dies Alles der »Geschichte der Mission unter den Indianern in Nordamerika« von Loskiel. Barby 1789. S. 55 f. 566. 50. Vergl. 2 Mos. 24, 4. Jos. 4.

**) Noah, Beweis, dass die nordamerikanischen Indianer die verlorenen Stämme Israels sind. Altona 1838. S. 22.

***) Baseler Missionsmagazin 1834. S. 498.

****) Clavigero, Gesch. v. Mexico B. II. C. 4.

†) Garcilasso de la Vega, Historia del Florida. P. I. Lib. I. c. 4. Lib. IV. c. 16.

»Simeon und Levi, Brüder sind's, Werkzeuge des Frevels ihre Schwerter« etc.

Es sind seltsame Commentare, welche das alte Amerika in seinen Sagen, Sitten, Denkmalen etc. zur Bibel schreibt.

Ein Zusammenhang mit Israel, ja eine Abstammung der betreffenden Völkerschaften von demselben scheint hier kaum zweifelhaft zu sein. Den Schluss aber kann man desshalb noch nicht machen: »Also sind diese Indianer Israeliten von dem nach Assyrien verschleppten Zehnstämmereich.« Diesem Theile der Nation konnte die Zwölfzahl nicht mehr so bedeutsam, werthvoll und heilig sein, da sie bei ihm gar nicht mehr vorhanden war; und jene Lieblingsmeinung gewisser, namentlich englischer Theologen, Gelehrter und Reisender, wie sie besonders durch Adair und Noah geltend gemacht worden ist, findet hier eher ihre Widerlegung, als ihre Bewahrheitung. Der übrigens auch von uns angenommene Zusammenhang muss sich aus einem noch höheren Alterthume herschreiben. Ich halte die Indianer, bei denen sich die Zwölfzahl auf die beschriebene Weise in Ansehen und Gebrauch gefunden hat, für Abkömmlinge solcher Israeliten, die an dem mosaischen Wanderzuge entweder schon von Anfang an keinen Theil genommen, oder auf dem Wege, bevor man den Continent verliess, um nach Asien überzugehen, zurückgeblieben sind. Man wird sich wohl mehr als einmal genöthigt gesehen haben, Greise, Weiber, Kinder, Kranke, von Noth und Anstrengung Erschöpfte zurückzulassen; die Mexicaner erzählen, dass sie auf ihrer Wanderung so verfahren hätten; und diese Wanderung ist ein augenscheinlicher Spiegel der israelitischen *). Auch haben sich wohl ganze Schaaren von

---

*) »Wo sie Halt machten, errichteten sie ihrem Gott einen Altar und liessen alle ihre Kranken zurück, so wie auch ver

Unzufriedenen, Verzweifelnden, Widerspenstigen abgetrennt. Die Bibel erzählt uns ja so viel von dem Murren des Volkes, den Vorwürfen, die man den Führern machte, den Zwistigkeiten und Empörungen, die zum Theil nur auf die gewaltsamste Weise niedergeschlagen wurden. Namentlich scheint sich der Stamm Ruben grösstentheils losgerissen und desshalb unter den Stämmen Israels eine so geringe Zahl ausgemacht zu haben *), worauf wir sogleich näher zu sprechen kommen werden.

XX.
Ruben in Amerika.

Ein im 17. Jahrhundert in Amerika reisender Jude, Montesinus genannt, soll zu seinem Führer einen Indianer gehabt haben, der seinen Gott Adonai, seine Stammväter Abraham, Isaak und Jakob nannte und sich vom Stamme Ruben ableitete. Durch ihn soll Montesinus mit einem ganzen Stamm von Indianern bekannt geworden sein, die ihn als ihren Bruder anerkannten, mit welchen er sich jedoch nicht näher verständigen konnte. So Rabbi Manasse in seiner Schrift *Mikveh Iisrael*. Sowohl jüdische, als christliche Schriftsteller haben auf diese Erzählung gebaut. Ist sie richtig, so beweist sie noch keineswegs, dass Rubeniten aus Asien nach Amerika gegangen; es konnten ja Zurückgebliebene gewesen sein, wie in

---

muthlich Einige zu ihrer Wartung, und solche, die des Herumziehens und der Strapaze müde waren.« Clavigero B. II. C. 15.

*) 5 Mos. 33, 6: »Ruben lebe und sterbe nicht, und seine Männer seien eine Zahl.«

Asien die **Afganen**, welche sich, wie schon oben bemerkt, »Kinder Israels« nennen. Die Rubeniten erscheinen von Anfang an in einem eigenthümlich ungünstigen Licht. Ruben wird schon im Segen Jakobs, 1 Mos. 44, 4, übel bedacht, indem ihm die Erstgeburt genommen wird, und sehr kühl und zweideutig im Segen Mose's, 5 Mos. 33, 6. Männer dieses Stammes zeichneten sich bei der Empörung wider Mose und Aaron aus. 4 Mos. 16, 1. Cap. 26, 9. 5 Mos. 11, 6. Bei dem Eindringen in Palästina wollen die Rubeniten nebst den Gaditen nicht mit über den Jordan gehen, sondern jenseits zurückbleiben und werden desshalb von Mose hart angelassen, eine Brut von Sündern, wie ihre Väter, genannt 4 Mos. 32. In diesem Lichte betrachtet wird uns ein theilweises Zurückbleiben des Stammes Ruben in Amerika bei dem mosaischen Zuge um so denkbarer erscheinen können. Haben aber die verschleppten Stämme in der That ihren Weg nach Amerika genommen, so lässt sich das um so leichter begreifen, wenn man annimmt, sie seien unter Mose von da nach Asien hinübergekommen; sie kehrten dann eben nur in ihr uraltes Vaterland zurück, von dem sie eine Erinnerung bewahrt.

XXI.
Die ägyptischen Plagen, namentlich was die „ägyptische Finsterniss" betrifft.

Unter den sogenannten »ägyptischen Plagen,« welche wir nach des geistvollen **Schnurrer** *) Vorgang als eine zusammenhängende Folge von Naturerscheinungen betrachten, ist auch eine dreitägige Finsterniss. Es wäre, bei

---
*) In dessen Chronik der Seuchen. Tübingen 1823.

isolirter Auffassung, nicht gerade nöthig, an einen vulkanischen Auswurf zu denken, welcher die Luft verdeckt und verdunkelt habe. Eine solche Verfinsterung des Luftkreises kann verschiedene Ursachen haben, worüber Mehreres bei Friedreich *) zu lesen ist, der die Sache zwar in seiner Art zu erklären sucht, doch sehr ungewiss darüber ist und die alte Relation der Uebertreibung beschuldiget. Wir dürften nicht einmal weit ausholen, um ägyptische Finsternisse zu finden. So sind die Londoner Nebel berüchtigt; und es kommen in diesem Betreffe sehr ausgezeichnete Fälle vor. Im Januar 1865 war zu London solch ein dunkler Tag, wie er allerdings auch hier nur sehr selten ist, indem besonders von 4 Uhr Abends an Stadt und Umgegend in undurchdringlicher Finsterniss starrte und selbst die Fackelträger, die sich anboten, nur eine schwache Hülfe gewährten. Wenn das vereinigte Licht mehrere Fackeln, vom Rücken her auf den Fussgänger fiel, der dicht an den Häusern hinschlich, so wandelte aufrecht vor ihm sein eigener Schatten, den der Nebel gleich einer festen Wand auffing **). Damit könnte man die Nachricht im Buche der Weisheit combiniren, dass die von der verhängten Finsterniss bedeckten Aegyptier auch durch Gespenster und Schrekgestalten geängstet worden sein. Riesige Figuren in der Luft will man aber auch bei vulkanischen Ereignissen bemerkt haben ***).

Schon Schnurrer spricht bei Erklärung der ägyptischen Calamitäten von einem Aschenregen, der die Luft verfinstert und auf unbedeckten Theilen Anthraces hervor-

---

*) »Zur Bibel.« Nürnberg 1848. I. S. 111 f.
**) Allgemeine Zeitung vom 27. Jan. 1865.
***) Schnurrer, Chronik der Seuchen S. 83. Vergl. daselbst S. 69. 73.

gebracht habe; und es ist das in der That das Natürlichste, namentlich dem hier entwickelten Systeme und Zusammenhange Gemässeste, eine solche Ursache anzunehmen. Betrachten wir ein Paar uns historisch bekannte Fälle der Art. Im J. 79 n. Chr. ereignete sich der grosse Ausbruch des Vesuvs, durch welchen Herculanum und Pompeji untergegangen. Hiebei trat nach angebrochenem Tage eine solche Dunkelheit ein, dass man in ein finsteres Gewölbe, von dem jeder Lichtschein abgehalten, versetzt zu sein schien. Diese rabenschwarze Dunkelheit wurde nur zuweilen durch Feuerströme unterbrochen, bis sich endlich wieder die Sonne, doch mit mattem Scheine, zu zeigen begann. Der Aschenregen verbreitete sich bis Afrika, Syrien und Aegypten; zu Rom war er so bedeutend, dass er die Sonne verdunkelte; bald darauf entstand eine Seuche, an welcher täglich 10,000 Menschen starben; auch verbrannten zu Rom durch unterirdisches Feuer, wie man glaubte, mehrere Tempel.

Im April 1768 spie der Andenvulkan Cotopaxi einen so dichten Aschenregen aus, dass es in Ambato und Tacunga nachtete und die Bewohner nur mit Laternen umhergehen konnten. Besonders aber ist hier an den am 20. Januar 1835 Statt gefundenen Ausbruch des Cosequina zu erinnern, eines der grauenvollsten und entsetzlichsten Naturereignisse, das wir kennen, wobei ein Getöse entstand, welches die Bevölkerung von Guatemala 400 Meilen davon in Schrecken setzte, ja selbst auf der Insel Jamaica in 800 meiliger Entfernung vernommen wurde. Hören wir, was ein Beobachter dieses Phänomens darüber berichtet hat.

Es befand sich derselbe an dem genannten Tage auf dem Abhange des 120 Meilen entfernten Vulkanes San Miguel; da bemerkte er im Süden eine dichte Wolke, die in pyramidaler Form aufstieg, und vernahm ein Getöse, das dem Brausen des Meeres glich. Bald darauf wurde das

Gewölke von rosenrothen und gespalteten Flammen erhellt, die es durchzuckten und wieder verschwanden. Diese Erscheinungen nahmen in der Art zu, dass seine Leute erschracken und meinten, das Ende der Welt sei nahe. Er kehrte zu Pferde nach der Stadt San Miguel zurück und empfand noch während des Reitens drei Erdstösse. Die Einwohner waren von Entsetzen ergriffen, Vögel flogen wild in den Strassen umher und fielen todt zur Erde nieder. Um 4 Uhr war es so finster, dass jener Beobachter seine vor die Augen gehaltene Hand nicht zu sehen vermochte; niemand ging ohne Licht aus, welches einen trüben, nebligen, nur wenige Fuss weit reichenden Schein von sich gab. Eine Bussprozession mit Kerzen und Fackeln ward gehalten, bei welcher ein neuer Stoss erfolgte, der viele der Theilnehmer zu Boden warf. Die Finsterniss währte bis 11 Uhr des nächsten Tages, wo die Sonne wieder theilweise sichtbar war, aber glanzlos, trübe, nebelig. Der Staub lag vier Zoll dick auf der Erde, die Zweige der Bäume brachen unter seiner Last, und die Menschen sahen so entstellt aus, dass man sie nicht wieder erkannte. Am nächsten Morgen um 2 oder 3 Uhr erfolgte ein mit einer heftigen Erderschütterung begleiteter Knall, der dem Losbrechen des furchtbarsten Donners oder dem Abfeuern von mehreren tausend Geschützen gleich. Nach diesen Vorfällen war das Antlitz der Natur ein anderes geworden, als es gewesen war. Der Kegel des Vulkans war verschwunden, ein Berg und ein Lavastrom floss zum Meere hinab, ein Wald, »so alt, wie die Schöpfung,« existirte nicht mehr, im Meere hatten sich zwei Inseln gebildet, ein Fluss war zugedämmt und ein anderer entstanden, der in umgekehrter Richtung strömte. Menschen wurden vermisst. Was die wilden Thiere betrifft, so hatten die Vorgänge auf dieselben eine so erschreckende Wirkung, dass sie heulend ihre Gebirgshöhlen verliessen und den Wohnungen der Menschen zuflohen; es werden Onzen, Leoparden, Schlangen genannt *).

Solche Ereignisse muss man sich vergegenwärtigen, um sich von der Grösse und Furchtbarkeit der vorzeitlichen Phänomene, welche uns die biblischen Schilderungen andeuten, eine ohngefähre Vorstellung zu machen. Kam dergleichen in häufiger Wiederholung vor, und nahmen die dadurch angerichteten Verwüstungen und plötzlichen Umwandlungen ganzer Gegenden und Länder immer mehr überhand, so dass es auf die Vernichtung alles Lebenden, ja auf den Untergang des ganzen Welttheiles abgesehen zu sein schien, so war es natürlich, dass eine physische Schreckensperiode der Art auch zu einer völkerschaftlichen Flucht- und Wanderungsperiode wurde. Und da der eigentliche Heerd der vulkanischen Thätigkeiten wahrscheinlich das mittlere Amerika war und die nördlicheren Gegenden weniger litten, so ist es wiederum begreiflich, dass sich die entsetzten Nationen und flüchtigen Völkerstämme zunächst dahin begaben, daselbst einander fortstiessen und fortdrängten und so zuletzt ein Ueberströmen der angehäuften Menschenmassen nach Asien erfolgte.

Mose scheint den Anfang der Bewegung gemacht zu haben, indem er sein Volk nebst anderen ihm vertrauenden Stämmen zuerst den Norden hinauf an den Küsten des stillen Meeres hin bis zum Ende des Welttheils und dann entweder, was das Wahrscheinlichste ist, über die Behringsstrasse, oder über die aleutische Inselkette nach Asien führte. Weiterhin mögen noch andere solche Züge gefolgt, ja das

---

*) Stephens, Reiseerlebnisse S. 283 f. Scherzer, Wanderungen durch Nicaragua, Honduras u. San Salvador S. 481 ff.

amerikanisch-ägyptische Herrschervolk selbst zum Auszug bewogen worden sein; denn der grosse Zug des Königs Sesostris, der 9 Jahre lang ganz Asien durchzogen haben und auch nach Europa gekommen sein soll, wo er fast aufgerieben wurde, war allem Anscheine nach eine ganz ähnliche Unternehmung, wie die hebräische, ging nicht geradewegs, sondern unter unsicherem Suchen und Umherirren, von einem Aegypten zum anderen, von dem amerikanischen Urlande zur Colonie am Nil, und war nicht sowohl in dem freien Entschluss eines eroberungs- und ruhmsüchtigen Monarchen, als in dem Verlangen begründet, dem in den Ursitzen drohenden Verderben zu entgehen.

XXII.
Aegypten und die ägyptische Meereszunge bei Jesaias, das Land Arsareth und die Enge des Euphrat im 4. B. Esra in dem Sinne von Amerika und der Behringsstrasse.

Ein, wie uns scheint, evidenter Beweis der Behauptung, dass die Bibel zweierlei Mizraim oder Aegypten kennt, ist in einer sehr sonderbar lautenden, mittelst unseres Systems aber leicht zu erklärenden Stelle des Propheten Jesaias *) enthalten. »Dann verbannet Jehova,« so lautet dieselbe, »die Zunge des ägyptischen Meeres und schwingt seine Hand über den Strom mit gewaltigem Sturm und zerschlägt ihn in sieben Bäche, dass man in Schuhen durchgehen kann. Und das ist eine Strasse für den Rest seines Volkes, das übrig ist aus Assy-

---
*) Cap. 11, 15 f.

rien, so wie sie war für Israel, als es herzog aus Aegyptenland.« Die Ueberreste der von den Assyriern weggeführten Stämme Israels befinden sich hiernach jenseits der ägyptischen Meereszunge, und über diese sollen sie in ähnlicher Weise wieder zurückgeführt werden, wie das Volk, da es aus Aegypten zog, mittelst eines von Jehova an der erwähnten Meereszunge gewirkten Wunders. Dies ist, nach bisheriger Auffassung der hebräischen Urgeschichte, nach welcher das Volk in dem Lande des Niles gewesen und von da über den arabischen Meerbusen ausgegangen sein soll, der vollkommenste Unsinn. Jene verschleppten Stämme kamen ja nicht nach Aegypten, sondern in eine in ganz anderer Richtung gelegene Gegend von Asien *). Der Prophet muss demnach ein ganz anderes Land, als das afrikanische, und ein ganz anderes Gewässer, als das arabische, im Sinne gehabt haben.

Man hatte, scheint es, die Vorstellung, die verlorenen Stämme seien von Assyrien aus weiter ost- und nordwärts gezogen und hätten sich wieder in das alte Vaterland Israels, aus welchem sie auf diesem Wege nach Asien und Palästina gekommen, zurückbegeben. Andere, schon namhaft gemachte Stellen in Jesaias beweisen, dass man von diesem Urland und dieser Herkunft wirklich noch wusste; und unter solchen Umständen konnte sich eine Sage, wie die von uns vermuthete, leicht bilden. Letztere begegnet auch ausdrücklich 4 Esra 13, 40 ff., wo es heisst, die von den Assyrern weggeführten Stämme hätten den Entschluss gefasst, in eine ferne, menschenleere Gegend zu ziehen, und

---

*) 2 Kön. 17, 6. Cap. 18, 11: »Der König von Assyrien führte Israel weg nach Assyrien, und brachte sie nach Halah und an den Habor, den Strom von Gosan, und in die Städte der Meder.«

sich in ein Land begeben, welches Arsareth heisse, und in welches zu kommen, eine Reise von anderthalb Jahren erforderlich sei. Sie wären aber in dasselbe eingezogen durch die Enge des Euphrat, und Gott habe gemacht, dass die Wasser stille gestanden, so dass sie trockenen Fusses hindurchziehen konnten: *per introitus angustos Euphratis introierunt*. Der Euphrat passt hier offenbar nicht; deutlich aber ist von einer Meerenge die Rede; und man wird so auf die Behringsstrasse geführt, über die man, wenn sie gefroren war, in der That zu Fusse hinüberzuziehen im Stande war *). Dasselbe wird auch die Meereszunge Aegyptens bei Jesaias sein. Das jenseits gelegene Land wird hier Mizraim, dort Arsareth genannt; Beides muss Benennung Amerika's oder eines Theiles davon gewesen sein. In der Stelle des Jesaias steht parallel mit der ägyptischen Meereszunge der Ausdruck *nahar*. Dies Wort bedeutet Fluss, Strom, und wird besonders zur Bezeichnung des Euphrat gebraucht, steht aber auch von den Strömungen des Meeres **). Es zeigte, wenn vom grossen israelitischen Zuge die Rede, wohl auch auf die Meerenge hin, welche Asien und Amerika trennt. In diesem Sinne kommt es in der citirten Prophetenstelle vor; man möchte dafür auch »die Enge des Stromes, der Meeresströmung *nahar*;« sagen. Spätere nahmen das Wort auch hier für den Euphrat; und so wurde »die Enge des Euphrat« daraus, über welche die versetzten Stämme in das Land Arsareth gedrungen sein sollten. Zum Beweise, dass sie wirklich nach Amerika

---

*) Sie ist im Winter durch ungeheuere, sich fest aneinander drängende Eisbänke geschlossen; selbst im Sommer treiben in ihr Eismassen umher.

**) Jona 2, 3: »Und (des Meeres) Strom umfängt mich.«

gekommen, dienen diese Sagen nicht; man würde von dieser Thatsache im Westen Asiens schwerlich benachrichtiget worden sein. Nicht undenkbar wäre es übrigens, dass die nach Assyrien geführten Israeliten auf den Gedanken gekommen seien, in ihre, ihnen noch erinnerliche, Urheimath zurückzukehren, welche sie vielleicht, nach so viel Unglück, verlassen zu haben bereueten.

XXIII.
Aegyptische Namen und Wörter aus dem Indischen erklärt mit Hinblick auf Amerika.

Unserem Systeme zu Folge ist der Ursitz der alten Aegyptier im Westen Amerika's auf den Hochebenen der Anden gewesen; sie waren das Hauptvolk des Welttheiles, und hatten ein grosses Reich errichtet, welches den barbarischeren Osten von sich aristokratisch ausschloss, aber doch unter seiner Botmässigkeit hielt. Die Sprache stand in naher Verwandtschaft mit dem sogenannten Indogermanischen oder Indoeuropäischen, welches sich hier in seiner Besonderheit zu entwickeln begonnen hatte; hier ist die arische Ursprache zu suchen, die sich vielleicht auch schon in mehrere dialektische Zweige theilte, welche dem Indischen, Griechischen, Lateinischen, Deutschen entsprachen, da man von all dem in Amerika und besonders auf dieser Seite des Welttheiles so deutliche Spuren entdeckt. Dass das Altägyptische mit dem Sanskrit zusammenhängt, hat bereits P. v. Bohlen zu zeigen gesucht, indem er eine Anzahl ägyptischer Namen und Wörter aus diesem Idiome deutete*). Wir stimmen nicht Allem

---
*) Altes Indien II. S. 457 ff.

bei; aber ein Theil seiner Etymologien ist, scheint es, zu evident, als dass man ihn bezweifeln könnte; und diesen heben wir aus *); indem wir einiges Eigene hinzufügen und zugleich ein drittes Moment, das amerikanische, berücksichtigen.

Der Nil, $N\varepsilon\tilde{\iota}\lambda o\varsigma$, heisst hebr. *schichor*, griech. Melas, lat. Melo; das Alles bedeutet: der Schwarze; er floss mit schlammiger Fluth, $\chi\varepsilon\nu\mu\alpha\tau\iota\ \pi\eta\lambda\omega\varepsilon\nu\tau\iota$, erhielt auch das Beiwort *nigricans*. Und so wird auch wohl Nil nichts Anderes als »der Trübe, Dunkle, Schwarze« heissen; und Sanskr. *nilas* bedeutet dies in der That.

Der koptische Name dieses Flusses: *jaro*, würde Sanskr. *yârus*, *yaro* lauten; die Bedeutung ist: »der Gehende,« analog den gleichbedeutenden Flussnamen Jordan, Rhein etc. Hebr. *jeor* ist allgemein Fluss; so und nicht *schichor*, Nil, wird in den biblischen Urgeschichten der Strom des Landes Mizraim genannt, welchen man hier ebenfalls für den Nil hält. Aber wir sind hier nicht im Nillande Afrika's, sondern im amerikanischen Urlande; und dort konnte ein Strom sehr wohl ebenfalls *jeor* heissen. Auch führen amerikanische Flüsse ganz ähnliche Namen, wie namentlich der Yare in Guatemala.

König Necho umschiffte Afrika und heisst wohl auch der Schiffer; der Name gehört in die grosse, weit verbreitete Gruppe: Sanskr. *naus* Schiff, *naukâ*, Nachen, *navikas*, Schiffer; griech. $\nu\varepsilon\omega$, $\nu\alpha\omega$, $\nu\alpha\nu\omega$, $\nu\eta\chi\omega$, schwimmen, $\nu\alpha\nu\varsigma$, Schiff; lat. *nare, navis, navigare;* deutsch Nachen, Nix, Nixe, *nichus*, altn. *nikr*, schwed. und dän. *nek, näk, nök, nok, nocke;* haytisch in Westindien *nae*, Ruder, *Nicao*, ein haytischer Fluss; Guaycurus *niogo*,

---

*) Mehrere Citate, die bei B. zu lesen sind, lassen wir weg und weisen in dieser Beziehung auf das Buch selbst hin.

Wasser; das Wort ist wohl auch in dem Flussnamen *Orinoco*, arawackisch *Wulinucko* enthalten.

Isis und Osiris sind aus dem Indischen sehr einleuchtend durch *isi*, Herrin, vom Stamme *is*, herrschen, und *isvaras*, Herr, zu erklären; es findet sich auch Isiris geschrieben, und Hellanicus hörte so aussprechen.

Plutarch*) berichtet, dass die ägyptische Isis die drei Namen führe: *Moyth*, *Athyri* und *Methyer*. Wären uns diese Namen unerklärt nud wollten wir eine indogermanische Etymologie darauf anwenden, so böte sich für *Moyth* und *Methyer* unser Mutter, engl. *mother*, lat. griech. *mater*, μητηρ, Sanskr. *mátar* dar; Ersteres aber wird von dem alten Schriftsteller wirklich durch Mutter übersetzt. *Methyer* zwar soll »Fülle und Grund« bedeuten; das scheint aber nicht sehr natürlich zu sein; es ist wohl auch dieser Name, als die vollere Form, wie jener andere zu verstehen, so dass wir fast wähnen könnten, man habe in Aegypten einen deutschen Dialekt gesprochen.

Als erster irdischer König der Aegyptier wird Menes genannt, was mit dem kretischen Minos, dem indischen Manus, dem Mannus des Tacitus stimmt. Letzterer Name zeigt in allen deutschen Zungen Mann und Mensch an, goth. *man*, *mann*, *manna* etc. mit dem abgeleiteten *manisk*, *mennisco*. In Amerika ist otomitisch *manoho*, gross, und Manoas, Manaos ist Name eines ehedem zahlreichen und mächtigen Volksstammes in Brasilien, wovon sich eine Abtheilung die *Ore-* oder *Ere-Manaos* d. h. die Aechten, nennt **).

---

*) De Isid. p. 531. Wyttenb.
**) S. über diese Manoas jetzt Martius, Ethnographie I. S. 565. 577. Der Name ist, wie hier bemerkt wird, unerklärt. Die Sepibos am Ucayale sollen auch Manauaguas heissen.

Anysis wird ein blinder König genannt; auch bezeichnet ihn dieser Name als solchen; er würde Sanskr. *anishis*, blind, von *ish*, sehen, mit der Negation *an*, lauten.

Amenthes, wie der Ort der Abgeschiedenen hiess, lat. *mundus* in der Bedeutung Unterwelt, ist Sanskr. *amanthas;* und Radamanthys ist von diesem Worte und *rhad, rhat:* König der Unterwelt; kopt. *rhat* und Sanskr. *rât* heisst König.

Sothis war Name des Hundsgestirnes, Sanskr. *sotis*, Erzeugung, ein schicklicher Name für den die Ueberschwemmung einführenden Genius. Kopt. *so*, Sanskr. *su*, erzeugen.

Ein der Isis heiliges Kraut hiess Somi; vergl. *soma*, die geheiligte Mondpflanze der Indier.

Der Nilkahn hiess nach Herodot βαρις; Sanskr. *bharas* von *bhri*, Transportboot; deutsch fahren etc.

Den Namen βαρβαρος brauchten nach Herodot die Aegyptier für Alle, die nicht ihre Sprache redeten. Sanskr. *barbaras* und *carcaras* steht für das krause Negerhaar und für barbarisch, wild, grausam überhaupt. Das Wort ist Verdoppelung von *ber, rar* und hängt mit dem Namen der indischen Parias und dem Küstenlande Paria im

---

Ore-Manáo soll wörtlich bedeuten: »Wir, die Manao.« Sonst wäre das deutsche ur, lat. *orior, origo* zu vergleichen. Der Name Manao tritt auch in dem »geographischen Märchen vom Dorado« auf, dahin das Goldland und der Goldsee Manoa des *Acunna* gehört. Ein Reich dieses Namens scheint doch einmal vorhanden gewesen zu sein, wenn auch jetzt nichts mehr, als eine realitätslose Mythe, davon übrig. Vergl. Deuber, Gesch. der Schifffahrt im atlant. Ocean. Bamb. 1814. S. 4 f. *Mannu* ist ein indianischer Name des Madeira; Martius, Ethnogr. I. S. 415.

östlichen Südamerika zusammen, wo barbarische Stämme im Gegensatze zu den cultivirten Staaten des Westens hausten.

XXIV.
Die Stationen des israelitischen Wanderzuges.

Die lange Reihe von Stationen (Rastörtern, Reisestätten) des israelitischen Wanderzuges, wo so viele sonst ganz unbekannte Namen auftreten, ist ein Räthsel, welches man allzu einfach dadurch zu lösen gesucht, dass man die obskuren Benennungen für erfunden und willkürlich zusammengestellt erklärte *). Wie aber, wenn sich diese Namen als ursprünglich in Amerika und Oceanien zu Hause gewesen nachweisen liessen? Wenn sich in den Sprachen dieser Welttheile sogar sehr passende Bedeutungen dafür darböten? — Wir wollen einige Beispiele geben.

Eine jener Ortschaften heisst Rithma, was hebr. arab. Ginsterkraut bedeuten würde. Omaguisch in Amerika ist *ritama* Wohnsitz **), was nicht nur dem Laute nach so gut als identisch ist, sondern auch eine viel ansprechendere Bedeutung hat. Eine Insel des stillen Meeres heisst Rotumah..

Eine andere Station ist Mathana; das würde Geschenk, Belohnung oder Opfergabe bedeuten, was übel zu passen scheint. Dasselbe Wort bezeichnet auf Otahaiti einen ausgezeichneten Wohnsitz, dem andere untergeordnet sind; und die Insel Huaheine finden wir in 8 Matenas oder

---

*) So Göthe im Divan und Bohlen, Genesis S. LXVI f.
**) Mithridates Th. III. Abth. II. S. 608.

Distrikte getheilt *). So werden aus diesen Namen ganz einfache Ortsbestimmungen allgemein sprachlicher, appellativer Art. Es sind dazu auch wohl die amerikanischen Inselnamen Matinina und Matitina zu gesellen **). Weiter ist eine jener Reisestätten Tahath; das würde hebr. unter, unten, das Untere bedeuten. Im stillen Meere begegnen Namen von ganz ähnlichem Laut, wie der der Marquesas-Insel Tahuata und der berühmten Societäts-Insel Tahiti, Otahaiti. Dieselben kommen auch in den von Ellis verzeichneten Sagen der Sandwich-Inseln vor.

Die Station Abarim lässt sich mit der Insel Aborima combiniren; die Ortsnamen des Verzeichnisses, welche Hiroth, Kehelata, Makhcheloth, Phunon oder Punon lauten, klingen an die der Sandwich-Insel Hawaji: Hiro, Kohala, Puna und Ponahohoa an ***); und Puna ist der Name einer amerikanischen Insel, mit welcher der Inca Huayna Capac im Kampfe lag.

Wir dürfen wohl unsere Leser fragen, ob sie das Alles für ein blosses Spiel des Zufalles halten, oder lieber einen geschichtlichen und etymologischen Zusammenhang darin sehen wollen. Man wird uns hoffentlich nicht in der Art missverstehen, als glaubten wir, die Israeliten seien auf ihrer Wanderung an all den Orten gewesen, welche solche Namen tragen. Es sind uralte amerikanische Wortformen und Benennungen, die verschiedentlich angewendet und von Auswanderern da und dorthin getragen, so auch auf die

---

*) Baseler Missionsmagazin 1827. S. 214.

**) Darüber handelt Humboldt, Krit. Unters. I. S. 276. Matinina ist St. Lucia, Matitina scheint Martinique zu sein.

***) S. die Schrift von Ellis über die Sandwich-Insel Hawaji und die Charte dieser Insel daselbst.

oceanische Inselwelt hingebracht wurden, welche, wie wir anzunehmen Gründe haben, in alten Zeiten von Amerika aus besucht und colonisirt worden ist. Nach Asien kamen sie durch die Wanderer und Flüchtlinge, welche sich, wie die Israeliten unter Mose, von Amerika aus nordwärts hinüber in diesen Welttheil begaben. So treffen wir den oben berührten Namen Puna und Punon im stillen Meere, in Amerika und Asien; Punon hiess eine Stadt in Idumäa, die durch ihre Bergwerke bekannt; und ein Puna ist im Marattenstaate.

XXV.
Einzelheiten aus der Geschichte Mosis und der israelitischen Wanderung unter ihm.

Wie viel auch wieder in der Geschichte des Mose an Amerika mahnt, mögen folgende Beispiele lehren.

Wir heben zunächst eine Stelle aus A. v. Humboldt's amerikanischem Reisewerk aus.

»Kurz vor der Katastrophe des 14. Dec. 1797 sah man an den Ufern des Rio Manzanares, bei dem Hospitz der Kapuziner und in dem Meerbusen Cariaco bei Mariquitar Flammen erscheinen. Dieses in einem nicht vulkanischen Lande so fremdartige Phänomen ereignet sich ziemlich häufig in den Gebirgen von Alpenkalkstein bei Cumanacoa, in dem Thal des Bordones, auf der Insel Margaretha und mitten in den Savannen oder Llanos von Neuandalusien. Hier erheben sich Feuerbüschel zu einer beträchtlichen Höhe; man beobachtet sie Stundenlang an den trockensten Orten, und man versichert, dass, wenn man den Boden untersucht, der den Brennstoff liefert, keine Spalten zu bemerken seien. Dieses Feuer theilt sich dem Grase nicht mit, ohne Zweifel, weil die Säule von Luft, die sich entwickelt, mit Stickluft und Kohlensäure gemischt ist und nicht bis an den Boden brennt. Das Volk bezeichnet diese rothen Flammen mit dem bizarren Namen der Seele des Tyrannen Aguirre, indem es sich einbildet, das Gespenst des Lopez d'Aguirre irre in diesen Gegenden umher« *).

Man wird, wenn man dies liesst, auf eine unwiderstehliche Weise an das eigenthümliche Phänomen erinnert, welches im Buche Exodus **) beschrieben ist. Mose weidete die Schafe seines Schwiegervaters Jethro am Horeb. »Da erschien ihm der Engel Jehova's in einer Feuerflamme aus dem Busche. Und er schauete, und siehe, der Busch brannte mit Feuer, und der Busch ward nicht verzehrt. Und er sprach: Ich will doch hingehen, dass ich dies grosse Gesicht sehe, warum der Busch nicht verbrennt. Da rief ihm Gott aus dem Busche und sprach........«

Das Schauen in die vulkanische Flamme erweckte, wie es scheint, die in dem wunderbaren Manne schlummernde ekstatische und seherische Naturanlage, in ähnlicher Weise, wie den Theosophen Jakob Böhme der Glanz des gescheuerten Zinnes in den Zustand ekstatischer Anschauung versetzte ***). Auch nachher blieb Mose mit vulkanischen und elektrischen Dingen vertraut und hatte auf rauchen-

---

*) Humboldt, Reise in die Aequinoctialgegenden I. S. 484.
**) 2 Mos. 3, 1 ff.
***) In der seinen Werken vorgedruckten Biographie wird erzählt, er habe 1600 im 25. Jahre seines Alters im Zimmer ein blankgescheuertes zinnernes Geräthe gesehen, und sei »durch den gählichen Anblick des lieblichen jovialen Scheines,« den dieses Metall von sich gegeben, in den Mittelpunkt der geheimen Natur und das Licht des göttlichen Wesens eingeführt worden.

den, brennenden, blitzenden und donnernden Bergen seine Offenbarungen. Was den amerikanischen Vulkanismus betrifft, so lässt sich noch etwas hieher Gehöriges beibringen. Als eines der grössten Wunder der neuen Welt wurde zur Zeit der Entdeckung der Vulkan Masaya betrachtet; vergl. hebr. מַשְׂאָה, *massaah*, Brand, Feuersbrunst. Der Chronist Oviedo besuchte ihn 1529 und hinterliess einen Bericht über dessen Zustand in jenem Zeitraume. Es stieg daraus ein Rauch empor, der so glänzend, wie eine Flamme war; man sah davon, wenn kein Mondschein war, das ganze Land erleuchtet: »ich selbst habe diesen Glanz auf 16—20 Leguas weit gesehen.« Was hier brannte, war, nach Oviedo kein eigentliches Feuer; »ein solches,« sagt er, »würde weder Bäume, noch Laub, noch Grün stehen lassen; allein es ist ganz im Gegentheile der ganze Berg fast bis zum Rande des Kraters mit Bäumen und Gras bedeckt.« Fray Blas de Castillo, der 1534 in den Krater stieg, sagt: »Während der Nacht ist die Kuppe des Berges vollkommen erleuchtet, so wie es auch die Wolken sind, die eine Art Tiara darüber zu bilden scheinen, welche man auf dem Lande 18—20, zur See über 30 Leguas weit sehen kann. Je finsterer die Nacht, desto glänzender der Vulkan.« Jetzt ist der Krater erloschen und erkaltet *).

Mose macht bitteres Wasser süss, indem er ein gewisses Holz hineinwirft, das ihm Jehova gezeigt **). In Arabien, wo sich dies begeben haben soll, giebt es nach Niebuhr ***) ein solches nicht, da sich die Bewohner der Gegend, wenn es vorhanden wäre, desselben gewiss bedienen

---

*) Vergl. hierüber Squier, Nicaragua.
**) 2 Mos. 15, 25.
***) Beschreibung von Arabien S. 403.

würden. Aber es finden sich Pflanzen der Art in Amerika und in Ostindien. Eine solche, von den Spaniern *yerca Caniani* genannt, wächst in Peru. Sie hat die Kraft, jedes Wasser, es sei noch so salzig und verdorben, zu reinigen und in trinkbaren Zustand zu versetzen. Die Peruaner führen das Kraut auf Reisen mit sich und trinken mit Hülfe desselben unbedenklich jedes Wasser, das sie treffen, wie es auch beschaffen sein möge *). Dann ist auf der Küste von Coromandel ein Baum, tamulisch *nellimaram* geheissen, der dieselbe Eigenschaft hat. Missionäre haben sich desselben mit dem besten Erfolge bedient. Die Tamulen legen, wenn sie einen Brunnen graben, das Holz zum untersten Kranze, auf welchen sie dann weiter bauen **).

Wenn man zu dem durch Asien hindurchgehenden Theil der grossen Wanderung Belege und Bestimmungen zu haben wünscht, so darf man nur ein ausführliches geographisches Werk, wie das bekannte von Ritter, zur Hand nehmen; man wird mit leichter Mühe die merkwürdigsten Uebereinstimmungen finden. Es ist namentlich die grosse mongolische Wüste Gobi, das Sandmeer Schamo der Chinesen, das Himmelsgebirge Thian-Schan oder Mus-Tagh und seine Vulkane, der furchtbare Gletscherpass Mussur-Dabahn, wo man zu haften veranlasst ist. Wir heben hier beispielsweise folgende Momente hervor.

Unter den israelitischen Lagerstätten ist eine, Namens Oboth. Das würde hebr. Schläuche bedeuten; es ist aber wohl ein ganz anderes, fremdartiges Wort, wenn auch hebräisch lautend gemacht. Ein in der Gobi öfters vor-

---

*) Donat's Auszug aus Scheuchzer's Physica sacra II. S. 182.
**) Neuere Geschichte der evangel. Missionsanstalten in Ostindien. St. XXXII. Halle 1787. S. 874.

kommender Name ist *Obo;* so *Ulan Obo,* rother *Obo,* ein Berg mit einem *Obo* oder hohem Steinhaufen; ein heiliger *Obo* ist im Gebiete der Tsakhoo-Mongolen. Die ambulanten Ortschaften der Mongolen in der Gobi heissen Uluss, und eine israelitische Station ist Alusch. Man kommt auf dem Wüstenzuge nach Elim, wo 12 Brunnen und 70 Palmen sind *). In der Gobi ist Khailassatu von den Khailassu oder Ulmen benannt; daselbst befinden sich einige Baumgruppen, ein Wunder in der sonst baumlosen Wüste. Auf den Höhen trifft man Aprikosenbäume und in einer geschützten Einsenkung eine Gruppe von einigen 30 Ulmen, welche die Reisenden überrascht. Von solchen Stellen sprechen die Mongolen mit Entzücken. Die Hebräer haben sie Elim, Baumplätze, genannt. Wir finden ferner ein Moser, wo Aaron stirbt, und, im Stationenverzeichniss des 4. mosaischen Buches, ein Moseroth erwähnt **). Diese Namen bedeuten hebr. Band, Bande; allein es möchte auch hier wieder ein fremdes Wort zu Grunde liegen. Auf der Südseite des Thian-Schan ist ein furchtbarer Gletscherpass, wo jeder Schritt gefährlich ist und die Reisenden oft den Tod finden; Menschen und Thiere ziehen hier mit Zittern hinter einander her. Dieser Pass heisst Mussur-Dabahn; Mussur scheint = Moser zu sein; *dabahn, davan, davagan* heisst im Mongol, Ost-Turki, Mandschu Passage; und auch dieses Wort scheint sich in der biblischen Erzählung zu bergen. Auf diesen Eisbergen befinden sich Ruinen von alten Gräbern; das sind die Gräber des Passes Dabahn, Davan, hebr. *kibroth-hattaawah;* das Wort wurde von den Hebräern in *taawah,* Gelüste verwandelt, weil das hungernde Wandervolk vom Genusse der

---

*) 2 Mos. 15, 27. 4 Mos. 33, 9.
**) 5 Mos. 10, 6. 4 Mos. 33, 30.

Wachteln starb, an denen es sich zu plötzlich gesättiget hatte. »Und man nannte den Ort: Gräber des Gelüstes, weil sie daselbst die Lüsternen im Volke begruben«*). Ein Vogel von der Grösse einer Wachtel, chinesisch Tschakeou, fliegt auch in der That in grossen Schaaren auf den Gletschern umher und legt, wie man sagt, seine Eier auf das Eis, um sie daselbst zerplatzen zu lassen.

Unter den Calamitäten des Zuges ist ferner eine Schlangenplage. Eine Menge Menschen starb von den Schlangenbissen, und Mose richtete das rettende Schlangenbild auf, dem die Israeliten bis auf Hiskia Verehrung erzeigten **). In der mongolischen Gobi erhebt sich ein Tempel auf dem Abhange des Berges Aburga d. h. Schlange; der Name kommt, wie man sagt, von den Schlangen, die es daselbst vor Zeiten gegeben haben soll, und im Tempel fanden sich kolossale Holzidole, worunter eines mit der Schlange in der Hand.

Einmal zündet Jehova unter dem Volke ein Feuer an, und die Stätte heisst *tabeera*, Entzündung, Brand ***). Hier bietet sich die grosse Solfatara von Urumzi am Fusse des Bodgo-Oola zur Vergleichung an. Sie hat 8 Meilen im Umfange und heisst die flammende Ebene, weil sie mit Flugasche bedeckt ist und, so wie man Etwas hineinwirft, Flammen zeigt. Die lamaischen Bücher enthalten, wie die Kalmücken aussagen, die Tradition von einem Zorngerichte Gottes, wodurch die zerrüttete Gegend am Tarbagatai durch Feuer zerstört wurde. Hiebei sei eine Nation verschwunden, von welcher weder Name, noch Sprache geblieben, indem ein Theil von den durch den Brand toll

---

*) 4 Mos. 11, 34.
**) 4 Mos. 21, 6 ff. 2 Kön. 18, 4.
***) 4 Mos. 11, 1 ff.

gewordenen Heerden zertreten, ein anderer unter den Wohnungen begraben worden, der Rest entflohen und verschwunden sei. Das soll schon vor ein paar Jahrtausenden geschehen sein. Es ist mir sehr wahrscheinlich, dass diese Nation die hebräische gewesen. Die lamaischen Aufzeichnungen würden in diesem Falle die Notiz von Israels Zuge durch Asien enthalten *).

XXVI.
Der Name Mose.

1.

Der Name Mose, *Moscheh*, *Μωϋσῆς*, wird von der Bibel auf die Rettung aus dem Wasser bezogen: »Das Kind wurde der Sohn der Tochter Pharao's, und sie nannte ihn Mose; denn, sagte sie, aus dem Wasser habe ich ihn gezogen« **). Aus dem Hebräischen ergiebt sich das nicht; denn wenn man *Moscheh* für das Particip von *maschah* nimmt, so bedeutet es nicht einen Herausgezogenen, sondern einen Herausziehenden ***). Sehr gut erklärt sich aber der Name, wenn man folgende ägyptische und amerikanische Grundlaute und Bildungsformen dafür in Anspruch nimmt. Koptisch *moui*, Norton-Strasse *mooe* ****). Villela *ma*, Wasser. Das ist die Basis; *sche* aber ist das amerikanische *che*; *tsche*, *tshae* †), welches Mann und

---
*) Ueber dies Alles kann bei Ritter nachgelesen werden.
**) 2 Mos. 2, 10.
***) Schon von Andern eingewendet.
****) Nach Cook, sec. Vpy.
†) Bei Martius ist Pimenteira *tschae*, *ischäho*, Mensch.

Mensch bedeutet, eben so auch am Ende vieler amerikanischer Volks- und Parteinamen erscheint und da eine Herkunft oder Gemeinschaft anzeigt, wie in dem der **Pehuenchen**, d. h. Fichtenmänner, von *pehuen*, Fichte, *pinus*, der **Puelchen**, Leute des Ostens, von *puel*, Osten etc. Nach **Pöppig's** *) Bemerkung haben die Begleiter eines mächtigen Kaziken in Chili die Gewohnheit, den Namen ihres Führers mit Hinzusetzung der Silbe *che* anzunehmen z. B. *Mariluanches*, Leute von der Truppe Mariluan's, welcher ein zu seiner Zeit sehr gefürchteter Moluchenhäuptling war. Dieses *che*, *sche*, *tsche* entspricht dem germanischen *sch*, *isch*, *isk*, *ish*, wie es in Mensch, *mannisk*, *menisco*, onglisch, *english* etc. erscheint. Ein deutscher Dialekt sagt: »die Müllerischen« statt »die Familie Müller« u. dergl. Und so wäre denn *Mo-ische*, *Mo-sche* ganz sprach- und sachgemäss: der vom Wasser, *mo*, her, das Wasserkind.

2.

Zu dem in dieser Weise gedeuteten Namen bietet sich nun überdies eine sehr hübsche Analogie in einer deutschen Sage dar. Ein longobardisches Weib, das 7 Kinder auf einmal geboren, warf dieselben in einen Fischteich. Hierauf ritt König Agelmund vorüber, bemerkte die Kinder und wendete sie mit dem Spiesso, den er trug, von einer Seite zur anderen. Da griff eines der Kinder nach dem Speer und hielt ihn fest. Das gefiel dem König; er befahl, das Kind herauszuziehen und aufzuführen. Und weil es aus dem Teiche genommen, der in der Sprache der Longobarden *lama* **) hiess, so nannte man das Kind Lamissio.

*) Reise in Chili etc. Leipz. 1835. I. S. 461 ff.
**) Vergl. *s-lam*, Schlamm, Lehm, lat. *lama*, *limus*, griech. λαμος, λιμνη.

Er wuchs zu einem streitbaren Helden auf und wurde nach Agelmunds Tode König *). *Lam-issio* ist ebenso gebildet, wie *Mo-ische, Mo-sche; issio* ist das engl. *ish*, das deutsche *isk*, *isch*. Und nun kann noch dazu bemerkt werden, dass auch diese Bildungsform auf *issio* ganz amerikanisch ist. Die Sprache der Arawacken hat Adjectiva oder Participien auf *issia*, Plur. *issiannu;* so z. B. *kansin*, lieben, *kansissia*, Plur. *kansissiannu*, geliebt **).

XXVII.
Yucatan und Joktan. Der israelitische Kalbs- und Poordienst auf altamerikanischen Tapirdienst zurückgeführt.

1.

Der Name der Halbinsel **Yucatan**, wo sich so merkwürdige Ruinen finden, gehört zu denjenigen geographischen Benennungen Amerika's, über deren Ursprung und eigentliche Bedeutung man nicht im Klaren ist. Man lässt ihn nicht für ächt gelten; das Land hiess vordem **Chacnouitan** und **Maya** oder **Mayapan**; die Spanier nannten es Yucatan, man weiss nicht, warum. Nun trifft aber dieser Namen so auffallend mit einem der biblischen Völkertafel, nämlich **Joktan**, zusammen, dass wir uns der Vergleichung der beiden und der Vermuthung eines Zusammenhan-

---

*) Paulus Diac. Lib. I. c. 15.
) Quandt, Surinam S. 299. Vergl. 312. H. Brugsch in seinem Buche: Aus dem Orient. Berlin 1864. S. 46 bringt den Namen **Mose mit einem ägyptischen zusammen, welcher *Mas* oder *Massu* lautet und Kind bedeutet. Diese Namen haben wohl Nichts mit einander zu thun.

ges nicht erwehren können. Auch giebt es noch andere, nähere Gründe, in Yucatan ein ächtes, altes Wort zu sehen. Wir finden *Jucati* als ein indianisches Haiti - Wort verzeichnet und durch *Indi Hispaniolae septemtrionales* erklärt *). Ein frappanter Umstand ist ferner dieser, dass die Pataschos in Brasilien den Ochsen *juctan* nennen **). Was ist das für ein Wort? —

Man wird wohl auf das in Amerika früher unbekannte Rindergeschlecht einen schon vorhandenen, einheimischen Thiernamen übergetragen haben. Man weiss mehrere Fälle, wo solches Statt gefunden. So wurde der Ochs in Brasilien *tapiira*, in Peru *uagra* genannt; Beides bedeutete eigentlich den Tapir ***). In den Dialekten der Camacans heisst der Letztere *cre*, *herä*, und der Ochse *hererú*. Bei den Coëruna's ist *aurái*, bei den Miranha's *zuhnura* oder

*) Murr, Reisen einiger Missionarien S. 407.

**) Nach Maxim. von Neuwied im Wörterverzeichniss.

***) »Ich bemerkte,« sagt de la Condamine, »dass sie den Gestirnen Thiernamen gaben. So nannten sie das Siebengestirn oder den Kopf des Stieres *tapiira rayuba*, was jetzt Ochsenkinnbacken bedeutet, indem Brasilianer und Peruaner, seitdem man nach Amerika Ochsen gebracht, diesen Thieren den Namen beigelegt haben, der in ihrer Sprache den Tapir bezeichnete; denn dies war das grösste vierfüssige Thier, welches sie vor Ankunft der Europäer kannten.« Sie hatten also den Kinnbacken des Tapirs unter die Gestirne versetzt; wer muss hier nicht an den Eselskinnbacken denken, mit welchem Simson die Philister schlägt? Der starke Walter, von dem in den Grimm'schen Sagen die Rede, schlägt die Feinde mit dem Schulterblatt eines Kalbes; Walter von Wasichenstein in der Wilkina- und Niflunga-Sage bedient sich zu dem Behufe des Rückens eines Wildschweines. Dergleichen Sagen haben vermuthlich auch die alten Amerikaner gehabt.

ucdghi Tapir und Ochs, und so Mehreres *). Es scheint daher auch *juctan* eigentlich ein Name des Tapirs' gewesen zu sein, wiewohl ich dies nicht angegeben finde **). In Guyana heisst er auch *maypuris* ***); ein diesen Namen tragendes Volk am Orinoko sind die Maypuris; Martius führt die Mopurys auf; so auch eine Tupihorde, Namens Tapirapés am Rio Tapirapés. Wie sich hier die betreffenden Stämme einen Tapirnamen gaben, so konnte sich ein Volk und Land auch wohl Juctan, Yucatan in der Bedeutung: Volk und Land des Tapirs nennen. Ziehen wir ferner folgende Tapirnamen herbei: Malalis *amajö*, Guanas *maionaikamon*, Yaguas *maicha*, Guato *maou*, Cotoquina *mu*, Botocuden *mopran*, wohl nur eine andere Aussprache des obigen *maypuris*, und *mou*, *may* derselbe Grundlaut, wie in den Formen *mu*, *maou*, *amajö* etc. Omagua *mia* bedeutet Thier; und der chinesische Name des Tapirs ist *me* ****). Sollten nun diese Wortformen keine Anwendung auf den Namen Maya und Mayapan gestatten; nicht auch hier die Bedeutung: Volk und Land des Tapirs, und Yucatan nur ein anderer, aber gleichbedeutender Name der Halbinsel und seiner alten Bevölkerung sein, die sich jenes Thier zu ihrem Abzeichen gewählt, und das vielleicht nicht ohne religiösen Grund und Sinn, indem ihr der Tapir ein heiliges, göttlich verehrtes Thier war, wie der Apis dem Aegyptier, das goldene Kalb dem abgöttischen Israel?

---

*) S. Neuwied und Martius.
**) Zusammenstellungen von Tapirnamen s. in der Ethnographie von Martius II. S. 436. 453. 479.
***) Nach Condamine und Anderen; vergl. Juri *poory*, *poari*, Tapir.
****) Abel Remusat im Journal des Savans 1820. S. 217. Ueber den asiatischen Tapir steht ein Aufsatz in W. v. Schlegel's indischer Bibliothek I. S. 393 ff.

2.

Es sind wirklich Gründe vorhanden, einen altamerikanischen Tapircult anzunehmen, der auch nach Asien, Afrika und selbst nach Europa überging, daselbst aber in verschleierter Weise vor Augen tritt. Wir gedenken darüber eine besondere Abhandlung zu liefern, da die Sache von grosser religions- und völkergeschichtlicher Wichtigkeit ist, und ohne eine solche Erörterung die Lösung gewisser Räthsel und Probleme nicht möglich sein wird. Für jetzt werfen wir nur Folgendes hin.

Auf den altamerikanischen Tapirdienst geht höchst wahrscheinlich der angebliche Kalbsdienst der Israeliten, — eine der sonderbarsten Cultusformen des Alterthumes — zurück. Jenes wasserliebende Thier war das Symbol eines Naturdienstes, der mit dem spiritualistischen Jehovaculte, welcher seine Gottheit so vorzugsweise in Feuer und Flamme verehrte, den schärfsten Gegensatz bildete; man denke an die betreffenden Scenen während des mosaischen Wüstenzuges und die Theilung des Reiches nach Salomo, wo Jerobeam, im oppositionellen Widerspruche mit dem Culte zu Jerusalem, seine beiden Idole zu Bethel und Dan aufrichtet. Es ist hier auch Bileam, der Sohn Beor's, zu nennen, der das Volk zum Dienste des Baal Peor verleitete. Beor und Peor ist im Grunde wieder nichts Anderes, als der Tapir, der in Amerika auch Beori heisst *). Ausserdem nannte man das Idol עגל, *egel, ghegel*, was sonst Kalb bedeutete. Es war auch sehr natürlich, es für die Gestalt eines Kalbes anzusehen, ja ihm mit der Zeit diese Gestalt zu geben, da es im Westen Asiens, wo man sich nunmehr befand, keine Tapire gab. Man mag zum

---

*) Nach Clavigero. Jurì *poarì*.

Theil auch den Esel dafür gesetzt haben *), daher die Sage von dem israelitischen Eseldionst, welchen Cult man selbst noch den Christen zum Vorwurfe machte **).

3.

Reste eines alten Tapircultus sind in Amerika noch in neueren Zeiten bemerklich geworden. So sagt der Missionär Voigl in seiner Beschreibung der Landschaft Mainas ***): »Das Fleisch des Tapirs, welches viele Völker essen, wollen die von Mainas nicht kosten, jagen dem Thiere auch nicht nach, trotz des vielen Schadens, welchen es ihnen verursacht. Ich vermuthe, dass sie von der Jagd und dem Genusse desselben durch einen abergläubischen Grund abgehalten werden. Sie tragen doch oft kein Bedenken, ihren Hunger mit Ratten, Kröten, Schlangen, Krokodilen und anderen so unreinen Thieren zu stillen; wie sollten sie also ohne ein solches Motiv ein Thier verschonen, durch dessen Erlegung sie sich mit leichter Mühe eine so ausgiebige Nahrung verschaffen würden!« Eine andere Spur der Art scheint sich aus den indianischen Benennungen des Thieres zu ergeben. Bei den Macunis in Brasilien heisst es *tia* ****); und wir dürfen hiebei keinen Anstand

---

*) Der Tapir hat mit beiderlei Thieren einige Aehnlichkeit; de Lory beschreibt ihn unter dem Namen *tapiroussou* als ein Mittelding zwischen Kuh und Esel. Histoire d'un voyage faict en la terre du Bresil. Chap. 10.
**) Nach Tacitus, Hist. V, 3 haben die Juden das Bild eines Esels im Heiligthume geweiht, weil sie, von wilden Eseln geleitet, Brunnquellen gefunden. Den Gott der Christen nannten die Heiden *Ononychites*, Eselsklauen habend. Tertull. Apol. 16.
***) Bei Murr, Reisen etc. S. 210.
****) Martius a. a. O. S. 453.

nehmen, an ϑεος, ϑειος, *divus*, Sanskr. *dêvas, daivas*, Gott, göttlich zu denken. Denn dieses Wort ist auch in Amerika zu Hause, und das wohl vom Ursprung an. Es kommt nicht nur in den mexicanischen Formen *teotl, teo-* (*teocalli, teopan* etc.), *teteo, teoyotl*, sondern auch ganz genau in der griechischen Form *theos* vor *). Tamanakisch bedeutet *tiva* gross und sehr **), eigentlich wohl göttlich, und ist in diesem Sinne wahrscheinlich das *tia*·der Macunis, bei welchen es das, wenn nicht mehr jetzt, doch vor Zeiten für göttlich gehaltene oder als repräsentatives Bild der Gottheit, die man verehrte, betrachtete Thier anzeigt. Galisch ist *dia, dée, diathan* Gott, Götter. In Surinam führt der Tapir nach Quandt den Namen *kamma*; bei Martius finden sich dafür die Formen: Aruac *camma*, Uirina *camá*, Marauha *gama*; dasselbe Wort bezeichnet aber in den amerikanischen Sprachen auch Herr und Gott; so auf den grossen Antillen *guama*, welches in den Wörterverzeichnissen durch *magnus, princeps, dux, dominus, magister* erklärt wird; Cuba *guama-coti, guama-oxocoti,* Puerto Rico *guama nomocon*, Canamirim *ghamatschy*, Patachos *kamissum* Gott ***). Wollte man das Indische vergleichen, so würde sich Sanskr. *kâmas*, Liebe, der indische Amor Kamas bieten; denn der Cult war ein bacchisch-erotischer ****); im Griechischen ist κωμος ein lustischer Aufzug, besonders am Dionysos-Feste, Prozession, Gelag, davon κωμαζω, κωμαξ, κωμαστης, κωμασια, κωμικος; καμμα heisst ein Backwerk mit Lorbeerblättern, wie es wohl vordem zum Kamas- und Tapirdienste bereitet wurde.

---

*) Nach Gilii.
**) Nach demselben.
***) Nach Martius, Ethnographie Bd. II.
****) 2 Mos. 32, 6. V. 18 f. 4 Mos. 25, 6 ff.

Die Oregones in Maynas, wo die erwähnten Spuren von Tapirismus bemerklich, nennen das Thier *igataiman* *), wobei man versucht wird, an Agathodämon zu denken. Er würde so bezeichnet worden sein als Symbol der guten Gottheit im Sinne eines Cultus der Lust, des Naturgenusses; auch heisst in einigen Sprachen Amerika's *catu*, *icatu*, gut, so wie *nigatu* schlimm **) — wo man jedenfalls das griechische αγαϑυς, das deutsche gut erkennt.

4.

Das sich der amerikanische Tapirismus durch die von Asien aus sich westwärts bewegenden Völkerwanderungen auch weit hin nach Europa verbreitet hat, davon sind deutliche Spuren vorhanden. Das Idol wird auch hier zum Theil als Kalb bezeichnet und soll ein goldenes oder vergoldetes gewesen sein. So ist zu Ypern eine Strasse, die Kälberstrasse genannt; da soll einst, als noch Götzendienst getrieben ward, ein reicher Mann gewohnt haben, der ein kupfernes und vergoldetes Kalb anbetete. Alle Samstage opferte er ihm ein lebendes Kalb und theilte Sonntags das Fleisch an alle aus, die es haben wollten. Man glaubt, er sei nach seinem Tode verwünscht worden, als schwarzes Kalb zu spuken ***). Es gehen auch Sagen von einem unter der Erde verborgenen Idole der Art. So liegt bei Brüssel ein Hügel, der Hunsberg genannt; da herum sollen vor Zeiten Hünen gewohnt und in dem Hügel ein goldenes Bild ihres Gottes, welches die Gestalt eines Kalbes hatte, begraben haben ****). Es

---

*) Castelnau und Martius, Ethnographie II. S. 298.
**) Daselbst S. 6. 51. 320 f.
***) Wolf, deutsche Sagen, Nr. 395.
****) Wolf, Niederl. Sagen Nr. 527.

kommen aber in entsprechenden Sagen noch andere Thiergestalten vor *), woraus zu entnehmen ist, dass die eigentliche, ursprüngliche Gestalt verloren gegangen und mit verschiedenen anderen, sei es nur der Benennung, oder auch der bildlichen Darstellung nach, vertauscht worden ist.

XXVIII.
Die Bedeutung des Eisens und des Basaltes in den amerikanisch-hebräischen Urgeschichten. Das verheissene Canaan, ein Land des Eisens, im Unterschiede von dem Urcanaan, als einem Gold- und Silberlande.

1.

Man kennt den Mangel eiserner Werkzeuge bei den Ureinwohnern Amerika's und Oceanien's. Columbus in seinem Schreiben an Raphael Sanxis, königlichen Schatzmeister von Spanien, sagt, dass es auf den von ihm entdeckten Inseln vielerlei Metalle gebe, namentlich Gold, nur Eisen werde vermisst. In einem alten Schriftchen: »Copia der Newen Zeytung aus Presillig Land« **) heisst es: »Die Eingeborenen ermangeln des Eisens und geben Alles hin, was sie besitzen, um eine Hacke zu erlangen. Die Hacken und Spaten der Indianer sind meist nur von Stein.« Dabei ist von einem Reichthum an Gold, Silber und Kupfer die Rede. Die Caraiben hatten Zierrathen von schönem Metall, welches, wie der Schmuck selbst, *caracoli* hiess; man hielt es für eine glückliche Composition

---

*) Siehe z. B. ebendaselbst Nr. 235 u. 234.
**) Bei Humboldt, Krit. Untersuch. III. S. 181.

aus Silber, Kupfer und Gold und machte es nach, doch unvollkommen. Die caraibischen Pfeilspitzen und Schlachtkeulen jedoch bestanden aus einem sehr harten Holz. Die mexicanischen Künstler fertigten mit grossem Geschicke Gold-, Silber- und Juwelierarbeiten, eine Kunst, die sie von den gebildeten Tolteken gelernt hatten. Aber ihre Werkzeuge waren von Stein oder Kupfer, die Spitze ihrer Lanze war von einem Kiesel, zuweilen auch von Kupfer; die Waffe, welche die Stelle des Schwertes vertrat, bestand aus einem Stabe, der auf beiden Seiten mit einem Messer von Kieselsteinen versehen war. Der mexikanische Wurfspiess war von Holz, Kupfer oder Knochen gemacht *). »Die Quichuas (Peru) waren Bergleute; sie gewannen und verarbeiteten Gold, Smaragde und andere Edelsteine, Silber, Blei, Zinn und Kupfer. Aber sie kannten das Eisen nicht« **).

Ganz gefehlt hat der Gebrauch des Eisens im vorzeitlichen Amerika nicht. Aus den nordamerikanischen Hügeln hat man nicht nur Silber und Kupfer, sondern auch einiges Eisen ausgegraben; einige eiserne Geräthschaften wurden 1496 auf Guadeloupe gefunden; und die Schawanesen behaupteten, Florida sei vor Zeiten von einem weissen Volke bewohnt gewesen, welches im Besitze eiserner Werkzeuge war ***). Aber das war partiell; allgemein war die Sache offenbar nicht; sie fehlte zur Zeit der Entdeckung selbst so civilisirten und in anderer Beziehung geschickten Nationen, wie die Mexikaner und Peruaner waren.

So waren denn auch wohl die Israeliten in ältester Zeit

---

*) Clavigero B. VII. Cap. 23 und 51.
**) Martius, Ethnographie I. S. 460.
***) Assal, Nachrichten über die früheren Einwohner von Nordamerika. Heidelberg 1827. S. 41 f. 44. 46. 79.

ohne alle eisernen, ja überhaupt metallenen Werkzeuge und Waffen. Noch zeugt die Sprache davon, welche für Messer, Stein und Schärfe dieselben Wörter: *zor* und *zur* hat. Mit einem solchen *zor*, worunter ohne Zweifel ein Steinmesser zu verstehen, beschneidet Zippora ihren Sohn *). Ganz wie von den Amerikanern wird auch von den Israeliten der höchste Werth nicht auf Silber, Gold und Edelstein, sondern auf Eisen gelegt. Jehova führt sein Volk in ein Land, dessen Steine Eisen sind **), und dem Stamme Ascher wird im Segen Mosis verheissen: »Eisen und Erz soll dein Riegel sein« ***). Das war das Allerwerthvollste und Geschätzteste, was man dem Volke in Aussicht stellen konnte.

2.

Was den Cultus betrifft, so tritt ein anderes Verhältniss ein. Das Eisen, so nützlich für die bezüglichen Lebenszwecke, ist hier ein profaner Stoff, der untersagt wird, indem es sich in dem Falle vielmehr nur darum handelt, das Andenken an das Urland und die Simplicität des Urcultus daselbst aufrecht zu erhalten. Der heilige Stoff ist hier der Stein, und zwar der unbearbeitete; daher soll man den Altar Jehova's, des Gottes von Mizraim d. h. von Amerika her, von unbehauenen Steinen bauen und darüber kein Eisen schwingen ****). Denn solche Altäre hatte man ihm in der amerikanischen Urzeit errichtet, und das wollte der conservative Geist des Cultus nicht abgeändert wissen.

---

*) 2 Mos. 4, 25. Vergl. Jos. 5, 2.
**) 5 Mos. 8, 9.
***) 5 Mos. 33, 24.
****) 5 Mos. 27, 5 f. Vergl. Jos. 8, 31. 2 Mos. 20, 25.

3.

Bei dieser Gelegenheit erkennen wir auch wieder recht deutlich, dass die Bibel, wie zweierlei **Mizraim**, ein amerikanisches und ein afrikanisches, so auch ein zweifaches **Canaan**, ein-amerikanisches und ein asiatisches, hat, wovon jedoch die Genesis nur das erstere vor Augen stellt. Das Canaan, in welches Jehova mittelst des langwierigen Wanderzuges sein Volk führt, ist, wie gesagt, ein **Land des Eisens und Erzes**. Ein solches ist jenes nicht, in welchem die hebräischen Altväter umherziehen; das wird als ein Land des **Silbers** und **Goldes** geschildert. »Und Abraham war sehr reich an Heerden, an **Silber und an Gold**« *). Sein Knecht Elieser giebt der Rebekka einen **goldenen Nasenring** **). Und die Schätze, welche das Volk aus Mizraim mitnimmt, sind silberne und goldene ***). Vergleichen wir den Segen Mosis mit dem Segen Jakobs, so fällt es auf, dass in dem Letzteren einzelnen bevorzugten Stämmen alles mögliche Gute und Schätzbare zugesagt wird, von Eisen aber keine Rede ist; namentlich Ascher, dem der Segen Mosis eine Fülle solchen Metalles verspricht, bloss mit Lebensmitteln bedacht wird ****). Solche hatte der Stamm ohne Zweifel in vorzüglichem Masse in seinem jenseitigen Wohnsitze, und nur von diesem spricht die Genesis; das Deuteronomium hingegen bezieht sich auf den palästinensischen Distrikt, der hier dem Stamme zugetheilt wird.

---

*) 1 Mos. 13, 2.
**) 1 Mos. 22, 24. Auch dieser Schmuck ist ächt amerikanisch, wie Alles in diesen Urgeschichten.
***) 2 Mos. 22, 35.
****) 1 Mos. 49, 20.

4.

Der Ausdruck, dass Palästina ein Land sei, dessen Steine Eisen sind, »scheint sich,« sagt Raumer*) »nicht sowohl auf das Eisenerz des Libanon, als auf die weit verbreitete Basaltformation von Hauran, Ledscha und Dscholan zu beziehen.« Schon Plinius **) sagte vom Basalt, dass er von der Farbe und Härte des Eisens sei; man kann auch sehr wohl ihn selbst als ein Eisenerz betrachten und darauf den angeführten biblischen Ausdruck beziehen, da er sich auf allen Feldern und Wegen wie ein gemeiner Stein findet und noch jetzt in Palästina für Eisenstein gehalten wird. Josephus ***) sagt, dem westjordanischen Bergzuge gegenüber erstrecke sich von Julias bis Petra ein zweiter, und in diesem befinde sich bis Moabitis hin der sogenannte Eisenberg ****). Der Basalt wird als ein trefflicher Pflasterstein in Bosra, Kanuath und anderen Städten Haurans gebraucht; und Josephus †) berichtet, Salomo habe Jerusalem mit schwarzen Steinen, d. h. mit Basalt, pflastern lassen. »Jemanden goldene Berge versprechen,« ist ein Sprüchwort bei uns; das amerikanische Alterthum hätte statt dessen von eisernen Bergen sprechen müssen; es dachte sich wohl in der That ein Dorado von Eisen, ein eisernes Canaan, wo es ganze Berge von Eisen gebe und wo fast alles eisern sei; und Israel wurde in gewissem Sinne wirklich in ein solches hineingeleitet. Ein Wunderland der Art, wo man mit einem dem Eisen ähnlichen Stoffe (Basalt) baute, besass insbesondere der König Og von Basan, dem man die Gegend Argob

---
*) Palästina S. 93.
**) Hist. nat. 36, 7.
***) Bell. Jud. IV, 8. 2.
****) το σιδηρουν καλουμενον ορος.
†) Antiqu. VII, 7, 4.

mit 60 Städten abnahm, welche, wie gerühmt wird, sämmtlich hohe Mauern, Thore und eherne Riegel hatten *). Die Städte Basans mit ihren schwarzen Basalt-Häusern, Thoren, Thüren und Riegeln setzen den europäischen Reisenden noch heute in Verwunderung; und wir sehen daraus, wie richtig die Schilderung der Bibel ist **). Der Riesenkönig Og hat ein-eisernes Bette, 9 Ellen lang und 4 Ellen breit ***), — was ohngefähr dasselbe bedeutet, als wenn da, wo Gold für das Kostbarste gilt, ein solcher Fürst eine goldene Lagerstatt gehabt haben sollte. Ritter vermuthet hier ein Bette aus Basalt; für uns bleibt sich die Sache gleich, da auch Basalt für Eisen gelten konnte. Der Name Basan hängt mit $\beta\alpha\sigma\alpha\nu o\varsigma$, $\beta\alpha\sigma\alpha\nu\iota\tau\eta\varsigma$ und *basaltes* zusammen; es ist das Land des Eisens, in dem Sinne, wie für uns ein Peru, ein Californien Goldländer sind.

XXIX.
Juden und Spartaner. Auflösung eines biblischen Räthsels.

Im 1. Buche der Maccabäer ****) treffen wir auf eine seltsame Nachricht. Ein spartanischer König sendet einem jüdischen Hohenpriester einen Brief, worin es heisst: »Es ist in einer Schrift gefunden worden von den Spartanern und Juden, dass sie Brüder seien und vom Geschlechte Abrahams stammen.« Wie? die Spartaner sollten von Abraham gewusst haben; es sollte dieser

---
*) 5 Mos. 3, 4.
**) Vergl. Raumer, Palästina S. 78 ff.
***) 5 Mos. 3, 11.
****) Cap. 12. 19 f.

Name in ihren alten Schriften vorgekommen sein; sie sollten sich von dem Patriarchen, als welcher ebenfalls ihr Urvater gewesen, abgeleitet haben? Die uns bekannten Völkerverhältnisse und Genealogien des Alterthums sind weit entfernt, damit im Einklange zu stehen.

Man könnte an den Mythus von Kadmos, als etwaiger Veranlassung zu jener Vorstellung und Annahme, denken. Aus den von Kadmos gesäeten Zähnen des Drachen, den er erlegt hatte, erwuchsen Männer, welche S p a r t e n d. i. Gesäete, hiessen. Sie erschlugen einander bis auf fünfe, worunter ein U d ä o s war. Hier kommen zwei ähnliche Namen, wie S p a r t a n e r und J u d e n, *Judaei*, in enger Verknüpfung vor. Aber die fünfe galten in der Sage als Ahnherrn der Thebäer: und die Spartaner haben den Mythus schwerlich in Anspruch genommen.

Obad. 20 kommt S e p h a r a d oder S p h a r a d als Name einer Gegend vor, wo israelitische Deportirte lebten. Das giebt auch keinen Aufschluss.

Unter den Nachkommen Abrahams von der Hagar und der Ketura *) findet sich kein ansprechender Name, der auf die Spartaner bezogen werden könnte; auch unter den Abkömmlingen Esau's, im Geschlechtsregister der Edomiter **), wird kein solcher bemerklich.

Aber Eines ist, was für einen, wenn auch historisch verdunkelten, Zusammenhang des dorischen Geschlechtes mit dem hebräischen spricht: d i e R e l i g i o n. Apollon war ein dorischer Gott; vom delphischen Orakel schrieben sich die drei Rethren des Lykurg her, und die dorische Verfassung ruhte ganz auf apollinischem Cult. Dieser war der des G e i s t e s i m G e g e n s a t z e z u m N a t u r c u l t und seinen Gottheiten; Apollon war ein s u p e r n a t u r a l i s t i s c h e r und

---

*) 1 Mos. 25.
**) 1 Mos. 36.

spiritualistischer Gott und wird als solcher von Ottfried Müller *) mit dem Gotte Israels verglichen. Selbst der Name Sparta, Spartiate, Spartaner scheint sich auf diesen Cult zu beziehen; vergl. Sanskr. *spartan*, Hauch, verwandt mit *spiro* und *spiritus;* Zapara in Amerika *paratu* = *spiritus;* Spartaner hiess wohl eigentlich so viel als Geistverehrer, Spiritualist. So verehren die Indianer Amerika's den grossen Geist, den sie Yohewah (Jehova) nennen. Und von dorther war den Griechen nach ausdrücklicher Angabe diese Religion gekommen. Apollon war ja ein hyperboreischer Gott; er stammte aus dem übernordischen Jenseitslande, der anderen Hemisphäre, dem amerikanischen Continente her, wo seine Verehrung ursprünglich zu Hause gewesen sein sollte. Dort in dem Urlande der Hellenen, wie der Hebräer, wird denn auch wohl eine Berührung derselben Statt gefunden, der dorische Stamm die Religion des Geistes angenommen und sich den amerikanisch-hebräischen Jehova unter dem Namen Apollon angeeignet haben, der aber dann in die allgemeine Götterlehre der Hellenen eingefügt wurde und seine untergeordnete, wiewohl immer noch hochwichtige und grossartige, Bedeutung erhielt. An den schönen Gott der hellenischen Kunstreligion dürfen wir hier noch nicht denken; dieser ist ein verhältnissmässig sehr spätes Erzeugniss des Griechenvolkes; wir wissen, dass die Statuen des Gottes Anfangs noch sehr roh und ungestalt waren, die zu Amyklä z. B. einer chernen Säule glich **); es wurde ihm, als einem furchtbaren Wesen, sogar die symbolische Gestalt des Wolfes und der Name Lykeios, Lykaios, Wolfsgott, gegeben *).

---

*) Dorier I. S. 290 ff. 203.
**) Pausan. Lac. 19.
***) O. Müller's Dorier I. S. 303.

Wie ganz besonders sich die Spartaner diesem Cultus geweiht hatten, bezeugen auch die Namen La ko n, Lakedaimon, Lakedaimonier. Sie kommen von λακεῖν, welches vom Sprechen des Orakelgottes gebraucht wurde: ἔλακεν ὁ Φοῖβος. Lakedaimon hiess eigentlich der Gott als sprechender Dämon, Orakelgott. Ein Name für Lakonien, der offenbar denselben Ursprung hatte, war Lelegia; er wurde auf einen Urkönig Lelex zurückgeführt; es war im Grunde auch nur wieder eine Benennung des dorischen Orakelgottes; Sanskr. *lagh, lok*, griech. und lat. *λεγω, lego, loquor*, *Aius loquens* oder *loculius*, ein sprechender Gott, λαλαγη etc.

XXX.
Die Hyksos.

Wer jene Hyksos gewesen, welche in Aegypten einfielen und Land und Volk daselbst lange Zeit im Drucke hielten, das werden sich unsere Leser jetzt leicht von selbst beantworten. Sie waren ein Theil der grossen amerikanisch-asiatischen Völkerwanderung, zu der Mose den Anlass gegeben und von der er mit seinen Israeliten nur das Centrum ausmachte, während die Uebrigen, wie sie die Bibel ausdrücklich erwähnt und als besonders unbändig schildert, *Ereb,* ערב, Fremd- und Mischvolk, hiessen. Auf dem Wege zerstreute man sich; es schlugen insbesondere die den Israeliten fremden oder nur verwandten Stämme ihre besonderen Wege ein und versuchten es auf eigene Faust, sich bleibende Wohnsitze zu erobern. Von den im Osten und Süden Asiens bereits ansässigen Nationen abgewehrt, verbreiteten sich die Völkerschwärme bis in den Westen Asiens und selbst darüber hinaus nach Afrika. So wie die Israeliten in Palästina, so drangen die Hyksos in Aegypten ein und betrugen sich daselbst als Eroberer in ähnlicher Manier. Letztere waren Semiten, Stammverwandte der Ersteren von drüben, dem amerikanischen Urlande, her, nicht Israeliten und in keiner Beziehung zu solchen im Nillande stehend, wohl aber Hebräer, Söhne Eber's und auch diesen Namen führend; daher ihr Heerlager *Hauar* oder *Avaris* und sie selbst auf ägyptischen Monumenten *Apuru* genannt, welcher Name übrigens in Aegypten auf alle kriegsgefangenen Sklaven und Arbeiter ausgedehnt worden zu sein scheint. Was Brugsch in seinem Buche: »Aus dem Orient« *) in diesen Beziehungen vorträgt, ist sehr interessant, bezieht sich aber mit Sicherheit nur auf die Hyksos; für den Aufenthalt der Israelilen im Nillande von den Zeiten Jakob's und Joseph's bis zu Mose und dem Auszuge derselben aus diesem Aegypten giebt es unseres Wissens keinen monumentalen Beweis. Die Städtenamen Pithom und Ramses sind amerikanisch und nach dem Nillande nur übergetragen. Ueber diese Art von Namensübertragung ist ausführlich schon in der V. Vorlesung die Rede gewesen. Nicht in den Städten des Nillandes, die jene Namen führten, hat Israel gebaut, sondern in denen des jenseitigen Urlandes, welche zuerst so geheissen waren; denn wie man in Palästina ein geographisches Nachbild des amerikanischen Canaan, das sich, wie wir nachgewiesen, im Osten des Welttheiles befunden und so viele Namensspuren hinterlassen hat, herzustellen bemüht war, so geschah ein Gleiches wohl auch in dem afrikanischen Aegypten, als einer Colonie des östlich gelegenen amerikanischen Original-Aegypten. So

---

*) Unter der Aufschrift: »Moses und die Denkmäler« S. 30 ff.

lange man sich nicht mit diesem Gedanken vertraut macht, wird man fortwährend unendlichen Täuschungen unterliegen, welchen aber endlich ein Ziel zu setzen, der Zweck dieses Werkes ist.

Die fremden Eindringlinge werden auf den ägyptischen Inschriften bald mit dem Worte *Amu*, welches durch »Ochsenhirten« erklärt wird, bald mit dem Epitheton der *Aadu*, der Verhassten, der Frevler, bezeichnet. Bei Herodot kommt, als ein von hassenden Gegnern gebrauchter Ausdruck, der Hirte Philition vor. Dass derselbe amerikanisch ist, haben wir schon in der Einleitung *) bemerkt; *palettiju* nennen die betreffenden Indianer die Stämme, mit denen sie keinen Frieden und Verkehr haben. Was das Wort *Amu* betrifft, so vergleicht sich Tupi *amó*, ein Anderer, *amo abd retáma goara*, ein Fremder **); Galibi *ayamouti*, Gefangener, *amuti*, Sklave ***). Der Name Hyksos haftet vielleicht, mit etwas modificirtem Laute, noch an einigen Indianerstämmen, wie diejenigen sind, welche man, mit englischer Schreibung, Chikkasah, Chiketaw, Chictaw, Choktah, genannt findet. In Ungarn wird Csikos, sprich Tschikosch, für Rosshirt, Gestüthüter gebraucht.

---

*) S. 17 Note.

**) Zapara *amu* bedeutet Bart — als Eigenheit eines fremden Menschenstammes im Unterschiede von dem bartlosen Indianer? Tupi *amotaba*, Knebelbart.

***) Nach Martius, Ethnograph. II. in den Wörterverzeichnissen der Tupi- und Galibi-Sprachen.

XXXI.
Irland und Wales in Amerika.

1.

Die Fahrten der Normannen von Island und Grönland aus nach Nordamerika sind bekannt. Theile von diesem führten Namen wie *Ginnungagap, Helluland it mikla, litlla Helluland, Markland, Bjarney, Vinland it göda, Kjalarness, Ireland it mikla, Huitramannaland* *). Letztere beide Benennungen sind sehr auffallend und merkwürdig. *Huitramannaland* bedeutet *terra alborum hominum*, Weissmännerland. Auch die nordamerikanischen Indigenen hatten bekanntlich Sagen von einer **weissen** Bevölkerung und deren Untergang. Als Thorfinn's Expedition **) nach Grönland zurückkehrte, fing man in Markland einige sogenannte Skrälinger, Eingeborne von kleiner Statur, welche aussagten, dass südlich von ihnen, im Inneren des Landes, **weisse Männer** wohnten, die auch **weisse Kleider** trügen. Wir denken hiebei an die *Wittim* und *Wodanim*, die **Weissen** und die **Wodan's** der mosaischen Völkertafel***). Noch mehr Interesse erregt der Name *Ireland it mikla*, d. i. *Hibernia magna*, was geographisch gleichbedeutend mit *Huitramannaland*. Also ein **von weissen Menschen bevölkertes Gross-Irland in Amerika.** Hier fand Gutleif im J. 1027 den Björn Asbrandson in der Rolle eines indianischen Häuptlings. Ersterer, nach Südwesten in ein ihm unbekanntes Land verschlagen, wurde daselbst von Leuten, die eine der irischen ähnliche Sprache redeten, überfallen und mit seinen Begleitern in Fesseln gelegt. Ein Mann

---

*) Antiquitates Americanae. Hafniae 1837. **Rafn**, Entdeckung von Amerika im 10. Jahrhundert. Stralsund 1838.
**) Antiqu. Americ. p. 57.
***) S. hierüber unten Abtheil. III.

jedoch, den sie als einen Landsmann erkannten, befreite sie. Es war der oben Genannte, ein berühmter Held und Dichter, der 999 wegen seiner Liebe zur schönen Thurid aus Island vertrieben worden war. Er fragte nach dieser und sandte ihr einen goldenen Ring und ein Schwert für ihren Sohn, und Gudleif überbrachte die Geschenke *). Braunschweig **) gedenkt der Sagen von nordamerikanischen Indianerstämmen, welche irisch sprächen, und ist geneigt, ihnen einen historischen Grund einzuräumen; er versteht darunter »eine uralte Verbindung skandinavischer und irländischer Abenteurer, die sich hier zu Ansiedelungen verbanden.«

Es lässt sich darüber etwas ganz Anderes sagen. Die Irländer — so erscheint die Sache vom Gesichtspunkt unseres Systems aus — waren von drüben her; dort in Amerika, in *Ireland it mikla*, war ihr ältester Wohnsitz gewesen; von da waren sie — und das wohl vom nordöstlichen Amerika aus — auf ihre Insel gekommen. Daher denn auch die frühe Kenntniss Amerika's im europäischen Norden und die Fahrten dahin. Nicht entdeckt wurde der Welttheil von den nordländischen Seefahrern und Abenteuerern; es waren rückwärtsgekehrte Bewegungen, welche übrigens für das Schicksal Amerika's keine wesentlichen Folgen hatten. In ähnlicher Weise blieben auch die Griechen mit ihrem hyperboreischen d. i. amerikanischen Urlande noch eine Zeit lang in Verbindung; Gesandtschaften und Gaben kamen von dort her einen weiten, beschwerlichen Weg herüber, wie ihn Herodot beschreibt; es gingen aber auch wiederum griechische Reisende und Abgesandte hinüber; und die alten mythischen Helden mussten, um in aller Weise

---

*) Antiqu. Americ. p. 245 etc.
**) Amerikan. Denkmäler S. 84.

gross zu erscheinen, auch bei den Hyperboreern gewesen sein.

2.

Der alte Sagenschreiber Nyniaw (Nennius) aus dem 6. Jahrhundert *) führt die Sage an, es wären ägyptische Auswanderer, welche die Kinder Israels nicht über das rothe Meer verfolgen wollten, über Spanien nach Irland gekommen. Also auch Irländer, wie Israeliten und andere Völker, wollten aus Aegypten sein; und unsere Leser wissen schon, wie wir das erklären; Aegypten ist hier Amerika. Was Spanien betrifft, so kommt dies wohl durch einen Missverstand oder eine falsche Namensdeutung herein. Spanien hiess *Iberia*, ein Fluss daselbst *Iberus*, *Iber*, jetzt Ebro; hebr. *eber*, das Jenseitige, die Gegend jenseits eines Stromes oder Meeres. Das Wort ist auch im Indoeuropäischen, wie Sanskr. *upari*, griech. ὑπερ, lat. *super*, goth. *ufar*, deutsch über, Ufer lehrt. Ein Ausdruck der Art, welcher anzeigen sollte, dass die Auswanderer aus einem jenseits des Meeres gelegenen Lande gekommen, wurde, wie es scheint, auf Iberien, Spanien, gedeutet.

Nennius theilt noch eine andere Sage mit, die von einer dreimaligen Einwanderung aus Spanien spricht. Zuerst kam Partholomus mit 1000 Menschen, die in Irland zu 4000 anwuchsen, dann aber in einer Woche starben. Hierauf erschien Nimech, kehrte aber nach langen Jahren wieder heim. Drittens kamen drei Söhne eines spanischen Königes mit 30 Kielen, in jedem 30 Weiber; sie sahen im Meere einen gläsernen Thurm und menschenähnliche Geschöpfe, *quasi homines*, darauf. Als sie ihn stürmen woll-

---

*) The historia Brittorum of Nennius published by Gunn. London 1820.

ten, verschlang sie das Meer; nur der 30ste Kiel, der nicht mitstürmte, blieb übrig und bevölkerte Irland, wozu noch mehrere spanische Ansiedler kamen; es war davon zu des Sagenschreibers Zeit noch manches Geschlecht, wie das des Hektor, übrig.

So seltsam und fabelhaft auch diese Ueberlieferungen klingen, so möchten sie doch nicht ganz zu verachten sein. Sie zeigen auf eine Zeit zurück, wo sich die Völker Amerika's, die sich hier unter dem Namen spanischer Auswanderer bergen, durch grosse Nothstände zur Verlassung ihres Continentes veranlasst sahen. Der grösste Theil scheint sich nordwestlich hinaufgedrängt und über die Behringsstrasse oder die Aleuten nach Asien ergossen zu haben, ein anderer hingegen von den östlichen Küsten Nordamerika's aus auf dem Seewege ausgewandert und nach Britannien gekommen zu sein.

3.

Ich füge auszüglich hinzu, was ich bei A. v. Humboldt*), obschon unter der Bezeichnung von Fabeln und Märchen, erwähnt und zusammengestellt finde.

Die Sage von den Waleser-Indianern, welche die walesische oder céltische Sprache redeten, ist sehr alt; schon zu den Zeiten des Chevalier Raleigh hatte sich in England ein Gerücht verbreitet, es sei auf den Küsten von Virginien der Waleser Gruss *hao, houi, iach* gehört worden. Owen Chapelain erzählt, es sei ihm durch Aussprechen einiger celtischer Worte gelungen, sich aus den Händen der Indianer von Tuscarora zu retten, die im Begriffe waren, ihn zu skalpiren. Ein Gleiches erfuhr, wie man versichert,

---

*) Reise in die Aequinoctialgegenden V. S. 314 f. mit den Citaten daselbst.

Benjamin Beatty auf einer Reise aus Virginien nach Karolina. Derselbe wollte eine ganze walesische Völkerschaft angetroffen haben. John Filson in seiner Geschichte von Kentucky giebt an, Kapitain Abraham Chapelain habe auf der Station von Kaskasky Indianer getroffen, die sich mit einigen aus dem Waleserlande gebürtigen Soldaten in der Landessprache derselben unterhielten. Am Red River von Nadchitotches, wollte ein brittischer Kapitain, Isaak Stewart, Indianer von weisser Farbe und mit rothen Haaren entdeckt haben, die in walesischer Sprache redeten und pergamentene Rollen besassen, welche sorgfältig in Otterfelle gewickelt und mit grossen, blauen Charakteren beschrieben waren, die weder Stewart, noch sein aus dem Waleslande gebürtiger Reisegefährte Davey zu entziffern vermochten. »Dies sind ohne Zweifel jene walesischen Bücher, von denen in französischen und amerikanischen Zeitschriften die Rede war.« Ein in europäischen Journalen wieder abgedruckter Brief des Herrn Owen vom 11. Febr. 1819 verlegt die Stationen der walesischen Indianer an den Madwaya und theilt dieselben in zwei Stämme, die Brydonen und die Chadogeen. »Sie sprechen das Walesische reiner, als man es im Fürstenthum Wales sprechen hört, weil keine Anglicismen beigemischt sind.«

Alle diese Nachrichten, seien sie auch zum Theile mit unächten Zusätzen vermischt *), für blosse, leere Erfindungen und Gerüchte zu halten, ist zu gewaltsam. Es ist ein ganz ähnlicher Fall, wie mit dem so vielfach bezeugten Alleluja-Singen der Indianer und dem rubenitischen Indianerstamme, den der Jude Montesinus entdeckt haben wollte. Sehr merkwürdig sind jene Urkunden, welche, wie angege-

---

*) Wir haben Einiges, was uns verdächtig war, in dem Auszuge weggelassen.

ben wird, die Herkunft der betreffenden Indianer aus Wales bezeugen sollten. Sie waren den Europäern unleserlich und man erkannte nichts auf Wales Bezügliches darin. Es waren wohl rein amerikanische Documente, die einen ganz anderen Inhalt, als den vermeintlichen, hatten. Man erinnere sich jener in Chiapan, welche auf den amerikanischen Votan zurückgeführt wurden. Dies Alles weist nicht über den Welttheil hinaus in einen anderen, sondern gehört dessen eigener ethnographischer Urgeschichte an.

4.

Eine Vergleichung von Wörtern und Redensarten der alten Sprache Irlands und eines nordamerikanischen Idioms, des algonkinischen, hat bereits Valancey *) versucht. Es sind auffallende Zusammenstimmungen darunter; so algonk. *isca*, irisch *uiske* (sprich *iske*), Wasser; algonk. *bogo*, irisch *bog*, weich etc. Der Bär heisst algonk. nach la Hontan *mackoua*, nach Valancey *makaun;* tschipiwäisch nach Carver *mackua*, engl. geschrieben *makwah*, Bär, *mäkon*, junger Bär; im Irischen ist dafür ein Wort, welches *magowuin* gesprochen wird. Tschipiwäisch *auisquiba* bedeutet betrunken, im Bergschottischen *usquebaugh*, Branntwein.

Wir haben schon öfters des merkwürdigen Stammes der Mandan-Indianer gedacht, die einen auf die grosse Fluth bezüglichen Cultus hatten und offenbar einer der ältesten Stämme Amerika's, ja der Erde überhaupt waren, was sich auch dadurch zu erkennen gab, dass viele von ihnen von jedem Alter und Geschlechte silbergraues, ja fast weisses Haar hatten. Uebrigens hatten sie nach Catlin

---

*) Antiquity of the Irish language und Grammar of the Ibero-Celtic or Irish language. Dubl. 1773. S. IV f. der Vorrede.

eine so helle Gesichtsfarbe, wie Leute von gemischter Abkunft (*half-breed*); besonders unter den Frauen gab es Individuen, die eine fast weisse Haut, hellbraune, graue oder blaue Augen, höchst regelmässige Gesichtszüge mit sanftem Ausdrucke hatten, sehr anmuthig und zugleich sehr bescheiden waren. Catlin glaubt, sie hätten einen von den übrigen Urbewohnern dieser Gegenden ganz verschiedenen Ursprung gehabt, und nimmt die (von Humboldt abgewiesene) Sage von den walesischen Indianern und die Nachricht von der Reise des Madoc-op-Owen zu Hülfe, um die Erscheinung zu erklären; er stellt auch eine Sprachvergleichung an. So mandanisch *me*, wälisch *mi*, ich; mand. *e*, wäl. *a*, er; mand. *ea*, wäl. *e*, sie; mand. *ount*, wäl. *hwynt*, nach engl. Schreibart *hooynt*, es; mand. *noo*, wäl. *ni*, wir; mand. *eonah*, wäl. *hwna*, engl. ausgedrückt *hoona*, sie; mand. *pan*, wäl. *pen*, Kopf. Wir lassen das Alles gelten, ohne daraus auf eine Mischung dieser Indianer mit brittischem Blute zu schliessen. Es wäre möglich, dass solche Elemente dazu gekommen; wir aber von unserem Standpunkte aus bedürfen dieser Annahme nicht; das Irische, Wallisische, Celtische ist hier in Amerika ursprünglich zu Hause gewesen und brauchte, um daselbst vorhanden zu sein, nicht von Europa herüberzukommen, wohin es vielmehr von Amerika übergegangen war.

Die Leute in Wales nennen sich *Kumeru*, *Kumeri*, *Cymro*, Kymern, das Land *Cimry*, lat. *Cambria*. Man bringt diesen, dem Klange nach so einstimmigen Namen, mit Gomer, dem Sohne Japhet's in der mosaischen Völkertafel, zusammen. Wohl nicht mit Unrecht. Jene Urkunde aber spricht, wie wir behaupten zu dürfen glauben, ganz nur von Amerika und von daselbst vor Zeiten wohnhaften Völkerschaften. Und so weiset uns, was die Bewohner von Wales betrifft, auch sie auf diesen Welttheil, als auf deren ursprüngliche Heimath, hin.

XXXII.
Alte Thiergeschlechter in Amerika.

1.

In den Alluvialniederschlägen der Pampas, an den Ufern des Parana, des Uruguay und an verschiedenen Gegenden der Küste finden sich ungeheuere Massen fossiler Ueberreste, darunter die Knochen des Megatheriums, des Mastodons, des Riesenarmadills etc. Unter den steinigen Ebenen Patagoniens trifft man die Knochen eines untergegangenen Llamas, welches die Grösse des Kameeles hatte. »Die Zoologie Amerika's hat augenscheinlich in einer verhältnissmässig kurzen Periode eine grosse Aenderung erfahren. Die zahlreichen grossen Thiere, die es einst bewohnten, haben Thieren von geringerer Grösse Platz gemacht. Indess kann die Natur des Landes von der jetzigen nicht wesentlich verschieden und die Pampas können damals kein Sumpf gewesen sein. Die Thatsache, dass das Pferd, welches sich seit seiner Einführung durch die Spanier so ausserordentlich vermehrt hat, in der alten Ordnung der Dinge ein sehr zahlreiches Thiergeschlecht bildet, spricht so ziemlich gegen eine bedeutende Veränderung des Bodens oder Klimas *).

---

*) Narrative of surveying voyages of H. M. S. Adventure and Beagle. Ausland vom 29. Juni 1839. Nr. 180. S. 719.

2.

Einer Nachricht Gomara's*) zu Folge lebte im Nordwesten von Mexico, unter 40° Breite, noch im 16. Jahrhundert ein Volksstamm, dessen grösster Reichthum in Heerden gezähmter Bisons bestand. Gallatin **) macht Einwendungen und meint, Gomara möge durch falsche Gerüchte irre geführt worden sein. Nun hat aber ein amerikanischer Reisender, seiner Behauptung nach, im fernen Westen einen Stamm gefunden, den er Munchies nennt und als weisse Indianer bezeichnet; derselbe, nur 800 Köpfe stark, wohne in Höhlen, treibe Ackerbau, habe viele Pferde, Kühe, Schaafe, spinne und webe, habe eine patriarchalische Regierung mit republicanischer Basis, besitze einen moralischen Charakter *and makes butter and cheese.* Er wohne in einem Gebirgsthale der Sierra de los Mimbres, an einem Zuflusse des Rio Gila im äussersten Nordwesten der Provinz Sonora ***). Ob weiterhin Etwas über diese exceptionelle Erscheinung in Erfahrung gebracht worden, ist mir unbewusst. Wenn es damit seine Richtigkeit hat, so glaube ich hier einen Rest uralter Viehzucht, wie sie in Amerika zur Zeit der hebräischen Altväter bestand, erkennen zu dürfen; die im übrigen Amerika untergegangenen Thiergattungen hätten sich hier noch auf einem einzigen Punkte des Continentes erhalten.

---

*) Historia general de las Indias. C. 214.
**) Origin of American Civilisation in Transactions of the Americal Society. New-York 1845. I. 201.
***) Scenes in the Rocky Mountains, Oregon, California, New-Mexico, Texas and Grand Prairies etc. By a New-Englander. Philadelphia 1846.

XXXIII.
Noch Einiges über das naturgemässe Aussterben der oceanischen und amerikanischen Urvölker.

Was das schon in der Einleitung und in den Vorlesungen zur Sprache gebrachte Aussterben der oceanischen und amerikanischen Urbewohner betrifft, die durch dieses naturgemässe Hinschwinden, diesen grossen, allgemeinen, durch Nichts zu verhindernden Raçentod unsere Behauptung, dass sie älter seien, als die noch immer so lebensfähigen und thatkräftigen Geschlechter der »alten Welt,« so augenscheinlich bewahrheiten: so wird man es uns vielleicht verzeihen, wenn wir über einen so wichtigen Punkt und eine so wesentliche Stütze unseres Systemes noch einige Notizen und Zeugnisse beibringen.

Martius in der Ethnographie *) spricht von den vier grossen Hauptvölkern in der Indianerwelt der nordamerikanischen Union und bemerkt hiebei: »Jedes Jahr vermindert ihre Zahl, verdunkelt ihre Traditionen. Manche Horden und Sprachen sind bereits erloschen . . . . Nord- und südamerikanische Völker kommen mit einander auch darin überein, dass sie im Conflicte mit den Europäern ihre Nationalität nicht behaupten können. Einzelne gehen in der Vermischung alsbald auf; kleine Gemeinschaften verlieren sich in der Berührung durch Tod oder Flucht aus der civilisirteren Sphäre; grössere vermögen sich nur zu erhalten, wo sie sich dem europäischen Einflusse vollkommen entziehen.« In Maximilian Perty's anthropologischen Vorträgen **) ist von der Grausamkeit der Eroberer die Rede, welche die amerikanischen Urvölker herunterbrachte, beson-

---
*) Th. I. S. 168 f.
**) 1863. S. 105 f.

ders von dem Verschwinden der antillischen Urbevölkerung; die von Haiti hatte fast eine Million betragen. Dann aber wird hinzugesetzt: »Merkwürdig ist, dass auch die freien Arnucaner im Aussterben begriffen sind.« Von Neusceland heisst es: »Man nimmt an, dass von 1811 — 44 die Bevölkerung um 13, und von da bis 1854 um fast 20 Procent abgenommen habe. Und doch sind die Maori-Frauen fruchtbar; Blattern sind unbekannt, der Branntweingenuss nicht bedeutend, Kämpfe selten.« In der Geschichte der Missionen unter den Indianerstämmen der vereinigten Staaten 1529—1860 von John Gilmary Shea*) heisst es von den daselbst aufgezählten Nationen, namentlich den Illinois und Miamis: »Als man sie kennen lernte, waren es mächtige Völker; nach kurzer Dauer ihrer Berührung mit den Weissen sind sie beinahe ganz verschwunden......... In anderen Welttheilen bekehrt der Priester den sterbenden Sünder, in Amerika das aussterbende Volk. Einige Stämme sind ganz erloschen; keiner von ihnen kann sich je wieder zusammenlesen und wieder die frühere Stärke gewinnen; die meisten sterben in der Stille hinweg.« Sehr beachtungswerth ist auch noch, was im »Globus« von Andree Bd. XIII. 1868. S. 99—102 zu lesen ist. Tyrannei, Völkermisshandlung, mörderische Pesten und Seuchen, Branntweingenuss uud andere verderbliche Genüsse spielten und spielen fortwährend ihre Rolle auch in der »alten Welt« und bei den ihr entstammenden Völkerschaften. Blattern und Branntwein kamen ja in die »neue« von ihr. Warum sieht man da die Menschheit nicht eben so im Vergehen begriffen? Die schwarzen Söhne Afrika's lassen sich fern hin verschleppen und verpflanzen; sie dauern im fremdartigen Welttheil

---

*) Cap. 22.

und Klima aus und widerstehen darin mit unverwüstlicher Zähigkeit den härtesten Bedrückungen der Sklaverei, während der Uramerikaner ebendaselbst, in seinem Vaterlande, auf seinem eigenen Grund und Boden, und selbst wenn er im Zustande der Freiheit beharrt, zu Grunde geht. Es kann nicht die ganze Erscheinung auf Ursachen der erwähnten, von aussen hinzugebrachten Art zurückgeführt werden; der eigentliche, allgemeine Grund muss tiefer liegen, es muss ein, was man umsonst zu läugnen gesucht, in der That innerer und naturnothwendiger sein.

XXXIV.
Vermischte Bemerkungen, vornehmlich was Personen-, Volks- und Ortsnamen und die damit zusammenhangenden Gegenstände betrifft.

1.

Es ist bemerkt worden, dass unter den Völkerstämmen am Orinoko der Name Manasse begegnet. Dergleichen Aehnlichkeiten können allerdings sehr täuschen, und Sprachkenner sind vielleicht im Stande, dies darzuthun. Manche ihrer Etymologien sind aber auch sehr ungewiss, und der in Rede stehenden Fälle kommen so viele zusammen und sind oft so frappant, dass die Sache doch so ganz nicht abzuweisen sein dürfte. Den Namen Jakob haben wir oben *) in sehr auffallender Weise, so dass man unwidersteblich selbst an die Geschichte des Altvaters erinnert wird, in Wörtern und Redensarten der Tupisprache entdeckt. Derselbe scheint auch in einigen Völkernamen seine zum Theil sehr deutlich in's Ohr klingende Rolle zu spielen.

---

*) S. 275 ff.

Eine grosse, weitverbreitete Nation in Brasilien sind die
Gês, Crans, Bos oder *Bus*. Dazu gehören die *Man-acob-
Gês*, die *Paicob-Payco-Piocob-Gês*, wo sich *Pio, Pai* wie
in *Piq-came-Crans* verhalten wird; *pay* heisst brasilianisch Vater, so dass wir vielleicht einen »Vater Jakob«
annehmen dürfen. So auch *Acob-Aco-Bus*. Es werden
ferner die Accawais am Rupununi genannt; Hartsink
zählt in seiner Beschreibung von Guiana unter anderen
Stämmen daselbst die Acquowais und Akoquowas auf.
Eine Horde der Guaycurus heisst, verschiedener Angabe und
Schreibart gemäss, *-Pagachoteó, Pacajudeos, Apacatschudehos* *), welcher Name mit Abschneidung von *Paga, Paca,
Apaca* auch wieder an Juda, Jude anklingt. Wenn in
solchen Fällen statt des *j* ein Zischlaut erscheint, so bildet
das keinen Einwand; denn auch in indianischen Dialekten
ist ein solcher Wechsel bemerklich **). Eine andere Horde
dieses Volksstammes heisst Xaguteos, Echocutehos etc.,
wo ein ähnlicher Anklang Statt findet ***). Noch ein anderer wird *Lauteo, Lota ne uo* genannt, wo man glauben
kann, den Namen Lot zu hören.

Betrachten wir die südamerikanischen Flussnamen, so
treffen wir auch hier auf Mehreres; was an die hebräischen
Stammväter, namentlich an Jakob, seine Geschichte und
seine Söhne mahnt. So kann der Rupununi oder Rupunuwini, wo *uni, wini* Beisatz ist und Fluss bedeutet
— in mehreren Indianersprachen ist *uni, wini, weni* Wasser,
Fluss —nebst dem sich mit ihm verbindenden Roiwa oder

---

*) Nach Prado, Franco d'Ameida, Castelnau.
Martius. Ethnogr. I. S. 229.
**) Beispiele gibt Gilii.
***) Man halte dazu die Jutah's oder Utah's in Nordamerika, den alten Stadtnamen Uta-tlan etc.

Rewa — Rupununi, Roiwa und Rewa sind wohl nur verschiedene Formen desselben Namens — an Ruben, so wie der der nämlichen Gegend angehörige Bononi an den Schmerzenssohn Benoni-Benjamin, der Jussiape an Joseph und der Jutahy an Juda erinnern; *hi, hy, y* etc. bedeutet Fluss, und es sind damit eben so auch andere Flussnamen zusammengesetzt. Der Oyapoc stimmt mit dem in Jakob's Geschichte vorkommenden Jabok; Issaica klingt wie Isaak; der Awarihuta, der sich in den Parima. ergiesst, deutet, wie es scheint, zugleich auf Eber (Wurzel: *avar*) und Juda (*Jehudah*) zurück.

In einigen amerikanischen Idiomen wird »Indianer« oder »Mann, Mensch« überhaupt durch Wortformen bezeichnet, welche in zuweilen frappantester Weise den Benennungen hebräischer Stammväter und Stämme gleichen. So nach Castelnau Guachis *jacob*, *chacup*, Mann, Corrado *tschimeon*, Indianer, Passé *schimana*, Mensch, Uainuma *atzütschari*, Yabaana *yutaahi*, Mann, wo sich der Gedanke an Jakob, Simeon (Schimeon), Issaschar und Juda (Jehudah, Jehudi, Judäer, Jude) aufdringt. Cotoquina *yuty* heisst Bruder — eine sehr auffallende Bedeutung *).

Eine Indianergemeinschaft, welche Martius **) zu der weit verbreiteten Hordengruppe der Guck oder Goco rechnet, sind die Arecuna, Urrequena. Sie standen vordem im Rufe entsetzlicher Wildheit und waren sehr gefürchtet. Doch entwirft Rich. Schomburgk***) von den Arecunas an den Quellen des Caroni eine nicht ungünstige Schilderung. Es ist ein schlanker, hoch und kräftig ge-

---

*) Martius, Ethnogr. I. S. 628. II. S. 133. 162. 197. 202. 254. 248.
**) Daselbst I. S. 620.
***) Reise II. S. 235 ff.

bauter Menschenschlag, von angenehmer, zuweilen schöner Gesichtsbildung und prächtigem Haarwuchse. Die Hautfarbe ist dunkler, als die der anderen Indianer in Guiana. Das Interesse der Missionäre haben sie vorzüglich dadurch erregt, dass sie, gleich den Manaos *), mehrere Gebräuche mit den Juden gemein haben sollen. So die Beschneidung und einen tiefen Abscheu vor dem Genusse des Schweines, welcher am allerentschiedensten bei den verwandten Uapixana hervortreten soll **). Auch will man bei ihnen hebräische Personennamen gefunden haben, wie Mariana, Joab, Jacub, Davidu. In den Wörtern ihrer Sprache, die mitgetheilt werden, haben wir nichts Besonderes bemerkt; sie sind überhaupt die reinen Söhne Amerika's, wie sie sich in ihrer Originalität auch dem Anblicke boten. Ihre kräftigen, wohlgebauten Leiber waren fast immer mit Rocou in unregelmässigen Flecken rothgefärbt; ihr langes, wild umherhängendes Haupthaar, die Rohrstücke in den Lippen und den Ohrmuscheln, die oft so erweitert waren, dass sie bis auf die Schultern herabreichten, Alles gab den Charakter indianischer Barbarei und Besonderheit kund.

Ich setze der Hypothese israelitischer Abstammung solcher Indianerstämme von Asien her, wie schon geäussert wurde, keinen absoluten Widerspruch entgegen; nur fasse ich die Sache, wenn sie nicht abzuweisen sein sollte, als rückgängige Bewegung, als Wiederkehr in's alte, urerste Vaterland des Geschlechtes auf. Wie die in die babylonische Gefangenschaft verschleppten Juden späterhin in ihr zweites Vaterland im Westen Asiens zurückkehrten, so könnten sich die in das assyrische Exil geführten Israeliten des Zehnstämmereiches in ihre amerikanische Urheimath, die sie noch nicht vergessen haben mochten, zurückgewendet

---
*) Martius a. a. O. S. 582.
**) Schomburgk, Reise II. S. 389.

haben. Ich habe mich jedoch bis jetzt noch nicht gezwungen gesehen, zu dieser Annahme zu greifen. Es wäre nicht einmal nöthig, sämmtliche Indianer jener Art für solche Söhne Israels anzusehen, welche in der Auswanderungsperiode zurückgeblieben. Sitten und Namen, wie die angeführten, beschränkten sich nicht bloss auf die Nachkommen Jakob's; sie waren der ganzen hebräischen und semitischen Verwandtschaft eigen und wohl namentlich im östlichen Südamerika, in Brasilien, Guyana, den Ländern am Amazonenfluss und Orinoko, wo sich die Race entwickelte und die hebräischen Stammväter zunächst ihre Rolle spielten, einheimisch, verbreitet und beliebt. Man sehe die Stammregister der Genesis an! Wir finden schon hier z. B. einen König Saul, da nämlich, wo sie die alten edomitischen Könige nennt, »welche geherrscht, bevor noch die Söhne Israels Könige hatten« *).

2.

Wir haben die brasilianischen Bus erwähnt; so heisst ein Sohn des Nachor **); es mag damit auch der Name Jebus, Jebusiter zusammenhängen. Eine canaanitische Völkerschaft waren die Pheresiter; das hebr. Wert ist *Perissi, Prissi; perasoth*, eigentl. Pläne, ist Ausdruck für das offene, platte Land; *perasi*, Bewohner des platten Landes. In Brasilien waren die Parecis, Paricys, Parisis die ehemals vorherrschende Nation auf den Fluren des Plateaus von Mato Grosso, welche von ihnen *Campos dos Parecis* heissen; Tupi *perys*, Sumpfwiese***). Zahlreich und mächtig

---

*) 1 Mos. 36, 37.
**) 1 Mos. 22, 21.
***) Martius, Rechtszustände der Ureinwohner Brasiliens. Anhang S. 10. 13. Dessen Reise II. S. 823. III. S. 1344. Dessen Ethnographie I. S. 240. II. S. 82.

waren vordem die Guanans, Guana auf der Westseite des Paraguay. In den *Campos de Vaccaria* der Provinz Rio Grande do Sul sind die Guahanas, Guanhanas, Guannanas, Guaycanans, ein Name, der in verschiedener Aussprache und Modification durch Westindien und Südamerika bis zu den Horden Brasiliens geht, so dass man den Gedanken an Canaan, wie schon erörtert, nur gewaltsam abweisen kann. Ein kleiner Fluss, der in den Orinoko fällt, heisst Sodomoni, eigentl. Sodom, da *oni, uni* Fluss bedeutet; wobei es unmöglich ist, nicht an das biblische Sodom zu denken, sei es auch, dass man sich einen Zusammenhang, wie wir ihn aufzeigen, nicht vorstellen kann und darum kein Gewicht darauf legt.

3.

Vorstehendes war geschrieben, als uns in den Büchern der Maccabäer zwei Stellen auffielen, in welchen die Namen Charaka, Tubin und Tubiener begegnen *). Wir konnten nicht umhin, sogleich an Carracas und das alte Tupi-Volk in Brasilien zu denken. Denn so wie nur einmal der Blick für diese Zusammenhänge geöffnet ist, so drängen sich die Wahrnehmungen, ohne dass man sie sucht, nicht selten so reichlich, als gewaltsam auf.

Eine moabitische Stadt war Kir-Moab, später auch Karak, Karaka, Kerek genannt; Kerek hiess das ehemalige Moabitis schon zu Abulfeda's Zeit. Plinius **) hat den Namen Charax: *Charax oppidum Persici sinus intimum.* Es sind das für uns Namen, die aus dem Urlande übertragen worden sind. Das Tubin im 1. Buche der

---

*) 1 Maccab. 5, 13. 2 Macc. 12, 17. An letzterem Orte heisst es: »Und sie zogen nach Charaka zu den Juden, die man Tubiener nennt.« Luther hat statt Charaka: Tharah.
**) H. N. VI, 31.

Maccabäer wird mit dem Lande Tob combinirt, in welches Jephthah flicht *).

Was die Tupis betrifft, so waren diese das vordem in Brasilien vorherrschende Indianervolk; Martius **) spricht von der ausserordentlichen Ausdehnung desselben über einen grossen Theil von Südamerika. Nach Vasconcellos ***) war Tupi der Ort, wovon sie ausgegangen. Das entspräche dem Lande Tob im Buche der Richter. Aber was bedeutet das Wort, sei es Orts- oder Personenname? Andere Formen, wie sie bei Nennung verschiedener Stämme vorkommen, sind Tupinas, Tupinambas, Tupinaquis, Tupiniquins, Tupajaros, Tobbajares ****), Tobayara etc. Es ist Vieles in sehr verschiedener Weise darüber gemeint und vorgebracht worden, was man bei Martius †) nachsehen kann. Tupixaba d. h. *Tupi-aba*, Herr der Tupi, nannten sich die Oberhäupter. *Topa* heisst Antlitz, *toppa*, Donner und Gott. Nach P. Eckart's ††) genauen Unterscheidungen wird für Gott *tupa*, *tupan* nach portugies. Aussprache, und *tupana*; für Donner nur *tupa* oder *tupána-pororóca* d. h. Gottesgeräusche, Gottesgetöse gebraucht; den Blitz nennen sie *tupana-beraba*, Gottes-Wetterleuchtung. Bei einigen Natio-

---

*) Richt. 11, 3.
**) Ethnographie I. S. 52 f.
***) Chronica do Brasil p. 91.
****) Der Name Tabajaris kommt unter den Namen der Guiana-Indianer vor, welche A. v. Humboldt, Relat. hist. III. p. 173 verzeichnet hat.
†) Rechtszustände, Anhang; und jetzt Ethnographie I. S. 170 ff.
††) Bei Murr, Reisen einiger Missionarien etc. S. 585 f. S. auch Maximilian von Neuwied, Reise nach Brasilien. Frankf. a. M. 1820. I. S. 144.

nen Südamerika's heisst *tupan*, *tupana* die Pisangfrucht oder, wie bei den Coroados, das Zuckerrohr *) — wohl als Gabe der Gottheit oder die in ihren Producten selbst erscheinende und gegenwärtige Gottheit, wie die Alten die Namen *Ceres* und *Bacchus* auch für Getreide, Brod, Wein gebrauchten. Wir fürchten kaum, zu irren, wenn wir die in Rede stehenden südamerikanischen Ausdrücke der semitischen Sprachenfamilie zutheilen. Hier ist טוב, *tob* Alles, was gefällt, behagt, wohlthuend, vorzüglich ist; es bedeutet gut, schön, hold, glücklich, froh, gross. Das Substantiv ist *tobah, tub;* es wird auch von schöner, glänzender Erscheinung, besonders jener der Gottheit **) gebraucht. Und so begreifen sich leicht auch die Bedeutungen Angesicht — hervortretender, ansprechender Theil der persönlichen Erscheinung — und Gott, wie sie in den amerikanischen Formen *toba, toppa, tupa, tupan, tupana* gefunden worden. Es liesse sich noch ausserdem der altarabische Fürstentitel Thobba, نَبَّع, vergleichen. Derjenige, welcher diesen Titel auf alle folgenden Könige von Jemen vererbt haben soll, war der Vater jenes in der orientalischen Sagengeschichte so sehr berühmten Dulkarnain. Beide, Vater und Sohn, sollen grosse, weite Züge in ferne, fremde Länder unternommen haben, denen des Sesostris und Alexander ähnlich, mit welchem Letzteren Dulkarnain denn auch, doch fälschlich, identificirt wird. Es spricht von ihm der Koran in der XVIII. Sure, »die Höhle«

---

*) Für Frucht steht in der Tupi- und Mandrucu-Sprache *iá*, vergl. hebr. *jah*, Gott.
**) 2 Mos. 33, 19: »Ich will all meinen Glanz (meine Herrlichkeit, Majestät) vorübergehen lassen.«

genannt *). Sein Name bedeutet den **Zweigehörnten**, was man auf die von ihm besessene Herrschaft über zwei Landstriche bezieht **). Sein Enkel **Afrikis** soll zur Zeit des **Josua** gelebt und als Eroberer in Afrika eingedrungen sein ***). Es ist einleuchtend, dass wir auch hier wieder eine Erinnerung an die grossen Wanderungen haben, welche in jenen Zeiten von einem Continente zum anderen gingen. Das symbolische Doppelhorn des arabischen Fürsten will sagen, dass er ein Machthaber und Wanderer in zweien Welttheilen gewesen. Was für die Perser **Dschemschid**, für die Aegyptier **Sesostris**, mit deren Zügen es dieselbe Bewandtniss hatte, was für die Israeliten **Moses**, das war **Dulkarnain** für die Araber.

4.

In Nordamerika findet sich ebenfalls viel Semitisches. Mit **Niagara** z. B. vergl. hebr. und aram. *nagar*, *negar*, ausgiessen, in den Conjugationen ausgegossen sein, ausgegossen, herabgestürzt werden, vom Wasser. Wörter, die mit dem semitischen Vorsetzbuchstaben *th*, *t* gebildet, kommen in Amerika öfters vor; wir haben ein solches S. 129 im haitischen *tabaco* hebr. *taphuach* aufgezeigt; so sind auch wohl die Benennungen der indianischen Streitaxt *tomahawk*, *tamahican* vom hebr. *machak*, schlagen, geformt. Die Irokesen, jene berühmte Conföderation indianischer Völkerschaften, nannten sich selbst *Aquanuschioni*, Bundesvölker, Verbündete; in den semit. Sprachen heisst *canasch*, *canas*, sammeln, versammeln, häufen, und *kenissi* hiess eine canaanische Völkerschaft. *Pal* oder *pel*, den delawarischen Wörtern vorgesetzt, zeigt eine Verneinung, auch etwas

---

*) Koran von Wahl S. 251 ff. mit den Noten daselbst.
**) Horn ist in alter Symbolik soviel als Kraft und Macht.
***) Vergl. oben S. 343 über die **Hyksos**.

Unrechtes, Böses an, so in *pelsittank*, Ungläubiger; hebr. *bal*, *beli*, nicht, *belijjaal*, Nichtswürdiger. Bei *pelsittank* möchte man fast hebr. *Pelescheth*, Philistäa, *Pelischti*, Philister vergleichen. Delawarisch *welsettamen* heisst glauben*); *wel* und *pel* bilden Gegensätze und in dem *sitt*, *sett*, welches diese Wörter enthalten, scheint sich der Name Seth, Scheth zu bergen; zur Zeit dieses Sohnes Adams »fing man an, den Namen Jehova's anzurufen« **), und Yohewah ist nach Adair Name des grossen Geistes bei den Indianern Amerika's. Indisch ist *sadhu*, fromm; *Siddhâs* sind Fromme, die Indra's Stadt bewohnen; und der Bruder Marcus von Niza erzählt in seiner Reisebeschreibung ***), wie ihn die Indianer *Sayota* d. h. Mann des Himmels genannt. Wenn diese Combinationen nicht fehlschlagen, so sehen wir einen grossen Zusammenhang, in welchem die Fäden bis in die Urzeiten des Menschengeschlechtes zurückreichen.

5.

Eine sonderbare Mischung von Sprachelementen giebt sich in Sonora kund. Hier in der Sprache der Pimas heisst *ani* ich; dies ist das hebräische Wort dafür, das sich auch sonst in Amerika findet ****). Tödten heisst *muhat*; das ist wieder hebräisch: *muth*, sterben, *motheth*, tödten, *maweth*, *moth*, Tod. Nun wird aber bei einigen Zeitwörtern der Pimassprache die vergangene Zeit durch Wiederholung der ersten Sylbe angezeigt; wie bei eben diesem *muhat*,

---

*) Ich folge in Hinsicht des Delavarischen den Angaben Heckewelder's und Loskiel's.
**) 1 Mos. 4, 26.
***) Bei Ternaux-Compans, Amerika. Meissen 1839. II. S. 146.
****) Muskohg. *ani*, delawar. und verwandte Sprachen *ni* etc.

tödten, Präter. *mumuhat.* Dies erinnert an die Reduplication des Perfekts, wie wir es im Indischen, Griechischen, Lateinischen kennen. Wenn nun die Pimas sagen: *ani mumuhat*, ich habe getödtet, so dringt sich uns zu gleicher Zeit die Vergleichung mit der semitischen und mit der indoeuropäischen Sprachenfamilie auf.

6.

Noch ein Paar interessante geographische Namen sind Canada, Oregon, Anian.

Als Jaques Cartier im J. 1585 den St. Lorenzstrom entdeckte und aufwärts schiffte, hörte er die Eingeborenen des Landes ihre Ortschaften *kanada* nennen, welchen Namen er daher dieser Gegend gab *). Auch hier wohl tönte dem Entdecker, so wie dem des ganzen Welttheiles, als er den Namen Guanahani d. i. Canaan vernahm, ein hebräisches Wort entgegen. *Kenath*, Besitz, hiess eine Stadt im Gebiete von Gileaditis. Der Name ist gleichbedeutend mit *kinjan, mikneh, miknah* von *kanah*, besitzen, so wie mit *nachalah, nachalath* von *nachal* mit demselben Sinn, welche Ausdrücke sehr häufig sind, wenn von Erlangung, Vertheilung und Besitznahme örtlichen und landschaftlichen Eigenthums die Rede ist **). Der Name Canada scheint daher eine Spur zu sein, dass auch dieses Land vor Zeiten von einem semitisch redenden Volke in Besitz genommen worden sei.

In Oregon ist vielleicht der Name einer Wanderstrasse zu entdecken, auf welcher semitische und andere

---

*) Discours du voyage de J. Cartier aux terres neuves etc. Rouen 1548. J. R. Forster's Gesch. der Entdeckungen und Schifffahrten im Norden. Frankf. a. d. O. 1784. S. 502.

**) Siehe z. B. 4 Mose 26, 52 ff. Cap. 27, 7 ff. 5 Mos. 2, 5. V. 9. 19. Josua 11, 23. C. 13 ff.

Völker in den Norden des Continentes und von da in den jenseitigen Welttheil hinübergezogen. Hebr. chald. ist *arach*, gehen, wandern, Part. *oreach*, wandernd, Wanderer; *orach, orchah*, Weg, Pfad, auch Wanderer, Reisegesellschaft, Carawane. Das Wort scheint auch zu den germanischen Völkern, die ohne Zweifel denselben Weg gemacht, übergegangen zu sein; oder es war ein beiderlei Raçen und Sprachfamilien aus gemeinsamer Quelle kommendes Urwort. Denn an die Namen Erich, Erik, Rigr, Iring, Irung knüpft sich Begriff, Prädicat und Sage des Wanderns und Wanderers; man sprach von einem Erichs- und Iringswege; nach Musäus in seinen Volksmärchen braucht die Redensart: »Rübezahl zog seine Erichsstrasse fort.« Rigr ist der irdische Name des Gottes Heimdallr; das eddische Lied von Rigr dem Wanderer lässt ihn die Erde durchziehen, um die verschiedenen Geschlechter der Menschen zu erzeugen. Man sehe, was J. Grimm in der Mythologie und in einer besonderen Schrift: »Irmenstrasse und Irmensäule« *) darüber zusammengestellt. Der Norden Europa's ist voll von Erinnerungen an grosse Wanderwege und Wanderer und von Namen dafür, die verschiedentlich angewendet wurden, sogar für die Milchstrasse am Himmel. Solche Namen sind Watlingstret, Ermingsträt, Irmingsträt; *walle, armink, earming, irming* sind in den germanischen Dialekten Ausdrücke für arme Leute, Wanderer, Bettler, Vagabunden **). Es deutet dies, glaube ich, Alles auf jene grosse Strasse im Norden Amerika's und Asiens zurück, wo Auswanderer, Flüchtlinge, Unglückliche aller Art hinzo-

---

*) Wien 1815. S. hier besonders S. 48 ff.
**) Daselbst S. 36 ff.

gen und neue Aufenthalte suchten *). Darauf bezieht sich denn auch wohl der dritte von jenen geographischen Namen, die wir zu erklären versprochen, ein Name, der uns noch weiter hinauf in das nordwestliche Amerika bis zu dem Punkte führt, wo man von dem einen Welttheile in den anderen gelangt.

»Meerenge von Anian« sagte man ehedem statt Behringsstrasse, wie man gegenwärtig spricht. Ein dunkler Name; denn, wie Humboldt **) bemerkt: »noch ist nichts einigermassen Sicheres aufgefunden, um diese Benennung zu erklären.« Hebr. bietet sich *anah, anan*, trauern, *anijjah*, Trauer, Klage, griech. ανια, Kränkung, Kummer; hebr. mit dem für uns unsprechbaren Kehlhauch im Anfange *anah*, leiden, *ani, anaw*, leidend, hülflos, arm. Der Name zeigte also wohl eine Gegend und Zone an, wo man, wegen ihrer Oede, Rauheit und Unfruchtbarkeit, viel zu leiden hatte.

Und so scheinen in diesen Namen, wenn man sie von unserem Gesichtspunkte aus betrachtet und erklärt, ganze Stücke altamerikanischer, so wie allgemeiner Menschheitsgeschichte enthalten zu sein.

---

*) Ich kann hiebei nicht umhin, an *miser*, elend, zu erinnern, was vielleicht ursprünglich nichts Anderes, als das hebr. *Mizri*, Aegyptier, war, aber in dem Sinne eines aus dem amerikanischen Misr, Mizraim Ausgezogenen und dadurch in's Elend Gerathenen. Uainuma *misare* wird durch *bonus, missa* durch *pulcher* übersetzt. Martius, Ethnogr. II. S. 245. 248. Diese Bedeutungen beruhen auf einer entgegengesetzten Anschauung, die aus der Blüthezeit des amerikanisch-ägyptischen Urreiches zu stammen scheint.

**) Kritische Untersuchungen übers. von Ideler I. S. 477.

Dritte Abtheilung.

I.
Israels Wanderung
aus Aegypten nach Palästina.

Mit

besonderer Beziehung auf die Hypothesen

Radenhausen's und Brown's.

Vorwort.

Nachstehende Abhandlung ist durch Radenhausen's Schrift: »Die Bibel wider den Glauben« und die darin vorgetragenen, den Aufenthalt Israel's in Aegypten und in der Wüste betreffenden Ansichten und Behauptungen veranlasst worden. Sie war bestimmt, für sich zu erscheinen und im Gegensatze zu der Hypothese des genannten Schriftstellers die total verschiedene des Amerikaners G. Brown geltend zu machen. Aeusserliche Umstände verhinderten das Erscheinen derselben; und so wurde sie nun dem gegenwärtigen Buche, als ein integrirendes Glied des Ganzen, einverleibt. Sie war in erster Fassung stärker an Umfang, als jetzt, indem darin Manches explicirt wurde, was nun bereits in den zwei ersten Abtheilungen hinlänglich besprochen ist. Ich habe, um Wiederholungen zu vermeiden, Vieles entfernt; alles schon irgendwie Berührte konnte des Zusammenhanges wegen nicht gestrichen werden; und für diese Fälle und Stellen wird um billige Nachsicht gebeten. Des völlig Neuen wird hier so überwiegend viel vorkommen, dass diese Bitte vielleicht kaum nöthig ist.

Zwei Forscher, in Tendenz und Auffassung der bezüglichen Dinge so verschieden, wie Radenhausen und Brown, kommen doch in dem Punkte zusammen, dass sie das Aegypten, in welchem Israel gewesen sein soll, anderswohin setzen, als nach Afrika. Das dürfte, wie man auch übrigens denken mag, immer merkwürdig bleiben und als ein Fingerzeig zu betrachten sein, dass es mit der herkömmlichen Ansicht nicht so richtig sei, als man anzunehmen pflegt, dass sie schärferer Kritik und gründlicherer Forschung nicht genüge, und dass es daher auch nicht für immer dabei bleiben könne. Dass wir selbst durchaus keine destructive Absicht haben, vielmehr in aller Weise nur auf die Ehrenrettung der geheiligten Büchersammlung — aber auf eine bessere, als die herkömmlich apologetische zu sein pflegt — bedacht sind, ist schon in der Einleitung versichert worden.

§. 1.

Der berühmte Wanderzug Israels aus Aegypten nach Palästina mit seinen auf gewöhnlichem Wege unlösbaren Räthseln und Sonderbarkeiten ist ein Problem, welches denkende Geister, deren Studien auf solche Gegenstände gerichtet sind, stets neu anziehen und zu irgend welchen, wenn auch noch so absonderlichen, Erklärungsversuchen anreizen wird, bis endlich ein solcher als gelungen erscheinen und sich allgemeiner Anerkennung erfreuen mag. Nun giebt es aber bei Behandlung dieses streitigen und schwierigen Gegenstandes, abgesehen von der herkömmlichen mit ihren kümmerlichen Nothbehelfen, zweierlei völlig entgegengesetzte Methoden, indem man erstlich Zeitdauer und Schauplatz auf ein möglichst geringes Mass beschränkt und so das Faktum — das nach unserer Ueberzeugung vielmehr eines der ausserordentlichsten in der ganzen Geschichte der Menschheit gewesen — um so viel kleiner, geringfügiger und unbedeutender macht; oder indem man sich zweitens ganz im Gegentheile den Ausgangspunkt des Zuges als einen viel ferner, als nach gewohnter Vorstellung der Fall ist, gelegenen denkt und der Sache auf diese Weise einen bei Weitem grossartigeren und bedeutungsvolleren Charakter giebt.

Den ersteren Weg hat bereits Göthe in seinem Divan eingeschlagen, dabei namentlich die 40 Jahre, welche der Bibel zu Folge die Wanderung gedauert, auf zwei reducirt;

und Gelehrte, wie P. v. Bohlen *) haben ihm beigestimmt. Die nicht aufzufindenden Stationen oder Rastorte des Zuges sind von diesen Forschern, als willkührlich erdichtete Namen, einfach genug beseitigt, doch der Ausgangspunkt, als afrikanisch-ägyptische Localität beibehalten worden.

Andere, wie Dr. G. Brown haben, doch nicht ohne wichtige Gründe, einen Riesensprung gewagt, indem sie ein ursprüngliches Mizraim (Mazor, Misr, Aegypten), so wie ein ursprüngliches Canaan, in der jenseitigen Hemisphäre annahmen. Die jetzt sogenannte alte Welt nämlich sei in den Zeiten eines fernen, vorgeschichtlichen Alterthums vielmehr die neue, die jetzt sogenannte neue umgekehrt die alte gewesen. Aus Amerika, als dem Urlande der Bevölkerungen und Culturen Asiens, Afrikas und Europas sei Alles hergekommen; es habe dieser Welttheil seinen völkerschaftlichen Inhalt zunächst nach Asien über den amerikanisch-asiatischen Norden herüber auf ähnliche Weise, wie in den letzten Jahrhunderten nach der Entdeckung Amerika's, Europa den seinigen über das atlantische Meer hin dort hinüber, ausgegossen; wobei denn auch die altamerikanischen Völker- und Ländernamen nach Asien, Afrika und Europa übertragen worden seien. Innerhalb dieses Ganges der Dinge habe sich denn auch der mosaische Zug ereignet, der demnach von einem Welttheil zum anderen, von Amerika nach Asien gegangen und desshalb so lange gedauert, durch so viele unbekannte und nicht mehr nachweisbare Ortschaften hindurchgegangen und so grosse Opfer an Menschenleben gekostet habe.

Radenhausen **) endlich, im extremen Gegensatz zu dieser erweiternden und vergrössernden Auffassung der

---

*) Genesis S. LXV.
**) Die Bibel wider den Glauben. Hamburg 1865. S. 9 ff.

Sache, bemüht sich, die Ortsverhältnisse vielmehr ganz und
gar nur auf Palästina zu beschränken, indem er behauptet,
dieses Land sei zu den Zeiten Abraham's und Mose's von
den Aegyptiern erobert und besetzt und so das in der
hebräischen Urgeschichte vorkommende Mizraim nicht in
Afrika oder sonst irgendwo ausser Palästina, sondern in
letzterem selbst gewesen; wodurch das ganze Faktum zu
einem in dem Grade geringfügigen und unbedeutenden wird,
dass es kaum mehr der Rede werth, und dass die viele
Mühe, die man sich damit gegeben, als eine wahrhaft lä-
cherliche erscheint.

So höchst sonderbar gehen die Versuche, das dunkle
Räthsel der israelitischen Urzeit zu lösen, in zwei äusserste
Widerspiele auseinander, wobei die Brown'sche Hypothese
auf den ersten Anblick allerdings den Charakter des Excen-
trischen und Phantastischen trägt und am unglaublichsten
bedünken kann; die von Radenhausen dagegen nebst den
verwandten, die wir angeführt, weil sie vermindern und
heruntersetzen, leicht als die besonneneren und kritischeren
gehalten werden können; allein, wenn man sie näher betrachtet und vorurtheilslos beurtheilt, gleichwohl die be-
denklicheren und unwahrscheinlicheren sind. Die einschrän-
kende, wegschaffende, degradirende Methode kann, wenn
sie der Sache, wie sie überliefert vorliegt, eine zu grosse
Gewalt anthut, wenn sie die vorhandenen Anstösse nicht
genügend hebt und noch dazu neue hinzufügt, nicht die in
Wahrheit rationelle und bedachtsame sein; und es ist ihr
die andere, entgegengesetzte, wenn sie in solche Fehler
nicht verfällt, bei aller Paradoxie und scheinbarer Extrava-
ganz, gewiss entschieden vorzuziehen. Unsere Explicationen
werden die Anwendbarkeit dieses Satzes auf das in Frage
stehende Problem wohl einleuchtend genug darthun.

§. 2.

Die die älteste Menschheits- und Völkergeschichte betreffenden Relationen unserer heiligen Schriften haben von der modernen Kritik viel zu leiden gehabt; und das namentlich nur aus dem Grunde, weil man, wie Brown darthut, eine ganz falsche Vorstellung von der Lage der Oertlichkeiten hat, die darin vorkommen und durch Namen getäuscht wird, die in Folge der Wanderungen, die von Amerika nach Asien und Afrika gingen, und der daselbst angelegten Colonieen von jenem Welttheile in diese übergetragen worden sind — eine von jeher bis auf unsere Zeiten herab beliebte und gebräuchliche Verfahrungsweise. Besonders die Erzählung von der Auswanderung aus Aegypten und dem langen, schicksalvollen Wüstenzuge wird nicht nur prahlerischer Uebertreibungen, sondern auch reiner Erfindungen und Fälschungen beschuldigt. So sagt man, es sei unmöglich, »dass hier über zwei Millionen Menschen 40 Jahre lang gewandert seien, da die ganze Halbinsel Sinai kaum die Bevölkerung von 4000 Seelen hat und wenig mehr fassen könne.« — »Israel war, der biblischen Angabe zu Folge, nach dem geringsten Anschlage zu dritthalb Millionen Menschen erwachsen; eine solche Menge hätte der beschränkte Distrikt von Gosen nicht fassen können, noch weniger die Provinz Ramses, welche ausdrücklich als Versammlungsort genannt wird, 2 Mos. 12, 37. Was den Zug durch Arabien betrifft, so wären über 5000 Menschen auf die ☐ Meile gekommen, wie es kaum in den cultivirtesten Ländern der Fall ist; selbst Rosenmüller*) hat hier Bedenklichkeiten« **). Die Angaben werden nicht den geringsten Anstand haben, wenn man sich andere, ausge-

---

*) Bibl. Alterth. II, 1. S. 243.
**) Bohlen, Genesis S. LXVII. LXXVII.

dehntere Localitäten und Wanderwege, als die bis jetzt angenommenen denkt. Die Namen der nicht nachweisbaren Stationen oder Lagerorte soll der Verfasser ganz nur willkührlich ersonnen haben. »Es sind 15 Stationen aufgeführt, von denen man Nichts erfährt, und das Verzeichniss der Lagerorte 4 Mos. 33 hat unter den bekannten nicht weniger als 24 Namen, die sonst nirgends erwähnt sind« *). — »Die übrigen arabischen Ortsnamen des Pentateuches, besonders der Genesis, haben sich entweder bei den Griechen oder selbst bis auf die Gegenwart erhalten; und einige sollten sich auch hier, auf einer bekannten Karawanenstrasse nach Aegypten, wiederfinden. Allein die Mohammedaner haben daselbst, trotz der Bemühung, heilige Namen, besonders solche, die ihr eigenes Land betreffen, nachzuweisen, nur **Brunnen Mosis** in Menge geschaffen; Brunnen aber sind in jener Gegend Arabiens ein Werk des Augenblickes; man findet sie nach oberflächlichem Graben allenthalben und würde sie noch jetzt mit den alten Namen stempeln können; ja es wäre kein Wunder, wenn uns die Araber sämmtliche Stationen aufwiesen« etc. **). Sonderbar ist es, wenn man die Erdichtung der Namen daraus folgert, dass sie **bedeutsam sind**. »Wir finden **Bitterkeit, Süssigkeit, Annehmlichkeit, Fettigkeit, Schattigkeit, Nomadengehöfte, das Untere, Schrecken, ein Verweilen, eine Menge, eine Versammlung und abermals eine solche**; der Verfasser giebt uns einen **Donnerberg**, einen **Schönheitsberg**, ja selbst einen **Bergberg**, welchen Aaron besteigt und darauf stirbt; er bildet sogar **Fesseln, Thau, Günsterkraut, Schläuche, Granatäpfel** zu Ortsnamen« etc. ***).

*) Göthe im Divan. Bohlen a. a. O. S. LXV.
**) Bohlen a. a. O. S. LXVI.
***) Daselbst S. LXVI f.

»Schrecken,« *Charadah,* kommt doch auch als der Name einer Stadt in Juda vor *) — wie sich geographische Namen so oft wiederholen; der **Donnerberg** deutet auf einen Vulkan, wie der Sinai, der »**wie ein Ofen raucht**« und »**mit Feuer brennt;**« einen ähnlichen Namen, wie der biblische **Schönheitsberg**, hat der **Schönwetterberg** im nordwestlichen Amerika. Die Namen, welche **Menge, Versammlung, Zusammensein des Ganzen** anzeigen, sind sehr wohl aus der Natur der Wanderung zu verstehen; die Bibel selbst giebt an, dass mit Israel eine Menge von Fremdlingen (*ereb*) ausgezogen; man hat sich eine Art von Völkerwanderung zu denken, wobei man zu Zeiten wohl auseinanderkam, sich verschiedener Ursachen wegen trennte und zerstreute und dann auch wohl wieder zusammenfand. Dass auf einer grossen Wanderung, wie man sich unserer Auffassung gemäss die mosaische zu denken hat, ganze lange Zeiträume fast nur in Suchen, Irren, Dulden, Darben, Elend und Hinsterben der Erliegenden ohne sonstige, besonders hervorragende Ereignisse verstreichen, und nachher in so unbestimmter Erinnerung fortleben, dass, wie in dem vorliegenden Falle, am Ende bloss noch einige in alten Verzeichnissen enthaltene Namen von Ortschaften und Reisestätten übrig sind und durch ihre Bedeutung auf die Beschaffenheiten der betreffenden Localitäten und Umstände schliessen lassen — das ist sehr möglich und begründet nicht den geringsten Verdacht. Im Gegentheile, das Kurze, Dürftige, Fragmentarische in solchen Nachrichten ist ein Zeichen ächter Ueberlieferung, bei welcher Dichtung und Phantasie keine ausschmückende und fälschende Rolle gespielt.

---

*) Ein Heiligthum des Apollon hiess **Ptoon**, Schreckenshain, er selber **Ptoos**, der Schreckbare.

Einige Namen in der langen Stationenreihe des Pentateuches können allerdings sonderbar und unpassend erscheinen. Aber das ist erstlich kein Grund, sie für erdichtet zu halten; denn ein Namenserfinder hätte sich ja wohl gehütet, allzusehr wider die Wahrscheinlichkeit zu verstossen. Zweitens haben wir bereits in der zweiten Abtheilung*) mehrere der betreffenden Benennungen als uralte amerikanische und oceanische Ortsnamen von sehr einleuchtender Bedeutung nachgewiesen, solche zum Theil auch auf fremdartige, aber zu hebräischen umgeformte Ortsbezeichnungen, wie sie sich im östlichen Asien, namentlich in der Wüste Gobi finden, zurückgeführt.

Und so weiset uns hier Alles durchaus nicht auf eine wohlbekannte Nähe oder gar auf eine Identität des Schauplatzes mit den palästinensischen Wohnsitzen des Volkes, sondern weit, weit in die Ferne hin und lässt uns eine räumliche und zeitliche Ausdehnung dieser Wanderung ahnen, bei welcher die 40 Jahre als eine sehr mässige Angabe erscheinen, so dass man, wenn es nur sonst anginge, gar sehr versucht wäre, diese 40 Jahre als eine runde Zahl zu betrachten, mit der man es nicht genau zu nehmen habe, und so die Wanderung, statt sie zu verkürzen, vielmehr über diesen Zeitraum hinaus zu verlängern.

§. 3.

Wenden wir uns nun bestimmter den Untersuchungen und Behauptungen Radenhausen's zu! Derselbe sagt, es komme darauf an, zu ermitteln, wo die Israeliten vor dem Auszuge gewohnt, wo Gosen, Goschen gelegen und das »Schilfmeer« zu suchen sei, welches überschritten wurde. Er leitet den Namen jenes Landes von *Gusch*, Schmutz, ab, und bezieht ihn auf eine angeschwemmte Marsch, welche das fetteste Weideland gebe, den Thon zum

---

*) S.. 317 ff.

Ziegelmachen enthalte, im Regen aber sich zu bodenlosem Schmutze aufweiche *). Der Name Mizraim sei durch Aegypten übersetzt worden; dieses, das Land am Nil, von seinen alten Bewohnern Keme oder Chami, auch Kah-p-tah, Land des Tah, genannt, woraus die Hellenen wahrscheinlich ihr Aigyptos gemacht **), werde im Hebräischen allerdings Mazor, Mizraim, arab. Misr ***) genannt. Und so habe man den Zug aus den Nilmarschen beginnen lassen, daselbst das Land Gosen an der Ostseite gesucht und für das Schilfmeer, welches durchschritten wurde, das nahe liegende Westhorn des rothen Meeres gehalten. »Die Forscher verfolgten den Zug durch die Halbinsel nach dem jetzigen *wadi el araba*, der wüsten Erdspalte, welche sich vom Rothmeere (Osthorn) bis zum todten

---

*) Das hebr. *goschem, geschem* heisst Regen; chald. *geschem*, Leib, eigentl. wohl Lehm, Thon und das daraus geformte Bild; hebr. *gusch*, Hiob 7, 5, chald. *guscha*, Erdscholle. Die Grundvorstellungen sind **Feuchtigkeit, feuchte Erde Schlamm** etc. Der Grundlaut *gos, gosch, koseh, kusch* etc. findet sich in gleicher oder ähnlicher Bedeutung in den verschiedensten Sprachen und Erdtheilen, vergl. zigeunerisch *kutschahu*, hindostan. *kitsch*, der Thon des Töpfers, franz. *couchis*, Unterlage von Sand, Kies etc. unter dem Pflaster, *gâchis*, flüssiger Koth, Pfütze, *gacheux*, schlammig, kothig; im Peruanischen ist *cotscha* Sumpf, See. Mehrere Wörter der Art bedeuten im Amerikanischen auch **Hund** und **Schwein**.

) **Bohlen, Altes Indien II, 457 erklärt das Wort aus dem Sanskrit, wo *aguptas* das Verborgene und Beschützte, *guptas* (**Koptos**) heilig und beschützt bedeute, was auf die Festigkeit und Unzugänglichkeit des Landes passe und dem hebr. **Mazor**, befestigt, für Aegypten, entspreche. Dass der Name sehr deutlich auch in Amerika vorkommt, ist bereits in der Einleitung S. 17 zur Sprache gebracht worden.

***) Mit dem Namen **Misr** bezeichnen die arabisch redenden Bewohner des Nillandes dasselbe noch jetzt.

Meere erstreckt und sich durch das Jordan-Thal bis an das Libanon-Gebirge fortsetzt. Die Bibel nennt eine Menge Rastorte, welche nicht aufzufinden sind; nur Andeutungen über die Beschaffenheit geben Anhalt, und diese dienten den Erforschern jener Länder, um mit endlosen Mühen und gewagten Deutungen einen Weg zu erkunden, längs welchem sie die biblischen Rastorte zu erkennen glaubten oder mindestens auf ihren Landkarten andeuteten, als ob sie dort vorhanden seien« *).

R. weist nun, um seine Hypothese zu begründen, auf das Gosen in Palästina selbst hin, welches in der Geschichte der Eroberung dieses Landes unter Josua genannt wird **), und nimmt an, dasselbe habe aus der niederen Ebene (Saron) am Mittelmeere bestanden. Was den Namen Schilfmeer betrifft, so passe er nicht auf das rothe Meer, wohl aber auf das todte, wo dichter und hoher Schilfwuchs sei. Zum Beweise, dass Letzteres im Alterthum in der That den Namen Schilfmeer geführt, weist

---

*) Dies ist nur allzuwahr. Man sehe z. B. die Schrift: »Der Zug der Israeliten aus Aegypten nach Canaan« von K. v. Raumer. Leipz. 1837. Mit einer Karte. Auf Letzterer ist mit herkömmlichem Zwang der lächerlichste aller Züge veranschaulicht, der zum Glück nicht in der Bibel, sondern nur in den Köpfen dieser Ausleger, Apologeten und Localitätenschöpfer existirt. Der wohlmeinende und ehrenwerthe Verfasser zeigt sich so gereizt wider die Rationalisten, welche »die heilige Schrift als ein aus unzuverlässigen Fragmenten zusammengeflicktes Ungethüm« betrachten. Aber wenn man nichts Besseres vorzubringen weiss, um die Ehre und das Ansehen der Bibel zu retten, so kann man es den Ungläubigen wahrlich nicht verargen, wenn sie so schlecht von ihr denken.

**) Jos. 10, 41. Cap. 11. 16. Eine Stadt Goschen wird Cap. 15, 51 erwähnt.

R. auf einige Bibelstellen hin, die dies allerdings zu erhärten im Stande sind *). Doch wird bemerkt, dass der Name auf das rothe Meer übergegangen sei, wie 1 Kön. 9, 29 lehre. Von Osten her gehe, wie R. weiter geltend macht, in das todte Meer hinein eine Halbinsel, die mit dem Westufer durch eine Untiefe in Verbindung stehe, eine Furt, die in wenigen Stunden brauchbar oder lebensgefährlich zu werden vermöge. Hier, behauptet er, sei der Uebergang geschehen. Für den Sinai und Horeb wird der am Gebirge Seir hervorragende Gipfel Hor in Anspruch genommen. Mizraim sei die semitische Bezeichnung der fremden Eroberer aus dem Nillande gewesen, die das Land besetzt hatten. Als die Israeliten unter Josua zurückkehrten, fanden sie, so lautet die Hypothese weiter, die Mizraim nicht mehr, indem sich andere wilde Völkerschaften, Kanaaniter, Chethiter, Enakiter, Jebusiter etc. des Landes bemächtiget, die Aegyptier verdrängt und ihre Festungen eingenommen hätten, aus denen sie jetzt wieder von den Israeliten vertrieben wurden.

Auch das Mizraim, welches in Abraham's Geschichte vorkommt **), lag, nach R., »mitten in Palästina;« der Pharao residirte wahrscheinlich da, wo später Jerusalem lag. Der Umfang dieses Distriktes könne nur klein gewesen sein, was bei einer Grossmacht, wie die ägyptische war, freilich auffallend sei. Allein man habe sich nur eine ägyptische Colonie oder Niederlassung zur Zügelung und Ausbeutung der unterjochten Völker zu denken.

Die ganze, nach dieser Annahme gestaltete Oertlichkeit wird durch eine beigegebene Karte, der Zug durch eine

---

*) 2 Mos. 23, 31. 4 Mos. 21, 4; vergl. 4 Mos. 20, 23. 5 Mos. 1, 1. 5 Mos. 2, 1.
**) 1 Mos. 12.

Linie darauf mit Andentung der verschiedenen Richtungen
veranschaulicht. Derselbe geht hiernach von Saron am
Mittelmeere (Gosen) auf das todte Meer (Schilfmeer) zu,
bewegt sich über die erwähnte Furt daselbst östlich hinüber, dann südwärts hinab zum Gebirge Seir und Hor
(Horeb, Sinai) und dann weiter auf's rothe Meer zu, kehrt
dann um und geht nordwärts an der Ostseite des todten
Meeres hin und drüber hinaus, wo dann der Jordan überschritten wird.

Der berühmte Zug verkürzt sich demnach zu einer hin
und hergehenden Wanderung auf einem Gebiete, dessen
äusserste Punkte, Goschen im Norden und Ezeongaber im
Süden, nur 36 Meilen entfernt. »Der langjährige Wü-
stenzug bewegte sich in dem tiefen *Wadi el araba* hin und
her, wobei die zahlreichen Schluchten der Ostseite die Rastorte boten, mit denen sie je nach der vorhandenen Nahrung wechselten. In diesen Schluchten und Thälern rinnen
Bäche vom Gebirg herab, klar und reichlich, aber in den
Boden sinkend und versiegend, so bald sie unten das dürre,
sandige Wadi erreichen. Die Abhänge dagegen sind sehr
fruchtbar, ergiebig für Menschen und Vieh« etc.

§. 4.

Was nun dieser Hypothese entgegensteht, ist vor Allem
dies, dass sie mit dem israelitischen National bewusstsein, wie es sich durch und durch bei allen biblischen
Autoren, so verschieden sie seien, gleichmässig kund giebt,
in direktem Widerspruche steht. Nicht nur etwa im Pentateuche [*]), sondern überall zeigt sich jener Ausgang und

---

[*]) »Frage doch nach den vergangenen Zeiten, die vor dir
gewesen, von dem Tage an, wo Gott auf Erden Menschen geschaffen, und von dem einen Ende des Himmels bis zum ande-

Wanderzug der Erinnerung und Vorstellung des Volkes als etwas ganz Ausserordentliches, Ungeheueres, Beispielloses eingeprägt und so in ihr fortlebend durch alle Zeiten, Verhältnisse, Differenzen und Spaltungen hindurch ohne Widerspruch. Sehen wir uns besonders die Erwähnungen an, die davon bei den Propheten zu finden, und den Gebrauch, der auch hier davon gemacht wird, um die Grösse, Macht und Herrlichkeit des Gottes Israels in's Licht zu setzen und Vertrauen auf seine Hülfe zu erwecken!

Diese Autoren berichten hier und da über die Urgeschichte Israels, namentlich über den Aufenthalt in der Wüste, die Gesetzgebung und den Cultus daselbst auf eine ganz besondere Weise, wie sie Niemand erwartet, der mit den gangbaren Vorstellungen erfüllt; sie geben Nachrichten und behaupten Dinge, von denen man sonst Nichts weiss und die mit dem herkömmlich Angenommenen, namentlich aus dem Pentateuche Geschöpften im allerüberraschendsten und sonderbarsten Widerspruche stehen. So Jeremias, Ezechiel, Micha, Amos *). Aber die Grösse und Bedeutung, der ausserordentliche und wunderbare Charakter des Wanderzuges wird von ihnen nie abgeschwächt; man

---

ren, ob je so Grosses geschehen oder ob dergleichen gehört worden ist!....... Du hast es sehen sollen, um zu erkennen, dass Jehovah Gott ist und Keiner ausser ihm..... Und darum, dass er euere Väter liebte und ihren Saamen erwählte nach ihnen, so führte er euch aus Mizraim mit seinem Angesichte, mit seiner grossen Macht.« 5 Mos. 4, 32 ff.

*) Jerem. 7, 22 ff. Ezech. 20, 25 f. Micha 6, 6. Unmittelbar vorher ist von der Ausführung aus Aegypten die Rede; vergl. daselbst 7, 15. Amos 5, 21 f. v. 25 f. Letzteres ist die in so hohem Grade auffallende und schwierige Stelle, wo der Prophet dem Volke vorwirft, die 40 Jahre in der Wüste nur Götzendienst getrieben zu haben.

bekommt durch sie im Gegentheile eine nur noch grossartigere Vorstellung davon *).

Ein sehr sprechender Zug ist ferner dieser. Wie sich die Israeliten, vom mosaischen Cultus abfallend, ihr »goldenes Kalb« gemacht, so tragen sie auf die Gottheit, die dasselbe darstellen soll, die Ehre über, die sonst dem von Mose zur Anbetung eingesetzten Jehova zugetheilt ist und sprechen: »Das ist dein Gott, Israel, der dich aus Mizraim geführt« **). Und wie späterhin zur Zeit der Könige und der Spaltung des Reiches nach Salomo Jerobeam seine goldenen Kälber aufgestellt, um die Anhänglichkeit des Volkes an den Cultus zu Jerusalem zu paralysiren, bedient er sich der nämlichen Phrase und spricht: »Siehe, das ist dein Gott, Israel, der dich aus Mizraim geführt ***). Das Volk schwankte zwischen den beiden Gegenständen der Verehrung seit ältester Zeit hin und her. Aber welche dieser Gottheiten seine Verehrung und sein Vertrauen haben sollte, die musste für diejenige gelten, die es aus Mizraim geführt. Und diese Ausführung sollte eine so geringfügige, mehr schmach- als ruhmvolle Thatsache gewesen sein?

---

*) Man sehe und vergleiche überhaupt Stellen, wie folgende: 5 Mos. 1, 19. Cap. 4, 32 ff. Cap. 8, 14 f. 1 Chron. 17, 20. Jes. 41, 1 ff. v. 25. Cap. 43, 16 f. Jerem. 2, 6. Cap. 7, 22. v. 25. Cap. 32, 20 f. Amos 2, 9 f. Cap. 4, 10 f. Micha 6, 4 f. Cap. 7, 15. Hosea 12, 10. v. 14. Cap. 13, 4 f. In den Psalmen Nr. 74. 77. 78. 105. 106. Jud. 5, 12. Weish. 10, 15 ff. Cap. 16 und die folgenden bis zum Schlusse des Buches. Baruch 2, 11.

**) 2 Mos. 32, 4.

***) 1 Kön. 12, 28.

§. 5.

Man könnte das Beigebrachte zur Noth doch noch der nationalen Eitelkeit und der mythischen Ausschmückung einer zunächst nur sagenhaft überlieferten Thatsache zuschreiben. Aber es kommt noch etwas dazu, was von höchst auffallendem und, wie mich dünkt, **entscheidendem Charakter** ist. In den prophetischen Büchern ist von einer kolossalen Wanderung die Rede, welche **von den entferntesten Gegenden der Erde**, und zwar **von Norden und Osten** her gegangen *); und es wird daselbst auf einen heiligen Berg, **als den eigentlichen Sitz Jehova's**, hingedeutet, der im äussersten Norden liege **). Solche Nachrichten und Fingerzeige dürfen wir

---

*) Jes. 41, 2 ff. V. 8 f. V. 25. Israel wird hiernach »**vom Aufgang her**« erweckt, **von den Enden der Erde** herbeigeführt; es wandelt siegreich einen Pfad, den es nie betreten, durch die Veranstaltung dessen, **welcher die Menschengeschlechter hervorrief von Anbeginn**. Vergl. was darüber schon Abtheil. I. Vorles. I. vorgetragen ist.

**) Jes. 14, 14. »Du sprachst, zum Himmel will ich aufsteigen, über die Sterne Gottes meinen Thron erheben, und wohnen auf dem *har mo'ed* im äussersten Norden.« *Ohel mo'ed* heisst das Zelt der Zusammenkunft oder der Festversammlung; die sogenannte Stiftshütte; *mo'ed* heisst auch Festtag, Festopfer; der durch diesen Ausdruck charakterisirte Berg ist also in jedem Falle ein heiliger Berg, ein jehovistischer Cultusberg. *Jarcthe-zaphon* sind die fernsten Gegenden des Nordens, so wie *jarcthe-erez* die fernsten Gegenden der Erde; Jerem. 6, 22: »Sieh ein Volk kommt vom Lande des Nordens und eine grosse Nation steht auf vom Aeussersten der Erde.« Vergl. daselbst 25, 32. In räthselhafter Weise wird auch Psalm 48, 3 des entferntesten Nordens gedacht: »Gross ist Jehova und sehr preiswürdig in unseres Gottes Stadt, auf seinem heiligen Berge. Schön erhebt sich der ganzen Erde

doch wohl nicht achtlos bei Seite schieben, wenn es uns um Wahrheit zu thun ist und wir uns nicht geflissentlich dagegen verblenden wollen. Wie Indier, Perser, Griechen in Hinsicht ihrer Herkunft und des Ursprunges ihrer Culte auf den Norden und Osten deuten *), ganz so auch Israel; und wir haben keinen Grund und dürfen uns nicht erlauben, von dieser allgemeinen Tradition die hebräische loszureissen, wenn sie selbst sich so entschieden an dieselbe anschliesst.

§. 6.

Die Ueberlieferungen, welche das hebräische Geschlecht von seinen Urzeiten her bewahrt, sind nicht alle in den beschränkten Umfang der biblischen Bücher eingeschlossen. Dasselbe hat auch noch ausserdem Sagen und Schilderungen, die, wenn auch mit mythischen Ausschmückungen und Corruptionen behaftet, doch keineswegs ganz zu ignoriren

———

Lust, der Zionsberg *jarethe-zaphon*, des grossen Königes Stadt.« Benennungen des heiligen Nordberges, des eigentlichen Zion, scheinen hier auf die Burg in Jerusalem übergetragen zu sein. Ein Berg der Pracht, Herrlichkeit (Sapher) kommt in dem Stationenverzeichnisse 4 Mos. 33 vor. Auch die Indier sagen von einem heiligen Nordberge; denn »nach der älteren Ansicht ist der Meru nicht der Mittelpunkt der Erde, sondern das äusserste Gebirg des Nordens.« Ganz die biblische Vorstellung und Ausdrucksweise. »Es waren dort die Wohnungen des Brahma und Wishnu...... Er erleuchtet die nördliche Gegend, es umwandeln ihn die Gestirne.« S. Lassen, Indische Alterthumskunde II. S. 511. 847.

*) Wir werden hierauf weiterhin näher zu sprechen kommen. Die Perser haben eine der hebräischen sehr ähnliche Wandersage mit Stationenverzeichniss vom Norden her. Bei den Griechen ist es besonders die hochwichtige und ganz deutliche Hyperboreersage, die hieher gehört.

sind. Auch bei Arabern und Muhamedanern findet sich Einiges, was Aufmerksamkeit verdient. Wir wollen Nichts unbeachtet lassen, was in dem dunklen Gebiete, welches wir zu betreten gewagt, irgend ein Licht zu entzünden, oder das schon aufgegangene zu verstärken im Stande sein mag.

Wie, wenn wir auch hier wieder auf jene **nördlichen und östlichen** Gegenden, aus welchen **Jesaias** sein Volk herkommen lässt, hingeführt würden, wenn da sogar noch bestimmter eine unverkennbare Erinnerung an die **Behringsstrasse** und an den **jenseitigen Continent** begegnete? —

Es ist wirklich so. Die Juden reden von einem gewissen, scheinbar rein fabelhaften und chimärischen Flusse **Sambatjon**, welcher 17 Meilen breit sei, über der Wüste Calicut jenseits der in Asien zerstreuten Judengeschlechter liege, das grosse Indien scheide und ein ausgedehntes Land begrenze, wo viele besondere Länder und Königreiche befindlich, ein **grosser, schöner, dicker Weizen** wachse, und Menschen mit **purpurfarbigen** Angesichtern wohnten, die Berge **Goldes** besässen, aber Mangel an **Eisen** hätten. Man wird hier nothwendig an die zwischen Asien und Amerika liegende Meerenge, an den amerikanischen Mais, an die alten Einwohner Amerika's, die ihr natürliches Roth durch Rothfärbung zu erhöhen suchten *),

---

*) »Auf Verzierungen ihres Gesichts wenden sie am meisten Fleiss und Kunst...... Vorzüglich lieben sie die Zinnoberfarbe und bemalen sich damit zuweilen den ganzen Kopf, so dass er **feuerroth** aussieht..... Am Muskingum findet man eine gelbe Ockererde, die gebrannt eine schöne, rothe Farbe giebt. Damit bemalen sich vornehmlich die huronischen Krieger, denen es nicht zu viel ist, eine Reise von mehr als 20 Meilen zu

und den Mangel und Werth eiserner Werkzeuge bei ihnen erinnert. Der Sambatjon, Sabbatjon heisst der ruhende, stillstehende von *schabath*, ruhen; er wird auch *nehar abanim*, Steinfluss genannt, soll austrocknen und sich in einen weissen Sand verwandeln — was Alles auf ein zu Zeiten gefrierendes Gewässer, wie die Behringsstrasse ist, gedeutet werden kann. Er soll ferner Steine rollen und ein donnerartiges Getöse machen, was ganz genau auf dieselbe Meerenge passt, wo selbst im Sommer eine Menge Eismassen treiben und mit donnerartigem Getöse aneinanderschlagen *).

Das Alles zusammen wird nicht zweifeln lassen, dass die Israeliten schon vor Zeiten eine Kenntniss jener Gegend gehabt, ja dass sie selbst einmal dort gewesen, indem sie von ihrer jenseitigen Heimath her nach Asien übersetzten. Sehr auffallend ist in dieser Hinsicht auch eine Stelle im Koran **) wo Folgendes erzählt wird: »Mose sprach zu seinem Diener: ich will fortreisen, bis ich an den Ort komme, wo die beiden Meere zusammenfliessen; lange, lange 80 Jahre will ich reisen.« Dies lässt sich schwerlich anders verstehen, als dass von einer äusserst entfernten Meerenge die Rede ist, wohin sich Mose begeben will, was somit ganz in diesen Zusammenhang passt. Auch

---

thun, bloss um sich mit dieser Farbe zu versorgen.« Loskiel, Missionsgeschichte. Barby 1789. S. 63.

*). Vergl. darüber Wrangel's Reise längs der Nordküste Sibiriens und auf dem Eismeere. Ausland 1839. Nr. 361. S. 1441. Ueber den Sambatjon und was damit zusammenhängt s. Eisenmenger, Entdecktes Judenthum II. S. 533 f. Bodenschatz, Kirchliche Verfassung der Juden IV. S. 262. 265. Oertel, »Was glauben die Juden?« Bamberg 1823. S. 189.

**) Sure XVIII.

der dritte jener amerikanischen **Votane** will so lange reisen, bis er seine Verwandten, die Culebras, gefunden *).

Israels Wanderung ging, nach **Radenhausen**, von Westen und Norden (Gosen, Saron) ost- und südwärts hinab. Der Bibel zu Folge ging sie nach Norden, **Baal Zephon** **); und die arabische Tradition, wie sie in **Tabari's** berühmter Geschichte vorkommt, stimmt damit merkwürdig überein; hiernach wendeten sich die Hebräer bei ihrer Wanderschaft nach Norden und hatten zum Wegweiser ein **Nordlicht** ***). Das Buch der Weisheit spricht in derselben Beziehung von einem »Sternenlichte.«

§. 7.

Noch ein Paar Gründe, aus welchen zu erhellen scheint, dass die biblischen Autoren ganz andere Ortsverhältnisse, als die, welche wir in den betreffenden Beziehungen anzunehmen pflegen, im Sinne gehabt; dass in den Ueberlieferungen und Erzählungen wenigstens ursprünglich ganz andere Vorstellungen, als die später durch Verwechselung der Localitäten entstandenen und gangbar gewordenen, gewaltet haben, sind nachstehende.

Man erwäge erstlich die Stellen, wo es die Propheten entschieden mit dem afrikanischen Mizraim zu thun haben! Im **Jesaias** spricht sich das ganze 19. Capitel über Aegypten aus und bedroht es mit Unglücksfällen. Wie natürlich

---

*) Näheres darüber wird weiter unten vorkommen.

**) Baal ist der bekannte Vorsatz vor geograph. Namen; *zaphon* ist Mitternachtsgegend, Norden, Nordwind. Baal Zephon konnte den Norden von Amerika über Mexico (Anahuac) hinaus, auch wohl den Hauptort dieser Gegend, eine Nordstadt, Feste des Nordens, bedeuten.

***) Rosenöl, Sagen und Kunden des Morgenlandes. Stuttg. u. Tübingen 1813. I. S. 100.

war es hier, wenn der Prophet nur ein Mizraim kannte, an jene Schrecken der Vorzeit zu erinnern, die sich nunmehr erneuern würden! Aber nicht die leiseste Andeutung davon ist zu finden. Eben so Cap. 30 und 31, wo sich der Prophet wider das Bündniss mit Aegypten erklärt, bei dem man Hülfe suchte; auch da wäre es am Orte gewesen, daran zu erinnern, wie dieses Reiches Macht und Herrlichkeit schon vor Zeiten zu Schanden geworden. Aber auch da ist keine Rede davon. Dieselbe Erscheinung bei Ezechiel; er eifert wider Aegypten mehrere Capitel hindurch *); es sollen über Volk und Herrscher göttliche Strafgerichte ergehen, damit sie Jehova's Macht erkennen. Aber hatte sich dieselbe nicht schon ehemals so beschämend an ihnen geoffenbart? Warum auch hier keine Erinnerung daran, kein Vergleich des Angedrohten mit dem bereits vor Zeiten Geschehenen? Davon scheinen diese Propheten gar nichts zu wissen.

Aber so ist es nicht; sie wissen, wie andere Stellen lehren, sehr wohl darum; hier aber gedenken sie dieser Dinge desshalb nicht, weil dieselben nicht in dem afrikanischen Aegypten vorgegangen, sondern ganz anderswo, in einem Aegypten nämlich, welches zwar unserer Ansicht nach die ursprüngliche Heimath, der erste Sitz und Ausgangspunkt des diesen Namen führenden afrikanischen Volkes und Reiches gewesen, von welchem aber Letzteres zu lange gesondert und für sich gestellt war, als dass man es füglich damit identificiren konnte.

Ein anderes Beispiel ist dieses. Da, wo das Buch Exodus den Durchgang durch das Meer beschreibt, wird dieses durch einen starken Ostwind getheilt und getrocknet, der die ganze Nacht durch weht. In dieser Nacht wird

---

*) Cap. 29—32.

hinübergezogen; da hätte man nun, wenn man über das rothe oder über das todte Meer **von Westen nach Osten** zog, diesen Wind **gegen sich** gehabt, wobei man schwerlich fortgekommen wäre. Es ist hiebei zu bemerken, dass der Ostwind, *ruach kadim*, im Orient ein in der That äusserst heftiger Sturmwind ist. Verlegt man den Ort der Begebenheit, so dass der Zug in umgekehrter Richtung, von Osten nach Westen, vor sich geht, so lässt sich die Sache eher denken; und so ist es der Fall, wenn man sich vorstellt, es sei keines der genannten Meere, sondern ein ganz anderes, in der jenseitigen Hemisphäre gelegenes, es sei, wie **Brown** annimmt, der **californische Meerbusen** überschritten worden, indem man sich von Sonora aus zunächst nach der californischen Halbinsel hinüberrettete. Auf diese Weise scheint sich die alte Relation den Vorgang in der That gedacht zu haben; und insofern möchte auch hier noch ein Bewusstsein des wahren Sachverhaltes in den biblischen Erzählungen durchschimmern.

§. 8.

In den Erzählungen der Genesis und des Buches Exodus wird da, wo der Schauplatz der Begebenheiten das fragliche Mizraim ist, mehrmals von einem Strome oder Flusse *par excellence*, auch von Strömen und Flüssen und anderen Gewässern gesprochen. Nun sollte man denken, es müsste da bestimmt der Nil, der einzige Strom Aegyptens, genannt sein, wofern man einen besonderen Namen dafür hatte. Ein solcher war vorhanden; der Nil heisst hebr. **Schichor**, der Schwarze, weil er mit schlammiger Fluth*) dahinströmt, griech. eben so **Melas**, lat. **Melo**; der Name Nil wird, dem entsprechend, aus dem Sanskrit

---

*) χευματι πηλωεντι.

erklärt, wo *nilas* der Schwarze, Dunkelblaue, heisst. Allein davon kommt in jenen Erzählungen Nichts vor. Es werden lauter Wörter mit allgemeiner Bedeutung gebraucht, die jedes fliessende Gewässer bedeuten können. So besonders *jeor*, Fluss, womit man allerdings ein ägyptisches Wort *jaro*, *jero* vergleicht, das aber eine ebenfalls allgemeine Bedeutung hat, von P. v. Bohlen *) aus dem Sanskrit durch *yaras*, *yaro*, der Gehende (Fliessende), erklärt wird und nicht nothwendig den Nil bezeichnet. Im Daniel **) steht *jeor* von einem anderen Flusse; Plur. *jeorim*, Bäche, Ströme, Canäle. In der Stelle: »Recke deine Hand aus über die Wasser Aegyptens, über seine Ströme, Flüsse, Seen und all seine Wassersammlungen« ***) steht für Strom *nahar*, für Fluss *jeor*, womit also gar nicht einmal der Hauptfluss des Landes gemeint zu sein scheint, sondern ein geringerer, aber der Residenz des Herrschers näherer. Wir werden so keineswegs gezwungen, an das Land des Niles zu denken; aber auf Palästina werden wir darum nicht hingeführt. Die Formen *jaro*, *jero*, *jeor* finden ihren Anklang auch in Amerika; mehrere Gewässer daselbst haben ähnliche Namen, wie Yare ****), Yary, Jura, Yurua, Juruary, Yuruena, Yabari, Jubuari. Und so liegt uns, wie es scheint, in jenen Bibelstellen ein im amerikanischen Mizraim gangbar gewesener Flussname vor, den Hebräer und Aegypter von dorther hatten, und der sich bei den Ersteren insbesondere in der Erzählung der Begebenheiten erhielt, deren Schauplatz jenes amerikanische Urland gewesen.

---

*) Altes Indien II. S. 487 f.
**) Cap. 12, 5. 6. 7.
***) 2 Mos. 7, 19.
****) In Guatemala.

§. 9.

Radenhausen setzt, wie schon angegeben, das fragliche Mizraim der Bibel mitten in Palästina selbst hinein. Nun würde aber bei der in den biblischen Büchern so häufigen Erwähnung des Aufenthaltes in Mizraim und des wunderbaren Auszuges aus diesem Lande, wenn dasselbe ein Theil von Palästina selbst gewesen wäre, doch wohl irgendwo eine Spur von noch nicht ganz verwischtem Bewusstsein davon vorkommen. Es ist aber eine solche meines Wissens weder im Pentateuch, noch sonstwo aufzufinden. Dem einheimischen Namen Aegyptens entsprechend ist der im Hebräischen für dieses Land und Volk gebrauchte Name Ham, Cham; damit wird in den Psalmen mehrmals das Aegypten bezeichnet, wo Israel geknechtet war. So heisst es daselbst: »Jehova schlug die Erstgeburt in den Zelten Ham.« — »Jakob war Fremdling in dem Lande Ham.« — »Mose und Aaron thaten Jehova's Wunder im Lande Ham.« — »Sie vergassen Gott, ihren Erretter, der Grosses gethan in Mizraim, Wunderbares im Lande Ham, Furchtbares am Schilfmeer«*). Mizraim wird auch als »Gefilde Zoans« bezeichnet: »Vor ihrer Väter Augen that er Wunder im Lande Mizraim, in Zoans Gefilde«**). Zoan wird für Tanis in Unterägypten am östlichen Ausflusse des Niles gehalten***). Aber alle diese Namen können aus dem Urlande übertragen sein. Im Gesetze wird vorgeschrieben: Gegen Fremdlinge solle man wohlwollende Gesinnungen hegen; denn Fremdlinge seid auch ihr gewesen im Lande

---

*) Ps 78, 51. Ps. 105, 23 u. 27. Ps. 106. 22. Amerikanisch ist *haam, aam, hamn* Erde (Land) überhaupt. Martius, Ethn. I. S. 312.

**) Ps. 78, 12. Eben so v. 43.

***) Vergl. Jes. 19, 11. 13. Cap. 30, 4. Ezech. 30, 14. Madecassisch, malayisch etc. *tany, tane, tana*, Erde.

Mizraim *). Die Israeliten betrachteten Palästina als das ihnen von Gott gegebene Eigenthum; sie sahen sich hier nicht für Fremdlinge an, die keinen Anspruch auf das Land zu machen hatten. Eine solche Art zu sprechen, wie bei den angeführten Stellen getroffen wird, begünstigt daher Radenhausen's Ansicht keineswegs. Es liesse sich indessen annehmen, solche Lieder und Bücher, wie die citirten, seien zu einer Zeit verfasst, wo die Verwechselung der beiden Mizraim bereits vollzogen, die Differenz aus dem Bewusstsein des Volkes und der Zeit verschwunden gewesen. Allein sollten in der biblischen Sammlung nicht auch noch Bücher und Stellen erhalten sein, die älteren Ursprunges sind und sich über den betreffenden Sachverhalt noch besser unterrichtet zeigen? — Wir stossen, wie bereits bemerkt worden ist, wirklich auf Aeusserungen und Schilderungen, welche sich mit der herkömmlichen Auffassung der Dinge im offenbaren Widerspruche befinden, nicht aber zu Gunsten der Verminderungs- und Beschränkungsmanier, indem sie vielmehr der ganz entgegengesetzten zur Unterstützung dienen. So namentlich bei den Propheten, welche, wie aus ihren Hindeutungen auf die hebräische Vorzeit erhellt, noch recht gut wussten, woher ihr Volk gekommen, und deren Darstellungen nicht nur der gewöhnlichen Vorstellung widerstreiten, sondern auch, und das noch weit mehr, der Hypothese Radenhausen's entgegentreten.

§. 10.

Der biblischen Erzählung nach war das Land, welches Israel einnehmen sollte, ein ihm völlig unbekanntes, sowohl was die natürliche Beschaffenheit desselben, als was die Einwohner betrifft. Wie Mose Kundschafter nach ihnen aussendet, sagt er zu ihnen: »Sehet das Volk, das darin wohnet, ob es stark oder schwach, ob es wenig oder viel;

---

*) 5 Mos. 10, 19.

und wie die Städte, in welchen es wohnet, ob in Lagern oder Festungen; und wie das Land ist, ob gut oder schlecht, fett oder mager, ob darin Bäume sind oder nicht« *). Die Hebräer hatten über 400 Jahre in Aegypten gewohnt. War nun dies ein von Palästina völlig verschiedenes Land, so ist eine solche Unkunde und Ungewissheit über das Letztere weniger auffallend, auch wenn daselbst schon ihre Stammväter gewohnt. Aber wenn das betreffende Mizraim in Palästina selbst befindlich war, so konnte man auch nach einer 400jährigen Entfernung aus den bewohnten und bebauten Theilen des Landes, und nachdem man bloss im *wadi el araba* herumgezogen, so ganz unbekannt damit nicht sein. Die Erzählung scheint sogar vorauszusetzen, dass die Hebräer gar nie in dem Lande gewesen, auch nicht in der Patriarchenzeit, was der Brown'schen Hypothese zu Gute kommt. Ist doch in der Geschichte der Patriarchen so viel von Bäumen, Hainen, Waideplätzen und bewohnten Orten die Rede; und Mose weiss nicht einmal, ob Bäume darin sind! Wenn irgend ein Umstand sprechend ist, so ist es dieser.

§. 11.

Die Israeliten trafen bei ihrer Ankunft in Palästina auf Völkerstämme, die ihnen verwandt waren und ihre Sprache redeten, so dass sie sich ganz einfach mit ihnen zu verständigen vermochten. Dies könnte einerseits zu einem Einwurf gegen unsere Ansicht dienen; es könnte scheinen, als wären die Israeliten, wie nach gewöhnlicher Annahme der Fall, schon in der patriarchalischen Zeit in dem Lande zu Hause gewesen. Allein dem widerspricht nicht nur die völlige Unkunde des Landes, wie sie Mose zu erkennen giebt; in mehr als 400 Jahren und bei so grosser Verschie-

---

*) 4 Mos. 13, 18.

denheit der Wohnsitze und Verhältnisse während dieser Jahrhunderte hätten sich auch wohl die Dialekte verändern müssen, so dass man sich wundern muss, statt dessen eine so grosse sprachliche Einheit und Einfachheit zu finden.

Von unserem Gesichtspunkte aus stellt sich die Sache so. Jene stamm- und sprachverwandten Völker gehörten sämmtlich zu der grossen semitischen Völkerwanderung aus Amerika, welche sich zu Mosis Zeiten gebildet hatte und unter seiner Führung unternommen worden war. Anfangs stand derselbe an der Spitze des ganzen Zuges, wobei Israel bloss dessen Centrum bildete. Aber auf dem langen Wege durch einen Theil Amerika's und ganz Asien durch zerstreute man sich; ein Theil blieb hinter den Israeliten zurück, ein Theil eilte ihnen vor; und so waren mehrere der vereinigten Stämme schon vor ihnen nach Palästina gekommen und hatten sich daselbst festgesetzt.

Auf diese Art wird dann auch das sonderbare Benehmen der Gibeoniten in's Licht gesetzt, die zwar auch schon im Lande angesiedelt waren, sich aber, um nicht gleich den Uebrigen behandelt zu werden, für arme, wegmüde Wanderer ausgaben, die so eben erst angelangt seien*). Sie sprachen von einem **sehr fernen** Lande und einem **sehr weiten** Wege, den sie dahergezogen seien. Wenn sie aber ein ganz fremder Volksstamm waren, der mit den Israeliten nie in Berührung gestanden, wie konnten sie sich mit ihnen verständigen? Wie die Erzählung vorliegt, so geschah dies ohne alle Vermittlung; sie sprachen eben auch »die Sprache Canaans,« und das hätte sie denn auch sogleich als Eingeborene des Landes kenntlich gemacht und ihre Absicht vereitelt, wenn die Sachen so standen, wie man es sich zu denken pflegt. Allein sie

---

*) Josua 9, 3 ff.

hatten eine solche Entdeckung nicht zu fürchten. Sie hatten zu dem allgemeinen Wanderzuge gehört, waren ein Theil des *ereb*, der nicht-israelitischen Völkerschaften gewesen, welche mit den Israeliten zusammen den gesammten mosaischen Heerhaufen bildeten *), hatten sich aber von ihm abgelöst, waren ihren besonderen Weg gegangen und auf diese Weise früher, als die Israeliten, im Lande angekommen. Nun wollten sie, um sich vor feindlicher Behandlung zu schützen, nicht als Abtrünnige und Vorgeeilte, sondern als harmlose Nachzügler angesehen sein, was ihnen Anfangs auch gelang, bis ihre bereits in Besitz genommenen palästinensischen Wohnplätze bekannt wurden.

§. 12.

Dass so viele der von der Bibel genannten Stationen oder Rastörter so gar keine Spur gelassen, das dürfe, sagt Radenhausen, nicht befremden; denn diese Oerter und Namen hätten eine nur momentane Bedeutung gehabt und wären dann wieder vergessen worden. Allein man hat doch ihre Namen bewahrt und in die Verzeichnisse gesetzt; man hat die Absicht gehabt, sie im Gedächtnisse zu behalten und den Nachkommen zu überliefern. Und hätte sich die ganze Begebenheit auf einem so heimathlichen Boden abgespielt, so würde doch wohl eine und die andere dieser Stationen auch in örtlich fixirtem Andenken geblieben sein. Insbesondere hätte dies bei dem Meere, das man durchschritten, und dem Berge der Gesetzgebung der Fall sein müssen, wenn sich dieselben in so unmittelbarer Nähe befunden hätten. Diese Lokalitäten wären, als so wichtig und hervortretend in der Geschichte des Auszuges und der Wanderung, als so bedeutsam für Religion, Gesetzgebung, Cul-

---

*) 2 Mos. 12, 38.

tus, ganz gewiss in lebhaftester Erinnerung geblieben. Ewig und ewig hätte man gesagt: »Hier war es, wo Israel über das Meer gegangen, und hier, wo es sein Gesetz erhalten.« Wie ausdrücklich wird das Volk ermahnt, diese Dinge im Gedächtnisse zu behalten! »Nimm dich wohl in Acht, dass du die Dinge nicht vergessest, die deine Augen gesehen, und dass sie nicht aus deinem Herzen weichen all dein Leben lang; und thue sie kund deinen Söhnen und Enkeln: den Tag, da du vor Jehova standest am Horeb« etc. *). Hat man doch andere, zum Theil viel unbedeutendere Thatsachen und Vorgänge durch Denkmale bezeichnet und fortwährend die Orte gezeigt, wo sie sich zugetragen hatten! Wie die von den Philistern erbeutete heilige Lade zurückkommt, wird sie auf einen grossen Stein gesetzt; »und Zeuge ist der grosse Stein, worauf sie die Lade Jehova's setzten, bis auf diesen Tag, im Felde Josua's, des Bethsemiters« **). Der Berg, auf welchen Simson die Thore von Gaza trug, wird eine halbe Stunde weit von der Stadt gezeigt ***) etc. Und rücksichtlich des Schauplatzes, wo der berühmte Uebergang über das Meer, die Gesetzgebung unter furchtbaren Naturerscheinungen Statt gefunden, sollte sich keine örtliche Erinnerung bewahrt haben, kein Denkmal errichtet und von Geschlecht zu Geschlecht gezeigt und ausgedeutet worden sein? Dergleichen hätte ganz gewiss nicht gefehlt. Allein man hatte in den ersten Zeiten ohne Zweifel die Vorstellung sehr entfernter Oertlichkeiten; und da im Verlaufe der Zeit die Erinnerungen dunkler und unbestimmter wurden, und man, durch die Gleichheit der Benennungen getäuscht, das ursprüngliche, weit entlegene

---

*) 5 Mos. 4, 9.
**) 1 Sam. 6, 18.
***) Raumer, Palästina S. 190.

Mizraim, Mazor, Misr mit dem nahen Nillande verwechselte, so musste man das Meer und den Berg in einer diesem Lande entsprechenden Lage suchen; und so bot sich das westliche Horn des rothen Meeres und das Gebirge in der Halbinsel dar, die zwischen den Hörnern dieses Meeres liegt, und die, weil man das Gebirge für den Gesetzgebungsberg Sinai erklärte, die sinaitische genannt worden ist.

§. 13.

Das Gosen, Goschen, welches im Buche Josua vorkommt, mag immer identisch mit der Ebene Saron gewesen sein; wenn der Name (von *gusch*) eine Marsch überhaupt, ein aus Anschlämmungen des Meeres entstandenes feuchtes, fettes, zu Zeiten schmutziges Weideland bezeichnet, wie R. erklärt, so hat die Wiederholung des Namens an geeignetem Orte gar nichts Auffallendes. Wandervölker und Colonisten übertrugen ja, wie G. Brown hervorhebt, überhaupt von jeher die Namen ihrer alten Heimath in die neue, um sich so gleichsam jene in dieser wieder herzustellen *). Auch der Name Schilfmeer wird ein auf solche Weise übertragener Name gewesen sein und konnte eben so, wie Gosen, schon um seiner Bedeutung willen, verschiedentlich angewendet werden. Der hebr. Ausdruck ist: *jam-suph*; und das bedeutet wohl eigentlich Grenzmeer; vergl. *suph*, aufhören, ein Ende nehmen, *soph*, Ende, *saph*, Schwolle; *suph* in der Bedeutung Schilf, Meertang, Seegras ist secundär, von dem schilfigen Grenzmeer abgeleitet; man berücksichtige Stellen, wie 2 Mos. 23, 31:

---

*) Richter 1, 22 ff. wird erzählt, wie Lus (Bethel) eingenommen wird; nur ein Mann und sein Geschlecht blieb am Leben und der zog in's Hethiterland und bauete eine Stadt mit Namen Lus.

»Und ich will als deine Grenze setzen das Grenzmeer (Schilfmeer) und das Philistermeer und die Wüste bis an das Wasser.« Dass auch das rothe Meer so hiess, bemerkt R. selbst. Schon aber im Urlande kann und mag ein Grenzmeer so geheissen haben, dasjenige, wo der berühmte Uebergang in der That Statt gefunden, nach Brown das Purpurmeer oder der californische Meerbusen. Derselbe hat ein ganz ähnliches Verhältniss zu den anstossenden Landschaften, namentlich Sonora und Californien, wie der arabische zu Aegypten und der sinaitischen Halbinsel. Nur musste er in umgekehrter Richtung überschritten werden, wozu, wie schon oben bemerkt, ganz gut der Umstand passt, dass ein heftiger Ostwind das Meer getheilt und getrocknet haben soll. Denn wenn Israel von Aegypten her die Flucht ergriff, so hatte es den von der Morgengegend her tobenden Sturm gegen sich und musste demnach am Fortrücken entschieden gehindert werden. Eben so hätte es beim Uebersetzen des todten Meeres den Wind gegen sich gehabt. Dort in Amerika aber, wenn es von Sonora aus über das Purpurmeer ging, hatte es ihn im Rücken; vergl. oben §. 7.

§. 14.

Mizraim, sagt Radenhausen, sei die Bezeichnung der in Palästina herrschenden Aegyptier gewesen; es sei die Mehrzahl von *mazor*, arab. *misr*, und hätte demnach, wenn es das Land bezeichnen sollte, durch »die Aegypten« übersetzt werden müssen. Das besondere Wort für Aegyptier ist jedoch im Hebräischen *mizri*, Plural *mizrim*; *mazor*, Veste, wird ebenfalls für Aegypten gebraucht; und *mizraim* ist Dual und heisst Doppelveste; Brown ist der Meinung, es bedeute eigentlich »die beiden Festländer« oder »Continente,« und bezeichne so die beiden Amerika's im Norden und Süden; speciell den Sitz des alten, mächtigen Cultur- und Herrschervolkes, welchem Israel im amerikanischen Urlande unterworfen gewesen und den er sich vornehmlich in der Gegend von Mexico, auf der Hochebene von Anahuac, denkt *). Der Auszug Israels aus Aegypten mitsammt der 40 jährigen, eine ganze Generation aufreibenden Wanderung **) sei im Ganzen und Allgemeinen der Ausgang aus dem amerikanischen Continente über den Norden (die Behringsstrasse oder die sich bogenförmig von einem Welttheile zum anderen erstreckende aleutische Inselkette) nach Asien, zunächst aber die Entfernung von jenem Herrschervolke und seinem Hauptsitze in Mexico mit Ueberschreitung des californischen Meerbusens und von da in den Norden Amerika's gewesen, der durch den Namen Baal Zephon bezeichnet wird. Auf diesem von einem Continent zum anderen hinüberführenden Wege seien denn auch wohl die den Hebräern auf ihrem Zuge heilig und bedeutsam gewesenen Berge, der Sinai, der Horeb, der heilige Nordberg, Jehovahs Sitz »im äussersten Norden,« der ursprüngliche Zionsberg zu suchen, mögen dieselben für verschiedene Höhen oder für

---

*) Im Frühjahre 1866 wurde aus New-York geschrieben: »Der Congress hat einen Antrag angenommen, wonach die Vereinigten Staaten ihren Namen ändern und sich künftig Amerika nennen.« So nun also erstlich der ganze Welttheil und dann speciell ein Theil desselben — ganz dem Gebrauche ähnlich, den man obiger Vermuthung nach im Alterthume von dem Namen Mazor und Mizraim gemacht.

**) »Ihr sollt nicht in das Land kommen, ausser Caleb und Josua. Euere Kinder bringe ich hin. Aber euere Leiber sollen fallen in dieser Wüste und euere Söhne sollen weiden in der Wüste 40 Jahre lang, bis euere Leiber aufgerieben sind.« 4 Mos. 14, 30 ff.

eine und dieselbe, die nur verschiedene Namen geführt, zu halten sein. In dem Stationenverzeichnisse 4 Mos. 33 kommt nur »die Wüste Sinai« v. 15, dann ein Berg Sapher (*schepher*, Schönheit, Pracht), einer mit Namen Hor-Gidgad, der Berg Hor, wo Aaron stirbt, und das Gebirge Abarim vor. 5 Mos. 10, 6 stirbt Aaron zu Moser, von da zieht man nach Gudgod. In dem Berge der Schönheit, Herrlichkeit liesse sich der erhabene Nordberg des Jesaias vermuthen, als dessen Nachbild Psalm 48 der Zionsberg erscheint und mit demselben Namen bezeichnet wird *). Dieser heilige Nordberg war wohl eine befestigte Höhe im Norden Amerika's, wo sich die in der mosaischen Zeit auswandernden Völker zunächst gesammelt und festgesetzt hatten, vielleicht um für immer da zu bleiben, bis sie durch irgend ein störendes Ereigniss zum Weiterziehen genöthigt wurden. Darum hiess er *har - moed*, Versammlungsberg, wie die sogenannte Stifthütte *ohel - moed* Versammlungszelt, weil sie während des Zuges ein eben solches Centrum ausmachen sollte.

In jenem nach Radenhausen's Behauptung in Palästina selbst gelegenen Mizraim hätte ein ägyptischer Pharao mit seinem Hofstaate residirt — das Unglaublichste, was man aufstellen kann, es müsste denn dieser Pharao eigentlich nur ein Statthalter oder Unterkönig gewesen sein. Allein dass er von einem Höheren abgehangen, davon ist keine Spur; die biblische Relation lässt ihn einfach und unbedingt das ganze Reich beherrschen. Sehr ausdrucksvoll ist namentlich die Stelle: »Vom Erstgeborenen Pharao's der auf seinem Throne sitzt, bis zum Erstgeborenen der Magd, welche hinter der Mühle ist **). Pharao ist

---

*) S. oben §. 5. S. 386 f.
**) 2 Mos. 11, 5.

auch da, wo unzweifelhaft von dem Nillande die Rede, der Name des Beherrschers *). Das angebliche Mizraim in Palästina soll nach R. nur einen geringen Umfang gehabt haben **); die Bibel aber schildert das, was sie so nennt, als ein grosses, namentlich an Gewässern reiches Land ***). Dies Letztere passt auch nicht wohl auf das Land des Niles, welches nur diesen einzigen Strom hat, dessen Arme, Canäle, Abflüsse, Sümpfe man bei dieser Stelle, um nothdürftig auszureichen, in erzwungenen Anspruch nimmt. Wie ganz anders ist die Beschreibung, die Jesaias ****) von den Gewässern Aegyptens — des afrikanischen Aegyptens — giebt, wie deutlich ist hier, dass Alles im Grunde nur der einzige Nil ist!

§. 15.

Die Annahme, dass nicht das rothe, sondern das todte Meer (Salzmeer) überschritten worden sei, und dass dies bei jener Furt geschehen, »durch welche von Alters her eine Verbindung zwischen Jerusalem und dem Ostlande am Euphrat gegangen sein wird,« hat es mit mehreren sehr ungünstigen Umständen zu thun. Die Furt wird selten benützt; sie ist, wie Radenhausen selbst bemerkt, »nur zu begehen, wenn Trockenheit herrscht und Ost- und Südwinde das Wasser nach Norden drängen.« Zwar ist die

---

*) So Jes. 19, 11. Jerem. 46, 2. v. 17, v. 25. Ezech. 29, 2 ff. etc.

**) Weil die Berichte ergeben, dass das Gebiet Mizraim von Kenitern, Philistern und anderen Völkern umgeben war, so steht ausser Zweifel, dass es von geringem Umfange war.«

***) 2 Mos. 7, 19. »Recke deine Hand aus über die Wasser Aegyptens, über seine Flüsse, Ströme, Seeen und alle seine Wassersammlungen.«

****) Cap. 19, 5 ff.

Wassertiefe »bei niedrigen Seeständen so gering, dass man von einem Ufer zum anderen in 5 Stunden waten kann.« Es schält sich aber beim Durchwaten die Haut an den Beinen völlig los, was ein schlechtes Vergnügen sein wird. Nach einem solchen Gange wäre man zu Triumphgesängen und Siegestänzen wohl wenig aufgelegt gewesen. Auf keinen Fall konnten, scheint es, in diesem Meere die Aegyptier in der Art, wie es die Tradition meldet und beschreibt, zu Grunde gehen; denn das Wasser erleichtert durch seinen Salzgehalt das Schwimmen und lässt nicht untersinken *). Nach dem Berichte des Buches Exodus und dem Lobgesange Mosis kamen die nachsetzenden Aegypter sämmtlich um; und zwar durch Untersinken: »Sie sanken in den Abgrund, wie Steine.« — »Sie sanken in dem gewaltigen Wasser, wie Blei.« So auch sonst: »Jehova liess über die Aegyptier, ihre Rosse und Wagen das *jam-suph*-Meer strömen und vertilgte sie« **). — »Das Wasser deckte ihre Dränger; nicht einer von ihnen blieb übrig« ***). — »Die Heiligen wurden durch die Fluthen geleitet, ihre Feinde aber ersäuft und aus der Tiefe des Abgrundes an's Land geworfen« ****). Das ist das gerade Gegentheil von dem, was im Salzmeer geschehen konnte, wenn nicht auch hier ein Wunder waltete und die Natur des Wassers verwandelte, was jedoch die moderne Kritik nicht zu glauben geneigt sein wird. Wir könnten zwar annehmen, dass die Darstellung des Buches Exodus und der sonst citirten Bücher, als eine verhältnissmässig sehr späte, nur sehr sagenhaft und mythisch berichte, dass in ihr bereits die Ver-

---

*) Vergl. Raumer, Palästina. Leipz. 1838. S. 64 f.
**) 5 Mos. 11, 4.
***) Psalm 106.
****) Buch der Weisheit.

wechselung der wahren Localitäten mit den später angenommenen herrsche, dass also Manches darin, was der Hypothese widerspricht, billigerweise nicht in Anschlag zu bringen sei. Allein dass die nachsetzenden Aegyptier im Meere umgekommen, kann ich doch nicht für erdichtet halten. Das 15. Capitel des Buches Exodus enthält zunächst den künstlich ausgeführten »Lobgesang Mosis und der Israeliten,« woraus die oben citirten Stellen gezogen. Dann aber folgt ein sehr einfacher und kurzer Gesang, von der Prophetin Mirjam angestimmt, welcher die Frauen mit Pauken und Reigen folgen:

»Singet dem Herrn! Er ist herrlich und hehr;
Ross und Wagen, er stürzt sie in's Meer.«

Wenn nun auch das erstere Lied ein erst lange nach der Begebenheit gedichtetes und hier nur zur Ausschmückung der Erzählung eingeschaltetes sein sollte, so möchte doch jenes schlichte, aber ausdrucksvolle auf das höchste Alterthum Anspruch machen *).

§. 16.

Eine ganz besondere Darstellung der alten Geschichte Israels mit sehr eigenthümlichen Zügen, wie sie sonst nicht vorkommen und namentlich im Pentateuche nicht zu finden sind, enthält das Buch der Weisheit **). Es kommen

---

*) Vergl. 4 Mos. 21, 17: »Damals sang Israel dieses Lied:
Brunnen herauf!
Singt ihm entgegen!
Brunnen von Fürsten gegraben,
Von den Edlen des Volkes
Mit Zepter und Stabe gehöhlt!«
Eine grössere Ausdehnung scheinen diese ältesten, sich unmittelbar auf eine historische Thatsache der Gegenwart oder nächsten Vergangenheit beziehenden Gesänge kaum gehabt zu haben.
**) Cap. 10 f. Cap. 16 ff. bis zu Ende des Buches.

hier Nachrichten und Schilderungen vor, in welchen die
Erinnerung an ausserordentliche vulkanische Vorgänge und
Erscheinungen wie sie zur Zeit des Auszuges Statt gefunden haben müssen, nicht zu verkennen ist. Wir werden
hier auf die Vorstellung eines durch Aschenregen verfinsterten und verdickten Luftkreises, der Thätigkeit eines unterseeischen Vulkanes und der Emporhebung von Land durch
eine solche hingeführt. In der tiefen Finsterniss, die sich
verbreitete, vermochte, so lesen wir daselbst, keine Fackel
zu leuchten, noch waren die Sterne sichtbar; wohl aber
wurde »ein selbstentzündetes, schreckenvolles
Feuer erblickt.« — »Die Gottlosen wurden mit ungewöhnlichen Regengüssen und Hagel verfolgt und durch Feuer
verzehrt. Dabei war das Wunderbarste dies, dass das
Feuer in dem Alles löschenden Wasser um so
wirksamer war.« — »Das Feuer war im Meere
stärker, als sonst, und das Wasser vergass seine
löschende Kraft.« Es ist besonders, der wundersame
Durchgang durch das Meer, der hier in ein überraschend
eigenes Licht gesetzt wird, so dass man statt der gewöhnlichen Vorstellung davon eine ganz andere erhält. »Man
sah,« so heisst es, »trockenes Land emporsteigen,
aus dem Meere einen ungehinderten Weg und
ein grünes Feld aus stürmischer Fluth. Dasselbe
durchzogen sie in vollem Heere und schauten grosse Wunderdinge. Denn sie wurden geweidet, wie Rosse, und hüpften,
wie Lämmer« etc. Es stieg, hiernach zu urtheilen, ein
durch vulkanische Kräfte emporgehobenes Land aus der
Tiefe, erhob sich über die Wasserfläche, und diente den
Verfolgten zu einer gangbaren Brücke darüber. Nehmen
wir dies an, so bleibt es zwar immer wunderbar genug,
dass sich ein so seltenes Naturereigniss gerade zur rechten
Zeit und zum Glücke eines bedrängten Volksstammes be-

geben, der ausserdem verloren gewesen wäre; aber es bildet sich doch auch zugleich eine, die Sache wenigstens nach einer Seite hin fasslicher und natürlicher machende Vorstellung; und wir bedürfen so weder der sonst zur Hülfe genommenen Ebbe und Fluth des arabischen Meerbusens, noch auch der fatalen Furt im Salzmeere, auf die uns Radenhausen hinführt und die, wie gezeigt, nur neue Bedenken schafft. Ein Vorgang jener Art, wie ihn das Buch der Weisheit andeutet, kann naturgemäss überall Statt finden, wo sich vulkanische Kräfte bethätigen und ein dazu passender Schauplatz vorhanden ist. Das Faktum würde aber nach Brown, wie wir schon wissen, in keinem Meere der alten Welt, sondern im californischen Meerbusen, der auffallender Weise ebenfalls den Namen des rothen Meeres trägt und wirklich ein nicht selten geröthetes Aussehen hat, Statt gefunden haben.

§. 17.

Es wird nicht undienlich sein, über solche Naturphänomene, wie die uns hier speciell interessirenden sind, noch Einiges beizubringen und zusammenzustellen, um eine bestimmtere Vorstellung von ihrer Beschaffenheit und Geschichte in alten und neuen Zeiten zu geben, so weit sie uns poetisch und historisch überliefert und beschrieben ist. Wie Land zu Meer geworden und aus dem Meere Land aufgestiegen, hat man oft beobachtet. Ovid lässt den Pythagoras sagen:

> Vidi ego, quod fuerat quondam solidissima tellus,
> Esse fretum, vidi factas ex acquore terras.

Und dergleichen Metamorphosen haben bis in unsere Tage hinein nicht aufgehört, zur Erscheinung zu kommen.

Strabo *) berichtet: Zwischen Thera **) und Therasia seien vier Tage lang Flammen aus dem Meere hervorgebrochen, so dass die ganze See kochte und brannte. Allmählich sei, wie durch Hebel, eine aus Glühmassen zusammengesetzte Insel emporgehoben worden, die an Umfang 12 Stunden habe. Als der Ausbruch nachgelassen, hätten zuerst die Rhodier den Muth gehabt, an den Ort heranzuschiffen, und auf der neu entstandenen Insel dem Poseidon. Asphalios einen Tempel gebaut. — Ein Jahr vor dem Bundesgenossenkrieg sollen nach Plinius ***) im Modenesischen zwei Berge auf einander gerückt und wieder auseinandergewichen, hierauf Feuer und Rauch zum Himmel gestiegen sein.

Bei dem Erdbeben von Lissabon im J. 1755 versank der Quai; an einigen Stellen dagegen erhob sich der Boden. In einem See oder Sumpfe, der im Winter eine beträchtliche Menge Wasser aufnahm, verschwand die Senkung dermassen, dass jetzt Alles daselbst mit dem Boden in gleicher Höhe ist. Bei Colares konnten zwischen dem Festlande und gewissen Klippen auch bei niedrigem Wasserstande die Küstenschiffe fahren; jetzt kann man bei gleichem Wasserstande »trockenen Fusses« zu jenen Felsen gehen ****). — Im J. 1819 erhob sich aus einem bis dahin eben und flach gewesenen Lande eine Hügelreihe von 50 engl. Meilen Länge und 16 engl. Meilen Breite und unterbrach den Lauf des Indus. In einiger Entfernung davon senkte sich, jener Erhebung parallel, der Boden. In Folge dessen ward ein

---

*) Im 1. Buche seiner Geographie.
**) Jetzt Santorin, vergl. die unten berührten Erscheinungen aus neuester Zeit.
***) Hist. nat. II, 83.
****) Briefe über A. v. Humboldt's Kosmos. von Cotta, Schaller, Wittwer und Girard. Abth. II. Leipz. 1860.

Dorf und ein Fort unter Wasser gesetzt, und die Mündung des Flusses erhielt eine grössere Tiefe. — Das Naturereigniss, welches am 22. Nov. 1822 die Stadt Copiapo zerstörte, war von der Erhebung einer beträchtlichen Landstrecke der Küste begleitet; und während des ganz gleichen Phänomenes vom 20. Febr. 1835, welches der Stadt Conception so verderblich wurde, brach nahe bei dem Littoral der Insel Chiloe ein unterseeischer Vulkan aus, der anderthalb Tage feurig wüthete *). — Capitän Thayer machte 1824 und 25 eine Reise nach den südlichen Polargegenden; auf der Rückreise nach den Fidschi-Inseln hin stiess er auf ein kleines, felsiges Eiland, aus welchem ein dichter Rauch aufstieg. Das sehr heisse Wasser verbrannte den Matrosen, als sie hier in's Wasser sprangen, die Füsse. Noch in der Entfernung von 4 engl. Meilen fand man die Temperatur des Wassers erhöht. Am Rande des Kraters war viel Schwefel bemerklich; daher der Name *Brimstone-Island*, den die vielleicht seitdem wieder versunkene Insel erhielt. In einer nördlicheren Gegend des Oceans wurde 1828 eine ziemlich grosse, vegetationslose Insel entdeckt, aus deren Mitte am Tag eine Rauchsäule, des Nachts eine Feuersäule emporstieg **). — Im J. 1831 erschien in dem Meere von Sicilien die neue, aber bald wieder zertrümmerte Feuerinsel Ferdinandina. — Im J. 1839 trug sich unfern des grossen Magdalenenstromes ein mächtiger Flammenausbruch und eine Erdumwälzung zu, die zu vergleichen, hier ebenfalls von Interesse sein wird. Der eigentliche Centralpunkt des Phänomenes war eine in das Meer hervortretende schmale Halbinsel, Cap Galera Zamba genannt. In ihrer Mitte befand sich ein konischer Hügel, aus dessen

---

*) Humboldt, Kosmos IV. S. 550.
**) Vergl. Pöppig, Reise in Chili etc. S. 161 ff.

Krateröffnung zuweilen Dampf- und Gasarten ausströmten. Derselbe verschwand bei einem Feuerausbruch und die Halbinsel wurde zu einer vom Continente durch einen Canal getrennten Insel. Späterhin 1848 stiegen an der Stelle des früheren Durchbruches wiederum Flammen empor, welche Erscheinung mehrere Tage lang anhielt und 10—12 Meilen weit gesehen wurde. Der Auswurf bestand nur in Gasarten, nicht in materiellen Stoffen. Als die Flammen verschwunden waren, fand man den Meeresboden an der Stelle des Vulkanes zu einer kleinen Sandinsel erhoben, die aber in Kurzem wieder verschwand *). — Bedeutende Veränderungen finden an der Küste von Chili Statt, wie namentlich in den Jahren 1822, 1835 und 1837 beobachtet wurde. Es haben sich damals die Küsten von Valdivia bis Valparaiso erhoben und der nahe Meeresgrund ist 2—3 Meter über den Wasserspiegel getreten. — Im J. 1843 bei dem am 8. Febr. in der Antillen-Region Statt gefundenen Erdbeben erlitt die Insel Martinique eine Veränderung ihres Boden-Niveaus, so dass sich an der Nordseite das Terrain um 2 Fuss erhob, während es an der Südseite um eben so viel gesenkt erschien **). — Bei dem Ausbruche des Vesuvs und dem Erdbeben von Torre del Greco im J. 1861 ist das Niveau des Brunnenwassers an verschiedenen Orten um mehr als 60 Centimeter gestiegen. Die schwefelhaltigen Quellen, die im Meere bis zu einer Höhe von 25 Centimeter hervorsprudelten, tödteten eine Menge von Fischen. Torre del Greco ist dabei erhöht worden, der Boden hat sich 1 Meter 12 Centimeter gehoben — welches Faktum durch drei Universitätsprofessoren von Neapel, die Herren

---

*) Comptes rendus de l'Acad. des Sc. T. XXIX. 1849. p. 530—534.

**) Nach dem »New-Orleans-Tropic.«

Palmieri, Guiscardi und Napoli constatirt worden ist *). — Nach F. Hochstetter's Schilderung von Neuseeland **) waren alle Niederungen beider Inseln noch in jüngster Zeit vom Meere bedeckt gewesen. Grosse Theile wurden erst vulkanisch auf 2000 bis 5000 Fuss gehoben; andere Theile sind in die Südsee versunken. — Die Entstehung der Salsen oder Schlammvulkane ist durch Erdbeben, unterirdischen Donner, Hebung einer ganzen Landstrecke und einen hohen, aber auf eine kurze Zeit beschränkten Flammenausbruch bezeichnet ***). — Vulkane stürzen zuweilen bei ihren Ausbrüchen zusammen, wovon wir schon oben ein Beispiel gesehen. Ein Berg in Japan wurde 1793 in's Meer und über eine ganze Provinz geschleudert; ein anderer auf Java sank 1772 nebst einem meilenweit umher liegenden Landstriche grösstentheils in die Tiefe.

§. 18.

Es war im Frühjahre 1866, gerade, wie ich mit diesen Betrachtungen und Aufzeichnungen beschäftigt war, als man in öffentlichen Blättern Nachrichten aus Griechenland las, welche über ein Emporsteigen neuer Inseln aus den Fluthen unter Erscheinung von Rauch, Flammen, Lichtverbreitung und Röthung des Meeres handelten. Man meldete aus Athen: »Am 3. Febr. entstand eine ungewöhnliche Bewegung in den Gewässern des Golfs, welchen die Insel Santorino ****) umschliesst und in dessen Mitte sich zwei Inselchen, eine kleinere und eine

---

*) Aus der »Patrie« vom 21. Dec. 1861.
**) Stuttgart 1863.
***) Humboldt, Kosmos I. S. 233.
****) Das alte Thera.

grössere befinden. In der Nacht, die diesem Tage folgte, erhoben sich Flammen aus dem Meere, und am anderen Tage erschien das Meer noch immer unruhig und ziegelroth gefärbt; eine neue Insel hatte sich zu dieser Zeit etwa 30' über den Meeresspiegel erhoben, dagegen die kleinere jener beiden Inselchen etwas gesunken schien.«....
»In der Nacht vom 4. auf den 5. Febr. gestaltete sich fortwährend die bis dahin noch nicht vorhanden gewesene Insel unter Rauch, phosphorischem Lichte und Flammen aus dem Krater, der sich in der Höhe der bereits kegelförmig geformten Insel gebildet hatte.« — »Der Rauch, der sich aus den Spalten der neuen Insel hervordrängt, ist denjenigen, welche sich ihr nähern, nicht beschwerlich, sondern äussert nur die Wirkung von Steinkohlenrauch.«... »Die Insel hat sich gegen Osten mit dem Festlande der Hauptinsel Santorin verbunden.«. ... »Prof. Dr. Landerer in Athen sagte in seinem Buche über die Heilquellen Griechenlands schon 1843 die Entstehung dieses neuen Emporhebungshügels, wie er ihn nennt, voraus. Aus diesem Buche erklärt sich auch die rothe Färbung des Meeres in dem gegenwärtigen Augenblicke, indem das auf dem Boden befindliche Eisenoxydhydrat durch die Einwirkung des Vulkans aufgeschwemmt wird.« Hier haben wir also auch ein während des Vorganges so gefärbtes rothes Meer. Weiter wurde über die vulkanische Thätigkeit im Golfe von Santorin folgendes gemeldet: »Die ältere Insel Nea Kaimeni genannt, auf welcher sich die vulkanischen Erscheinungen zuerst zeigten und deren südwestlicher Theil zu sinken begann, ist nun bereits 3 Faden tief unter dem Wasser und sinkt fortwährend. Die neuaufgetauchte Insel, die man St. Georgsinsel getauft, hat sich mit der älteren vollständig vereinigt,

bildet ein Vorgebirge und ist ein Vulkan, der ununterbrochen Feuer und Steine auswirft. Die Erhebung der Insel nach allen Richtungen geht rasch vor sich. Abends um 11 Uhr wurde eine neue Klippe entdeckt; da sah man die See gewaltigen Dampf ausstossen, sie war siedend; in der Tiefe sah man das schwarze Gestein. Wenige Stunden später blieb ein Kahn auf der Klippe sitzen, so rasch hatte sich der Meeresboden emporgehoben. Zwei Tage nachher am 13. Febr. Morgens sah man den ersten Stein dieser neuen Insel aus dem Meere auftauchen, dem bald viele andere folgten. Von Augenblick zu Augenblick hoben und senkten sich Steine bald aufrecht, bald horizontal. Am 17. Febr. stieg aus den nunmehr zusammengefügten Steinen Feuer empor. Man nannte diese Insel Aphroessa.« Nach ferneren Nachrichten aus Athen vom 3. März fing der Vulkan bei Santorin am 22. Febr. auf's Neue zu arbeiten an, und zwar mit solcher Heftigkeit, dass auf einem vor Santorin in Ladung begriffenen Fahrzeuge der Kapitän von dem herabfallenden Gestein getödtet, das Schiff aber von den glühenden Massen verbrannt wurde und unterging. Auch der Commandant eines in der Nähe ankernden Kriegsschiffes wurde verwundet und das Oberdeck durchlöchert. Auf der neuentstandenen Insel hat sich ein förmlicher Krater gebildet, welcher fortwährend grosse Steinmassen auf 9—1200 Fuss ringsherum auswirft. Dazu bemerkt man hellen Rauch und weissliche Gasflammen.« Noch wurde im März gemeldet: »Die Insel Santorino schwebt in grosser Gefahr; die Bewohner leben in fortwährenden Schrecken; Kriegsschiffe sind hingesendet worden, um sie im Nothfalle aufzunehmen. Die vulkanischen Umwälzungen und Eruptionen in ihren Umgebungen dauern fort. Die unterseeischen Ausbrüche müssen sehr stark sein, was schon daraus hervorgeht, dass das Meer an der Küste der Insel Melas eine Temperatur von 60° R. hat« *).

§. 19.

Die Darstellung des Buches Exodus ist mit der des Buches der Weisheit, was jene wunderbare Ueberschreitung des Meeres betrifft, schwer zu vereinigen. Es liefen hier offenbar zwei sehr verschiedene Traditionen neben einander her, von denen der eine Schriftsteller die eine, der andere die andere giebt. Indem wir uns zunächst an die eine halten, die durch ihre eigenthümliche Schilderung den ganzen Vorgang in ein so helles Licht setzt, wollen wir darum die andere nicht unbeachtet zur Seite schieben. Sie hat Züge, welche ebenfalls merkwürdig genug und zur Ergänzung unserer Vorstellung von dem berühmten Vorgange sehr wohl dienlich sind. Die sich darbietenden Momente **) sind folgende.

Erst haben die Ausziehenden, indem sie sich noch diesseits des zu durchschreitenden Gewässers befinden, die Feuer- und Wolkensäule vor sich, dann aber hinter sich, so dass dieselbe ihre Stelle zwischen den beiden Heeren bekommt und die Aegyptier den Israeliten die ganze Nacht hindurch nicht nahen können. In derselben Nacht weht ein starker Ostwind und trocknet den Meeresboden, auf welchem die Letzteren hinziehen; zugleich theilt sich das Gewässer und steht auf beiden Seiten, rechts und links, einer Mauer oder einem Damme gleich. Die Aegyptier setzen nach; aber um die Morgenwache blickt Jehova aus der Feuer-

---

*) Es sind, seitdem dies geschrieben wurde, noch andere Berichte über jene Ereignisse erschienen; das Ausgehobene wird jedoch für unseren Zweck genügen.
**) 2 Mos. 14.

und Wolkensäule, verwirrt sie und erschwert ihren Zug. Nun wenden sie sich zur Flucht; das Meer kehrt zurück, sie fliehen ihm entgegen und gehen in den sie bedeckenden Fluthen unter.

Die hier zu Anfang namhaft gemachten Umstände würden sich leicht durch den Ausbruch eines Vulkanes erklären, durch eine vulkanische Feuer- und Rauchsäule nämlich, an welcher man vorbeizog, und welche man hinter sich bekam, während die Aegyptier sich vor ihr entsetzten und aus Furcht zurückblieben. Weiterhin könnte man annehmen, der Vulkan habe zu arbeiten aufgehört; da hätten die Nachsetzenden den Muth bekommen, vorzurücken, bis ein neuer, heftiger Ausbruch erfolgt sei und sie zur Umkehr bewogen habe, wobei sie gleichwohl ihren Untergang gefunden.

Eigen ist die Stelle v. 20: »**und es war Wolke und Finsterniss und erleuchtete die Nacht.**« Damit scheint eine Rauchsäule mit aufsteigenden Flammen und sonstiger Lichtentwicklung, wie sie bei vulkanischen Eruptionen vorkommt, angezeigt zu sein. Und wenn es v. 24 heisst, Jehova habe auf das ägyptische Heer aus der Wolken- und **Feuersäule geblickt**, und sie dadurch verwirrt, so scheint damit eine neue, schreckhafte Erscheinung jener Art bezeichnet zu sein. Auch der Gläubige könnte die Sache unbedenklich so ansehen, indem er annähme, Gott habe sich der Kräfte und Phänomene der Natur in solcher Weise zu seinem Zwecke bedient, wie ja auch in den »ägyptischen Plagen« und anderen biblischen Wundern die Natur in Thätigkeit gesetzt ist und z. B. Insekten, Seuchen, Donner, Hagel, Regen, Sturmwinde etc. bekannte und gewöhnliche Naturerscheinungen sind, die aber in solchem Falle gleichwohl als Wunder betrachtet werden.

Das Alles nun liesse sich mit der vulkanischen Erhebung eines Landes aus dem Meere, wie sie, dem Buche der Weisheit nach, Statt gefunden, sehr wohl vereinigen. Auch dies noch, dass ein Sturm das Meer getrocknet. Es wäre darunter das aus dem Meere emporgestiegene Land zu verstehen.« Allein dass das Wasser auf beiden Seiten wie eine Mauer gestanden, wüsste ich vom naturkundlichen Standpunkt aus nicht zu erklären; hier würde, wie es scheint, nur ein reines Wunder anzunehmen sein, dessen Zweckmässigkeit jedoch nicht einzusehen wäre, wenn man über einen über die Wasserfläche erhobenen Boden zog. Dem Erzähler ist diese letztere Vorstellung auch wohl ganz fremd, indem er vielmehr diese an die Hand giebt, man sei über einen in seiner Tiefe ruhig beharrenden Meeresboden hingezogen, nachdem ein von Morgen her stürmender Wind das Wasser weggeblasen, das ihn an dieser Stelle bedeckte; rechts und links aber seien die Fluthen an ihrem Eindringen in den entstandenen Zwischenraum wunderbar gehindert worden, so dass sie stockten und starrten, einer Mauer gleich *); wie aber die Aegyptier zurückwichen, habe dasselbe seine natürliche Flüssigkeit wieder erhalten und sei von beiden Seiten über sie hergestürzt. Eine solche Vorstellung mag man sich gebildet haben, als man die wahre Weise des Vorganges nicht mehr kannte und nur noch wusste, dass man im Meere mitten hindurch auf festem Lande gegangen, die Nachsetzenden aber dabei verunglückt seien. Der Cap. 25 eingeschaltete Lobgesang drückt sich so aus: »Beim Hauche deiner Nase häuften sich die Wasser auf; es standen die Ströme wie ein Damm; es zerrannen die Fluthen inmitten des Meeres.... Pharao's Rosse mit seinen Wagen und Reitern kamen in's Meer: da führte Je-

---

*) Vergl. Psalm 78, 13: »Er spaltete das Meer und führete sie durch und stellte die Wasser, wie einen Damm.«

hova über sie die Wasser zurück und die Söhne Israels gingen trocken mitten durch's Meer.« So weit sind Erzählung und Lied im Einklange. Soll nun aber der Zug der beiden Heere unten auf dem Meeresboden vor sich gegangen sein, so widerspricht dem das Lied durch die Aussage, die Aegyptier seien wie Stein und Blei im Wasser tief hinab gesunken. »Die Fluthen deckten sie; sie sanken in den Abgrund gleich Steinen.« — »Es deckte sie das Meer, sie sanken in dem gewaltigen Wasser, wie Blei.« Noch etwas Befremdliches begegnet v. 12, wo es heisst: »Du recktest deine Rechte aus und es verschlang sie die Erde.« So ist hier die Darstellung mit sich selbst im Streite und voll des seltsamsten Widerspruchs, indem sich ein unbegriffener Vorgang in der Tradition bald so, bald so gestaltete. Aber die Erhebung eines Landes aus dem Meere, welches bei einer neuen Thätigkeit der unterirdischen Kräfte wieder zusammenbrach, blickt doch auch hier, wie durch einen Schleier hindurch.

§. 20.

Eine besondere Berücksichtigung muss dem **Berge der Gesetzgebung** (Sinai, Horeb) zu Theil werden, dessen Beschaffenheit, wie sie von den mosaischen Büchern geschildert wird, offenbar in denselben Kreis und Zusammenhang vulkanischer und elektrischer Ereignisse gehört, die in dem betreffenden Zeitraume in so ausgezeichneter Weise Statt gefunden haben müssen. Denn wenn derselbe »**gleich einem Ofen raucht**« und »**mit Feuer brennt**,« womit auch ein gewaltiges Getöse und Gedröhne verbunden, das einem Posaunenschall verglichen wird *), so

---

*) »Der ganze Berg Sinai rauchte...... und es stieg sein Rauch auf, wie der Rauch des Ofens, und der ganze Berg bebte

kann man sich nicht enthalten, an einen mächtig arbeitenden Vulkan zu denken. Auch Radenhausen bemerkt: »Die Beschreibung deutet auf Feuer, Rauch und Getöse, so dass manche Erklärer den Ausbruch eines Feuerberges zu erkennen glaubten; was jedoch zu keinem der Berge passt, welche von irgend Jemand als Sinai oder Horeb gedeutet werden.« Es passt auch nicht zu dem Hor am Wadi el Araba, den R. zu dem Gesetzgebungsberge macht. Er bezieht es ungenügend auf die heftigen Gewitter, die sich daselbst bilden. Es ist bei dem Sinai allerdings auch von einem Gewitter die Rede: »Als es Morgen war, da nahm man Donner und Blitze wahr und eine schwere Wolke auf dem Berge und einen sehr starken Posaunenschall« u. s. w. Allein es ist hier der meteorologische Prozess beschrieben, den man als »vulkanisches Gewitter« bezeichnet hat. »Der heisse Wasserdampf, der während der Eruption aus dem Krater aufsteigt und sich in den Luftkreis ergiesst, bildet beim Erkalten ein Gewölk, von dem die viele tausend Fuss hohe Aschen- und Feuersäule umgeben ist. Eine so plötzliche Condensation der Dämpfe und die Entstehung

---

sehr. Und der Posaunenschall war fort und fort sehr stark.« 2 Mos. 19, 18 f. »Und das ganze Volk gewahrte die Donner und die Flammen und den Posaunenschall und den rauchenden Berg, und sie flohen und traten von Ferne.« Daselbst 20, 15. »Ich stieg herab vom Berge, der mit Feuer brannte.« 5 Mos. 9, 15. »Der Berg brannte im Feuer bis hoch in den Himmel, bei Finsterniss, Gewölk und Dunkel.« 5 Mos. 4, 11. Deutlicher kann ein Vulkan nicht beschrieben werden. Dass die Phänomene, die nach Philo's Beschreibung die Gesetzgebung Jehova's auf dem Sinai begleiteten, »lebhaft an den Ausbruch eines feuerspeienden Berges« erinnern, bemerkt Gfrörer, Jahrhundert des Heils. Stuttg. 1838. Abth. II. S. 397.

einer Wolke von ungeheuerer Oberfläche vermehren die elektrische Spannung. Blitze fahren schlängelnd aus der Aschensäule hervor, und man unterscheidet dann *) auf das deutlichste den rollenden Donner des vulkanischen Gewitters von dem Krachen im Inneren des Vulkanes. „Die aus der vulkanischen Dampfwolke herabfahrenden Blitze haben einst in Island 2 Menschen und 11 Pferde getödtet« **). Dort in der mosaischen Relation wird von dem Donner, den man hörte, das unterirdische Getöse und Getöne als zugleich Statt findender fortwährender »Posaunenschall« unterschieden. »Und der Posaunenschall war fort und fort sehr stark. Mose redete und Gott antwortete ihm im Donner.« Jene Schallphänomene sind sehr verschiedener Art, rollend, rasselnd, klirrend, donnerartig krachend, Kanonenschüssen ähnlich und hell klingend. Ein ununterbrochenes Getöse ohne Erdbeben, das von Mitternacht den 9. Jan. 1784 über einen Monat dauerte, ist unter dem Namen des Gebrülles und unterirdischen Donners (*bramidos y truenos subterraneos*) von Guanaxuato bekannt ***). Es entstand Hungersnoth, da aus Furcht vor den *truenos* aus der kornreichen Hochebene keine Zufuhr kam. Ein sonderbares, bisweilen von Erdstössen begleitetes Getöse wurde vom März 1822 bis September 1824 auf der dalmatischen Insel Meleda, 4 Meilen von Ragusa, vernommen.

Der Berg der Gesetzgebung wird theils Horeb, theils Sinai genannt. An den Horeb kommt Mose schon, da er

---

*) Wie am Ende des Ausbruches des Vesuves im Oct. 1822.

**) Am Vulkan Katlagia im Oct. 1755 nach Olafsens Bericht. Vergl. Humboldt, Kosmos I. S. 243 f.

***) Humboldt, Essai polit. sur la Nouv. Espagne T. I. p. 303.

aus Aegypten nach Midian flieht und die Schaafe seines Schwiegervaters weidet; Jehova erscheint ihm daselbst im feurigen Busch. Diesen Berg dürfen wir also nicht allzu weit suchen; er wird wohl im Norden von Mexico gelegen haben. Aber unter den beiden Namen sind wohl mehrere Berge verborgen, namentlich Vulkane, zu welchen man an verschiedenen Orten der grossen Wanderung kam, und welche Mose zu besteigen wagte, um daselbst mitten in den Schrecken der Natur, von welchen sich die Menge bebend ferne hielt, seine Ekstasen zu haben und seiner Inspirationen theilhaft zu werden *), und welche dann in der

---

*) »Das Volk stand ferne; und Mose nahete sich dem Dunkel, worin Gott war.« 2 Mos. 20, 17. »Und es nahe sich Mose allein zu Jehova; sie aber sollen sich nicht nahen und auch das Volk komme nicht herauf mit ihm!« Das. 24, 1. »Und so stieg Mose auf den Berg und die Wolke bedeckte den Berg. Und die Herrlichkeit Jehova's ruhte auf dem Berge Sinai, und die Wolke bedeckte ihn 6 Tage lang, und Jehova rief Mose am 7. Tage aus der Wolke. Und das Ansehen der Herrlichkeit Jehova's war ein fressend Feuer auf der Spitze des Berges vor den Augen der Söhne Israels. Und Mose ging hinein in die Wolke und stieg auf den Berg, und war auf ihm 40 Tage und 40 Nächte lang.« 2 Mos. 24, 18. »Und als das Volk sah, dass Mose verzog, herabzukommen vom Berge, sprach es: Dieser Mann, der uns aus Mizraim geführt, wir wissen nicht, was ihm geschehen ist.« 2 Mos. 32, 1. Mose scheint als Ekstatiker, und zwar einer der grössten, die es gegeben hat, den gefährdenden Wirkungen der Naturprocesse, denen er sich so furchtlos aussetzte, weniger, als Andere unterworfen gewesen zu sein, so wie er als solcher auch längere Zeit hindurch über das Bedürfniss der Ernährung hinausgehoben war. Den Zustand der Ekstase verräth auch sein leuchtendes Angesicht. Es bleibt in diesen Geschichten Vieles ausserordentlich und wunderbar genug, auch wenn wir sie nicht bloss vom

Sage in einen zusammenflossen. An der Westseite Amerika's ragen die Bergriesen **Elias** und **Schönwetter** (**Fairwather**) empor, wo mitten aus Schneemassen das Feuer hervorsprudelt; und mit ihnen beginnt eine Reihe von Vulkanen, die bis zur Halbinsel Alaschka und noch auf den Aleuten weiter zieht. In Asien würde sich das Himmelsgebirge mit seinen Vulkanen der Aufmerksamkeit dessen empfehlen, der den Specialitäten des Zuges genauer nachforschen wollte. Man sehe in Ritter's Erdkunde die Beschreibung des Gebirges **Thian-Schan** oder **Mus-Tagh**, welches den Namen »heiliger Berg« oder »Berg Gottes« führt. Er bietet viele vulkanische Erscheinungen dar und hat auf der Nordseite den vormals sehr thätigen Vulkan **Pe-Schan**, an der Südseite den von **Turfan** oder **Ho-Tseu**, der unaufhörlich Rauch ausströmt.

§. 21.

Die Schauplätze der in Rede stehenden Begebenheiten, wie wir sie annehmen zu müssen glauben, sind die Gegenden und Landschaften des westlichen, mittleren und nördlichen Amerika, wo wir uns erstlich ein grosses Reich mit einer herrschenden Raçe denken, welches durch das biblische Mizraim bezeichnet wird. Das wohl weithin mächtige Herrschervolk hatte seinen Hauptsitz wahrscheinlich auf der Hochebene von **Anahuac**, da wo in späteren Jahrhunderten die Tolteken und Azteken ihr Reich errichteten. Daselbst befanden sich nach **Brown** die ältesten Pharaonen, von denen die im Nillande nur Abkömmlinge oder Verwandte waren. Ihre Macht erstreckte sich wohl auch

---

Standpunkte des altherkömmlichen Wunderglaubens betrachten und auch der natürlichen Seite, die sich darin offenbart, ihr Recht einräumen.

in den Süden hinab; es scheint namentlich das Reich der Incas in Peru nur ein spätes Nachbild des Pharaonenreiches in Amerika gewesen zu sein, welches auch diesen Theil des Continentes umfasste. In Nordamerika mögen jene mächtigen Könige bis an den Missouri und Missisippi hin gewaltet haben; in dem Namen des ersteren dieser Flüsse scheint sich noch eine Spur der Formen Misr, Mizraim, Mazor erhalten zu haben *). Aber schon zu Mosis Zeiten scheint Nordamerika in der Gewalt barbarischer Stämme gewesen zu sein, welche die dortigen Städte und Festungen eroberten und da sich selbst festsetzten, wobei an die in diesen Gegenden sich findenden räthselhaften Befestigungswerke zu erinnern ist, welche den Alterthumsforschern so grosses Interesse erregen, ohne dass sie im Stande sind, über den Ursprung und das Alter derselben etwas Sicheres und Bestimmtes auszusprechen. Die feindlichen Stämme waren wohl schon im Begriffe in Mexico einzubrechen **), als jene furchtbare, mit so viel Schrecken und Verderben erfüllte Periode eintrat, welche die mosaische Wanderung und dann wahrscheinlich noch andere, mit historischem Dunkel bedeckte Bewegungen und Züge der Art zur Folge hatte.

Im Inneren des um jene Zeit noch bestehenden grossen Reiches selbst lösten sich unter solchen Umständen begreiflicherweise alle socialen und politischen Bande, namentlich was die unterworfenen und geknechteten Stämme betrifft; bei dieser Gelegenheit war es, dass Israel die Flucht ergriff, hiebei von einem ägyptischen Heere verfolgt wurde, welches

---

*) In Südamerika ist ein Stamm, Maysuren genannt.
**) Wohl in ganz ähnlicher Weise, wie Rom von den Barbaren des europäischen Nordens bedroht und angefochten wurde.

die Verbindung desselben mit den Feinden des Reiches verhindern sollte, sich aber, durch die erwähnten Naturereignisse begünstiget, über das Purpurmeer hinüber nach Kalifornien rettete, dann seinen Weg nordwärts an den Küsten des stillen Meeres fortsetzte, während zur Seite fortwährend vulkanische Feuer- und Rauchsäulen aufstiegen und herrliche Nordlichter, von denen noch die arabische Sage weiss, die Nacht erleuchteten, bis man endlich an ein neues Wunder, an ein von ungeheueren, einander mit donnerartigem Krachen zertrümmernden Eismassen erfülltes Meer kam, wie es noch die jüdische Sage weiss und beschreibt, von welcher schon oben §. 6 die Rede gewesen. Als sich dann diese Massen zusammenschlossen und ein gefrorenes Meer entstand, konnte man auf's Neue, ohne Fahrzeuge zu gebrauchen, ein Meer überschreiten und so in die damals neue Welt eindringen, wo man indessen noch lange nicht zur Ruhe kam, weitschichtige Steppen und Wüsten zu durchdringen, namentlich die mongolische Wüste Gobi zu durchwandern und so Noth und Elend genug zu bestehen hatte, bis man sich endlich, an die Gestade des mittelländischen Meeres hinabgedrängt, auf dem Wege gewaltsamer Besitznahme bleibende Wohnstätten erzwang.

§. 22.

Diese ganze, grosse Wanderung in all ihre Details hinein zu beleuchten, ist hier unsere Absicht nicht; nur was die Schauplätze der nächsten Ereignisse des Auszuges betrifft, wollen wir noch einige Bestimmungen zu geben versuchen. Die betreffenden Oertlichkeiten und Landschaften sind hier die an beiden Seiten des californischen Meerbusens befindlichen nebst diesem und seinen Inseln selbst. Oestlich an den Golf, der Halbinsel Californien gerade gegenüber liegend, stösst die Provinz Sonora, die jetzt fast unbewohnt ist; die wilden Indianer haben daselbst schrecklich gehaust und namentlich den Bergwerkdistrikt von Arizona seit 1862 fast vollständig ausgemordet. Der Missionär Pfefferkorn, der über Sonora ein eigenes Buch herausgegeben *), rühmt das Land im Ganzen sehr, wiewohl sich daselbst auch wasserlose, sandige und dürre Gegenden befinden. Dasselbe ist zum Theile von der Art, dass man keinen Anstand zu nehmen hat, daselbst das Gosen der Bibel zu suchen. »Sowohl auf den Bergen,« sagt der erwähnte Missionär, »als auf den Ebenen findet man die vortrefflichsten Weiden, auf welchen das auserlesenste Gras sammt allerhand gesunden Kräutern im Ueberflusse wächst; daher dies Land zu einer häufigen Viehzucht aller Art die erwünschtesten Vortheile und Bequemlichkeiten hat, auch noch vor einigen und 30 Jahren eine Menge Viehes das ganze Jahr hindurch auf seinen fetten Weiden ernährte.«

Mit Gosen wird Ramses identificirt. Joseph schafft seiner Familie einen Wohnsitz »im besten Theile des Landes, im Lande Ramses« **). Späterhin müssen die Israeliten dem Pharao Pithom und Ramses bauen ***); und von Ramses ziehen sie aus ****). Das waren wohl Grenzfestungen im Norden von Anahuac, um die dort einzubrechen drohenden Völkerstämme abzuhalten. Von Ramses ziehen die Israeliten nach Succoth; das bedeutet Hütten und zeigt den Aufenthalt eines ausserhalb des pharaonischen Culturstaates lebenden Volkes an, welches in elenden Hütten oder Gezelten wohnte, hebr. *succah, soch, siccuth*, Hütte, Zelt, Wanderzelt, auch Gehege, Umzäumung für das

---

*) Beschreibung von Sonora. Köln 1794.
**) 1 Mos. 47, 11.
***) 2 Mos. 1, 11.
****) 2 Mos. 12, 37. 4 Mos. 33, 2. v. 5.

Vieh. Es ist dies eigentlich ein amerikanisches Wort und von drüben herübergekommen. Chikkas. nach Smith-Barton ist *choohka*, japan. *chukutche* mit engl. Aussprache, Haus. Spuren und Reste von Succa, Succoth sind wohl die nordischen Namen Tschugazzen, Tschuktschen, Tschukotsken, Tschukotskoi-Noss. Mit Succoth, Siccuth hängen auch wohl die Namen Scoten und Skythen zusammen; sie bedeuten dem Worte nach barbarische Nationen, welche in armseligen Hütten wohnen.

§. 23.

Dem Buche Exodus zu Folge zogen die Israeliten von Ramses nach Suchoth bei 600,000 Mann, die Männer ohne die Kinder, mit ihnen eine Menge Fremde (*ereb*) und viel Vieh *). Nachdem sie von Suchoth aufgebrochen, lagerten sie sich in Etham, am Ende der Wüste. Hiebei hatten sie die Wolken- und Feuersäule vor sich **). Weiter wird ihnen der Befehl, sich zu wenden und zu lagern vor Pihahiroth zwischen Migdol und dem Meere vor Baal-Zephon; »ihm gegenüber sollt ihr auch lagern am Meere.« Hier werden sie von den Aegyptern erreicht, und es erfolgt dann der berühmte Uebergang ***). Weiter brechen sie auf vom Meere und ziehen in die Wüste Sur, wo sie drei Tage lang ohne Wasser sind u. s. w. ****). Nach dem Buche Numeri, wo die Reisestätten verzeichnet, wie sie Mose selbst aufgeschrieben haben soll †), brach man auf von Ramses und lagerte zu Succoth, dann zu Etham am Ende der Wüste; dann wandte man sich gen Pi-Hahiroth vor Baal Zephon

---

*) 2 Mos. 12, 37 f.
**) Das. 13, 20 ff.
***) Das. 14, 2. v. 9 ff.
****) Das. 15, 22.
†) 4 Mos. 33.

und lagerte vor Migdol; von Pi-Hahiroth ging man durch das Meer in die Wüste Etham u. s. w. Für Sur steht hier zum zweitenmale Etham, so dass sich dieser Name auf das Küstenland an beiden Seiten des Meeres bezieht.

Alle diese Oertlichkeiten müssen unserem Systeme nach in den westlichen Theilen Amerika's gesucht werden, welche heutzutage die Namen Mexico, Sonora, Californien führen. Sehen wir zu, ob und in welchem Grade etwa diese Localitäten mit ihren natürlichen Beschaffenheiten, Namen, Bevölkerungen, Alterthümern noch jetzt einigermassen als diejenigen zu erkennen sind, von welchen die alten Ueberlieferungen sprechen.

An einigen Orten der Landschaft Sonora befinden sich an beiden Seiten hohe Gebirgsketten und dazwischen lange, schmale und tiefe Thäler, wie Hohlwege, *Quebradas* oder Brüche genannt, auch als Oeffnungen bezeichnet, durch welche die Flüsse laufen, was den Weg hindurch oft äusserst beschwerlich und unbequem macht. Pfefferkorn*) hatte in seiner Mission ein Paar solche *Quebradas*, die 6—8 Stunden lang waren und wo man 42—45mal den Fluss durchwaden, ja in der Regenzeit, wenn die Flüsse schwollen, sogar einen Umweg über ein hohes und rauhes Gebirg nehmen musste. Wahrscheinlich sind diese Thäler durch gewaltige Erdbeben entstanden, die vor Zeiten daselbst gewüthet, die Gebirge zerrissen und den Flüssen einen Durchgang gestattet haben. Das passt nun auffällig zu dem Ausdrucke Pi-Hahiroth, welcher »Oeffnung der Höhlen« bedeutet. Pfefferkorn erwähnt in seiner Aufzählung sonorischer Ortschaften dreierlei Punkte, wo sich Ruinen alter Gebäude und Städte befinden, 1) *Casas grandes*, grosse Häuser, »sind Trümmer von uralten india-

---

*) Sonora I. S. 28 ff.

nischen Gebäuden.« 2) *kiburi*, Häuser, »sind Trümmer von alten indianischen Gebäuden.« 3) *Vestigios de una cindad indiana*, Ueberbleibsel einer altindianischen Stadt. Es befinden sich in Sonora merkwürdige Ruinen, welche von den Indianern *kiburi* und *hottai ki* *), von den Spaniern *Casas grandes*, grosse Häuser, genannt werden. Eine Beschreibung dieser Alterthümer haben zuerst die Franziscaner-Mönche Garces und Font gegeben, welche dieselben im J. 1773 besuchten. Ihnen zu Folge nehmen die Gebäude über eine Quadratmeile ein, sind genau nach den 4 Weltgegenden orientirt und haben mehrere Stockwerke. Sämmtliche Ruinen waren mit Befestigungslinien umgeben, wovon man noch die Ueberreste fester, durch Mauern mit einander verbundener Thürme wahrnimmt **). Wäre es erlaubt, diesen Gebäuden ein so hohes Alter zu geben, dass sie bis zu den mosaischen Zeiten zurückreichten, so würden wir hier wörtlich das Migdol der Bibel haben. Hebr. *migdal* heisst Festungsthurm, Castell, hohes Gerüst, Wachtthurm; das-Wurzelwort ist *gadal*, gross sein, *gadel*, *gadol*, gross. Ich weiss sehr wohl, dass man jene Ruinen den Azteken zuschreibt, welche um 1160, aus dem unbekannten Lande Aztlan ausbrechend, in Anahuac erschienen. »Sie liessen sich eine Zeit lang am Gila-Strome nieder. Südlich von diesem, der sich mit dem Rio Colorado in den californischen Meerbusen ergiesst, liegen einsam in der Steppe die von den Spaniern *las casas grandes* genannten Trümmer des Aztekenpalastes« etc. So Humboldt. Es mag dies

---

*) In der Sprache der Pimas heisst *hottai* Stein, *ki* Haus, Plur. *kuburi* Häuser, *gu hottai ki*, grosses, steinernes Haus d. i. Kirche.

**) Humboldt, Essai politique T. I. p. 298 und dessen Atlas de Mexiques, die Charten 1 u. 2.

Volk hier einige Zeit gewohnt haben. Vielleicht aber bemächtigte sich dasselbe, wie es auch in Mexico der Fall gewesen zu sein scheint, nur einer Ruinenstätte aus höherem Alterthume und richtete sich daselbst in seiner Weise ein, baute Manches neu auf etc. Insofern mögen diese Antiquitäten immerhin aztekisch sein. Es hindert uns jedoch Nichts, eine ältere Basis anzunehmen und der Vermuthung Raum zu geben, dass grandiose Gebäude, Residenzen von Befehlshabern und Statthaltern oder Paläste der höchsten Herrscher selbst, wenn es ihnen gefiel, hier ihren Aufenthalt zu nehmen, Festungswerke mit militärischen Besatzungen wider Einfälle barbarischer Nationen oder Aufstände unterworfener Stämme im Lande etc. schon in jenem Alterthume, mit welchem wir uns beschäftigen, daselbst vorhanden gewesen.

In dem Namen Baal-Zephon liegt der Begriff der Nordgegend; als bestimmter Ort gedacht ist unter diesem Ausdrucke wohl der nördlichste Ort des altamerikanisch-ägyptischen Reiches zu verstehen. Hier bietet sich eine Analogie der neuesten Zeit zur Vergleichung dar. Der nördlichste bewohnte Ort Mexicos ist nämlich Paso del Norte mit 5000 Einwohnern am Rio Grande, wo der Rio del Norte den Bergzug am Ostende des Plateaus durchbricht. Es ist eine wichtige militärische Station, in fruchtbarem, wohlbewässertem Thale, in welchem Mais, Waizen, Obst, Wein, Branntwein gewonnen wird. Es befindet sich hier ein Grenz-Zollamt für den durch bewaffnete Karawanen betriebenen Handel. Aehnliche Verhältnisse mögen auch schon in jenem Alterthume Statt gefunden haben.

Vor und nach dem Uebergang über das Meer ist eine Wüstenei mit Namen Etham, nach der Schreibart der LXX. Οθωμ, Othom. Dieser Name begriff wohl die an beiden Ufern des Meerbusens westlich und östlich liegenden

Gegenden mit ihren barbarischen Einwohnern. Man hält dazu das ägyptische ATIOM, Meeresgrenze, was auch für unsere Betrachtungsweise ganz passend wäre. Es entspräche dem Namen *jam-suph*, Grenzmeer, wie wir ihn verstehen zu müssen glauben. In Sonora wohnen die Papagos, welche nach Pfefferkorn *) auch Papabi-Ootam heissen, ihren sich in südwestlicher Richtung erstreckenden Wohnsitz am Rio Gila haben und vornehmlich von der Jagd und wildwachsenden Früchten leben. Ihr Land ist grösstentheils sandig und leidet grossen Mangel an Wasser, zuweilen missräth sogar das wilde Obst. Vermuthlich ist der Name Ootam noch ein Ueberbleibsel aus jenen Urzeiten her; und sie selbst wohl sind der Rest einer Nation, die damals im Lande gewohnt und daselbst geblieben ist. »Man hat sie,« sagt Pfefferkorn, »im Ganzen niemals bereden können, ihr armseliges Land zu verlassen und mit fruchtbareren Distrikten, die man ihnen anbot, zu vertauschen.« Bei einem solchen Stamme kann sich wohl Jahrtausende lang Alles in stereotypem Zustande erhalten, und Sitte, Glaube, Cultur eines solchen kann von hohem Alterthume Zeugniss geben. Um so interessanter ist, was von den Papagos in Sonora Gabr. Ferrey erzählt.

»Die Papagos feierten ihren Jahreswechsel. Die Männer verkleideten sich in Thiergestalten und nahmen Thierstimmen an. Es war die Nacht durch im Walde ein wildes Saturnal. Als der Tag graute, sangen Indianerinnen, auf den Köpfen Blumenkörbe, ein frommes Morgenlied; der Häuptling zündete das Zeltdach der freien Waldstelle an, warf seine Puma-Haut ab, zeigte sein ruhiges, stolzes Angesicht im Strahle der Morgensonne und fing in feierlichem Tone also an: »Wer kann sagen, wie viele Jahre vergin-

---

*) Sonora I. S. 10 ff.

gen, seit der grosse Geist diese Sonne erschuf? Unsere Väter vermochten sie nicht zu zählen. Aber wie dieses Feuer diese Baumwolle verzehrte, so hat die Sonne die Finsterniss vertrieben, welche die Erde bedeckte, während ihre Wärme dem Leblosen Leben gab und ihr Licht das Lebende vollkommener machte. Durch sie sind die Thiere zu Menschen geworden« *).

Diese Feier hat etwas sehr Primitives und erinnert zugleich stark an die biblischen Vorstellungen. Das Wilde in dem Vorgange ist nicht subjektiv-wild; es ist symbolischer Art; es sollten erst die Finsterniss und ihre dem Lichte und dem Menschengeschlechte vorausgegangenen monströsen Erzeugnisse dargestellt werden. Beim Aufgang der Sonne ward nicht diese, sondern ihr erhabener Urheber, »der grosse Geist« verehrt. »Gott sprach: Es werde Licht! Und es ward Licht.«

Die Acagchemem in Californien, über welche P. Boscana berichtet hat, nahmen als den Anfang aller Dinge Himmel und Erde an; diese erzeugten ein Geschlecht von Ungeheuern, welches aber vor Chinigchinig, dem Allmächtigen, schwand, welcher den Menschen und die Thiere erschuf. Diesem erbauten sie Tempel und stellten darin die Haut des Coyote, eines dem Hund, Fuchs und Wolf ähnlichen Thieres, auf, gefüllt mit allerlei Theilen von Vögeln und Vierfüsslern. Ihr Cultus bestand aus Tänzen und anderen Ceremonien **). Hier werden wir mehr an die griechische Mythologie, an den als Wolfgott be-

---

*) Shea, Geschichte der kath. Missionen, übersetzt von Roth. Würzburg bei Etlinger S. 6.1

**) Das. S. 115 f. Die Gegend »Acagchemem« liegt eine Seemeile vom Meere entfernt, in einer anmuthigen Ebene, am Ufer eines Flüsschens, das auch in Zeiten grösster Trockenheit nicht versiegt.

zeichneten Apollo *) und die ihm dienenden Hyperboreer erinnert, in welchen man schon dem Namen nach eine amerikanische Nation erkennt.

In dem Idiome der Pima's in Sonora, zeigt sich eine sonderbare Sprachenmengung, indem man ganz deutlich theils semitische, theils indogermanische Elemente erkennt**). Man sieht daraus, wie hier im Alterthume die Dinge standen; wie sich in dem Völkerdrange, der im nordwestlichen Amerika Statt gefunden zu haben scheint, ganz verschiedene Geschlechter und Sprachen berührten.

Sonora hat so mancherlei Bewohner, dass daselbst, auch die europäischen Bestandtheile abgerechnet, die differentesten Racenqualitäten und Bildungsstufen an den Tag treten. So leben namentlich an einem Nebenflusse des Rio Gila die sogenannten **Munchis, weisse Indianer »mit der Haut der circassischen Raçen und schönen Formen,«** sind friedlich, redlich, sittlich und haben manche Verfeinerung der Lebensbedürfnisse. Handschriften älterer Reisenden, die im Vatican aufbewahrt werden, sollen von ähnlichen Stämmen in den Cordilleras Nachricht geben***).

---

*) Der Apollodienst war, seinem Ursprung und primitivem Wesen nach gewiss nur ein amerikanischer Wolfscult, was zur idealisirten Kunstgestalt dieses erhabenen Gottes freilich nicht passen will. Allein der Wolf war nur Symbol und bezeichnete eine spiritualistische Gottheit in ihrer furchtbaren negativen Eigenschaft, wie ja auch der verwandte Jehova eine furchtbare Gottheit ist, und als ein »fressendes Feuer« etc. geschildert wird. Vergl. oben S. 340 f.

**) Beispiele sind schon in der II. Abth. Nr. XXXIV, 5 gegeben worden.

***) Vergl. Litterary Gazette Nr. 1561; Schleiden und Froriep, Notizen, März 1847, Nr. 21; und was oben Abth. II. Nr. XXXII, 2, S. 353 beigebracht worden ist.

Was den Meerbusen von Californien betrifft, der auch das rothe oder Purpurmeer heisst, so nimmt derselbe oft in der That eine rothe Farbe an *). In diesen Meerbusen ergiesst sich ein bekannter Fluss, der Rio Colorado, der ebenfalls der rothe heisst. Im engsten Theile des Golfes befinden sich mehrere Inseln, die ihn beinahe sperren, wozu namentlich Angel de la Guardia und Tiburon gehört. Hier ist wohl der berühmte Uebergang geschehen, und die Inseln möchten das noch übrige Resultat jener plötzlichen Bodenerhebung sein.

Die langgestreckte californische Landzunge, den Küsten von Sonora parallel, ist vorherrschend vulkanischer Natur. Eine Kette schroffer und hoher Gebirge durchzieht die Halbinsel, die höchste Kuppe steht östlich vom Cap St. Domingo. Im Jahre 1146 fand daselbst ein Ausbruch des Vulkanes de las Virgines Statt, welcher sich im mittleren Theile von Alt-Californien, etwas mehr nach Norden, der östlichen Küste und dem Meerbusen nah befindet **). Eigenthümlich ist die Vertheilung des Wassers auf dieser Halbinsel; es sprudelt da, wo unfruchtbare Felsen starren, und den Thälern mit gutem Boden fehlt es gewöhnlich ***) — was an Mose erinnert, der Wasser aus dem Felsen schlägt.

§. 24.

Die uralten Länder- und Völkerverhältnisse mit den daraus entspringenden Begebenheiten scheinen sich in späterer Zeit, als die Spanier in diesen Gegenden ihre Herrschaft gegründet, einigermassen erneuert und wiederholt zu haben.

---

*) Ausland 1845. Nr. 365.
**) Humboldt, Kosmos IV. S. 440.
***) Westermann's Monatshefte Juni 1861. Nr. 57. S. 337 f.

Der Missionär **Pfefferkorn** giebt eine Beschreibung von Sonora und den Kämpfen der Spanier mit den unbändigen und empörten Völkerschaften daselbst, welche viel Aehnlichkeit mit der Vorstellung hat, die sich uns gestaltet, wenn wir das Mizraim des Pentateuches nach Mexico verlegen. Er handelt namentlich von den wilden **Apaches** und **Seris**, durch welche das Land beunruhigt wurde, und gegen welche die Spanier Nichts auszurichten vermochten. Die Seris waren von den Jesuiten zum Christenthume bekehrt, durch die Gewaltthaten und Tyranneien der Spanier aber zum Aufstand bewogen worden und hausten furchtbar im Lande. Ihr Schlupfwinkel war das schwarze Gebirg, *Cerro prieto*, das sehr rauh, felsig und steil, mit dichten Waldungen bewachsen ist und sich bis zum californischen Meerbusen erstreckt. Im J. 1750 beschloss der Gouverneur des Landes einen Vertilgungskrieg wider sie und zog mit einer Armee von Spaniern und Pimas wider das Gebirge heran. Die Seris ergriffen die Flucht; sie brachen zur Nachtzeit mit Sack und Pack, Weib und Kind in aller Stille auf, und es gelang ihnen, unbemerkt bis an das Gestade des californischen Meerbusens zu gelangen, wo sie stets einige kleine, aus Holz und dickem Schilfrohr gefertigte Flösse, deren sie sich zu ihrem Fischfange bedienten, in Bereitschaft hatten. Auf diesen setzten sie nach einer kleineren, etwa $\frac{1}{2}$ Meile von der Küste entfernten Insel über. Ihr Abzug ward von den Spaniern erst am folgenden Tage entdeckt. Sofort setzten die Letzteren mit der grössten Hitze den Flüchtigen nach. Da sie aber am Meere anlangten, und keine Schiffe vorhanden waren, so konnten sie Nichts weiter thun und mussten unverrichteter Sachen wieder abziehen.

Im J. 1751 empörten sich die Pimas. Der Gouverneur

hatte einen Indianer, dessen er sich wider die Apaches zu bedienen hoffte, zum Chef seiner Landsleute gemacht, ihn mit spanischer Kleidung und Bewaffnung versehen und mit dem Titel eines Generals geschmückt. Derselbe aber, von heimlichem Hasse gegen die Spanier erfüllt, brachte eine Verschwörung der Pimas zu Stande, deren Folge ein verwüstender und mörderischer Aufstand war. Die Pimas beruhigten sich zwar wieder; ein Theil jedoch blieb feindlich und vereinigte sich 1756 mit den Seris, die nun nicht mehr flohen, sondern sich in ihrem Gebirge verschanzten. Als der Nachfolger jenes Gouverneurs 1758 einen neuen Feldzug beschloss und mit einem noch zahlreicheren Heer, als das frühere gewesen, das schwarze Gebirge angriff, wurde man von einem so entsetzlichen Regen vergifteter Pfeile empfangen, dass man sich sofort zur Flucht wandte. Späterhin wurde der Gouverneur durch einen solchen Pfeil tödtlich in die Brust getroffen.

Es fehlen hier zwar die ausserordentlichen Naturerscheinungen, die in der Geschichte Israels eine so grosse Rolle spielen, und es kann dies Alles nur für ein schwaches Nachbild jener uralten Begebenheiten gelten, welche von unendlich grösserer Bedeutung waren. Allein der nächtliche Abzug der Seris, ihre Flucht über das Meer und die fruchtlos nachsetzende spanische Armee sind mit den in der biblischen Relation berichteten Vorgängen nicht ohne Aehnlichkeit. Der Golf diente auch hier einem verfolgten und bedrohten Volksstamme zur Zuflucht und Rettung vom Untergange. Der zum Nachtheile der Spanier ausgezeichnete und gehobene Indianer kann an Mose, den die Tochter des Herrschers beschützte, der im Schoosse der Pracht und Herrlichkeit dieses grossen Reiches erzogen wurde und der dann auch später eine so hervorragende Stellung daselbst einnahm*); an die verstärkende Verbindung der abtrünnigen Pimas mit den wilden Seris und an die Besorgniss einer ähnlichen Wendung der Dinge erinnern, welche der biblische Pharao zu erkennen giebt **).

§. 25.

Von besonderem Interesse wäre es für uns, wenn sich von dem grossen völkerknechtenden **Mizraim** der amerikanischen Vorzeit, von **Mose** und der **mosaischen Wanderung** noch einige traditionelle Spuren in Amerika selber fänden. Es ist wirklich so; es wurden von einigen Völkern Amerika's ganz ähnliche Vorgänge, wie die im Buche Exodus vorkommenden, erzählt. So z. B. von den Azteken in Mexico. Auch sie wollten einmal in der Art unterworfen gewesen und auch so ausgezogen sein, wie die Israeliten; und was sie von ihren Wanderungen berichteten, sieht den hebräischen Traditionen oft so gleich, wie ein Ei dem anderen. Ein König von Colhuacan, so heisst es, habe sich bereit erklärt, ihnen einen Wohnort anzuweisen, wo sie mit viel Bequemlichkeit leben könnten; aber als sie dieser Einladung gefolgt, habe er sie zu Sklaven gemacht. Dann habe ihr Cultus Anstoss erregt, und man habe ihnen desshalb befohlen, das Land zu verlassen. Sie hätten es gethan und wären nördlich gezogen; da hätten sie auch Freudenfeste gefeiert, eine ganze Nacht durch getanzt und Sieges- und Danklieder gesungen, weil sie ihr Gott aus der Gefangenschaft befreit***) — ganz der Schilderung 2 Mos. 15 ge-

---

*) »Der Mann Mose war sehr gross im Lande Mizraim, in den Augen der Knechte Pharao's und in den Augen des Volkes.« 2 Mos. 11, 3.

**) »Wir wollen klug sein gegen das israelitische Volk, dass es sich nicht wehre und nicht, im Falle eines Krieges, sich zu den Feinden schlage und uns bekriege.« 2 Mos. 1, 9.

***) Clavigero, Geschichte von Mexico Buch II, Cap. 16.

müss. Mag das für zufällig und bedeutungslos, oder für eine aus unserer Bibel geflossene unächte Einmischung halten, wer da will und kann; ich meinerseits zweifle nicht daran, dass die mexikanischen Völkerschaften einst mit Israel zusammen im amerikanischen Urreiche gedient und dann auch Theilnehmer am mosaischen Zuge gewesen. Aber sie gingen nicht mit nach Asien hinüber, sondern blieben im Norden Amerika's zurück, von wo sie späterhin wieder südwärts zogen und nach den ehemaligen Sitzen des amerikanisch-ägyptischen Urreiches zurückkehrten, welches sich zu der Zeit wohl längst schon aufgelöst hatte, und an dessen Stelle sie nun ihre Herrschaften aufrichteten. Die sehr civilisirten Völker Neuspaniens, die Tolteken, Chichimeken und Azteken behaupteten bekanntlich vom 6. — 12. Jahrhundert unserer Zeitrechnung von drei nördlich gelegenen Nachbarländern herabgezogen zu sein. Das gewerbfleissige und gebildete Volk der Tolteken, welches sich, wie die Azteken, einer hieroglyphischen Schrift bediente und ein Jahr hatte, welches genauer, als das der meisten Völker Europas war, bewohnte die Hochebene bereits 500 Jahre vor den Azteken, welche im J. 1190 erschienen und 1325 die Stadt Mexico gründeten. Sie scheinen sich von der Civilisation jenes Urreiches, in welchem sie eine dienende Rolle gespielt, am meisten angeeignet zu haben, während die Azteken, namentlich was ihren Cultus betrifft, Züge furchtbarer Barbarei und Unmenschlichkeit darbieten. Jenes merkwürdige Volk, dem man die alten, grossartigen Bauten und Denkmale Mexico's zuschreibt, war indessen schon seit dem 11. Jahrhundert vom Gipfel seiner Macht gestürzt und zu grosser Erniedrigung herabgesunken *). Es scheint auf

---

*) Clavigero, Geschichte von Mexico. Humboldt, Vues des Cordillères und Essai politique sur le royaume de la Nou-

eine ähnliche Weise, wie nach unserer Vermuthung im mosaischen Zeitalter das amerikanisch-ägyptische Urreich daselbst, aufgerieben worden zu sein; Misswachs, Hunger und Pest führten die Auflösung des Reiches herbei und die Ueberbleibsel der hingerafften Bevölkerung zerstreuten sich. Von den fremden Volksstämmen, die mit Israel nach Asien übergingen, ja von ihnen selbst, wie es scheint, blieb ein Theil im Norden und Osten Asiens zurück, so z. B. die Afganen, welche sich Kinder Israels nennen, sich auch zum Theil ebenfalls aus Aegypten (d. h. wohl: dem amerikanischen Mizraim oder Urägypten) herleiten.

Das Merkwürdigste und Frappanteste aber, was ich in diesen Beziehungen anführen kann, ist Folgendes.

Nach einem Manuskripte des Don Juan Torres, eines Enkels des letzten Königes der Quiche *), waren die Tolteken Abkömmlinge des Hauses Israel, die durch Mose von der Tyrannei des Pharao erlöst wurden; die aber dem Götzendienste ergeben waren, sich aus Furcht vor Mose von ihm trennten und unter der Leitung ihres Hauptes Tanub an den Ort gelangten, wo sie die berühmte Stadt Tula gründeten. Von Tanub entsprossten die Königsfamilien von Tula und Quiche und der erste Herrscher der Toltekas. Nimaquiché, der fünfte König dieser Linie, erhielt durch ein Orakel Befehl, Tula mit seinem Volke zu verlassen und es nach Guatemala zu führen. So kamen sie an den See Atitlan und liessen sich in dessen Nähe in einem Lande nieder,

---

velle Espagne. Dessen kritische Untersuchungen etc., übersetzt von Ideler I. S. 381 f. 383.

**) Die Civilisation des Königreiches von Quiche hält A. v. Humboldt für älter als die Ankunft der Azteken in Anahuac. Dessen »Krit. Untersuchungen« übers. v. Ideler I. S. 383 Note.

welches sie Quiche nannten *). Bemerkenswerthe Züge sind noch ausserdem folgende. Es wird in den Traditionen von der toltekischen Wanderung und dem alten Reiche der Quiche-Indianer ein Ort erwähnt, der »die sieben Höhlen« geheissen. Das gemahnt an das schon oben zur Sprache gekommene Hachiroth oder Pi-Hachiroth, Oeffnung der Höhlen, welches in der Geschichte der israelitischen Wanderung vorkommt **). Ferner bewahrten jene Indianer einen Stein, den ihre Vorfahren von Aegypten her mitgeführt haben sollten, und der zur Zeit der Eroberung plötzlich zerbrach, woraus die Priester den Untergang des Reiches erkannten ***). Es kommt dazu, dass manche Namen des Quiche-Stammes so deutlich an biblische anklingen, oder sich so zwanglos aus dem Hebräischen erklären. So erinnert Balam an Balaam, Bileam; Acan an Achan; Zutugil lässt sich durch zedek, Gerechtigkeit, und el, Gott, erklären ****); Iloacab, von eloah, Gott, und kaw, Richtschnur, lautet ganz hebräisch und scheint: »Gott, Gottes Wille ist Richtschnur,« zu bedeuten; die Namen Ulil und Ulmil erklären sich aus ul, elem, Kind, Jüngling und el, Gott etc. Das Alles zusammen möchte doch wohl in's Gewicht fallen; und wir wenigstens würden es nicht begreifen, wie so vielen und so auffallenden Spuren und Zusam-

*) Stephens, Reiseerlebnisse S. 369.
**) 2 Mos. 14, 29. 4 Mos. 33, 7 f.
***) Stephens a. a. O. S. 371.
****) Vergl. den hebr. Namen Zidkijjahu, Sedekias, Gerechtigkeit Jehovah's. Aber der Name Jehova, Jahu, Jo ist, wie es scheint, in jenen Benennungen der Quiche-Indianer absichtlich vermieden, und dafür El und Eloah gesetzt. Der Name Jehovah war mosaisch, 2 Mos. 6, 3. Die antimosaische Stellung dieser Indianer verrathen auch die bei ihnen gebräuchlichen Namen Bileam und Achan.

menstimmungen, so ausdrücklichen Angaben, so bestimmten Erinnerungen zu widerstehen sein soll. Unsere Auffassung der Sache lässt sich so gut beweisen, als in einem so dunklen und schwierigen Felde der Untersuchung nur immer Etwas dargethan und nachgewiesen werden kann. Und wollen die Forscher darauf eingehen, so wird sich wohl noch Vieles darbieten und herausstellen, was der Sache, die jetzt nur noch in ihrem wissenschaftlichen Anfange begriffen, zur Unterstützung und Förderung dient.

In dem Namen Utatlan, wie die Hauptstadt des Königreiches der Quiche-Indianer hiess, hat die Endung *tlan* dieselbe Bedeutung, wie in den Namen Aztlan, Atitlan, Cuscatlan *) etc., und ist als ortsbezeichnender Zusatz abzurechnen, um das specielle Wort zu erhalten, welches hier Uta ist und stark an Juda erinnert, so dass wir, wenn uns diese Aehnlichkeit nicht täuscht, ein amerikanisches Judäa erhalten. Die Formen Uta, Utah, Yuta, Yutahi, Yutay **) spielen auch sonst eine dem Aufmerksamen sehr auffallende Rolle in Amerika; es mag sich das Wort sogar in dem Namen der Ale-uten bergen.

§. 26.

Dass man objectiv berechtigt ist, im alten, vorgeschichtlichen Amerika ein zweites oder vielmehr erstes Aegypten anzunehmen, das leidet nach unserem Urtheile keinen Widerspruch.

---

*) Indianischer Name des Staates San Salvador. Stephens, Reiseerlebnisse S. 207.

**) In dem Gebiete Utah haben sich die Mormonen angesiedelt und daselbst mehrere Städte errichtet. Die Yutas gehören unter die *Indios de paz* oder »Friedensindianer« in Chibahua, mit welchen man in gutem Vernehmen steht. Der Fluss Jutay oder Yutay fliesst von den peruanischen Gebirgen zum Amazonenstrom.

Es deutet dieser Welttheil namentlich in seinen mexikanischen, centralamerikanischen und peruanischen Alterthümern zu vielfach und zu deutlich auf das Land des Niles hin; und wiederum weiset dieses in den seinigen in zu unverkennbarer Weise auf Amerika zurück. Wollte man die bei der Entdeckung des Welttheiles vorgefundenen civilisirten Nationen und Reiche, insbesondere die in Neuspanien, einfach von den Aegyptiern am Nile oder diese von jenen ableiten, so wären die beiderseitigen Differenzen und Originalitäten allerdings viel zu gross; die Hypothesen müssten, bei aller Aehnlichkeit im Einzelnen, an der Verschiedenheit und Besonderheit der verglichenen Totalitäten scheitern. Das ist aber nicht unsere Verfahrungsweise. Wir glauben, dass die Tolteken, Chichimeken, Azteken etc. die Nachkommen amerikanischer Urstämme gewesen, die gleich den Israeliten dem ehemaligen amerikanischen Mizraim unterworfen waren und sich zu ihm als dienende Glieder oder abgesonderte und ausgestossene Paria's verhielten, keineswegs also zu der herrschenden Raçe gehörten, welche in gleicher Weise so in jenem Ur- und Original-Aegypten des amerikanischen Continentes, wie, als hievon ausgegangene Colonie, am Nile wohnte, in letzterem Lande das uns bekannte Reich errichtete und den davon herrührenden Monumenten ihren Ursprung gab. Die unterworfenen Stämme haben indessen von ihren Beherrschern ohne Zweifel Manches angenommen; einige scheinen ihnen näher gestanden zu sein, wie namentlich die Vorfahren der kunstreichen Tolteken, die vor den Azteken in Anahuac herrschten, und die cultivirte Bevölkerung, von welcher die berühmten Ruinen von Palenque herrühren. Und so kann man immerhin annehmen, dass sich uns Spuren jener urägyptischen Cultur, die sich in Amerika gebildet und am Nile weiter entwickelt hat, vermischt mit fremden Eigenthümlichkeiten, in den Bildungsstufen, Sitten, Kenntnissen und Denkmalen der betreffenden indianischen Nationen darstellen. Einzelne Reste mögen sogar noch unmittelbar aus jenen urältesten Zeiten stammen, in welchen das Mizraim der biblischen Urgeschichten bestand.

»Man hat,« sagt Vater*), »zwischen den Mexicanern und den alten Aegyptiern so viele Aehnlichkeiten hervorgesucht, dass sie zusammengenommen das wirklich auffallende Bild einer ähnlichen Aussenseite gewähren. In den Pyramiden, den Hieroglyphen, der Zeitabtheilung, der Kleidung und anderen Gewohnheiten der Lebensweise werden in den Mexicanern die alten Acgyptier gezeigt.« Und ferner: »Man wird überrascht, wenn man in den treuen Nachahmungen mexicanischer Gemälde, welche man in Herrn v. Humboldt's *Essai politique sur la nouvelle Espagne* findet, ganz den Styl, die Gesichter und die Gliederverhältnisse bemerkt, welche die ägyptischen Menschenfiguren charakterisiren.« Pyramiden, Bilderschrift, Baustyl, die 5 Ergänzungstage in der Jahresrechnung, Tracht, Pflanzenpapier, Sculpturen etc. bieten sich nach Wuttke**) als Vergleichungspunkte zwischen Azteken und Aegyptiern dar. Man trifft in Amerika auch die Richtung der Pyramiden nach den Weltgegenden***), Mumien mit ägyptischen Bändern,

---

*) Ueber die Bevölkerung Amerika's S. 13.
**) Geschichte des Heidenthums. Breslau 1852. I. S. 348. Vergl. 281. 285.
***) »Die grosse Pyramide von Ghiza,« sagt Champollion-Figeac, »ist genau nach den Weltgegenden gestellt; jede ihrer 4 Ecken sieht gegen einen der 4 Cardinalpunkte; heutzutage würde man einen Meridian von so grosser Ausdehnung, ohne abzuweichen, nur mit grossen Schwierigkeiten zeichnen können; und aus dieser Stellung der grossen Pyramide hat man eine Thatsache von hoher Wichtigkeit für die physische Geschichte

Begräbniss heiliger Thiere, das ägyptische Kreuz in Form des lat. T und den Scarabäus an. Von einem amerikanischen Helme, denen gleich, die auf ägyptischen Monumenten gefunden werden, so dass an eine zufällige Aehnlichkeit nicht zu denken sei, spricht Ernst v. Bibra*). In A. v. Humboldt's *Vues des Cordillères et monumens des peuples indigènes du nouveau continent* findet man Vergleichungen amerikanischer Dinge mit babylonischen, chinesischen, indischen und griechischen; darunter die Büste einer mexicanischen Priesterin, deren Kopfanzug der Calantica der Isisköpfe, der Sphinxe und anderer ägyptischer Bilder ähnlich und mit Perlen geschmückt ist. Eine Sammlung amerikanischer Alterthümer enthält einen kolossalen Kopf, »der an den Osymandias in erhabener, edler Ruhe und seinen Kopfschmuck, das Prachtstück der Turiner Sammlung, erinnert.« So drückt sich Karl Ritter in seiner Vorrede zu Braunschweig's Schrift über die altamerikanischen Denkmäler **) aus, wo zugleich des Volkes mit rother Hautfarbe, Bartlosigkeit und dem Kopfschmucke peruanischer Incas auf ägyptischen Monumenten gedacht ist. Das sind doch wohl unabweisbare Fingerzeige nach Amerika hin!

M. M. Noah, Major der Miliz zu New-York, früher Hafencommandant und nordamerikanischer Gesandter, lässt in Amerika dasselbe Geschlecht walten, welches die Tempel und Pyramiden Aegyptens gebaut, indem er jedoch, herkömmlicher Ansicht gemäss, Alles von unserer Hemisphäre

des Erdkörpers gezogen; dass sich nämlich die Stellung der Erdaxe seit mehreren 1000 Jahren auf keine merkliche Weise verändert hat.«

*) Reise in Südamerika. Mannheim 1854.
**) Berlin 1840.

ausgehen lässt. »Wenn,« sagt er *), »von den mexicanischen Alterthümern die Rede ist, so muss man die rohen Arbeiten einer neueren Zeit nicht mit den glänzenden Meisterwerken verwechseln, welche von denen herrühren, welche die ägyptischen Pyramiden thürmten und die Tempel von Theben und Memphis bauten. Die Alterthümer von Toltecan muss man im Auge haben, und zu den Ruinen von Palenque die Pyramiden von Cholula, Otamba, Oaxaca, Mitla, Tlascala und die auf den Bergen von Tescoca fügen, die grösser als die ägyptischen sind, ferner die Hieroglyphen und Thierkreise, ein symbolisches und phonetisches Alphabet, Papyrus, Metopen, Triglyphen, Tempel und Gebäude von colossaler Grösse, Militarstrassen, Wasserleitungen, Landstrassen, Poststationen und Distanzen, Brücken von bedeutender Grösse und massiver Bauart, die alle den deutlichsten Beweis von dem Dasein einer mächtigen, unternehmenden Nation liefern, welche 2000 Jahre vor der spanischen Eroberung geblüht haben muss.«

Von den Resten eines alten peruanischen Bauwerkes sagt ein Beobachter: »Man sieht in den Mauern ungeheuere Steinblöcke, und die Thürme sind oben enger, als unten. Dieser Tempel des Inca scheint ein vierseitiges Gebäude, an jeder Seite 20 Metres lang, gewesen zu sein. Man kann noch 4 Aussenthore und 8 Gemächer erkennen. Die Symmetrie der Thüren, die Regelmässigkeit der Nischen, die Behauung der Steine, Alles erinnert an die ägyptische Bauart in deren minder vollkommenen Schöpfungen« **).

---

*) In seinem »Beweise, dass die amerikanischen Indianer die verlornen Stämme Israels sind.«
**) Aus Alcide d'Orbigny's amerikanischem Reisewerk.

§. 27.

Ein Gegner von Vergleichungen und Beziehungen, die den Zweck haben, die amerikanischen Alterthümer von den Künsten und Culturen der alten Welt abzuleiten, ist bekanntlich John L. Stephens, der den von ihm besuchten Ruinen Amerika's einen durchaus originellen und selbstständigen Charakter vindicirt. Er giebt bedeutende und charakteristische Differenzen an, welche keine Ableitung aus dem Bereiche asiatischer, europäischer und afrikanischer Architektur und Sculptur zuzulassen scheinen. Er weist selbst die Beziehung auf Aegypten ab, wiewohl die Pyramidalform der amerikanischen Denkmäler dazu einlade. Die ägyptischen Pyramiden seien isolirte, ein Ganzes für sich ausmachende Bauwerke, viereckig und mit Stufen, die bis zu einer Spitze aufsteigen; die amerikanischen hätten nur zwei, höchstens drei Seiten, gehörten als Theile anderer architektonischen Werken an und seien errichtet worden, um zum Unterbau für Gebäude zu dienen. Die ägyptischen hätten ursprünglich glatte Seiten gehabt und die Stufen keinen Theil des Planes gebildet, und so höre vollends jeder Vergleich der sogenannten Pyramiden Amerika's mit ihnen auf. Stephens bestreitet auch das hohe Alterthum der von ihm besuchten Ruinen von Centralamerika, Chiapas und Yucatan, und lässt als die Urheber jener alten Bau- und Kunstwerke keine verschwundenen Raçen gelten; es seien diese Werke vielmehr die Schöpfung von Völkerstämmen, welche das Land zur Zeit der spanischen Eroberung oder nicht sehr lange zuvor bewohnt hätten.

Bei so bestimmten Ansichten und Aussprüchen ist es um so merkwürdiger, dass Stephens doch zuweilen nicht umhin kann, sich eine Vergleichung mit Aegypten zu gestatten; die Aehnlichkeit war zum Theile so gross und augenfällig, dass er auf den ersten Blick entschieden an die ägyptischen Denkmäler erinnert wurde.

Einige der entdeckten Alterthümer waren »von geschmackvollerer Zeichnung;« manche waren in kunstmässiger Arbeit den schönen Monumenten der Aegyptier vergleichbar; von einem dieser Monumente heisst es: »Es kommt in künstlerischer Ausführung den kostbarsten ägyptischen Sculpturen gleich.« Es fanden sich Figuren »von guter Zeichnung und in Symmetrie der Verhältnisse vielleicht vielen gleich, die auf den Mauern der zerfallenen Tempel Aegyptens eingegraben sind.« Dabei zeigten sich Hieroglyphen, »welche uns an die Art erinnerten, wie die ägyptischen Denkmäler den Namen, die Geschichte, das Amt oder die Würde der dargestellten Personen dem Gedächtniss überlieferten.«

Bei einer Beschreibung von alten Altarbildern heisst es: »Zwischen den beiden Hauptpersonen ist eine merkwürdige Schnörkelei angebracht. Sie enthält zwei wohlerhaltene Hieroglyphen, welche uns stark an die ägyptische Weise erinnerten, die Namen der Könige oder Helden zu bezeichnen, zu deren Ehre die Monumente errichtet wurden.« Etwas sehr Frappantes fiel bei einer Thüre in's Auge. »Ueber ihr und längs der ganzen Fronte des Gebäudes lief eine grosse Stuckverzierung hin, die uns durch ihre auffallende Aehnlichkeit unwillkürlich und auf den ersten Blick an die beflügelte Erdkugel über den Portalen der ägyptischen Tempel erinnerte.« Im Einzelnen werden nun allerdings gewisse Unterschiede bemerkt. »Die Schwingen sind umgekehrt; es sind noch Reste einer kreisrunden Verzierung zu sehen, die eine Erdkugel vorgestellt haben mag, aber von sie umwindenden Schlangen ist keine Spur mehr übrig.« Gleichwohl ist bei solchen Analogieen dem Gedanken an einen Zusammenhang nicht wohl auszuweichen; denn einige Differenzen bei sonst frappanter Aehnlichkeit schliessen einen solchen nicht aus. In einem alten Gebäude »war ein Bogen mit gemalten Figuren im Profil bedeckt, die sehr verstümmelt waren; an einer Stelle aber war eine Reihe von Beinen übrig, welche einem Zuge angehört zu haben schienen, und die mir beim ersten Blicke die Leichenzüge an den Mauern der Gräber zu Theben wieder in's Gedächtniss zurückführten. Die Figuren waren roth gemalt, die Zeichnung gut, die Stellungen geistvoll und dem Leben ähnlich.« In einem Ruinenzimmer waren Ueberreste von Gemälden. »Sie erinnerten uns im Allgemeinen in Lage und Wirkung an die Prozessionen in ägyptischen Gräbern. Die Farbe des Fleisches war roth, wie dies bei den Aegyptiern der Fall war, wenn sie ihr Volk darstellten.« Es fanden sich auch »die Ueberreste eines kolossalen Affen oder Pavians, der in Zeichnung und Aussehen eine auffallende Aehnlichkeit mit den vier monströsen Thieren hatte, die einst vorn am Fusse des Obelisken von Luxor — jetzt in Paris — standen und unter den Namen der *Cynocephali* in Theben verehrt wurden.« Stephens glaubt, dass diese Thiere auch von dem Volke, welches Copan erbaute, als Gottheiten verehrt worden seien.

Was die von Stephens in Amerika beabsichtigten Pyramidalbauten betrifft, so sagt er: »Die grösste Aehnlichkeit mit den Pyramiden Aegyptens findet sich bei den Pyramidalbauten in Copan; aber auch an diesem Orte giebt es keine ganze, allein und unverbunden dastehende Pyramyde mehr.« Doch ist in eben demselben Buche von einer isolirten und ziemlich vollkommen erhaltenen Pyramide in Copan die Rede *).

---

*) Stephens, Reiseerlebnisse in Centralamerika, Chiapas und Yucatan S. 60. 81. 82. 89. 425. 478 f. Dessen Begebenheiten auf einer Reise nach Yucatan S. 229. 275.

Die Differenzen, welche Stephens hervorhebt, widerstreiten unserem Systeme nicht. Denn dasselbe betrachtet Mexico und andere Culturreiche des alten Amerika nicht als ägyptische Colonieen, nimmt auch nicht an, dass die ägyptischen Dinge, ganz so, wie sie sich uns in den Monumenten darstellen, aus Amerika stammen, sondern nur, dass daselbst ihre Anfänge und Grundlagen gewesen. Es hält überdies die betreffenden Alterthümer dieses Welttheiles, wie wir sie kennen, nicht durchaus nur für einen einfachen Rest von dem angenommenen vorzeitlichen Mizraim Amerika's her; sie sind ihm, wenn nicht ganz, doch grossentheils Produkte von Völkerstämmen, die in diesem Urägypten nicht zur herrschenden Race gehört und eine sehr untergeordnete Rolle gespielt. Was insbesondere die mexicanischen Teocallis oder Opfer- und Tempelpyramiden betrifft, so hat dieselben schon Gesenius*) mit den palästinensischen Cultushöhen, *Bamoth* verglichen, wider welche im alten Testamente geeifert wird.

§. 28.

Wir nehmen in und nach der mosaischen Zeit nicht nur eine von Amerika nach Asien hin gerichtete und übergehende semitische Völkerwanderung an, sondern glauben uns denken zu müssen, dass um jene Zeit auch das urägyptische Volk in Amerika dazu gedrängt worden sei, eine solche Unternehmung zu versuchen, seinen Wohnsitz und seine Herrschaft im Urlande aufzugeben und völlig nach Afrika überzusiedeln, wo sich wahrscheinlich eine schon früher, unter besseren Umständen, von ihm gegründete Colonie befand, von der man aber lange schon getrennt sein mochte und mit der wenig oder gar keine Verbindung

---

*) In seinerr Vorrede zu Gramberg's Religionsideen.

mehr bestand. Diese Auffassung der Sache haben wir namentlich aus den Nachrichten geschöpft, welche die Alten über den grossen Zug des Königs Sesostris oder Sesoosis geben. Auch über diesen haben wir schon oben in der Kürze unsere Meinung geäussert, die nun hier näher dargelegt werden soll.

Es hat damit wohl eine ganz ähnliche Bewandtniss, wie mit dem mosaischen. Er ging von einem Continente zum anderen, von einem Aegypten — dem ursprünglichen in Amerika — zum anderen, der Colonie in Afrika; er dauerte nach Diodor's Angabe *) neun Jahre lang, und man war dabei ebenfalls in Gefahr, zu Grunde zu gehen.

Die ägyptischen Priester erzählten dem Herodot **), wie es Sesostris erst auf dem Seewege versucht habe, aber, an den Küsten des erythräischen Meeres hinfahrend, an ein Meer gekommen, wo er der Seichte wegen nicht weiter konnte, desshalb umgekehrt sei und den Landweg gewählt habe. Er fuhr wohl eigentlich von Mexico aus an den Küsten des nordwestlichen Amerika hin, bis er an ein mit Eis bedecktes Meer kam, wo er von seinen Schiffen keinen Gebrauch mehr machen konnte. Wir hören weiter, dass er ganz Asien durchzogen, auch nach Europa übergegangen und mit Scythiern und Thraciern gekämpft. Dann habe er sich wieder rückwärts gewendet und sei an den Phasis-Strom gekommen, wo ein Theil der Aegyptier zurückgeblieben. Herodot legt hiebei auf die bei den Kolchiern vorgefundene Sitte der Beschneidung Gewicht; auch die Leinarbeit sei bei ihnen die ägyptische, die Sprache und das ganze Leben derselben habe Aehnlichkeit. In Thracien, meldet Diodor, wäre Sesostris bei dem Mangel an Lebens-

---

*) Buch I, 55,
**) Buch II,

mitteln und der ungünstigen Beschaffenheit der Gegend beinahe aufgerieben worden. Diese ganze Unternehmung hat demnach mehr das Ansehen eines durch äussere Umstände veranlassten Wanderns und unsicheren Herumirrens, als das eines aus blossen Eroberungsgelüsten entsprungenen Kriegszuges. Dazu kommt das Schicksal, welches den König bedrohte, als er, wie man sagt, wieder nach Aegypten zurückgekommen, oder vielmehr, wie wir glauben, die gesuchte Colonie nach langem Irren und Suchen endlich erreicht hatte. Sein Bruder, so heisst es, der in seiner Abwesenheit über Aegypten geherrscht, suchte ihn aus dem Wege zu schaffen; er legte bei einem Gastmahle, zu welchem er ihn geladen, Holz um das Gebäude und zündete es an; und nur mit Aufopferung zweier seiner Söhne, die er auf das Holz warf, um darüber hinwegzusteigen, soll sich Sesostris gerettet haben.

Wenn der Regent, der ihm den Tod zu geben suchte, nur, wie es scheint, gleichsam sein Bruder gewesen sein sollte, wie sich ja Fürsten auch sonst als Brüder bezeichneten*), so ist es um so begreiflicher, dass dieser Pharao der Colonie sich nicht von dem plötzlich erschienenen und auf die Herrschaft Anspruch machenden Pharao des Urlandes verdrängen lassen wollte. Die Ankunft dieses Fürsten mit seiner Armee wird trotz seiner Verwandtschaft so ziemlich den Charakter des Einfalles eines erobernden Heerführers und Volkes gehabt haben. Dass Aegyptier eben so, wie Israeliten, in die nördlichen Gegenden gekommen, wo Amerika und Asien einander so nahe sind und ein so leichter Uebergang von einem Continente zum anderen möglich, dafür scheint der Umstand zu sprechen, dass sich die hier so wenig zu vermuthende Sitte der Einbalsamirung der Leichen

---

*) »Mein Bruder« sagt König Hiram zu Salomo 1 Kön. 9, 13.

auch auf dem Archipel der aleutischen Inseln gefunden hat. Daraus ist freilich noch Nichts speciell für den Zug des Sesostris zu entnehmen. Nur so viel scheint sich zu ergeben, dass das ägyptische Urreich in Amerika, an welches zu glauben wir durch so viele Gründe veranlasst, ja gezwungen sind, bis an die äusserste Nordgrenze des Continentes hin seinen Einfluss geübt und seine Gebräuche verpflanzt. Wahrscheinlich gingen von ihm aus schon in viel früherer Zeit, als die klimatischen Verhältnisse im Norden noch ganz anderer Art waren, vielleicht auch die beiden Welttheile daselbst noch zusammenhingen, Entdeckungsreisen und Heerzüge in jene Gegenden aus und erstreckten sich in die jetzt sogenannte alte Welt hinüber, die damals die neue war. Wir hören ja auch von einem grossen Zuge des Osiris, der dem des Sesostris ganz ähnlich gewesen *). Eben so erzählt man ja auch von einem grossen, mit dem des Osiris, wie es scheint, identischen Dionysoszuge. Auch dieser Gott soll viele Länder durchirrt, durch ganz Asien gezogen, über den Euphrat und Tigris gegangen sein; er heisst auch der Meerdurchwanderer. Sein Zug nach Indien soll 3, nach Anderen aber 52 Jahre gedauert haben, ohngefähr wie Israel 40 Jahre lang geirrt und gezogen sein soll. Vor Allem aber ist, was die allerältesten Wanderungen betrifft, die persische wichtig, über welche wir noch Einiges insbesondere beibringen wollen.

§. 29.

Die Perser besassen in Betreff der Einwanderung in ihr Land uralte Ueberlieferungen, welche mit den israelitischen viel Aehnlichkeit haben, und namentlich eine dem biblischen

---

*) Diodor I, 17.

Stationenverzeichniss entsprechende Aufzählung der Wohnsitze enthalten, die der Reihe nach in Besitz genommen wurden. Es ist vor Allem von einer durch den bösen Ahriman bewirkten Steigerung und Verlängerung der Winterkälte die Rede. Erst hatte die warme Jahrzeit 7 Monate, der Winter nur 5 gedauert. Nun gab es 10 Winter- und nur noch 2 Sommermonate; daher man von dieser erkälteten Gegend weg nach Soghdo zog, wo man jedoch durch Fliegen, die das Vieh tödteten, beunruhigt wurde. Man verlies auch diesen Ort, kam aber noch lang nicht zur Ruhe. In Moore gab es Streit, in Bakhdi eine Insektenplage, in Nesai wurden verdammliche Zweifel rege; in Haroin gerieth man in die äusserste Dürftigkeit u. s. w. So wurde man durch verschiedene Uebel und Nothstände von einem Orte zum anderen getrieben, bis man unter Dschemschid's Anführung in ein südliches, warmes Land kam und daselbst seinen bleibenden Wohnsitz nahm. Oben an steht, was höchst bemerkenswerth, die klimatische Veränderung. Man muss somit im Norden gewohnt haben, und das zu einer Zeit, wo daselbst noch keine rauhe, lang andauernde Winterkälte herrschte. Durch das Eintreten einer solchen bewogen, verliess man den ältesten Aufenthalt, dessen man sich noch erinnerte, und zog sich allmählich von Ort zu Orte in den Süden Asiens hinab.

Hiebei ist nun ferner auch der Umstand wichtig, dass Dschemschid und sein Volk auf dem ganzen Wege überall, wohin sie kamen, die Länder noch **unbevölkert** und **unbebaut** gefunden haben sollen. **Damals erst**, versichert uns die Tradition, **seien Menschen und Thiere dahin gekommen, sei Feuer von Menschenhand daselbst angezündet worden.**

Das ist ein gewiss sprechender Beleg für unsere Behauptung, dass nicht Asien das Urland der Menschheit gewesen, dass dieser Welttheil nebst Afrika und Europa in ältester Zeit eine für entdeckende und bevölkernde Nationen noch ganz neue Welt gewesen. Als die Europäer nach Amerika kamen, fanden sie diese für sie neue Welt schon von unbestimmter Vorzeit her bewohnt und sogar mit civilisirten Völkern und mächtigen Reichen besetzt, die sie zu erobern hatten. Als die Perser vom Norden Asiens in den Süden einwanderten, war noch Alles leer und unbenützt. Das Erdreich d. h. die Gesammtheit der Länder, die Dschemschid durchzog und in Besitz nahm, wird in den betreffenden Sagen und Liedern in 3 Haupttheile und jedes Drittel wieder in 300 Theile getheilt. Und diese alle, so wird ausdrücklich gemeldet, »wurden erfüllt und gesegnet mit Thieren des Hauses und Feldes, mit Menschen, Hunden, Geflügel und rothbrennenden Feuern. Vor ihm waren in diesen vortrefflichen Ländern weder Thiere des Hauses und Feldes, noch Menschen zu finden.«

Ganz anders verhielt es sich zur Zeit des Mose und Sesostris. Diese trafen allem Anschein nach im Norden Amerika's und Asien's schon dieselben Naturbeschaffenheiten, wie sie gegenwärtig Statt finden; auch waren ihre Unternehmungen nicht bloss durch klimatische und elementarische Umstände erschwert, man hatte auch wider menschliche Feindseligkeiten, Kräfte und Massen zu kämpfen. Am schlimmsten war Mose daran: ihm stand so viel entgegen, dass er in der That der wunderbarsten Eigenschaften bedurfte, um sich zu behaupten und seine Sache durchzusetzen. Denn er hatte es nicht nur mit dem Widerstande fremder Menschenstämme zu thun; in seinem eigenen Heere, in seinem eigenen Stamme und nächsten Familienkreise standen ihm die Gegner auf. Sesostris zog mit einem doch in sich selbst einigen, in seiner Art hochgebildeten und disciplinirten Volke und Heere aus und konnte sich mit allem Nöthigen und Nützlichen versehen. Mose und seinem Volke und den anderen sich anschliessenden Stämmen (*ereb*) riss sich erst mühsam von einer bedrückenden Herrschaft los, nahm vor einem verfolgenden Heere die Flucht und stand an der Spitze einer durch Knechtschaft erniedrigten und durch Befreiung aus ihr nicht sofort auch innerlich gehobenen, vielmehr in's Zügel- und Sittenlose gehenden Nation und eines Gemisches von anderen Flüchtlingen, Horden und Abenteurern, die noch viel wilder und unbändiger gewesen sein mögen. Des Sesostris Name war über Alles glorreich im Alterthum; die Aegyptier erlaubten dem Darius nicht, seine Bildsäule vor die jenes grossen Königes zu setzen *). Und doch war dieser, wie es scheint, nur ein von äusserlichen Umständen begünstigter Nachahmer des im Grunde viel grösseren Führers und Gesetzgebers Israels.

§. 30.

Der für unsere Untersuchung so höchst wichtigen Hyperboreersage haben wir zwar schon mehrmals gedacht. Aber es ist der Mühe werth, ihr eine besondere Aufmerksamkeit zu schenken. Sie ist mehr als Sage und Mythe; sie hat, wie sie uns bei Herodot entgegentritt, ein historisches Ansehen und Gewicht; sie spricht geradezu von Amerika, der Herkunft griechischer Culte von dort herüber, von einem griechisch-amerikanischen Verkehr, der zuerst unmittelbar durch persönliche Erscheinungen und Ueberbringer von Gaben aus dem Urlande, dann, bis er

---

*) Herodot II, 110. Diodor I, 58. Der Oberpriester zu Memphis widersetzte sich dem Vorhaben mit der Bemerkung: Darius habe sich durch seine Thaten noch nicht über den Sesostris erhoben.

völlig aufhörte, und vermittelte Uebersendungen, eine Art von Post, unterhalten wurde. Es ist daran vernünftiger Weise gar nicht zu zweifeln; es fehlt Nichts, als dass auch noch der Name Amerika genannt würde, der damals noch nicht existirte — und das wird man doch nicht fordern, um uns oder vielmehr den so bestimmten Aussagen der Griechen Glauben zu schenken!

Hyperboreer sind dem Namen nach nicht nordische, im Gebiete des Boreas wohnhafte, sondern ganz ausdrücklich übernordische, jenseits der borealen Region wohnende Menschen, solche nämlich, zu welchen man gelangt, wenn man sich in den entlegenen Norden Asiens und Amerikas und von da wieder in die südlicheren Länder des jenseitigen Continentes begibt. »Sie heissen so,« sagt Diodor*), »weil sie über das Gebiet des Boreas oder Nordwindes hinaus liegen.« Ihr Land, wie ebenderselbe nach Hekatäus und Anderen meldet, ist ein gesegnetes, wo man zweimal im Jahre ernten kann. Daselbst ist Latona geboren und wird vor allen anderen Göttern Apollon verehrt, indem die Einwohner eigentlich als dessen Priester zu betrachten sind. Hain, Tempel und Stadt ist dem Gotte geweiht. »Sie leben mit den Griechen in grosser Vertraulichkeit, besonders mit den Athenern und Deliern, ein Verhältniss, das sich aus hohem Alterthume herschreibt. Es gab der Sage nach Griechen, die zu ihnen reisten und bei ihnen Weihgeschenke mit griechischen Inschriften zurückliessen. Eben so kam nach Griechenland ein Hyperboreer, Namens Abaris, der die alte Bekanntschaft mit den seinem Volke verwandten Deliern erneuerte. Das hebr. *abar* heisst übergehen, übersetzen, das hebr. chald. *eber*, *abar* drückt Jenseitigkeit aus. Abaris wäre hiernach ein

---

*) B. II, 47.

Mensch der amerikanischen Jenseitswelt. Die Sage von den Hyperboreern oder übernordischen Jenseitsmenschen d. h. Amerikanern des Alterthums war nach Herodot*) besonders bei den Deliern zu Hause. Zu den Letzteren sendeten jene in frühester Zeit zwei Jungfrauen nebst fünf Geleitsmännern mit heiligen Gaben; die Gesandten starben auf der Insel und wurden hoch verehrt. Da nun aber diese Boten nach der hyperboreischen (amerikanischen) Jenseitswelt nicht mehr zurückkehrten — ohne Zweifel, weil die Reise zu gross und zu mühselig war, um von denselben Personen zweimal gemacht zu werden — so sandten die Hyperboreer in der Folge ihre Gaben zu den Scythen, damit sie von da weiter gegeben würden; und so kamen dieselben von Volk zu Volk, von Land zu Land, von Stadt zu Stadt bis nach Delos; die verschiedenen Durchgangs- und Vermittlungspunkte giebt der Vater der Geschichte der Reihe nach auf das Genaueste an. Wir wollen ihn selber hören.

»Von den Hyperboreern,« sagt er, »hat Hesiod gesprochen, so wie auch Homer in den Epigonen, wofern er wirklich dieses Gedicht gemacht. Am allermeisten aber sagen von ihnen die Delier« — Delos, jetzt Dili, die berühmteste unter den Cycladeninseln des ägäischen Meeres und hochheilig als angeblicher Geburtsort des Apollo und der Artemis — »nämlich dass heilige Gaben in Weizenbündeln von den Hyperboreern aus zu den Scythen kommen und von den Scythen sodann durch die Hände der jedesmaligen Nachbarn ins Abendland bis zuletzt zum Hadrias« — so hiess das Delta des Po am adriatischen Meere — »von da gegen Mittag weiter geschickt, zuerst unter den Hellenen in die Hand der Dodonäer« — Dodona in Epirus, ein altpelasgisches Orakel des Zeus und der

---

*) B. IV, 33.

Diana *) — »und von da zum melischen Busen hinabkommen, dann aber nach Euböa« — jetzt Negroponte — »hinübergehen, wo sie eine Stadt der anderen zusende bis Karystus, worauf Andros« — jetzt Andro, Cycsade — »ausgelassen werde, indem die Karystier selbst sie nach Tenos« — jetzt Tine — »die Tenier endlich nach Delos bringen.« Wie bestimmt sind diese Angaben; wie deutlich und unzweideutig ist der Weg verzeichnet, den die heilige Sendung vom jenseits gelegenen Urlande über den Norden und dann vom Norden und Osten her nach Süden und Westen hin bis zur delischen Colonie genommen! So aber, sagt der alte Geschichtschreiber, sei es keineswegs von Anfang gewesen; es sei dies nur noch der Rest eines früheren Gebrauches. Man erzähle nämlich: »Zuerst hätten die Hyperboreer mit den heiligen Gaben zwei Jungfrauen gesandt, welchen die Delier die Namen »Hyperoche und Laodice gaben« — Letztere bedeuten »die Herrliche« und »Volksrecht;« waren es Uebersetzungen in's Griechische? — »auch hätten sie ihnen der Sicherheit wegen von ihren Bürgern fünf Geleitsmänner mitgegeben, die jetzt sogenannten Perphercer« -- *gerferentes*, Ueberbringer — »die auf Delos hoch verehrt werden.« Diese Verehrung hat ohne Zweifel einen historischen Grund gehabt, und die Sage von dieser Gesandtschaft ist daher gewiss kein Märchen. »Da aber den Hyperboreern ihre Gesandten nicht wiederkamen, so sei ihnen das ein Arges gewesen, wesshalb sie nun ihre Gaben an die Grenzen trügen und es den Nachbarn anbeföhlen, dieselben von ihrem Lande aus zu einem anderen Volke weiter zu fördern. So, sagen sie, komme nun das heilige Geschenk durch Versen-

---

*) Im *Etym. magn.* (in Δωδωναιος) wird Dodona ein Ort der Hyperboreer genannt.

dung nach Delos.« Es ist dann auch von der hohen Verehrung die Rede, welche die hyperboreischen Jungfrauen empfingen. »Jenen Jungfrauen aber, die auf Delos starben, widmen daselbst die Mädchen und Jünglinge ihre Haare, indem sich die Ersteren vor ihrer Vermählung eine Locke abschneiden und dieselbe, um eine Spindel gewickelt, auf das Grabmal legen, das im Artemisheiligthume zur Linken liegt, mit einem Oelbaume darauf; die Jünglinge aber ihre Haare, um eine Pflanze gewickelt, ebenfalls auf diesem Grabmale niederlegen. Diese Ehre also geniessen die hyperboreischen Jungfrauen bei den Deliern.« Wir wiederholen mit verstärktem Nachdrucke, das ein solches Andenken, ein solcher Cult nothwendig als vollkommen historisch begründet gelten muss. Nun nennt Herodot auch eine ältere Gesandtschaft der Art: »Die Delier behaupten, es seien von den Hyperboreern auf dem gleichen Wege durch jene Völker hindurch auch die Jungfrauen Argo und Opis'gekommen, noch früher, als Hyperoche und Laodice. Diese seien gekommen, um der Ilithyia ihren Dank für die glückliche Niederkunft zu bringen; Argo und Opis aber seien zugleich mit den Göttern gekommen« d. h. zu derselben Zeit kam der Cult des Apollo und der Artemis von dem jenseitigen Urlande her; die mit grossen Schwierigkeiten verbundene Gründung der apollonisch-hyperboreischen Colonie und Religion wird durch die lang verzögerte Niederkunft der Leto ausgedrückt. Auch diese Jungfrauen, erzählt Herodot weiter, hätten ihre Ehren erhalten; sie würden in einem Hymnus angerufen, welchen der uralte lycische Poet Olen gedichtet, von welchem überhaupt die alten Hymnen herrührten, die man zu Delos singe*); auch werde, wie er gehört, die Asche von den Schen-

---

*) Es ist auch von einem delischen Festgesange der Sängerin Béo die Rede, und nach diesem war der Priesterpoet

kelstücken auf dem Opferaltare genommen und auf die Grabstätte der Opis und Argo ausgestreut; »dieselbe ist aber hinter dem Artemisheiligthume, gegen Morgen gelegen, dem Festsaale der Ceer zunächst.«

Auch Plinius im IV. Buche seiner Naturgeschichte kommt auf die Hyperboreer zu sprechen. »Wir mögen,« sagt er, »nicht an der Existenz dieses Volkes zweifeln, da so viele Autoren berichten, es sei bei ihm Sitte gewesen, die Erstlinge der Früchte nach Delos zu dem von ihm besonders verehrten Apollo zu senden. Zuerst überbrachten Jungfrauen dieselben und wurden eine Reihe von Jahren hindurch gastfreundlich geehrt; als sie aber einmal treulos behandelt wurden, traf man die Einrichtung, dass man die Gaben an die Grenzen der anstossenden Nachbarn niederlegte und diese sie bis zum nächsten Volke trugen; auf welche Weise sie bis nach Delos gelangten. Doch auch dieser Gebrauch hörte später auf.«

Aelian*) erwähnt, wie die Delphier alle 9 Jahre eine Gesandtschaft nach dem der apollonischen Religion heiligen Thale Tempe schickten; dieselbe ziehe die sogenannte pythische Strasse, »und überall geleitet man sie mit eben so viel Achtung und Ehrerbietung, als Jenen erwiesen wird, welche die Opfergaben aus den hyperboreischen Ländern bringen.«

Apollo's heiliges Thier war der Wolf und seine Mutter Leto sollte aus dem Hyperboreerlande in Wolfsgestalt gekommen sein **). Dies weist auf das deutlichste auf eine altamerikanische Wolfsreligion zurück. Und Pausa-

---

Olen selbst ein Hyperboreer, Pausan. X, 5. Er war der älteste Sänger, von dem die Griechen wussten, älter noch als Pamphos und Orpheus.

*) Var. hist. III, 1.
**) Aristot. Hist. anim. VI, 35.

nias*) spricht von einem Tempel der Ilithya, »von welcher die Delier sagen, dass sie von den Hyperboreern nach Delos gekommen sei, um der Leto bei ihrer Entbindung beizustehen.«

Die Alten erzählten auch von einem delphischen Tempelchen, welches von Bienen aus Wachs und Federn kunstreich bereitet und auf Apollo's Geheiss als Geschenk den Hyperboreern zugeschickt worden sei **). Hiernach wären auch hinwiederum von Griechenland aus Gesandtschaften und Geschenke in's jenseitige Urland gegangen; dasselbe giebt, nach Obigem, Diodor an. Helden, wie Perseus und Herakles sollen auch zu den Hyperboreern gekommen sein. Trotz der grossen Entfernung und des rauhen nördlichen Klima's, welches man zu passiren hatte, war dennoch zwischen den Colonien in Griechenland und der Heimath der griechischen Stämme und Culte im jenseitigen Urlande in den ältesten Zeiten immer noch verschiedenartiger Verkehr; man suchte den Zusammenhang aufrecht zu halten, bis zu wesentliche Veränderungen eintraten und der Abbruch erfolgte.

Herodot, auf dessen Aussagen wir billig das grösste Gewicht legen, war 484 v. Chr. geboren; zu seinen Zeiten war, wie man gesehen, der Cult der hyperboreischen Jungfrauen, welche die heroische Reise gemacht, die sie nicht wiederholen konnten, um ihre Heimath wiederzusehen, und die ihnen daher zum höchsten Ruhme gerechnet wurde, noch im vollen Gange; alle betreffenden Erinnerungen noch lebendig und frisch und von keinem mythischem Dunkel umzogen; man kann Alles nehmen, wie es lautet, wenn man nur die Sprache der alten Welt versteht. Weit später, in

---

*) In seiner Beschreibung von Griechenland 1 Attica 18.
**) Pausan. X, 5.

den ersten Jahrhunderten der römischen Kaiserzeit, schrieben die meisten anderen von uns citirten Gewährsmänner. Doch auch ihre Nachrichten sind von Interesse; man sieht daraus namentlich, wie vielfach und gut bezeugt die Sache war, an welcher daher Plinius, seiner ausdrücklichen Bemerkung zu Folge, nicht zu zweifeln wagte.

So viel über dieses Thema für unseren Zweck; und nun mögen unsere Leser selbst entscheiden! Wir berufen uns bloss auf ihre natürliche Vernunft, nur dass sie dieselbe nicht mit altem, eingewurzeltem Vorurtheile verwechseln mögen; auf ihr nüchternes, besonnenes Urtheil, nur dass dasselbe nicht durch hyperkritisches Abweisen alles Ausserordentlichen zur Aufnahme auch der evidentesten Wahrheit dieses Charakters unfähig geworden sei. Sie werden erkennen und zugeben müssen: Das sind keine Phantasien und mythischen Hirngespinnste; hier liegen die positivsten Ueberlieferungen vor; es sprechen Monumente, Gebräuche, Culte so laut als möglich; wir stehen hier auf dem sicheren Boden lebendig historischen Bewusstseins und Andenkens. **Delos mit seiner apollinischen Religion und Heiligkeit***) **ist eine Gründung von Amerika her; da herüber kamen jene Jungfrauen, Gesandte, Gaben; sie kamen wiederholt, so lange die Verhältnisse diesen Verkehr der »alten« und »neuen« Welt mit einander, welche Prädicate sich hier aber augenscheinlich umkehren, gestatten wollten.** Für diese Sätze brauchen wir nicht um Zustimmung zu betteln; wir können Letztere fordern; und glauben somit, wenigstens was wahrheitsliebende und aufrichtige Beurtheiler betrifft, vor dem Vorwurfe allzu

---

*) Eben so nach obiger Notiz auch Dodona.

vorwegener, extravaganter und unstatthafter Ideen und Aufstellungen hinlänglich gesichert zu sein.

§. 31.

Wir können noch Etwas hinzufügen, was recht laut und deutlich die Wahrheit verkündet, dass Alles in unserer sogenannten alten Welt seine Wurzel nicht in ihr selbst, sondern dort drüben hat, von wo es herübergekommen. Es ist bekannt, dass man an dem Marannon, dem Riesenstrom des südlichen Amerika, einen Stamm von kriegerischen Frauen gefunden haben will, die dem in Sage und Kunstdarstellung vorkommenden Amazonenthum des Alterthums entsprechen, wesshalb denn auch, wie man glaubt, dieser Strom der Amazonenstrom genannt worden ist. Weniger bekannt ist, dass dort auch das Wort, womit die Alten jene kriegerischen Frauen nannten, urheimisch ist. Denn *Amazona, Amassona* ist ein indianischer Name des Stromes selbst, welcher »Boot-Zerstörer« bedeutet *). Niemand wird glauben können, dass eine solche Uebereinstimmung ein blosses Spiel des Zufalls sei, und die erwähnte indianische Benennung des Stromes mit den Amazonen Nichts zu schaffen habe. Es ist vielmehr einleuchtend, dass an demselben die Urheimath des Amazonenthums war, welches sich mittelst einer weiten Verbreitung auch in die andere Hemisphäre erstreckte, und dass die kriegerischen Frauen daselbst ihren Namen, der nun auf einmal eine ganz unerwartete Etymologie erhält, von dem

---

*) Orellana erfuhr, dass die Indianer den Strom in der Nähe seiner Mündung *Amassona* d. h. den Boot-Zerstörer, nannten, was er vermöge der fürchterlichen Pororoca (einer gegen den Strom laufenden grossen, rollenden Fluthwelle) auch wirklich ist. Vergl. Klöden, Handbuch der Erdkunde III. Berlin 1862. S. 570.

Strome, an dem sie wohnten, erhalten haben. Ueber dieses Thema wäre eine eigene Abhandlung zu schreiben. Hier nur noch folgende Bemerkungen.

Zur Verstärkung der Behauptung, dass der Name $A\mu\alpha\zeta\omega\nu$ amerikanischen Ursprunges sei, dienen ganz ähnliche Volks- und Thiernamen. In dem Verzeichniss, welches Humboldt von den Völkerstämmen am Orinoko und an den Verzweigungen und Zuflüssen desselben giebt *), kommen die Formen *Amozana* und *Amuisana* vor. Und der Missionär Quandt **) spricht von dreierlei Papagei-Arten, deren indianische Namen er angiebt; die grösste davon heisse bei den Urbewohnern *Amazona* — also genau wieder derselbe Name! Warum der Vogel so heisst, ist uns unbekannt; vielleicht wär er im Wohnsitze der Amazonen zu Hause oder ein Lieblingsvogel derselben. »Er ist selten jung zu bekommen,« sagt Quandt, »weil er tiefer im Lande nisten soll.«

Als die Heimath der Amazonen wird der Fluss Thermodon bezeichnet; auch war Thermodossa ein Amazonenname. Von dem Flusse meldet Plutarch ***): er habe vordem Krystallos geheissen, weil sein Wasser so kalt sei, dass es selbst im Sommer friere. Man hat es sonderbar gefunden ****), und est ist auch wirklich seltsam genug, dass man diesem eisigen Flusse gleichsam einen Namen gab, welcher Wärme, Hitze anzeigt; denn dieser Begriff liegt unstreitig in »Thermodon.« Aber wer sieht nun nicht ein, dass diese Benennung nur eine übertragene war und zuvor einem in der früheren, jenseitigen Heimath der Amazonen gelegenen Flusse eignete? Es wird einer der Namen

---

*) Reise in die Aequinoctialgegenden etc. V. S. 341 ff.
**) Nachricht von Surinam. Görlitz 1807. S. 214.
***) In dem Buche von den Flüssen.
****) Nagel, Geschichte der Amazonen. Stuttg. u. Tüb. 1838. S. 133.

gewesen sein, den einst in amerikanischer Vorzeit der Amazonenstrom führte.

Ein anderer Fluss des Amazonenlandes ist der Iris; es ist dies auch ein Amazonenname. Aehnliche Fluss- und Ortsnamen finden sich im Süden Amerika's in ziemlicher Anzahl; so z. B. *Iruçuy* oder *Iruzui, Irituia, Iriuana, Iriri, Iriquiriqui, Irapuan, Iraja, Iraria* *). De la Condamine**) erzählt: »Ein Indianer zu Mortigura, einer Mission bei Para, erbot sich, mir einen Fluss zu zeigen, auf welchem man, wie er sagte, sehr nahe zu dem von den Amazonen bewohnten Lande kommen könne. Dieser Fluss heisst Irijo, und ich fuhr hernach seine Mündung zwischen Macapa und Nordcap vorbei. Den Nachrichten desselben Indianers zu Folge musste man von da, wo dieser Fluss der Wasserfälle wegen nicht mehr schiffbar ist, viele Tage lang in den Wäldern westwärts und durch ein Land voller Berge reisen, um in das der Amazonen zu gelangen.«

In der griechischen Mythengeschichte wird dem Bellerophon ein Kampf mit den Amazonen, und eben so einer mit den Solymern aufgetragen. Ist es nun nicht sonderbar, dass sich auch der letztere Name mit den Amazonenstrom und den amerikanischen Amazonen verknüpft? Der obere Amazonas heisst *Solimões;* er soll diesen Namen von den Sarimaguas, Sirimao, Plur. im Portugies. *Sorimões*, erhalten haben — ein vordem mächtiges Volk, das jetzt verschollen ist***). Wir wollen auf diese ebenfalls merkwürdig

---

*) Martius, Ethnographie: »Ortsnamen der Tupisprache.« II. S. 504.

**) Relation abregée d'un voyage fait dans l'interieur de l'Amerique meridionale. Maestrichs 1778. p. 99—110.

***) Martius, a a. O. I. S. 12. 199. 434. Der Name soll »die Lustigen« (*sorib, çorib*) bedeuten, was wir dahin gestellt sein lassen.

scheinende Zusammenstimmung keine Behauptung gründen, wie etwa die wäre, dass der Mythus von Bellerophon eine Erinnerung der Griechen aus ihrem hyperboreischen Urlande sei. Wir wünschen nur, dass sich die Aufmerksamkeit sinniger Alterthumsforscher, wie überhaupt auf die von unserem Standpunct aus zu betrachtende Amazonensage, so auch auf diesen Umstand hinrichte.

§. 32.

Diodor*) berichtet, wie sich die Aegyptier gerühmt hätten, in die ganze Welt eine Menge von Colonien ausgesendet zu haben. Denn nicht nur Juden und Colchier seien ägyptischen Ursprunges, es sei von ihnen auch Belus nach Babylon, Danaos nach Griechenland gegangen; die Athener seien von Sais her und schwüren als ursprüngliche Aegyptier noch bei der Isis; Kekrops**) werde als Doppelwesen dargestellt, weil er in zweierlei Staaten heimisch gewesen; eben so sei Erechtheus aus Aegypten gewesen und habe von daher die eleusinischen Mysterien gebracht. Es wurde diese Behauptung durch mehrere Gründe unterstützt, die man a. a. O. lesen kann. Sie war in der That keine leere Prahlerei; es stimmen mit ihr die eigenen Aussagen zahlreicher Völker und Stämme überein, die sich diesen Ursprung geben. Aber nicht das Land am Nile, welches selbst nur eine Colonie aus dem eigentlichen, ältesten Aegypten war, sondern dieses Letztere, d. h. der jenseitige Continent und das einst daselbst von der herrschenden Race errichtete Urreich, das Mizraim, mit welchem sich die hebräischen Patriarchen berührten und aus welchem Mose sein Volk führte,

---

*) Buch I, 29.

**) Derselbe ist zwar in der ausgezogenen Stelle nicht genannt; aber es ist dort offenbar, wie auch die Philologen annehmen, eine Lücke im Text.

war die Quelle und der Ausgangspunkt all dieser völkerschaftlichen Strömungen und Ausbreitungen. Wenn Diodor *) sagt, die Bevölkerung Aegyptens sei vor Zeiten viel stärker gewesen, als in allen bekannten Gegenden; es hätte mehr als 18000 Städte und ansehnliche Ortschaften gehabt — so ist damit wohl jenes Ur- und Original-Aegypten in Amerika bezeichnet. Theopomp **) erzählt von einer Unterhaltung des Phrygiers Midas mit Silen, welcher ihm mitgetheilt: Europa, Asien und Afrika seien im Grunde nur Inseln; aber ausserhalb dieser Welt gebe es ein unermesslich grosses Festland und darin eine Menge grosser Städte mit eigenthümlichen Lebensverhältnissen und mit Gesetzen, die den unsrigen geradezu entgegengesetzt. Darunter sei eine Stadt mit ungemein streitbaren Einwohnern, welche sehr viele Völker beherrsche; die Zahl der Einwohner sei nicht weniger als zwei Millionen. An Gold und Silber hätten sie so grossen Ueberfluss, dass das Gold bei ihnen einen geringeren Werth habe, als bei uns das Eisen. Weiter sagte Silen von den Meropern daselbst, die in vielen grossen Städten wohnten; an der Grenze ihres Landes sei ein Ort, Anostus genannt, wo weder Finsterniss noch Licht herrsche; es liege vielmehr ein Nebelschleier von schmutzig rother Farbe darauf. Ich übergehe die eingemischten mehr fabelhaften Züge. Niemand aber wird hier ein noch erhaltenes Andenken an das jenseitige Urland, das amerikanisch-ägyptische Herrschervolk und dessen grosses, auf den Rücken der Anden errichtetes Urreich, den Nordwesten des Welttheiles mit seinen nach Asien hinüberführenden Wanderwegen und die dämmernde Region des Nordens verkennen.

Die Mittheilungen, welche dem Midas von Silen ge-

---

*) Buch I, 3.
**) Nach Aelian; Var. Histor. III, 18.

macht worden sein sollen, haben eine grosse Berühmtheit über die Zeiten der alexandrinischen Dichter und Philosophen hinaus behalten und erscheinen wieder als *fabella de Sileno* bei Cicero *). Perizonius hat darin unzweifelhafte Spuren von Amerika gesehen. „*Non dubito, quin veteres aliquid sciverint quasi per nebulam et caliginem de America, partim ab antiqua traditione ab Aegyptis vel Carthaginiensibus accepta, partim et ratiocinatione de forma et situ orbis terrarum* **). Die eigentliche Quelle solches Wissens und Vorstellens waren aber nicht bloss Schiffersagen und Vermuthungen, sondern historisch-mythische Erinnerungen von dem jenseitigen Continente als dem Urlande der asiatischen, africanischen und europäischen Bevölkerungen.

Was den Doppelmenschen Kekrops betrifft, so heisst derselbe auch διφυης *geminus*, der Zweifache, Gedoppelte — wohl desshalb, weil er und das Geschlecht, das er repräsentirte, in zwei Erdhälften oder Hemisphären zu Hause war. Es werden mehrere Kekrops genannt; es soll so der Gründer des attischen Athen, so auch ein Herrscher über Böotien, der Athen und Eleusis am Triton gebaut, ferner der Gründer Athens auf Euböa geheissen haben; man spricht endlich auch von einem Aegyptier dieses Namens, der um 1580 v. Chr. nach dem attischen Athen oder nach Böotien gekommen. Der Name zeigt sich stets, wie man sieht, mit dem Namen Athen, Athenai verknüpft, welchen bekanntlich mehrere Städte im Alterthum führten; derselbe ist aber nachweislich amerikanisch; denn *otaeney* heisst nach Heckewelder im Indianischen Stadt; vergl. Knistenaux *ethini*, Chepewyan *dinnie*, Nagailer *dinay*, Kinai *tinna etc.*

---

*) Tusc. Quaest. I, 38.
**) Aelian ed. Lugd. 1701. p. 217.

Mensch, Mann *). Und so ist es wohl klar genug, dass
überall, wo die Namen **Kekrops** und **Athen** vorkommen
und örtlich fixirt erscheinen, eine Ansiedelung von Amerika
her Statt gefunden. Athen wurde auch **Asty**, Stadt (die
Stadt *par excellence*, wie Rom *urbs*) genannt; und die Aegyptier bemerkten nach **Diodor** a. a. O., dass dies ein ägyptisches (eigentlich wohl ebenfalls amerikanisches) Wort sei.

§. 33.

Schliesslich und gleichsam als Anhang zu vorstehender
Abhandlung über Israel's Wanderzug und die damit in Ver-
bindung stehenden Dinge sei es uns gestattet, einige Stellen
aus der Schrift von H. **Brugsch**: »Wanderung nach den
Türkisminen und der Sinäi-Halbinsel« **) auszuheben und zu
Gunsten unserer Ansicht geltend zu machen!

»Ein berühmter Gelehrter, Professor **Schleiden** hat
mit einem grossen Aufwande von Wissen, Belesenheit und
Schärfe in einer besonderen Schrift zu beweisen gesucht,
dass Mose das auserwählte Volk Gottes nicht durch das rothe
Meer, wie man bisher geglaubt, sondern über die schmale
Landzunge am Sirbonis-See geführt habe. Dort soll sich
seiner Meinung nach das Wunder ereignet haben, dass Pharao mit sammt seinen Rossen und Wagen in den Wogen
des plötzlich heranstürmenden Meeres ertrunken sei. Was

---

*) S. Mithridates. In Brasilien sind die **Aothonias**, ober-
halb Trois Rivières die **Atticamagues**; Virginien hiess **At-
tanougkomouk**. Die uralt griechischen Stamm-Länder- und
Stadtnamen sind wohl sämmtlich amerikanisch; der Name **Hellene** begegnet in Amerika vielfach, wie Schawanno *elene*, *ilenni*,
Miami *helania*, Illinois *ilinni*, delawarisch *lenno*, *lenni-lenape* etc.
Mann, Eingeborner, Urvolk.

**) Leipzig 1866.

Schleiden in geographischer Beziehung zur Illustrirung des Zuges bemerkt, ist ganz vortrefflich; **und sein und mein Migdol ist eine arge Schwierigkeit für die gewöhnlichen Ausleger.**« Brugsch beharrt übrigens bei der Annahme, dass das rothe Meer mit seiner Ebbe und Fluth der Schauplatz der berühmten Begebenheit gewesen sei. Wie höchst unbedeutend aber im Grunde, wenn nichts Anderes dahinter stäcke, das gefeierte Wunder gewesen wäre, giebt er durch seine Schilderung kund. Es zeigte sich der trocken gelegte Meeresboden, auf dem sich in wildem Chaos Muscheln, Seepflanzen, zerbrochene Flaschen und Schiffstrümmer jeder Art vereinigt fanden. »Ich spazierte getrost in das Meer hinein, und wäre mir nicht ein ziemlich breiter Streifen Meereswasser in die Quere gekommen, mit dessen Tiefe ich noch unbekannt war, ich hätte bis auf die andere Meeresseite laufen und mich rühmen können, wie einst die Hebräer, durch das rothe Meer trockenen Fusses gegangen zu sein.« Den wirklichen Gang dieses Volkes durch's Meer nachzumachen, wird sich so leicht Niemand rühmen können; denn es war, wie nachgewiesen und wie zum Theil die Bibel ausdrücklich meldet, die Benützung eines durch vulkanische Kräfte im Momente der höchsten Gefahr plötzlich erhobenen Meeresbodens. Ebbe und Fluth bleibt dabei ganz ausser Spiel.

»Vor uns zeigte sich die Station der Mosisquelle, inmitten einer palmenreichen Hügelgegend . . . . . . Ain Musa (die Quelle Mosis) ist keineswegs so reizend, als der Name klingt. Die Reisenden, welche die Epitheta »»lieblich«« »»anmuthig«« an sie verschwendet haben, müssen durch den Gegensatz der grünen Vegetation daselbst zu dem gelben Wüstensande der Umgebung verführt worden sein.«

Wo es an Wahrheit gebricht, da hilft Phantasie und

Erfindung aus. Reisenden hat man den Ort gezeigt, wo die Rotte Korah verschlungen wurde; man wies ihnen den steinernen Kopf der goldenen Kuh *(sic!).* Dahin gehört auch die Salzsäule, in welche Loth's Frau verwandelt worden sein soll etc. Das für uns Wichtigste, was wir aus der citirten Schrift zu entnehmen haben, ist aber Folgendes.

Brugsch führt die Namen auf, welche, den Felseninschriften und sonstigen alterthümlichen Quellen nach, für die Sinai-Halbinsel und für Theile und Oertlichkeiten derselben gebräuchlich waren, und bemerkt dazu S. 84: »Alle diese geographischen Benennungen, für deren sichere Lesung und Beziehung zum Türkislande« — der Halbinsel — »ich getrost einstehe, -bieten auch nicht die mindeste Aehnlichkeit mit den Eigennamen dar, welche uns die h. Schrift als Stationen der wandernden Israeliten auf der Sinai-Halbinsel aufzählt. Waren sie ihnen unbekannt, hatten sie die dadurch bezeichneten Localitäten nicht berührt, hatten sie die Namen nach israelitischer Ueberlieferung benannt — wer kann es wissen?«

Wir unsererseits fragen unsere Leser, ob nicht auch dieser auffallende Umstand für unsere Annahme spreche, dass die israelitische Wanderung eine geographisch ganz andere gewesen und mit der Sinai-Halbinsel gar nichts zu schaffen gehabt?

II.
Ueber den Stamm Dan.

Die Gibeoniten gaben sich für erst neustens Angekommene, d. h. für Nachzügler des allgemeinen semitischen Völkerzuges aus, da sie doch vielmehr den Israeliten vorausgeeilt, mit einem früheren Heerhaufen angekommen, und schon

— 471 —

längst im Lande ansässig waren *). Dagegen war einer der Stämme Israels selbst, wiewohl man annimmt, er sei gleich den anderen, mit dem israelitischen Gesammtzuge unter Mose und Josua eingetroffen — ich meine den Stamm Dan — das, was Jene zu sein vorgaben, in der That. Davon dürfte man sich wohl durch folgende Erörterungen überzeugt finden, wiewohl es zunächst, wenn man die Geschichte der Eroberung und Austheilung des Landes liest, einen ganz anderen Anschein hat, indem hier sämmtlicher Stämme, auch schon des Stammes Dan und seines Antheils, Erwähnung geschieht.

Letzteres ist im Buche Josua der Fall, wo unter den Besitzungen, welche den einzelnen Stämmen durch das Loos zufallen, auch die der Daniten angegeben wird, worauf auch noch von einer weiterhin erfolgten Erweiterung dieses Gebietes die Rede ist, indem die Daniten Lesem, eine im Nordende Palästinas gelegene Stadt, sonst Lais genannt, überfallen, die Einwohner niedergemacht, sich des Ortes bemächtigt und ihm den Namen Dan gegeben hätten **). Dem aber widerspricht in sehr auffallender Weise eine Erzählung, die wir im Buche der Richter ***) finden. Da hat der Stamm noch Nichts empfangen, hat noch gar keinen Wohnsitz inne, sondern sucht sich einen solchen erst zu verschaffen, und zwar ganz für sich, auf eigene Faust, durch gewaltsame Aneignung eines Ortes, der ausserhalb des Schauplatzes der damaligen Kämpfe lag und wegen seiner einsamen Lage und der Schutzlosigkeit seiner Einwohner leicht zu nehmen und zu behaupten war. »Zu dieser Zeit suchte sich der Stamm Dan eine Besitzung zum Wohnen; denn bis

---

*) S. oben »Israels Wanderzug« §. 11. S. 396 ff.
**) Jos. 19, 40 ff.
***) Cap. 18, 1.

dahin war ihm unter den Stämmen Israels Nichts zur Besitzung zugefallen.« So bestimmt und ausdrücklich lautet die Nachricht, die das Buch der Richter giebt. Die Daniten senden nun fünf Männer aus, um das Land zu erspähen und zu erforschen, gerade wie Moses und Josua ihre Kundschafter ausgesendet •hatten. Diese Leute kommen auf das Gebirge Ephraim zu einem gewissen Micha, der sich »ein geschnitztes und gegossenes Bild« — »ein überzogenes Bild und Teraphim« hatte fertigen lassen und einen Leviten aus Bethlehem-Juda zum Priester seines Gotteshauses angeworben und eingesetzt hatte. Weiter kommen sie in ein stilles, einsames Thal, wo Lais liegt, derselbe Ort, der im Buche Josua Lesem genannt wird; sie sehen, dass hier ein sanftes, ruhiges Völkchen wohnt und ein gutes, gesegnetes Land im Besitze hat. Nachdem sie dies ihrem Stamme berichtet, machen sich 600 kriegerisch bewaffnete Daniten auf und lagern sich auf dem Zuge an einem Orte, der seit der Zeit Mahaneh-Dan, Dans Lager, heisst. Hierauf kommen sie zu dem erwähnten Micha und entführen ihm seine Heiligthümer und seinen Priester. Er setzt ihnen nach, weicht aber vor ihren Drohungen zurück. Hierauf fallen sie über Lais her, stecken den Ort in Brand, machen die Einwohner nieder, bauen ihre Stadt Dan und richten das geraubte Idol auf, das an dem Orte eine andauernde Verehrung empfängt.

Diese Darstellung trägt das vollkommene Gepräge der Aechtheit und Wahrhaftigkeit. Sie schildert so einheitslose und zerrissene Zustände, erzählt so barbarische und empörende Thatsachen ohne alle Verschleierung, Milderung, Beschönigung und Rechtfertigung; nur dass, wie schon im vorhergehenden Capitel und an anderen Orten dieses Buches geschieht, die Bemerkung gemacht wird, es sei damals noch kein König d. h. noch kein geordneter Zustand in Israel gewesen, so dass Jeder thun konnte und that, was ihm gefiel. Es ist da durchaus nichts Rücksichtsvolles, Absichtliches, Tendenziöses bemerklich; es wird einfach angegeben, wie es zugegangen und was geschehen ist; stehen in diesem merkwürdigen und aufrichtigen Buche doch selbst die hervorragendsten Helden jener Zeit nicht im Lichte makelloser Glorie da, indem z. B. Gideon eben so wie Micha, ein »überzogenes Bild« macht und in seiner Stadt Ophra aufstellt *). In der Erzählung des Buches Josua dagegen ist man versucht, eine, gewissen Interessen gemäss, eingerichtete Gestaltung der Sache zu sehen. Dieselbe bringt den Stamm Dan in systematischen Zusammenhang mit dem nationalen Ganzen und seinem gemeinsamen Auftreten in Palästina, beschreibt auch die Eroberung von Lesem-Lais nicht so grass und verletzend für das Rechts- und Menschlichkeitsgefühl, während das Buch der Richter jede Decke hinwegzieht und uns in jene wilde, wirre Vorzeit krystallhell hineinblicken lässt. In Folge dessen erkennen wir theils unmittelbar, theils vermittelst statthafter Folgerungen, dass die Daniten zur Zeit der Richter noch sehr fremd im Lande gewesen und also wohl erst zu dieser Zeit daselbst aufgetreten; dass sie, als ein isolirter, von der eigenen Nation nicht sofort aufgenommener und eingereiheter Volksschwarm, heimatlos umhergezogen und gelegentlich, wo sie konnten, geraubt und blutige Gewaltthaten verübt; dass sie, was die Religion betrifft, keinen legalen, ja gar keinen Cult gehabt, sich fremder Heiligthümer götzendienerischer Art als einer guten Beute bemächtigt und dieselben zu eigenem vermeintlichen Nutzen verwendet. Dergleichen historisch kostbare Geständnisse — wie man sie nennen kann — sind nach kritischen Regeln für unbedingt wahr und unverfälscht zu

---

*) Richt. 8, 27.

halten und andersartigen Relationen im Falle der Collision entschieden vorzuziehen *).

Es ist auch sonst noch in Betreff des Stammes Dan eine wunderliche, widerspruchsvolle Verwirrung bemerklich. Bei Austheilung des Landes durch das Loos fallen demselben unter Anderem die Orte Esthaol (*Eschtaol*) **), Zarea und Ekron zu ***). Aber eben dieselben waren schon dem Stamme Juda gegeben worden ****). Die Geschlechter von Esthaol und Zarea werden auch in der Chronik als dem Stamme Juda zugehörig aufgeführt †). Ekron war eine Philisterstadt, wo man den Baal-Sebub verehrte. Es wird in der Richterzeit nebst Gaza und Askalon von Juda erobert ††). Die Philister senden dahin, wie das 1. Buch Samuel erzählt, die genommene Lade Gottes; es ist eine ihrer fünf Hauptstädte †††); Ahasja befragt das Orakel daselbst ††††).

*) In ähnlicher Weise urtheilt Bohlen, Genesis S. 475: »Nach Josua 19, 40 ff. sollen die Daniten zwischen Manasse und den Philistäern in der Gegend von Joppe ihre Wohnsitze erhalten und von hier aus eine Kolonie nach Norden gesendet haben; wogegen eine glaubwürdigere Erzählung, Richt. 18, 1 ff., berichtet, dass sie anfänglich gar kein Erbtheil besessen und sich desshalb eigenmächtig in den fetten Thälern des Gebirges Basan angesiedelt hätten.« Vergl. 5 Mos. 33, 22: »Dan ist ein junger Löwe, der aufspringet aus Basan.«

**) Ein ganz ähnliches Wort: *ishtohoollo* mit englischer Aussprache kommt nach Adair bei den nordamerikanischen Indianern vor; *nana ishtahoollo*, Genius, *ishtohoollo echeto*, Hoherpriester.

***) Jos. 19, 41 u. 43.

****) Jos. 15, 33 u. 45.

†) 1 Chron. 2, 53 f. Cap. 4, 1.

††) Richt. 1, 18.

†††) Asdod, Gaza, Askalon, Gath, Ekron. 1 Sam. 5, 10. Cap. 6, 16 ff.

††††) 2 Kön. 1, 2 f.

Auch Saelabin und Ajalon wird vom Buche Josua *) den Daniten zuerkannt; aber im Buche der Richter **) heisst es: »Und es drängten die Amoriter die Söhne Dan's in's Gebirge; denn sie gestatteten ihnen nicht herabzukommen in das Thal. Und die Amoriter liessen es sich gefallen zu wohnen zu Har-Heres, Ajalon und Saalbim,« welcher letztere Name wohl identisch ist mit jenem Saelabin. Ferner ist als eine Grenzstadt Dan's Thimna, Thimnatha angegeben ***); das ist aber zur Zeit Simson's eine Philisterstadt, zu welcher er hinabgeht und wo er mit einem philistäischen Weibe Hochzeit hält. Im 2. Buche der Chronik ****) wird Juda von den Philistern geschlagen; sie fallen in die Städte der Niederung und des Südens von Juda ein und nehmen daselbst unter Anderem Ajalon und Thimna. Die Orte waren also theils in Juda's, theils in der Philister und Amoriter Besitze; und doch sollen sie danitisches Eigenthum gewesen sein.

Die Orte Esthaol und Zarea werden in der danitischen Geschichte allerdings wiederholt namhaft gemacht. Die Kundschafter Dan's gehen von ihnen aus †); Simsons Vater ist aus Zarea; ihn, den Helden selbst, »treibt der Geist Jehova's zu Mahaneh-Dan zwischen Esthaol und Zarea.« Zwischen beiden Orten wird er auch begraben. Er erscheint zwar als Philisterfeind, aber nicht aus allgemein nationalem Grund und Interesse, sondern nur, um sich zu verschaffen, was er braucht, oder um sich zu rächen; übrigens lebt er in nur allzu gutem Vernehmen mit diesen

---

*) Cap. 19, 42.
**) Cap. 1, 34.
***) Jos. 19, 43.
****) Cap. 28, 18.
†) Richt. 13, 2.

mächtigen Gegnern Israels. Er nimmt sich eine Philisterin in Thimna zum Weibe, macht daselbst Hochzeit und giebt hiebei den Philistern das bekannte Räthsel auf. Um die Gewänder zu bekommen, die er wegen des von den Philistern errathenen Räthsels entrichten soll, geht er nach Askalon, schlägt 30 Mann todt und nimmt ihnen ihre Kleider. Weiterhin hat er Gemeinschaft mit einer Buhlerin der Philisterstadt Gaza. Einmal, nachdem er den Philistern allerlei Böses zugefügt, wohnt er in einer Felsenkluft; da kommen 3000 Mann von Juda, binden ihn und überliefern ihn den Philistern, die zu der Zeit die Herren des Landes sind und auch über Juda herrschen. Und so sieht man wohl, dass in dieser Gegend Daniten gewohnt, aber, wie es scheint, nur als Eindringlinge und halbe Fremdlinge, die keine eigenen, festbestimmten, gesetzlich zugesicherten Wohnsitze besassen, ja zuweilen nicht einmal ein ordentliches Obdach hatten und ein armseliges, troglodytisches Leben führten. Simson wird zwar ein Richter Israels genannt; aber man sieht ihn niemals, wie andere solche, an der Spitze des Volkes oder auch nur seines Stammes; er steht und handelt für sich allein, schlägt todt, thut Schaden, liefert aber keine Schlacht, befreit auch Israel nicht von der Fremdherrschaft. Sein Charakter ist überhaupt ganz der danitisch-wilde, ungesetzliche, isolirte, in einem riesenstarken Individuum ausgeprägt, welches nur seiner ungeheueren Körperkraft wegen eine so hervorragende Rolle spielt. Einen Richter d. i. Anführer, Herrscher, *schofet*, hatte zu dieser Zeit Israel im Grunde gar nicht.

Dass es mit den Daniten eine ganz besondere Bewandtniss gehabt, so dass man sie als einen eigenthümlich israelitischen Stamm kaum oder gar nicht gelten liess, davon sind redende Spuren vorhanden. So heisst es im Segen Jakobs: »Dan wird richten sein Volk wie einer der Stämme Israels« *). Höchst sonderbar! Also war Dan kein Stamm Israels, war nur ein hinzugenommener Fremdlingsstamm? — Die Apokalypse **) lässt bei Aufzählung der 12 Stämme den Stamm Dan weg und Hyppolytus und Theodoret, auf jüdische Ueberlieferung gestützt, erklären sogar, es werde aus ihm der Antichrist hervorgehen ***).

Eine dunkle Stelle begegnet im Siegesliede Debora's und Barak's ****); sie wird verschieden verstanden und übersetzt: »Warum wohnet Dan bei den Schiffen?« Oder: »Warum war er Fremdling auf Schiffen?« Der Stamm war nicht in den Krieg gezogen; darüber beschwert sich das Lied; aber was sollen die Schiffe? Die Stelle ist wahrscheinlich verdorben; doch lässt sich der Sinn wohl ahnen. Das darin vorkommende Wort *gur* hat unter Anderem die Bedeutung: sich als Fremdling, Gast irgendwo aufhalten; *ger*, Fremdling, *megurim*, Aufenthalt in der Fremde. Das Lied bezeichnet in seinem Unwillen den Stamm **als einen fremden, der mit Unrecht in Israel wohne und zu Israel gerechnet werde.**

Sehr bedenklich ist endlich die Stelle im Segen Jakobs, nach welcher Dan »eine Schlange auf dem Wege und ein Basilisk auf dem Pfade« ist, »der beisset in des Rosses Fersen, dass rücklings sich sein Reiter stürzt« †). Demzufolge will es scheinen, als hätten

---

*) 1 Mos. 49, 16: *Dan jadin* etc. Es wird hiebei an die Bedeutung des Namens Dan, welcher Richter bedeutet, angeknüpft. Vergl. oben S. 132.

**) Offenb. Joh. 7, 4 ff.

***) Vergl. Gfrörer, Jahrhundert des Heils. Abth. II. S. 237.

****) Richt. 5, 17.

†) 1 Mos. 49, 17.

sich die Daniten sogar auf Wegelagerung und Strassenraub gelegt. Um so weniger kann man annehmen, dass sie, das eroberte Lesem-Lais im Norden Palästina's abgerechnet, irgend einen festen Besitz mit Ackerbau und sonstiger Betriebsamkeit gehabt und dem nationalen Ganzen als ein civilisirtes Glied desselben förmlich einverleibt gewesen.

Man kann sich die Sache etwa so denken. Es gab allerdings einen ächten Danitenstamm, der sich jedoch mit einem nicht israelitischen Elemente dermassen befreundete und vermischte und seinen nationalen Charakter in dem Grade verlor, dass er in Rücksicht auf diese Metamorphose nicht ohne Grund als ein halb oder ganz fremder in Israel betrachtet werden konnte. Ein so unharmonisches Verhältniss zu dem nationalen Ganzen mochte auch die Ursache sein, wesshalb sich dieser Stamm auf dem grossen Zuge abtrennte*), nicht mit den anderen Stämmen nach Palästina kam, sondern erst später, da er doch ebenfalls immer weiter in den Westen Asiens und an das mittelländische Meer hin gedrängt wurde, in's Land eindrang, daselbst ein kaum geduldetes Dasein hatte, und sich daher, bis an die nördliche Grenze des Landes hin schweifend und suchend, eines abgeschieden im Thale liegenden Ortes bemächtigte, dessen unglückliche Bewohner der bewaffneten Schaar keinen Widerstand zu leisten vermochten, desshalb auch nur diesem Orte seinen Namen beilegte, der unter den übrigen angeblich von Dan besessenen Städten nicht gefunden wird.

Unter Jerobeam wurde dieses Dan auffallend begünstigt und gehoben; indem der König des abgefallenen Reiches Ephraim-Israel eines seiner goldenen Kälber daselbst auf-

---

*) Man vergl. die Erzählung 3 Mos. 24, 10 ff., wo der Sohn eines ägyptischen Mannes und eines danitischen Weibes dem Jehova flucht und desshalb gesteinigt wird. Es war vielleicht bei dieser Gelegenheit, dass sich der Stamm losriss.

stellte. »Und er stellete das eine auf zu Bethel und das andere setzte er in Dan. Und es gerieth diese Sache zur Verschuldung und das Volk ging vor das eine hin bis gen Dan« *). Auch scheint das danitische Idol ganz besonders beliebt gewesen zu sein; denn Amos **) prophezeit: »Zu selbiger Zeit verschmachten die schönen Jungfrauen und Jünglinge vor Durst, welche schwören bei der Schuld Samarias, und sprechen: Beim Leben deines Gottes, Dan!« etc. Man schwur sonst »beim Leben Jehovah's ***)! Es war eben im Gegensatze zu dem Centralheiligthum in Jerusalem, von welchem das Zehnstämmereich abgelöst werden sollte, dass Jerobeam in der erwähnten Weise verfuhr, wie dies ausdrücklich gemeldet wird ****). Namentlich dort zu Dan war gleich von Anfang und lange Zeit nachher ein separatistischer Bilderdienst getrieben worden. »Und sie stelleten sich das geschnitzte Bild Micha's auf, die ganze Zeit, da das Gotteshaus zu Silo war †). Dieser von Juda am Meisten verabscheute Ort mit seinem fremdartigen, abgesonderten und abgöttischen Danitengeschlecht, dem nun eines der abgöttischen Reichsidole zugewendet wurde, war so recht das extreme Widerspiel zu Jerusalem und dem legalen Jehovacult, dem man nichts Kränkenderes zufügen konnte, als wenn man einem solchen Ort und Geschlechte Ansehen, Würde und Wichtigkeit verlieh.

Um noch einmal auf den Segen Jakob's zurückzukommen, so folgt hier auf die angeführte Schilderung des Stammes Dan der sonderbare Halbvers: »Auf deine Hülfe, Je-

---

*) 1 Kön. 12, 19 f.
**) Cap. 8, 12.
***) Vergl. Jerem. 12, 16.
****) 1 Kön. 12, 27.
†) Richt. 18, 31.

hova, hoffe ich.« Die Erklärer haben ihre Noth damit; für uns ist er klar. Der sterbende Patriarch hatte in seinem Gemälde schon so viel Schatten herauszuheben gehabt. Er hatte seinen Erstgebornen degradirt, Simeon und Levi mit seinem Fluche belegt, Issaschar bezüchtiget, dass er sich um der Ruhe willen zu Knechtsdiensten entwürdige; nun kommt er auf den durch Mischung corrumpirten, halbfremden Danitenstamm, dem er zwar seine Stelle in Israel nicht nehmen will, dem er jedoch ein ehrloses Wegelagerer- und Räuberleben vorzuwerfen hat. Da seufzt er auf und hofft auf Jehova's Hülfe, der seine Nachkommenschaft, trotz all dem nicht völlig entarten lassen, vielmehr dennoch mit Segen, Macht, Glück und Ehre beschenken werde.

III.
Zur Erläuterung der Völkertafel
1 Mos. 10,

vornehmlich, was den Stammbaum der indogermanischen Völkerfamilie und deren vorzeitlichen Zusammenhang mit Amerika betrifft.

A.
Gog und Magog in und aus Amerika.

1.

Die Völkertafel der Genesis, dieses hochwichtige Document vom Urlande her, mit dem man sich von Josephus[*]) und Bochart[**]) an bis auf diesen Tag so viele Mühe ge-

---

[*]) Ant. I, 6.
[**]) Phaleg et Canaan 1649.

geben, ohne ein befriedigendes Resultat zu gewinnen, sieht jetzt, nachdem der richtige Gesichtspunkt gefunden, einer ganz neuen, die überraschendsten Ergebnisse liefernden Behandlung entgegen. Das Ganze zu beleuchten, ist unsere Absicht nicht; es würde dies allzu viel Raum erfordern; wir werden uns vielleicht einmal in nachfolgender Zeit dieser Arbeit unterziehen. Hier wollen wir nur ein paar Proben unserer Erklärungsweise geben und insbesondere einige Partien hervorheben, welche dazu geeignet scheinen, die Blicke des Forschers auch in dieser Beziehung nach Amerika hinzulenken.

2.

Als Kinder Japhet's nennt die Urkunde sieben Völker: Gomer, Magog, Madai, Javan, Thubal, Mesech, Thiras; und, als von Gomer stammend, die drei: Askenas, Riphat, Thogarma. Mehrere dieser Namen kommen auch in späteren biblischen Büchern vor, und zwar zur Bezeichnung von Völkerschaften, welche man als gegenwärtige vor Augen hatte. In diesem Falle erkennen wir, dass dieselben ihre jenseitigen Ursitze verlassen hatten und in der anderen Hemisphäre, in welche die alten amerikanischen Nationen zum grossen Theil hinüberströmten, einheimisch geworden waren.

So finden wir in einer sehr ausgeführten und ausdrucksvollen Schilderung des Propheten Ezechiel *) Gomer, Magog, Thubal und Mesech nebst Rosch unter dem Hauptnamen Gog zusammengefasst. »Richte dein Gesicht,« spricht da Jehova, »wider Gog im Lande Magog, den Fürsten von Rosch, Mesech und Thubal, und prophezeie wider ihn!« Und dann in der Anrede an Gog: »Ich

---

*) Cap. 38 u. 39.

führe dich heraus, dich und dein ganzes Heer, Rosse und Reiter, herrlich gekleidet sie alle, einen grossen Haufen mit Tartsche und Schild, Schwerter führend sie allzumal«.
... »Gomer und alle seine Schaaren, das Haus Thogarmu's, vom äussersten Norden«...... »Du sollst kommen aus deinem Wohnsitze, aus dem äussersten Norden, du und zahlreiche Völker mit dir«...... »Bist du es, von dem ich geredet in den vorigen Tagen durch meine Knechte, die Propheten Israels, welche prophezeiten Jahre lang, dass ich dich führen wolle wider sie?« Wiederholt wird dann »Gog, Fürst von Rosch, Mesech und Thubal« genannt; Jehovah will ihm den Bogen aus der Linken und die Pfeile aus der Rechten schlagen; die ganze das Land überfluthende Volksmasse soll fallen und begraben werden in dem »Thale des Haufens Gogs.« Auch werde der Name einer Stadt Hamona, d. i. Haufen, sein.

3.

Ein Name, der in der Völkertafel nicht vorkommt und hier hinzugesetzt wird, ist Rosch. Die byzantinischen Schriftsteller nennen ein wildes Volk um den nördlichen Taurus Ros. Man kann an die Russen denken. Es wird aber auch nicht unstatthaft sein, dieses *Rosch*, *Ros* für unser Ross zu nehmen. Man erinnere sich an den altdeutschen Rosscultus, an die vom Rosse hergenommenen Namen altgermanischer Ahnherren, Helden und Heerführer, wie z. B. an die angelsächsischen Stammnamen: *Hengistus et Horsus*, Hengest und Horsa, *Victa, Vecta, Victgisl*, altn. *vigg*, Pferd, lat. *vehere, vectare; Vecta*, die Insel Wight bei England. *Horsa* ist = *Hrosa, Hrossa*, Ross. Der thrakische Rhesus ist bei den Alten der Mann mit den herrlichen Pferden, »weisser als blendender Schnee und hurtigen Laufs wie die Winde;« die

Reiterei des nordischen Heeres wird von Ezechiel ausdrücklich hervorgehoben.

4.

Die Darstellung des Propheten ist sehr lehrreich. **Gog, Gomer, Mesech, Thubal, Thogarma** und **Rosch** werden in den **äussersten Norden** gesetzt. Es sind grosse Volksmassen, deren Einfall in die südlicheren Gegenden man fürchtet und mit deren furchtbarem Erscheinen Propheten drohen. Aber es sind keinesweg̊s bloss rohe Horden und Schwärme; sie sind sämmtlich herrlich gekleidet, beritten und mit den besten Waffen versehen. Zu dieser, wenn auch nur relativen, Cultur und Pracht hatten sich diese Stämme wohl nicht im »äussersten Norden« erhoben. Sie deuten damit über den Norden hinaus in's amerikanische Urland, in das Hyperboreerland der Griechen hinüber, aus dem auch sie gekommen waren. Sonderbar ist, dass mit Gog aus dem äussersten Norden auch **Perser, Aethiopier** und **Lybier** *) kommen sollen, sämmtlich mit Schild und Helm **). Wie kommen diese dort hinauf? Aus dem südlichen Asien, aus Afrika? Gewiss nicht! Wenn Völker der Art im Norden wohnten, so waren sie eben auch aus Amerika gekommen, ein Theil dieser Geschlechter

---

*) So übersetzt man; im hebr. Texte steht *Paras*, *Cusch* und *Put* oder *Phut*. Die beiden letzteren Namen erscheinen in der Stammtafel Cap. 10, 6 als Söhne Cham's. Der Name Cusch weist allerdings auf den Süden hin und war bei den Aethiopen selbst im Gebrauche. Put, Phut, altägyptisch *Phet*, auf den Denkmälern durch neun Bogen (*phet, pet*, ägyptische Benennung einer Bogenart) bezeichnet; der Name war noch zu Hieronymus' Zeiten üblich: *Mauritianiae fluvius usque in praesens Phut dicitur omnibusque circa eum regio Phutensis.*

**) Cap. 38, 5.

weilte noch dort und das wusste und meinte der Prophet: Ausserdem ist die Stelle, so viel ich einsehe, ganz unpassend und ungereimt *).

5.

Die Völkertafel hat nur Magog, nicht das einfache Gog; ersterer Name bezeichnet bei Ezechiel das Land· In dem Vorsatze *ma* erkennt man das indische *maha*, gross; mit *Gog* vergleicht sich das griech. γιγας, Gigant, nordisch *gygr*, Riesin. In Deutschland treffen wir die *Cauci*, *Cauchi*, *Chauci*, in *majores* und *minores* getheilt, *Caucones* in Bithynien. Eine Stadt Goch ist im Klevischen. Blicken wir nun nach Amerika hin, wo sich diese Namen sehr deutlich und das zum Theil in ganz allgemeinem Sinne für Mensch und Mann erhalten haben! So heisst nach Gilii salivisch am Orinoco *cocco*, Mensch, *mumeseche cocco*, Sonne, eigentl. Mensch des Himmels, und *Maguacoccio* war auf Haiti der Name einer bekleideten Nation **), was sehr merkwürdig nicht nur dem Namen Magog, sondern auch der Beschreibung Ezechiels entspricht, nach welcher Gog's Schaaren »herrlich gekleidet« sind. Sonst finde ich in dieser Region: *ma*, *magua*, gross, und *cochio*, Kleid; Corruna *mucoahugh* ist Berg ***). *Coco*, *Guccu*, *Guck* ist ferner Bezeichnung eines weit verbreiteten Stammes und einer Sprachengruppe, worüber Martius in dem oft citirten ethnographisch-linguistischen Werke handelt ****). In

---

*) Herodot erkannte in den Kolchiern Aegyptier und glaubte, sie seien von dem Zuge des Sesostris zurückgeblieben. Es war auch wohl so; aber aus Afrika waren sie nicht; der Zug des Sesostris ging, wie der des Mose. von drüben her.
**) Murr, Reisen etc. S. 402. 407.
***) Martius, Ethnographie II. S. 316. 317. 274.
****) Das. I. S. 346 ff.

vielen Dialekten derselben bedeutet der Name den Oheim; so Maxuruna *cucu*, Cayriri *cuccuh*, Sabuja *cuccu*, Pimenteiras *kucku*, Manao *ghooko*, Macuschi *koko*, Marauha *oky*. »Höchst auffallend musste es sein,« sagt der genannte Forscher,« »gerade dieses Wort unverändert in zahlreichen Mundarten zu finden, während andere auf das Mannigfachste verdorben oder vertauscht erschienen. Es hängt dies mit einem durch die Sitten der amerikanischen Wilden weit verbreiteten Zug, der hohen Autorität des Oheims in der Familie zusammen. Derselbe ist der geborne Rathgeber, und tritt nach dem Tode des Vaters, dem Herkommen vieler Völker gemäss, bei der Wittwe und den Kindern in die Rechte und Pflichten des Verstorbenen ein.« Wir können somit den Namen G o g als einen altamerikanischen Ehrennamen fassen. Bei den Botocuden findet sich *kuntschung* als Name des Tatu, und *kuntschung - cocan*, als der des grossen Tatu, *Dasypus gigas Cuv.;* mit *gikaram*, sehr, werden in der Sprache dieses Stammes Superlative gebildet, so *jakjiamgikaram*, sehr tapfer, *fortissimus* *). M a r t i u s **) hörte von einem sehr grausamen Häuptling der Manao - Indianer sprechen, welcher Cocui hiess. Dass Magog als eine kriegerische Nation auch in Amerika gefürchtet war, scheinen mehrere sprachliche Ausdrücke zu verrathen, so Otomi *magagni*, Krieg ***) und abenakisch *magoue* grausam ****).

Was wir beweisen wollten, ist dies: dass G o g und

---

*) Nach Max. v. Neuwied.
**) A. a. O. I. S. 63.
***) Nach Piccolomini, Gramm. della lingua Otomi.
****) Nach Lafitau, Moeurs des Sauvages. Chap. VIII, 37 Er erzählt, wie die Irokesen wegen ihrer Grausamkeit in besonders üblem Rufe stünden, auch bei den Wilden selbst, und wie sie daher von den Abenaken nicht anders als *Magoue* genannt würden.

Magog sowohl dem Namen, als den daran haftenden Vorstellungen nach ganz einheimisch in Amerika ist, und daher auch wohl in diesem Welttheile ursprünglich zu Hause war.

B.
Der Wodan der Völkertafel.

1.

Wir haben den deutschen Wodan auch in der Bibel entdeckt, und zwar vor Allem in der Völkertafel der Genesis. Unsere Leser wissen, dass wir dieses Buch als ein amerikanisches Urbuch betrachten, welches durchaus nicht von der Geschichte der »alten Welt,« sondern von lauter Dingen handelt, welche der anderen Hemisphäre angehören. So denn auch insbesondere die so vielfach und mit so wenig Erfolg behandelte Völkertafel; sie beschreibt, wie sich nach der Fluth vom Westen Amerika's, dem jetzigen Westindien, das aber damals noch festes Land war, die Völker geschieden und in den Osten, Norden und Süden des Continentes hin verbreitet haben. Finden wir nun daselbst einen Wodan, so wird das wohl derselbe Votan sein, von welchem die Chiapanesen sprachen, dem sie einen ihrer Monatstage weiheten, nach dem sich eine Familie nannte, den sie sogar als **das Herz des Volkes** bezeichneten.

Der Name liegt freilich nicht ganz offen da, sondern ist durch eine Verderbung oder Correctur verdunkelt, so dass er nicht sogleich auf den ersten Blick in die Augen springt. Es ist der letzte der Japhetiden-Liste, den die Genesis *) *Dodanim*, die Chronik aber, welche denselben Stammbaum hat **), *Rodanim* schreibt ***). Eines von

---
*) 1 Mos. 10, 4.
**) 1 Cron. 1, 7.
***) Eine andere Differenz ist, dass sie — in derselben

Beiden muss falsch sein, oder es sind beiderlei Schreibarten verderbt und es liegt eine dritte zu Grunde, aus der die obigen geworden sind. Dies ist das Wahrscheinlichste; und diese ächte Form zu suchen, sind wir vollkommen berechtigt, indem wir sehen, wie schwankend und widersprechend die vor Augen tretenden Formen des Textes sind.

Hier muss man aber nothwendig die hebräischen Schriftzüge betrachten und die leichte Möglichkeit der Verwechselung gewisser Buchstaben bedenken, die einander in dieser Schriftart sehr ähnlich sind. *Dodanim* sieht hier: דדנים, und *Rodanim*: רדנים aus. ד $= D$ und ר $= R$ sind wenig verschieden; es fragt sich nun, ob es nicht noch einen dritten Buchstaben der Art gebe, der vielleicht die älteste und ächteste Schreibart war. Ein solcher ist ו $= W$; erlauben wir uns, diesen zu setzen und ודנים zu lesen, so erhalten wir *Wodanim*; und ziehen wir die Pluralendung *im* ab, mit welchem das Wort die Bedeutung: Wodaner oder Wodan's, als Benennung eines ganzen Geschlechtes, bekommt, so bleibt *Wodan* über — der deutsche Name in reinster, vollkommenster Form.

Um den von uns angenommenen Hergang der Sache um so begreiflicher zu finden, muss man Folgendes erwägen. Wörter, welche mit den Buchstaben ו $= W$ anfangen, sind im Hebräischen selten. Der Name ודנים $=$ *Wodanim* konnte einem Schreiber oder Bearbeiter der biblischen Bücher befremdlich sein; er konnte meinen, er müsse anders heissen, es sei דדנים oder רדנים zu setzen, oder er konnte ganz einfach so lesen. Und das ist noch nicht Alles. Es stehen an jener Stelle zwei Namen beisammen, die durch ו, *we*, und, verbunden sind; denken wir uns nun, es stand ur-

---

japhetischen Stammliste — für *Riphat*, wie die Genesis hat, *Diphat* schreibt.

sprünglich וודנים, *we-Wodanim*, so kamen zwei ו zusammen, was um so wunderlicher aussah und um so mehr zu irgend einer Aenderung reizte.

2.

Der Name, der mit *Wodanim*, wie wir lesen, verbunden wird, ist *Chittim*, hebr. כתים. Auch diesen Namen zu ändern, dürfte allzu kühn erscheinen; aber man möchte darin doch Etwas finden, was speciell zu *Wodanim* passt und in Folge dessen zu einer so engen Verknüpfung damit geeignet ist. In *Chittim* lässt sich das nicht erkennen. Und so erlaube man uns denn, auf die Gefahr hin, fehl zu greifen, einen eigenthümlichen Gedanken zu äussern, der uns bei'm Nachdenken über diese Stelle der Völkertafel auch rücksichtlich des letzteren Namens gekommen ist!

Auch כ = *C, Ch* und ו = *W* sind ähnliche Buchstaben. Wie wenn auch hier wieder ו gestanden und die Stelle: *Wittim we-Wodanim* geheissen hätte? Auch in diesem Falle konnte der seltene Anfangsbuchstabe befremden; Spätere wussten so wenig von einem Volke, das *Wittim*, als von einem, das *Wodanim* hiess; und so war man auch hier veranlasst, die Schreibart zu ändern und das auch sonst in den biblischen Schriften erscheinende *Chittim* daraus zu machen. *Witt* aber ist ein eben so deutsches Wort, wie *Wodan* und bedeutet **weiss**, engl. *white*, Schneewittchen für Schneeweisschen noch im bekannten Kindermärchen. Die Stelle hiess: »**die Witt's und die Wodan's**,« vielleicht zwei Namen für dasselbe Geschlecht und so viel als »**die weissfarbigen Wodans**« im Gegensatz anderer Geschlechter von dunklerer Hautfarbe *). Man wird einräumen, dass dies jedenfalls sehr

---

*) Dass weise Menschen auch unter den Urbewohnern Amerika's vorkommen, haben wir schon mehrmals zu bemerken und

passend ist. Wir können noch hinzusetzen, dass die beiden Namen durch Alliteration verbunden sind, was ganz urdeutsch ist. Man denke an die Götter- und Heldenpaare *Vidar* und *Vali*, *Mothi* und *Magni*, *Hengist* und *Horsa* etc. *).

Ganze Reihen von Namen, die mit demselben Buchstaben anfangen, treten in deutschen Stammlisten vor Augen; und das beginnende *W* ist hier eben so häufig, als es im Hebräischen selten ist. So in den angelsächsischen: *Vöden*, *Vecta*, *Vitta*, *Vihtgils* — *Woden*, *Withelgeatus*, *Waga*, *Wihtleagus*, *Weremundus* u. dergl. mehr; s. Grimm. Im gothischen Geschlechtsregister: *Vuldulf*, *Valerarans*, *Vinitharius*; dieser hat drei Söhne: *Theodimir*, *Valemir* und

nachzuweisen Gelegenheit gehabt. Europäisch weisse Farbe hat man z. B. unter den Bergvölkern von Chili angetroffen, in einem Theile des Welttheils, wo auch sonst so viel in Sitte und Sprache an Germanen und Hellenen mahnt. »Darf man wohl,« fragt Humboldt, Reise II. S. 250, »jenen blauen Augen der Boroas in Chili und der Guaynas vom Uruguay, die uns als Völker von odinischer Race dargestellt werden, Glauben beimessen?« Wir wundern uns über solche Erscheinungen nicht, da unserem Systeme nach Amerika die Urheimath auch der weissen Menschen und des indogermanischen Geschlechtes ist. Molina, Saggio sulla storia nat. del Chili; Ed. 2. p. 293. Azzara, voyage tom. II. p. 76.

*) Es ist interessant zu sehen, wie sich diese uralte Reimweise, die jetzt durch eine andere verdrängt, noch so vielfach in allerlei Redensarten und Sprüchwörtern erhalten hat. Man sagt z. B.: Wind und Wetter — Land und Leute — Haus und Hof — Thür' und Thor — Ross und Reiter — Dorn und Disteln — Nacht und Nebel — Lust und Liebe — Schimpf und Schande — sanft und selig — frank und frei — ganz und gar — null und nichtig — in Bausch und Bogen — mit Stumpf und Stiel — mit Haut und Haar — mit Mann und Maus — ohne Ruh' und Rast — durch Dick und Dünn — über Stock und Stein u. s. f.

Videmir. In der nordischen Götterlehre nimmt *Börr* des Riesen *Bölthorns* Tochter *Besla* zum Weibe; sein Sohn ist *Buri* und dessen Söhne sind *Odhinn, Vili* und *Ve.* Bei den Brüderdreiheiten sind die beiden Male Nr. 2 und 3 durch die gleichen Anfangsbuchstaben *W* verbunden.

3.

Die Schreibart ורן tritt uns übrigens auch unmittelbar entgegen, nämlich in einer Stelle des Propheten Ezechiel *), wo er wider die Tyrier prophezeit und deren ausgebreitete Handelsverbindungen aufzählt. Es ist וְרָן, *Wedan*, punctirt, worauf Nichts ankommt; es kann auch *Wodan* gelesen werden. Die Stelle ist sehr verschieden verstanden worden: »Wedan und Javan brachten Gewebe auf deinen Markt; geschmiedetes Eisen, Cassa und Calmus kamen dir zum Tausche.« Oder: »Und Dan und Javan aus Usal oder Meusal brachten auf deinen Markt geschmiedetes Eisen dir zum Tausche.« Im letzteren Falle nimmt man ו für das verbindende und; allein das ist unstatthaft, da in der langen Reihe von Aufzählung handelsverbündeter Nationen von V. 8 an die Verse nirgend mit und beginnen. Jedenfalls sieht man auch hier wieder, wie unsicher in solchen Fällen die Auslegung ist und wie man da verfährt, um sich eines dunklen, unverständlichen Namens, wie jenes ורן ist, zu entledigen. Uns schliessen sich gerade in solchen Fällen die interessantesten Geheimnisse auf.

C.
Die amerikanische Votanssage.

Die Existenz einer amerikanischen, namentlich in Chiapan, einer vordem zum altmexicanischen Reiche gehörigen

---

*) Cap. 27, 19.

Provinz, vollkommen einheimischen Votanssage bezeugt uns vor Allem Don Francisco Nuñez de la Vega, Bischof von Chiapan, welcher 1702 in Rom seine Diöcesan-Constitution herausgab und in der Vorrede dazu dieser höchst merkwürdigen Tradition gedenkt *).

Er erzählt, wie er 1690 bei seiner Kirchenvisitation von Tocoaloya in der Provinz Soconusco einen viele Zeitalter hindurch verehrten und bewachten Schatz von Alterthümern gefunden, den er aber, als einen Gegenstand heidnischen Aberglaubens, öffentlich den Flammen übergeben. Der Fund bestand aus einigen irdenen Gefässen mit gleichartigen Deckeln, woraus man die alten Gottheiten, deren Namen im indianischen Kalender standen, abgebildet sah, nebst einigen grünen Steinen mit superstitiösen Figuren. Der Bischof versichert ferner, er habe die historischen Werke der Eingeborenen besessen, dieselben aber, damit sie nicht dem Nahualismus**) zur Nahrung dienten, ebenfalls vernichtet. Der Alterthumsforscher kann es nicht genug beklagen, dass mit Antiquitäten und Documenten, die ihm so überaus wichtig und nützlich wären, auf solche Weise verfahren worden ist. Einiges jedoch hebt der Bischof aus der Sage oder vielmehr der eigenen Relation des chiapanesischen Ahnherrn und Häuptlings aus.

Votan erzählte in diesen urkundlichen Aufzeichnungen, an welchen Orten, bei welchen Völkern er gewesen sei. Er habe das grosse Gebäude gesehen, welches gebaut worden sei, um bis zum Himmel zu reichen; dort sei jedem Volke eine eigene Sprache gegeben worden, er selber sei von Gott

---

*) Constitutiones synodales p. 74.
**) Die geheime Anhänglichkeit der Eingeborenen an ihren alten Cultus.

hieher gesandt worden, um die Angelegenheiten der Indianer zu ordnen. Es war hier ferner von einer Anzahl von Familien der Tzequil-Nation die Rede, welche die Stadt dieses Namens gebaut. Votan habe sie sämmtlich in Dingen der guten Lebensart — wie in dem, was bei Mahlzeiten anständig, unterrichtet; sie dagegen hätten ihn mit dem wahren Gotte und der demselben gebührenden Verehrung bekannt gemacht. Hierauf hätten sie ihn einstimmig zu ihrem König und Priester gewählt. Man erkennt hieraus deutlich eine im amerikanischen Alterthum Statt gefundene Mischung von Geschlecht, Sitte, Religion. Der Bischof fügt hinzu, es habe sich in Teopizca bis auf den heutigen Tag, also bis zum Anfang des 18. Jahrhunderts, eine Votansfamilie erhalten; der alte Heros werde von allen Indianern in hohen Ehren gehalten, in einer Provinz sogar als das Herz des Volkes betrachtet.

Die Chiapanesen hatten einen Kalender mit 20 Monatstagen, zu deren Bezeichnung sie die Namen von 20 berühmten Männern ihrer Vorzeit wählten. Hier erscheinen vorn herein die Namen: Igh, Votan, Ghanan. Wie Votan an den germanischen Wodan und Odin, so erinnert Ghanan an Canaan, was auch wieder eine Mischung anzuzeigen scheint. Igh klingt an *Vig, Wigg, Vigga* in den angelsächsischen Stammtafeln an *).

Dieser offenbar rein amerikanischen, mit der in demselben Welttheile gleich einheimischen Vorstellung vom Riesenthurm und der Sprachzertheilungssage so wundersam verknüpften Votanssage gedenkt ohne allen Anstand auch der keineswegs unkritische Clavigero in seiner bekannten Ge-

---

*) Grimm, Mythol. Anhang.

schichte von Mexico*); es beruft sich darauf auch Abt Hervas, Verfasser des Werkes: »Idee des Weltalls« in einem Briefe an Clavigero vom Jahre 1780. A. v. Humboldt**) will zwar die Verknüpfung des amerikanischen Votan mit dem deutschen Wodan oder Odin auf den blossen Grund der Namensähnlichkeit hin nicht wagen; im Uebrigen jedoch stellt er die Richtigkeit und Bedeutsamkeit der Sache nicht in Abrede.

Der uralte Häuptling kam von der Gegend her, wo jenes gigantische Bauwerk unternommen worden und jene verhängnissvolle sprachliche und sociale Zersprengung eingetreten war, von der so viele Ueberlieferungen, namentlich auch in Amerika, sprechen. Wir setzen unserem Systeme nach, wie unsere Leser schon wissen, den Schauplatz dieser vorzeitlichen Begebenheit in die Gegend des Antillenmeeres, welche damals noch zum Festland gehörte und erst durch einen späterhin erfolgten Einbruch des atlantischen Oceans zum Meere ward. Von da nach Chiapan war kein zu weiter Weg. Es wird aber von drei Votans erzählt, auch eine theilweise Auswanderung des Geschlechtes in einen anderen Welttheil angedeutet, was zu jenen schon so grossen Merkwürdigkeiten eine neue hinzufügt, die besonders für unsere Untersuchung auch wieder von grosser Bedeutung ist.

Wir beziehen uns hier auf die Mittheilungen Cabrera's ***). Derselbe giebt für das eigentliche schriftliche Document der Votanssage 5—6 in der Tzendalsprache beschriebene Blätter in Quartformat aus, die sich in den Hän-

---

*) T. I. p. 150. IV. p. 15.
**) Vue des Cordillères Tom. 1. p. 382. Tom II. p. 356. Kritische Untersuchungen, übers. von Ideler I. S. 545.
***) Minutoli, Beschreibung von Palenque, und Braunschweig, Altamerikanische Denkmäler S. 37 ff.

den des Don Aguiar, eines Eingeborenen aus Ciudad Real, befanden; nach dessen mündlicher Erzählung referirt er Folgendes:

Votan bezwecke durch dieses Document den Beweis zu geben, dass er eine Culebra (Schlange) sei; er habe sieben Familien von Valum Votan auf das Festland gebracht; er sei der dritte der Votans und habe sich vorgenommen, so lange zu reisen, bis er auf den Weg zum Himmel (?) gelange, um seine Verwandten, die Culebras aufzufinden und sich ihnen zu erkennen zu geben. Er habe Reisen von Valum Votan nach Chivim gemacht — Cabrera meint: viermal, weil diese Worte viermal hintereinander stehen; er sei auf der Strasse gewandert, welche von seinen Brüdern, den Culebras, gebahnt worden war, er habe Marken auf ihr gemacht und sei bei den Häusern der 13 Culebras vorbeigekommen.

Rücksichtlich der Zahl 13 ist zu bemerken, dass dieselbe in Amerika in grosser Achtung stand — nach Siguenza desshalb, weil die grösseren Götter der Mexicaner der Zahl nach 13 waren; 13 Tage, Monate, Jahre bildeten Perioden, nach welchen man zu rechnen pflegte *). Eben so kann aber auch erwähnt werden, dass die nordische Mythologie 13 Götter (*aesir*) und gleichviel Göttinnen (*asyniur*) hat **).

Auf dem erwähnten Documente waren zwei Rechtecke gezeichnet; in einem derselben befanden sich zwei Theilungsstriche mit SS und in dem anderen ein Theilungsstrich mit einem S. Man glaubte darin eine Art von Landkarte der alten und neuen Welt zu erkennen.

Cabrera vermuthet, dass die Urkunde bald nach der Eroberung von Mexico aus dem Hieroglyphen-Original in die

---

*) Clavigero, Gesch. von Mexico B. VI. Cap. 25.
**) Mone, Gesch. des nord. Heidenthums I S. 385.

Tzendalsprache übersetzt oder vielmehr einer Ausdeutung der Bilderschrift gemäss niedergeschrieben worden sei. Da fragt sich denn freilich, ob man Alles richtig verstanden habe. Aguiar und Cabrera selbst bringen die aus blosser Vermuthung geflossene Fälschung hinein, dass Votan in Spanien und Rom gewesen *). Bei all dem nehmen diese Notizen das grösste Interesse in Anspruch. Denn es scheint in der That von den beiden Continenten die Rede zu sein und Votan die Absicht auszusprechen, auf der von seinen Vorfahren gebahnten Strasse in die jenseitige Welt hinüber zu reisen, wohin sich mittelst einer früheren Wanderung seine Stammverwandten, »die Culebras,« begeben hätten. Eine beträchtliche Strecke weit hatte er den Weg bereits untersucht und mit Marken versehen. Die Absicht scheint jedoch in dieser späteren Zeit nicht ausgeführt worden zu sein.

D.
Die Viatans und Vuatos in Südamerika.

Mit dem Namen Votan hängen vielleicht ein paar andere zusammen, die wir unter denen der südamerikanischen Horden treffen, wie sie Martius verzeichnet hat. So war eine Osttupi-Horde, mit Namen Viatani's, Viatan's; und im Gebiete des Paraguay finden wir die Vuato, Guato, von welchen man höchst interessante Beschreibungen liest.

---

*) Vergl. hierüber Braunschweig a. a. O. S. 70. 156. Hier wird übrigens das Steckenpferd des Buddhismus geritten, aus Votan ein reisender Buddha-Priester, der aus dem himmelhohen Gebäude, bei dessen Ausführung die Sprachentheilung Statt gefunden, ein Buddha-Tempel gemacht. Man hat aber gesehen, dass Votan nicht als Religionsprediger auftrat, vielmehr selbst eine andere Religion annahm.

Sie sind ein sehr rüstiger und muthiger Menschenschlag, der aber doch keine feindliche Stellung gegen die Europäer angenommen hat. Die Brasilianer rühmen die Schönheit ihres Körperbaues und die lichte Farbe ihrer Haut; und wenn auch der neueste Reisende, der sie besucht hat, in letzterer Beziehung keinen Unterschied von den benachbarten Horden bemerkt hat, so erklärt er sie doch für die schönsten Indianer, die er gesehen, von ganz europäischem Aeusseren *). Ihre Gesichtszüge sind von angenehmem, regelmässigem Schnitt: eine Habichtsnase, grosse, offene, am äussersten Rande nicht hinaufgezogene Augen; die Weiber schön, doch von melancholischem Ausdrucke **). Vor Allem erinnert ein starker, oft dichter Bart auf Lippe und Kinn an kaukasische Natur; die Brasilianer nennen sie desshalb *Barbados*. Sie sind auch am übrigen Körper behaart. Hände und Füsse sind klein. Schwere Waffen, der Bogen über 7, die Lanze 12 Fuss lang, zeugen von grosser Muskelstärke. Sie sind eben so geschickt, den Vogel im Fluge zu erlegen, als sie die Onze kühn mit der Lanze angreifen. Diese gefährliche Jagd muss der Jüngling mit Erfolg bestanden haben, um für heirathsfähig zu gelten.

Sie leben und hausen sehr isolirt, indem jeder seinen eigenen, abgesonderten Hausstand bildet, »was in merkwürdigem Gegensatze zu der hohen Geistesentwicklung steht, worin sie die meisten Indianer übertreffen, die in volkreichen Gemeinschaften leben.« Zweimal im Jahre kommen die Männer an entlegenen, von den Anführern bestimmten Orten zu grösseren Versammlungen u. s. w.

---

*) Castelnau, Expedit II, 374. III, 10.

**) Die vorherrschende Trübe und Traurigkeit des amerikanischen Wesens und Bewusstseins drückt sich also doch auch bei diesem sich von anderen Indianerstämmen so vortheilhaft unterscheidenden Geschlechte aus.

So viel im Auszuge. Martius*) bemerkt, dass mehrere Züge dieses Gemäldes auf eine von den benachbarten Stämmen sehr verschiedene Herkunft deuten. Es ist, wie man sieht, nicht bloss der Name, was uns bewegen kann, hier einen in Amerika — nicht eingewanderten, sondern bei der Auswanderung der Raçe zurückgebliebenen — Zweig und Rest des wodanischen (germanischen) Geschlechtes zu erkennen. Castelnau und Martius deuten auf das Caucasische und Europäische in der Bildung und dem Wesen dieses Stammes ausdrücklich hin; wir glauben die Erscheinung als einen der Belege der Ansicht, dass auch die Germanen ursprünglich in Amerika zu Hause gewesen, in Anspruch nehmen zu können.

E.
Elisa-Tharsis und Javan (Ravan) der Völkertafel.

1.

Die Völkertafel der Genesis nennt als von Javan ausgehend vier Völkerschaften, die sie aber paarweise verbindet, so dass je zwei durch und verbunden werden: *Elisa* (hebr. *Elischah*) und *Tharsis* (hebr. *Tharschisch*), *Chittim* und *Dodanim* (nach der Chronik *Rodanim*). Die beiden letzteren haben wir zu deuten versucht, indem wir, den angegebenen Gründen gemäss, *Wittim* und *Wodanim* lasen und die weisse, odinische oder wodanische Raçe, wie sie sich bereits im Urlande entwickelt, darunter verstanden haben. Nun möchte man wohl auch gerne wissen, was es mit dem anderen Paare, *Elisa* und *Tharsis*, für eine Bewandtniss habe. Wir erlauben uns, darüber Folgendes vorzutragen.

---

*) Ethnographie I. S. 247.

2.

Was erstlich den Namen *Elisa* betrifft, so finden wir in den angelsächsischen Stammtafeln*) die vortrefflich stimmenden Formen *Alusa*, *Elesa*, *Elisius*, *Elicius*; und Tacitus**) liefert uns ein deutsches Volk *Elysii*. Das *Elisa* der Genesis ist also wohl auch wieder ganz deutsch und insofern vollkommen entsprechend dem zweiten Namenspaare. Es scheint so insbesondere ein Stamm 'geheissen zu haben, welcher Schwan und Ring zu seinem Abzeichen hatte, woraus die deutschen Sagen und Wundermähren von den Schwanrittern entstanden, in welchen die Namen Helias, Else, Elsam und Elisa eine so auffallende Rolle spielen ***). »Der gute Gerhard Schwan« erhält zur Frau eine Adalis oder Elisa; dem Schwanritter Lohengrin wird eine Els oder Elsam zu Theil. Ein altes Geschlecht waren die Schwanringe zu Plesse, welche Schwanenflügel und Ring im Schilde führten; einer davon hiess Heiso Schwanenflügel, und in einer von Grimm erwähnten Urkunde von 1411 kommt ein Johannes Schwaneflügel vor. Von Cleve, wohin Helias auf dem Schwanenschiffe gekommen, heisst es: Seine Nachkommen sind noch vorhanden, und im Schlosse steht ein hoher Thurm, auf dem ein Schwan sich dreht, genannt der Schwanenthurm ****). Wir treffen ähnliche Spuren auch in der griechischen Sage und Mythologie. Mehrere alte Fürsten und Helden heissen hier Kyknos, Schwan; einer derselben kämpft im trojanischen Kriege mit seinem Sohne Tennes

---

*) Von J. Grimm in der Myth. ausgezogen und zusammengestellt.
**) Germ. 43.
***) Grimm, Sagen II. Nr. 533 ff.
****) Grimm, Sagen II. S. 206.

auf Seiten der Troer, und Letzterer hatte auf Tenedos Heroendienst.

Das in Rede stehende Geschlecht muss ein sehr kriegerisches, heldenhaftes, ja riesiges gewesen sein. Die mythischen Könige und Helden, welche Kyknos heissen, werden zum Theil für Söhne des Kriegsgottes Ares ausgegeben; und damit hängt es wohl zusammen, dass in volksthümlicher Vorstellung der Schwan, das Abzeichen jenes Geschlechtes, ein »Krieger« ist. So lautet ein deutscher Kinderreim, den Kanne *) in seiner Jugend zu Detmold hörte:

»Swane, Swane, pek up de Nesen!
Wanehr bist du Krieger wesen?«

oder:

»Wanehr wut du Krieger weren?«

d. i. »Schwan, Schwan, schwarz auf der Nase! Wann bist du Krieger gewesen?« oder: »Wann willst du Krieger werden?« Von dem Schwanenritter Helias heisst es: »Er war gross von Leibe, gleich einem Riesen.« Auch scheint sich mit dem Namen Elisa, Helias etc. die Vorstellung von etwas Gewaltigem, Gigantischen und, was das weibliche Geschlecht betrifft, Amazonischem, ja Dämonischem verknüpft zu haben. Halesus hiess ein Lapithe und ein Führer der Aurunker und Osker; die kriegerische Göttin Athene hatte den Beinamen Hellesia, und die mannhafte Dido wird auch Elisa genannt. Auch der Name Heloise dürfte hier einzureihen sein. »Die rauhe Els« ist eine Königin, die auf hohem Gefelse wohnt und von welcher Wolfdieterich entführt wird; sie legt zuletzt, im Jungbrunnen badend, ihr rauhes Gewand ab, erscheint als das schönste Weib und heisst Frau Sigeminne **).

---

*) Pantheon. Tübingen 1811. S. 263 f.
**) Grimm, Myth. »Waldfrauen.«

Die wiederkehrenden und ohne Zweifel bedeutsamen Vorstellungen und Bilder, die sich in diesen merkwürdigen und inhaltsvollen Sagen- und Märchenkreisen bemerklich machen, sind, wie wir gesehen haben, **Schwan, Schwanflügel, Schiff, Schwanenschiff, Ring.** Dazu kommt noch **Axt, Beil, Barte.** Elsam von Brabant wird von einem Ritter verläumdet; Lohengrin fährt mit dem Schwan die Schelde herauf, kämpft für sie und siegt, worauf der Ritter mit Schlägel und Barte gerichtet wird. Auf Tenedos walten griechische Schwanhelden, **Kyknos** und **Tennes** genannt; die tenedische **Axt** war zum Sprüchwort für alle strenge Gerechtigkeit geworden, und die Tenedier prägten sie auf ihre Münzen. Der Schwan d. i. das uralte Geschlecht der Schwanritter und Schwanhelden **Elisa, Helias, Kyknos** war nicht nur ein kriegerisches, sondern auch unnachsichtig richtendes, jeden Frevel tödtlich ahnendes, auf diese Weise namentlich die Frauen schützendes. Und so begreift es sich, wesshalb **Vogel, Schwan, Schärfe, Schneide, schneidendes Werkzeug,** insbesondere **Axt, Beil** in den Sprachen so häufig denselben Namen führen. Altrömisch ist *pennus*, scharf, *penna*, Beil; sonst heisst lat. *penna* Flügel und Vogel; *bipennis*, zweigeflügelt, aber auch Axt; Odin hat eine Axt **Gugner**; griech. *κυκνος*, lat. *cygnus, kygnus,* Schwan; franz. *cognée, coignée,* Axt; plattdeutsch **Schwane**, ein Werkzeug der Schnitter; Wasservögel heissen *πελεκαν, πελεκινος,* Pelikan, und *πελεκυς* bedeutet Beil; so hängt vielleicht auch **ahnden**, strafen, mit **Antvogel, Ente,** *χην, anas, anatis* indisch *hansas*, deutsch **Gans** zusammen. Helena kommt nach gewöhnlicher Annahme aus dem Ei der Leda; aber eine abweichende Sage erzählt, wie sich Nemesis, die Göttin des Rechts, um dem Zeus zu entgehen, in eine Gans verwandelt habe, von ihm aber, der die Gestalt des **Schwans** annahm, überwältiget worden sei; das von ihr geborene Ei habe dann Leda gefunden etc. Die Begebenheit wird in den attischen Flecken Rhamnus verlegt, wo Nemesis ein bekanntes Heiligthum hatte.

Es wäre auch über die Bedeutung des Ringes und der Kette zu handeln. Hier nur so viel! Jünglinge werfen in Märchen und Sage Hand, Ring oder Kette über und werden dadurch zu Schwänen *). Das geht wohl auf eine Einweihungsceremonie zurück, wodurch der Jüngling in den Männer- und Heldenbund des Schwanengeschlechtes aufgenommen wurde. Der mythische Gyges ist ein Hirt, der sich mit Hülfe eines Zauberringes der lydischen Königsherrschaft bemächtiget**); $\gamma v \gamma \eta \varsigma$ aber bedeutet einen Wasservogel und hängt mit $\varkappa v \varkappa v o \varsigma$ etc. zusammen; $\gamma v \gamma \gamma v \lambda o \varsigma$, rund, $\varkappa v \varkappa \lambda o \varsigma$, Ring. Die Sage spricht von einem Schwane, der, auf dem See eines hohlen Berges schwimmend, im Schnabel einen Ring halte; lässt er ihn fallen, so geht die Welt unter ***). Die Fabel sollte wohl bedeuten: Wenn das Heldengeschlecht Elisa-Kyknos mit seinen ritterlichen Tugenden und seiner Handhabung strenger Gerechtigkeit zu Ende gehe, so könne auch die Welt nicht mehr bestehen. So gross, scheint es, dachte das Geschlecht von sich; und man ahnet auf diese Weise, was es für eine Rolle gespielt haben muss.

In der Sage von Carl Ynach, Salvius Brabon und Frau Schwan ****) kommt das Schwanenthal, *vallis cygnea, Valenciennes*, und das aus letzterem Namen abgekürzte »Schloss Sines« vor; von dem Schwanenritter Brabon

---
*) Es kommt auch das Umgekehrte vor, was aber nicht so ächt sein möchte.
**) $\Gamma v \gamma o v \; \delta \alpha \varkappa \tau v \lambda \iota o \varsigma$. Suid. s. v.
***) Gottschalk, Sagen. Halle 1824. S. 227.
****) Grimm, Sagen. Nr. 533.

soll **Brabant** seinen Namen haben; von seiner Schwester **Germana** sogar Deutschland **Germania** geheissen worden sein. Von dem Schwanritter **Loherangrin** wird **Lothringen** abgeleitet. So einheimisch hat man, wenn auch mit ethymologischem Unrecht, das Geschlecht in diesen Landen zu machen gesucht. Loherangrin kommt von Brabant nach **Lyzaborin** (Luxemburg); das klingt wieder an **Elisa**, so wie *Alsatia*, Elsass, an **Else**, **Elsam** an. *Aliso*, *Alison*, *Alisontia* hiessen deutsche Flüsse; auch ein Berg und Castell bei Wesel; in Bourgogne war ein *Alesia*, jetzt *Alice*, und in Gascogne ein *Elusa*, jetzt *Eluze*; daher *Elusani* und *Elusates*. Dergleichen Aehnlichkeiten kann man auch in Griechenland, auf den Inseln des mittelländischen Meeres und im fernen Westen Europas finden. Man hat die Namen **Elis**, **Hellas**, **Eleusis**, **Äolier**, *Αἰολεῖς* verglichen. Elis scheint auch uns am Orte zu sein; es war daselbst auch ein **Alesion**. Flussnamen sind *Ilissos*, *Halys*, *Hallesus* etc. Auf Rhodos bietet sich **Jalysos**, **Jelysos** (*Ιηλυσος*) an; die ganze Insel scheint so geheissen zu haben; jalysisch wird für rhodisch gesetzt, und die auf Rhodos hausenden Telchinen hiessen *Jalysii*. Diese Insel ward auch **Oloessa** genannt, was vielleicht aus *Alusa*, *Elisa* corrumpirt. In Thessalien war ein **Oloosson**, auf Kreta ein **Olus**; Lissabon hiess **Olisipo**, **Olysippo**, **Ulyssippo**; und wie hier der Anfangslaut abgefallen, so wird es auch bei **Lusitania**, **Lysitania** (für Olysitania) geschehen sein. Dies Alles mag von dem sich weit hin zerstreuenden Geschlechte kommen, welches die Genesis *Elisa* nennt. Weil jene alten Namen der Stadt Lissabon, Lisboa an **Ulysses** mahnen, so hat man geglaubt, es habe sie dieser griechische Held erbaut. Auch ist es wohl wirklich dieser Name, der hier in **Olysippo**, **Ulyssippo** enthalten ist; aber er bedeutet nicht den Odysseus der Griechen. Die beiden Namen sind eigentlich ganz verschieden. Ulysses, Ulixes, wie die Römer sprachen, war = *Ulisa, Olisa, Elisa;* von einem Schwanritter, Schwanhelden dieses Namens gingen auch wohl Sagen in Italien, und so bildete sich Identificirung und Namenswechsel. Ulysses sollte auch nach Deutschland gekommen und daselbst Asciburgium am Rhein erbaut haben *). So kommen in deutschen Sagen die Herren von Schwanring in die Gegend von Plesse und bauen die Veste dieses Namens. Auch der Ulysses des Tacitus ist wieder unser Schwanritter. Asciburg, Askiburg aber ist die Stadt des Beiles, der richtenden Schwanenaxt, lat. *ascia*, sprich *askia,* engl. *ax*, deutsch Axt; vergl. den Stadtnamen Heiligenbeil.

Das Alles entwickelt sich, wenn man der Sache auf diese Weise nachgeht, aus einem einzigen Namen der wunderbaren biblischen Urkunde; und es hat uns Vergnügen gemacht, deren inhaltsvolle Beschaffenheit an einem Beispiele der Art in's Licht zu setzen. Aber was bedeutet jener Name? Wir müssen die Antwort schuldig bleiben, wenn man uns nicht erlaubt, uns nach dem Worte in dem amerikanischen Urlande umzusehen, woher, nach unserer Annahme, die ganze Völkertafel, somit auch jener Name stammt. Hier heisst tschipiwäisch und algonkinisch *alissinape, alisinape* Mensch; es ist dies ein ähnlicher Fall, wie bei Gog, Aegyptier, Hellene etc., welche Namen in Amerika ebenfalls Mann und Mensch bedeuten; vergl. salivisch am Orinoco *cocco.* Mensch **), Maconis in Brasilien *icüblan,* Mann ***), schawanesisch *elene,* Mann, *mian elene,* junger

---

*) Tac. Germ. 3.
**) Nach Gilii.
***) Nach Maximilian, Prinz von Neuwied und Martius.

Mann, *match-elene-tata*, mein böser Mann d. i. mein Feind *) etc. Als man die Eingeborenen von Illinois nach ihrem Volksnamen fragte, versetzten sie: sie seien *illeni*. Männer. So scheint denn auch *Elisa* oder wie sonst noch gesprochen wurde, eigentlich nichts Anderes als Mensch, wenn auch in einem besonders ehrenden Sinn, Mann und Männin, *vir, vira, virago* **), zu bedeuten; das Weib hiess so als Heldenweib, Kriegerin, Herrscherin. Zu besonderer Geschlechtsbezeichnung wurde das Wort bei dem Volksstamme, der Schwan, Ring und Beil zum Kennzeichen, Wappen und Symbole hatte und sich im Norden und Süden der alten Welt und im Westen bis an die Küsten des atlantischen Oceans hin verbreitete.

3.

Mit dem Namen Elisa verknüpft die Völkertafel unmittelbar und in augenscheinlich bedeutsamer Weise den Namen Tharsis, hebr. *Tharschisch, Tharschischah*. So heisst sonst in den biblischen Büchern die phönizische Stadt Tartessus in Spanien. Wie passt dieser Name in das japhetische Geschlechtsregister? — Das ist schwer zu beantworten, und der Name daher ein Kreuz der Ausleger, die in ihrer Noth die Tyrsener, Etrusker, Tusker oder Tarsus in Cilicien herbeiziehen. Wir haben nunmehr schon zu wiederholten Malen ganz deutsche Benennungen gefunden; sehen wir, ob wir einer solchen nicht auch hier wieder begegnen!

Es vergleicht sich mit diesem räthselhaften Tharsis erstlich ein nordisches und ein altdeutsches Wort für Riese,

---

*) Nach Assul.
**) Sanskrit *varas, viras*, Mann, Gemahl, *virá*, Matrone, *vairin*, Krieger.

Cyclope, wilder Mann, so wie es in den Dialectformen *thurs*, *thyrs*, Pl. *thyrsas*, *turs*, *turse*, *türste*, *dürst*, *druse*, *dros*, *drost* vorkommt; gothisch würde es *thaúrs*, Pl. *thaúrsôs* lauten. *Hrimthursar* ist Bezeichnung der nordischen Frostriesen; *Tursenriut* ist ein Ortsname; Thusnelda steht nach J. Grimm für *Thursenhilda*, *Thurshilda;* in der Schweiz ist Dürst der wilde Jäger; Sanskr. *dharshus*, stolz, *dharshtas*, kühn, *dharshas*, Anmassung; griech. ϑαρσεω, ϑαρσος, ϑρασυς, welche Formen dem biblischen Namen dem Laute nach ganz nahe stehen. In der Bedeutung von etwas dem Rang oder der Gestalt nach Hohem, Grossem und Colossalem lässt es sich auch in dem Titel Thirschatha, welcher dem Nehemia beigelegt wird *), und in dem Ausdrucke Tharsis-Schiffe erkennen, der für grosse, zu weiten Seereisen bestimmte Fahrzeuge, wie für die nach Ophir gehenden Schiffe, gebraucht wird **); es ist, wie wir von »Riesenbauten« und »Riesenschiffen« sprechen. Schon der Verfasser des Buches der Chronik scheint diesen Ausdruck nicht mehr zu verstehen und die älteren Nachrichten, wie sie in den Büchern der Könige zu lesen, in der Art zu fassen, als ob Salomo's Schiffahrt nach Tharsis gegangen wäre ***). Uebrigens wird auch wohl der Stadtname hiehergehören, nicht in dem Sinne, dass das Tharsis der Völkertafel das spanische Tartessus sei, sondern weil auch diese Stadt, als eine grosse, wichtige, berühmte, diesen Namen führen konnte. Er scheint, wie Elisa, auch in's Phönizische übergegangen zu sein, wohl in Folge der Berührungen, in welchen Phönizier und Punier mit dem Volksstamme *Elisa-Tharsis* gekommen, indem sich beiderlei

---

*) Esra 2, 63. Nehem. 7, 65 u. sonst.
**) 1 Kön. 22, 49. Cap. 10, 22. Vergl. 9, 28.
***) 2 Chron. 9, 21. Cap. 20, 36 f.

Geschlechter auf den Inseln und Küsten des mittelländischen Meeres zusammenfanden und gemischte Bevölkerungen bildeten. Die Phönizier breiteten sich von Osten nach Westen, *Elisa-Tharsis* von Norden nach Süden aus.

Indem wir *Elisa-Tharsis* schreiben, stellen wir uns nämlich vor, dass bei der engen Verbindung, in welche die Genesis beide Namen bringt, dieselben entweder zwei sehr nahe verwandte Volksstämme oder gar nur einen und denselben Stamm unter zwei Benennungen bezeichnen. *Elisa-Tharsis* hiess vielleicht nichts Anderes, als d a s g r o s s e M ä n n e r v o l k, und die Namen wurden theils zusammen, theils einzeln gebraucht und angewendet.

4.

Nun drängt sich aber noch eine Frage hervor. Diese vier oder wenn je zwei nur eine ausmachen, diese zwei Völkerschaften E l i s a und T h a r s i s, C h i t t i m und D o d a n i m (W i t t i m u n d W o d a n i m) werden von J a v a n abgeleitet. Was ist J a v a n ? — Unsere Ausleger sind hier nicht in Verlegenheit und haben eine, wie sie glauben, unzweifelhafte Erklärung in Bereitschaft. »So hiessen im Munde der Völker vom Nil bis zum Ganges die G r i e c h e n — Sanskr. *Javana*, Nachkommen *Turvaçu's*, des Sohnes *Jajati's*, altpers. Pl. *Junâ* — deren Urstamm somit die J o n i e r, *Ιαονες*, sind.« Dagegen wäre an und für sich Nichts einzuwenden; und wenn es bei der Lesart J a v a n bleiben soll, so muss ich ebenfalls für die Griechen stimmen. Aber von diesen jene deutschen Stämme mit ihren deutschen Namen herkommen zu lassen, das geht nicht wohl an; und ich bin daher zu der Annahme geneigt, dass das Javan der Völkertafel seinen Ursprung auch wieder einer fehlgehenden Conjectur und Correctur verdanke, so wie das für *Wittim* und *Wodanim* gesetzte *Chittim* und *Dodanim* oder *Rodanim*. Statt יָוָן, *Javan*, stand, meine ich, רָוָן, *Ravan* — derselbe Name, den der indische Riesenkönig *Ravanas* trägt. Die Sage versetzt denselben nach Ceylon und stellt ihn als einen so gewaltigen Herrscher dar, dass weder Gott noch Mensch mehr etwas über ihn vermochte. Er wird seiner ausgebreiteten Herrschaft wegen *Dasagrivas*, zehnnackig genannt und mit zehn Häuptern und zwanzig Armen gebildet.

Vishnu war damals als menschlicher Held verkörpert, dessen Thaten das Epos Ramayana feiert. Der Riesenkönig raubte ihm seine Gemahlin Sita, und Rama unternahm daher seinen berühmten Kriegszug gegen Ceylon und die Stadt Lanka, wobei ihm der Affe Hanuman beistand, besiegte den Ravanas und seine Riesen und eroberte seine Sita wieder. Was dieser Sage zu Grunde liegen mag, bleibe dahingestellt; wir könnnten an die hebräischen Altväter erinnern, denen ihre Gattinnen ebenfalls wiederholt entrissen werden *); wir könnten uns denken, der Mythus sei eine dem Geschmacke der Indier gemäss in's Phantastische ausgebildete historische Erinnerung aus Amerika her. Wir wollen jedoch nur den Namen *Ravanas* ansprechen, der mit »Rephaim, Söhne Rapha's,« wie ein Riesengeschlecht in Canaan genannt wird, von dem der riesige König Og abstammte, mit den »Söhnen Rapha's,« die sich unter den Philistern befinden; so wie mit den hebr. und chald. Wörtern *rab*, *rabbim*, mächtig, *rabah*, gross sein, *rebu*, *rebutha*, Grösse, und dem ebenfalls in der japhetischen Geschlechtstafel vorkommenden Namen Riphath im Zusammenhange zu stehen scheint. Durch Ravan wird ein colos-

---

*) »Die Mandrucus haben sich den nomadisirenden Muras so furchtbar gemacht, dass sie es wagen sollen, ihnen ihre Weiber wegzunehmen.« Martius, Ethnographie I. S. 409.

saler Menschenschlag angedeutet, dessen Verzweigungen die oben erörterten Geschlechter von ebenfalls gewaltiger Kraft und Grösse waren.

Plinius *) spricht von einem scythischen Lande Raunania, und der peruanischen Quichua-Sprache ist *runa* Mensch, *cari*, *cari-runa* Mann; ich vermuthe, dass es aus *ravana* zusammengezogen sei. Träfe diese Vermuthung zu, so würde sich daraus auf die Abstammung des räthselhaften Inca-Geschlechtes schliessen lassen, so dass es in Zusammenhang mit der Völkertafel der Genesis und der Urgeschichte der japhetischen Raçe gebracht werden könnte. Es wäre ein zurückgebliebener Rest des einst in höchster Machtfülle blühenden und den Welttheil grossartig beherrschenden Volkes gewesen, welches ausgezogen war und in der jenseitigen Hemisphäre seine Geschichte fortgesetzt hatte; die wenigen in Amerika übrigen Menschen dieses Geschlechtes wären späterhin in Peru aufgetreten und hätten daselbst den Versuch gemacht, ihre alte Grösse und Herrlichkeit zu erneuern. Das Schicksal vergönnte ihnen nicht, damit zu Stande zu kommen; sie unterlagen auch ihrerseits dem Fluche, der auf dem Welttheile und Allem ruhte, was sich nicht durch Auswanderung von ihm abgetrennt hatte.

F.
Das biblische Oceanien.

Das Geschlechtsregister der Japhetiden schliesst mit dem Satze: »Von diesen haben sich getrennt (vertheilt, zerstreut; Conj. Niph. von פרד, trennen) die Inseln der Völker in ihren Ländern, jegliches nach seiner Sprache, nach ihren Familien in ih-

---

*) H. N. IV.

ren Völkern.« Dies versteht man so, dass »Inseln der Völker, die Insel- oder Küstenvölker im Norden des Mittelmeeres von Kleinasien bis Spanien« bedeute; אִיִּים, Inseln, sei der biblische Name Europas *). Wir, von unserem Gesichtspunkte aus, könnten die Stelle auf solche Weise nur unter der Voraussetzung verstehen, dass dieselbe eine unächte Einschaltung sei, indem ein Ueberarbeiter des ihm vorliegenden ächten Stoffes allerdings schon dieselbe, aber falsche Ansicht dadurch ausdrücken wollte. Wir nehmen unsere Zuflucht nicht gerne zu solchen Annahmen; wir suchen möglichst ohne sie zurecht zu kommen; und dann pflegen sich gerade in diesen Fällen überraschende Resultate herauszustellen.

Die Genesis spricht, wie wir unserem Systeme gemäss auch hier festhalten können, nur von den Dingen der amerikanischen Vorwelt und Urheimath der drei Raçen, die sie mit dem Namen Sem, Ham und Japheth bezeichnet. Die Wohnsitze des japhetischen Völkerstammes fallen in den westlichen Theil des Continentes, der an das stille Meer mit seinen unzähligen Inseln stösst. Dieser Inselwelt, als solcher, hatte die Flutkatastrophe, deren gewaltsamste Wirkungen innerhalb der Südsee Statt fanden und die daselbst eine grosse continentale Insel (Eden, Atlantis) zertrümmerte, das Dasein gegeben. Sie war in der darauf folgenden Zeit verödet und von Bewohnern entblösst, wurde nun aber vom westlichen Amerika aus neu bevölkert — wobei man sich vorstellen mag, dass sich in der Nähe der westlichen Küsten von Amerika noch viele Ueberreste des zertrümmerten Continentes befunden, welche nachher durch wiederholte Katastrophen zu Grunde gingen, so dass die von Amerika nach Oceanien Ausgegangenen von ersterem

---

*) Delitzsch, im Commentar S. 294 der 3. Ausg.

Welttheile abgeschnitten wurden. Dass zwischen den alten Amerikanern und Oceaniern vor Zeiten Verbindungen bestanden haben müssen, lässt sich jedenfalls darthun*). Und so glauben wir annehmen zu dürfen, dass sich die oben Eingangs ausgehobenen Worte der Völkertafel auf die Bevölkerung der oceanischen Inselwelt vom Westen Amerika's aus beziehe, die Genesis somit auch über den Ursprung dieser Geschlechter den nöthigen Aufschluss ertheile.

---

*) Man sehe z. B., wie viel Analoges zwischen Amerika, Südsee und Japan Braunschweig (Amerikan. Denkmäler S. 98. 102 f., 115 f., 119 f., 121 ff., 128, 133) anführt. Er thut dies zwar im Interesse einer umgekehrten Einwanderungstheorie; wir können aber diese Zusammenstimmungen eben so gut zu Gunsten unserer Ansicht geltend machen. Chamisso bemerkt, dass die Chilesen einen Trank, den sie Kawan nennen, gleich dem Kawa der Südsee bereiten; Kotzebue's Reisen II. S. 42. In solchen Fällen springt der Zusammenhang in die Augen. Es gehört hieher auch, was Assal über die Federkleider sagt, womit die in nordamerikanischen Höhlen gefundenen Mumien bekleidet waren. Sie bestehen aus einer Art Netzwerk von Draht, in dessen sehr kleine und dichte Maschen allerlei Vogelfedern eingesetzt sind, so dass man das natürliche Gefieder eines Vogels zu sehen glaubt. »Diese mühsame, aber schöne und kunstreiche Arbeit trifft man in Mexico, auf den Südsee-Inseln und in dem nordwestlichen Amerika.« Nachrichten über die früheren Einwohner von Nordamerika etc. Heidelberg 1827. S. 65. Eben so trifft der Gebrauch, die Leichname in Canoes zu legen und zwischen zwei Bäumen aufzuhängen, mit der gleichen Sitte zusammen, welche die Bewohner vieler Inseln der Südsee haben. Daselbst S. 95.

IV.
Ueber einen Vortrag des Herrn v. Martius.

1.

Herr v. Martius hat in einer öffentlichen Sitzung deutscher Naturforscher und Aerzte zu Freiburg i. Br. 1838 einen Vortrag »über die Vergangenheit und Zukunft der amerikanischen Menschheit« *) gehalten, der nicht minder beachtenswerth ist, als seine in der III. Vorlesung erwähnte und benützte Schrift über die brasilianischen Rechtszustände. Es sind, seiner eigenen Erklärung zu Folge, hauptsächlich zwei Ideen, die er darin entwickelt, und durch faktische Belege zu stützen unternimmt.

1. Die gesammte uramerikanische Bevölkerung befindet sich und befand sich schon zur Zeit der Entdeckung keineswegs in ihrem ursprünglichen, primären, vielmehr in einem schon vielfach veränderten, secundären Zustande.

2. Sie geht schnellen Schrittes einem unvermeidlichen Untergang entgegen.

Den ersten dieser Sätze stellt er auf »auch abgesehen von dem Zustande, welchen uns die heiligen Traditionen als den frühesten (paradiesischen) bezeichnen.« Es ist also nicht von einem Gesunken- und Entartetsein der Menschheit überhaupt, woran die amerikanische, als Glied derselben, bloss Antheil genommen; es ist von einem besonderen, eigenthümlichen, schon seit Jahrtausenden Statt findenden Gang der Dinge in herabsteigender, dem Ruine entgegengehender Richtung die Rede, einem speciellen Auf-

---

*) Abgedruckt in der Cotta'schen Vierteljahrsschrift, neuestens »der Ethnographie und Sprachenkunde Amerika's« Leipz. 1867. Bd. I. S. 1 ff. einverleibt.

lösungsprocesse, an welchem partielle und zeitweise Erhebungsmomente und Rettungsversuche, wie sie hie und da zu erkennen sind, im Ganzen Nichts zu ändern vermocht. Er sei, versichert der deutsche Gelehrte, zu der festen Ueberzeugung gelangt, dass es mit den rothen Menschen in einer früheren, unbekannten Zeitperiode ganz anders ausgesehen, als damals, wo sie den spanischen und portugiesischen Conquistadores bekannt und von ihnen geschildert wurden. Dass sie so, wie man sie fand, aus den Händen des Schöpfers hervorgegangen, das sei ein Ungedanke, und die Ansichten eines J. J. Rousseau von dem Urzustande solcher Menschen, die man »Wilde« genannt, ein blosser Traum. Diese Indianer seien kein wildes, sie seien ein **verwildertes, herabgekommenes Geschlecht**, welches sich, auch was die civilisirtesten unter ihnen betrifft, schon lange vor der Ankunft der Europäer auf dem Wege des Sinkens und der Entartung befunden haben müsse. Es werden zur Erhärtung dieser Behauptungen viererlei Gründe geltend gemacht:

1. Der dermalige sociale Zustand der amerikanischen Urbewohner.

2. Die grosse Zahl, so wie die eigenthümliche Beschaffenheit ihrer Sprachen und Dialekte.

3. Die sie zunächst umgebende Natur.

4. Die Reste von Bauwerken und anderen, historischen Monumenten, die sich in dem Continente finden.

Es kommt hier Vieles vor, was schon in dem Auszuge aus der Schrift über die brasilianischen Rechtszustände zur Sprache gekommen. Ich werde dies flüchtiger berühren oder ganz umgehen; Einiges jedoch bestimmter hervorheben und mit meinen eigenen Bemerkungen begleiten.

2.

Wichtig ist erstlich folgende Beobachtung. Ueberall unter den Urstämmen Amerika's begegnet man Resten und Fragmenten **monarchischer** und **hierarchischer** Verhältnisse, die auf ein ehemaliges Ganzes und Vollständiges der Art schliessen lassen. Es ist insbesondere ein das Göttliche und Menschliche vermittelndes **Priesterthum**, worauf sich alle socialen Zustände dieser Völkerschaften gründen; dasselbe ist jedoch in seiner besseren Bedeutung gänzlich verloren gegangen. In seiner vorliegenden Gestalt ist es »Zauberdienst, Hexenwerk, Arztthum und die roheste Demagogie des Aberglaubens.« Dennoch geht noch jetzt ein **theokratisches** Element durch das Leben der Indianer hindurch und beherrscht Familie, Gemeinschaft, Volk und Stamm. Martius hat bei den Uramerikanern, namentlich den brasilianischen, Rechtssymbole und Gebräuche gefunden, welche schlechterdings nur als **Trümmer eines höheren bürgerlichen Zustandes**, der in seiner Totalität verloren gegangen, zu betrachten sind. Sie finden sich wie Glieder einer zerrissenen Kette über den ganzen Welttheil ausgestreut; es sind »**Bruchstücke eines uralten, ausgedehnten Gebäudes, das gleichsam durch dämonische Kräfte zersprengt und in weite Fernen auseinandergeschleudert worden ist.**« Es wird hinzugesetzt und ausgeführt, **dass es sich eben so, wie mit jenen Symbolen, auch mit den Stämmen und Sprachen verhalte**; und so wird die Betrachtung auch hier wieder auf ein Faktum, wie das in der Genesis von der babylonischen Zersplitterung berichtete, zurückgedrängt. Es ist von besonderem Interesse, hiebei zu erfahren, dass jene zersplitternde, zerstreuende und isolirende Causalität, die einst in dunkler Vorzeit gewaltet, noch fortwährend nachwirkt und weit hin über die beiden Amerika's dem Beobachter die verwunderlichsten Erscheinungen darbietet, wie sie Martius gefunden hat und namhaft macht. Amerika ist in dieser Hinsicht ein grosses, wie in Folge einer Explosion mit lauter Trümmern übersätes Feld, die, wie einem gewissen, einmal empfangenen Impuls gemäss, noch immer fortfahren, sich zu zertheilen und nach allen Richtungen hin zu zerstreuen. Von einem solchen Phänomen, das wie ein unheilbarer, einen speciellen Charakterzug der indianischen Menschheit ausmachender Isolirungs- und Zerstreuungswahnsinn aussieht, findet sich bei den Bevölkerungen der sogenannten alten Welt keine Spur. Das zu Grunde liegende Ereigniss ist also ohne Zweifel ein den amerikanischen Welttheil ganz speciell und eigenthümlich betreffendes gewesen; und wir glauben daraus folgern zu dürfen, dass die Bibel bei der Schilderung des babylonischen Zerwürfnisses auch ganz speciell nur von der Bevölkerung dieses Welttheils spreche; dass die ganze Erzählung nebst dem, was mit ihr zusammenhängt, eine nur irrthümlich nach Asien verlegte und auf eine gleichnamige Oertlichkeit übertragene Geschichte vom amerikanischen Urlande her sei.

3.

Martius spricht von den mythischen Staatengründern, Thaumaturgen, Reformatoren, mit welchen die Geschichte der cultivirteren Nationen des Welttheiles beginnt, einem Xolotl, Bochica (Botschika), Manco-Capac etc. Aber der Zustand der Rohheit, aus welchem diese Wohlthäter der amerikanischen Menschheit ihre Völker zu erheben trachteten, war nach seiner Meinung nicht der ursprüngliche. Die Berichte von der Einführung irgend einer Gesittung datiren, sagt er, niemals über 800 bis 1290 der christlichen Zeitrechnung hinauf; allein es giebt Gründe, eine Cultur von weit höherem Alter anzunehmen. Es könnte hiezu bemerkt werden, dass die Sagen und Mythen selbst zum Theil auf das höchste Alterthum zurückweisen. Ein Mythus der Muyscas oder Mozcas auf der Hochebene von Bogota spricht von einer Zeit, da der Mond noch nicht war, was an die griechische Sage von den Proselenen oder vormondlichen Menschen erinnert. Zu dieser Zeit lebten die Bergbewohner in rohester Weise ohne Pflanzenbau und Gottesdienst. Da erschien jener Botschika, ein langbärtiger Mann von anderer Art und Abkunft, als sie, sammelte die Zerstreuten, lehrte sie Mais und Quinoa säen und Städte bauen, that Wunder und führte die daselbstige Religion und Staatsverfassung ein. Er soll sich zuletzt in das heilige Thal von Iraca zurückgezogen und daselbst 100 Muyscas-Cyclen d. h. 2000 Mondjahre gelebt haben. Er führte drei Namen und ward mit drei Köpfen gebildet, was man mit dem indischen Trimurtis combinirt hat *). Eine andere Tradition ist die der

---

*) S. Humboldt, Vues des Cordillères und dessen Aufsatz über die Hochebene von Bogota, Cotta'sche Vierteljahrsschrift 1839. H. I. S. 107 ff. Ueber die altamerikanische Trinität ist in einem der Aufsätze der II. Abtheilung gehandelt worden, und zwar mit Beziehung auf die dreifache Erscheinung Jehova's in der Geschichte Abrahams. Man könnte versucht sein, in dem Bochica der Muyscas den Abraham der Genesis, als altamerikanischen Häuptling und Propheten, und in der schönen, aber bösen Frau des Bochica, Namens Huythaka, die eben so mythisch gewordene Sara zu erkennen, welche von den Nachkommen Hagar's und Ismaels, da diese auf Sara's Antrieb verstossen wurden, in sehr üblem Lichte erblickt werden konnte. Der Name Huythaka scheint jedenfalls semitisch zu sein; arab. عتيق, schön sein, glänzen, hebr. עתיק, עתק, schön, glänzend; in der Weiondot-Sprache heisst nach Assal *uteke* Frau, Tariuna nach Wallace ist *inalhutáki* Mäd-

Chiapanesen von ihrem einheimischen Heros Votan, der einen deutschen Namen führte, aber vom babylonischen Thurmbau her gekommen sein soll — wundersame Sagen, die uns in das höchste Erstaunen zu versetzen geeignet sind. So viel scheint seine unabweisliche Richtigkeit zu haben, dass die Civilisationen und Culturen, die man in Peru und Mexico getroffen, nur verhältnissmässig schwache und unvollkommene Erneuerungen uralter Grösse und Herrlichkeit gewesen. »Manche der sogenannten Wilden,« sagt Martius, »haben wohl schon die zweite Verwilderung aus einem ursprünglichen Zustande, die zweite Verdüsterung eines edleren Bewusstseins erlitten.« Der Versuch, die amerikanischen Zustände zu bessern, scheint auch zum Theil missglückt zu sein. Ich erinnere an den Quetzalcoatl der Mexicaner, einen Thaumaturgen und Reformator, der dem Bochica (Botschika) der Muyscas auf der Hochebene von Bogota und dem Viracocha (Wirakotscha) der Peruaner ähnlich sieht, der eine sanfte, friedliche Religion zu begründen suchte, dem aber, wie die bedeutsame Sage lautet, eine einheimische Gottheit (Tezcatlipoca) entgegentrat und ihn zwang, das Land zu verlassen. Selbst in Cholula, wo die berühmte, ihm zu Ehren erbaute Pyramide stand, wurden fortwährend eine Menge der fürchterlichsten Menschenopfer dargebracht. Die eingerissene Rohheit und Grausamkeit der amerikanischen Menschheit zeigte sich unverbesserlich; es ist, als wäre sie der Gewalt böser Geister verfallen gewesen, aus der sie nicht mehr zu erlösen war.

---

chen. Peruanisch ist *hatun huatecca* = daemon, *sara* = foedus, *saru* = conculcare — lauter böse Bedeutungen.

4.

Herr v. Martius kommt speciell auf die Geschichte der mexicanischen Völkerschaften, namentlich auf die der gebildeten Tultecas oder Tolteken, der rohen Chichimecas oder Chichimeken und der allbekannten Aztecas oder Azteken, zu sprechen, welche sämmtlich, ein Volk nach dem anderen, von Nordwesten her eingewandert sein sollen, und das in Zeiten, die schon innerhalb der christlichen Zeitrechnung liegen. Er beanstandet die Richtigkeit dieser Einwanderungssagen und hält sie für gemacht. Von den Toltekas sei zur Zeit der Eroberung und spanischen Geschichtsschreibung schon lange Nichts mehr übrig gewesen; schon die eigene Vorstellung der Amerikaner von ihnen lasse sie als ein ganz mythisches Volk erscheinen, für das man nur einen aztekischen Namen gehabt; denn *tullecatl* heisse in diesem Idiome: grosser Baumeister, Werkführer, Künstler; man könne sie mit den ebenfalls mythischen Telchinen der Alten vergleichen. Auf diesem Volke der Vergangenheit ruht allerdings ein grosses Dunkel, wiewohl hier, wie es scheint, die amerikanische Geschichte zu dämmern beginnt. Von ihrem Untergange werden wunderliche Dinge gemeldet; eine mit gespenstigen Erscheinungen und sonderbaren Visionen verbundene Zeit der Krankheit und des Elendes*) soll sie grösstentheils vernichtet, übrigens

---

*) Als einst die Tolteken zu Teotihuacan in grosser Anzahl versammelt waren, um ihre Feste zu feiern, erschien zwei Tage nach einander ein ungeheurer, scheusslich anzusehender Riese, und Alle, die er ergriff, um mit ihnen zu tanzen, fielen nachher todt zu Boden — ein altamerikanischer Todtentanz! Am dritten Tage erschien auf einer Bergklippe ein weisses Kind, dessen Haupt mit Geschwüren bedeckt war und einen tödtlichen Gifthauch verbreitete; vergebens versuchte man, es in den See zu werfen u. s. w.

zur Flucht gezwungen haben; sie hätten sich nach Campeche und Guatemala begeben und das Land öde gelassen *). In der von Ternaux-Compans herausgegebenen Schrift von Ixtilxochitl über die Ankunft der Spanier etc. heisst es gleich vornherein: »Auch die Zeichen, die man am Himmel wahrgenommen, erfüllten die Einwohner mit Schrecken, indem sie erkannten, es nahe die Zeit des Unglücks und der Verfolgung. Sie dachten an die grausamen Kriege und an die ansteckenden Krankheiten, welche die Tolteken, ihre Vorfahren, erlitten hatten, und vermutheten dieselben Unglücksfälle.« Man könnte auf den Gedanken kommen, die ganze Toltekensage enthalte nur die in spätere Jahrhunderte herabgesetzte Geschichte von einem sehr cultivirten Urvolke, welches hier auf der Hochebene schon in fernem, vorchristlichem Alterthume seinen Sitz gehabt und in Folge der nämlichen verderblichen Ursachen und schrecklichen Erscheinungen, welche uns aus der Bibel unter dem Namen der ägyptischen Plagen bekannt, und welche wir unserem Systeme gemäss nach Amerika, insbesondere Mexico, verlogen, zu Grunde gegangen. Ich gestehe, dass ich eine Zeit lang sehr geneigt war, mich dieser Vorstellung

---

*) Torquemada, Monarquia Indiana Livro I. c. 14. Clavigero, Buch II. Cap. 3 sagt von Torquemada, auf den er überhaupt nicht gut zu sprechen ist: »Der gute Mann verstand die symbolischen Figuren buchstäblich, da sie doch nur Hunger und Pest andeuten sollten, welche sich einstellten, da die Nation im blühendsten Zustande war.« Es ist mir indessen auffallend, dass auch das Buch der Weisheit Salomo's in seiner Beschreibung der ägyptischen Plagen von »wunderhaften Gespenstern« und »furchtbaren Traumgestalten« spricht; und erzählt, wie »traurige Gestalten mit schrecklichen Gesichtern« erschienen seien. Dass sich in solchen Zeiten auch schreckhafte Visionen bilden, ist psychologisch sehr wohl denkbar.

hinzugeben. Es lässt sich jedoch auch denken, dass in einem späterhin folgenden Zeitalter, wie es für das des Toltekenreiches und seines Ruines in Mexico gilt, eine ähnliche Unglücksperiode eingetreten sei und auch wieder den Sturz eines Reiches und den Untergang des grössten Theiles der Bevölkerung herbeigeführt habe.

5.

Was den Wanderzug der Azteken betrifft, so hebt Martius einen sehr sonderbaren und für uns sehr interessanten Umstand hervor, diesen nämlich, dass hier Alles, wie ein zweiter Auszug der Israeliten aus Aegypten erscheine. »Da fehlen weder der Weg über einen schmalen Meeresarm, noch die Bundeslade, noch gewisse Prophezeiungen und Offenbarungen.« Dies soll ein Zeichen der Unächtheit und Gemachtheit sein. Ich glaube jedoch, dass man hier eine zu argwöhnische Kritik anwende und sich dadurch einer wichtigen historischen Spur beraube. Ich halte es für weit wahrscheinlicher, dass sich hier Erinnerungen aus den Tagen einer noch weit entfernteren Vorzeit eingemischt, indem ich jedenfalls anzunehmen geneigt bin, dass die Azteken zu den Stämmen gehörten, welche mit Mose ausgezogen, sich aber abgetrennt, im Norden des Welttheils zurückgeblieben, in späteren Zeiten jedoch, als Anahuac von seinen früheren Bewohnern und Beherrschern entblösst war, dahin, wo sie vor Zeiten Knechte gewesen, zurückgekehrt und daselbst ihr aus Barbarei und Civilisation seltsam gemischtes Reich gegründet. Sie selber, wie bei dem so gar nicht phantastischen und unkritischen Clavigero zu lesen, erzählten von einer Gefangenschaft und Sklaverei, in die sie gerathen, und von ihrer Befreiung aus selbiger. Sie wurden, wie sie sagten, von den Colhuas im Reiche Colhuacan zu Knechten gemacht und als solche nach Tizapan gebracht. Die Colhuas fingen aber an, sich vor ihnen zu fürchten; auch erregte ihr Cultus den Abscheu derselben. Der König von Colhuacan entliess sie daher aus seinem Reiche, sie zogen nordwärts *), feierten ihre Befreiung durch Tanz und Gesang und stimmten Danklieder an, weil sie ihr Gott von dem Joche der Colhuas befreit. Man vergleiche damit die betreffenden biblischen Relationen und Darstellungen, und man wird die frappanteste Aehnlichkeit finden **). Diese Erzählung, wie sie uns jetzt vorliegt, ist zwar in die Geschichte der Einwanderung des Aztekenstammes aus dem nördlich gelegenen Aztlan in Mexico verflochten; passt aber gar nicht dahin und wird daher füglich für sich betrachtet. Eine Colhuacan war zwar vorhanden; es war aber nichts weiter, als eine kleine, zur Zeit des mexicanischen Reiches mit diesem vereinigte Herrschaft, die einen einbrechenden wilden Volksschwarm schwerlich bändigen konnte, und der man wohl nur um ihres Namens willen jene Rolle zugetheilt hat. Denselben Namen wird vordem ein anderes, weit älteres und grösseres Land und Reich geführt haben; und da war es wohl, wo die Azteken und andere amerikanische Stämme eine so untergeordnete Stellung einnahmen und zu Sklavendiensten gezwungen wurden. Ein altes Königreich in Anahuac, das aber durch die Eroberungen der Mexicaner eingeschränkt wurde, hatte einen ähnlichen Namen; es hiess Acolhuacan. Den Namen Colhuacan giebt man auch einem Berge, dessen Vorstellung und Abbildung mit der der grossen Fluth verknüpft wird; hier sollen die zwei aus der Ueberschwemmung geretteten Menschen ans Land gestiegen sein. Die Bedeutung »Berg« liegt nach Clavigero im Namen selbst; Colhua-

---

*) Wie sich Israel bei der Nordstadt Baal Zephon lagert.
**) S. besonders 2 Mos. 15, 1—21.

can hat im Aztekischen wohl ursprünglich das auf dem Rücken der Anden blühende Herrscherreich, das Mazor und Mizraim der Bibel, bedeutet. Es fehlt in diesen Traditionen und bildlichen Darstellungen, wie schon erwähnt worden ist und was höchst beachtungswerth ist, auch nicht der israelitische Uebergang über das Meer. Torquemada meldet, er habe in allen Gemälden, welche die mexicanische Wanderung darstellen, einen Meeresarm oder grossen Fluss bemerkt. Boturini denkt hiebei an den californischen Meerbusen. Clavigero widerspricht; die Mexicaner seien nicht von Californien gekommen; es könnte etwa der Colorado gemeint worden sein. Aber jene Gemälde stellten wohl einen ganz anderen Zug, als den der Azteken aus ihrem nördlichen Aztlan nach Auahuac dar. Sie schilderten, glaube ich, in ihrer Weise dieselbe Begebenheit, welche die mosaischen Bücher in der ihrigen referiren. Die Guiche's, wie wir schon oben S. 438 zu bemerken veranlasst waren, behaupteten geradezu, an dem Zuge Israels Theil genommen, sich aber von ihm getrennt zu haben. Und wenn die Azteken eine Art von Bundeslade mit sich geführt, so wie auch mitten im Lager eine Art von Stiftshütte errichtet haben sollen, so kann dies um so weniger beanstandet werden, da nach Adair, Long und Noah auch die nordamerikanischen Indianer eine heilige Lade haben, die sie mit sich in den Krieg nehmen und die Niemand enthüllen und untersuchen darf.

6.

Auf solche Dinge hat man sich gestützt, um diese räthselhaften Geschlechter, was ihren Ursprung betrifft, von ihrem Continente loszureissen, mit der biblischen Geschichte zu vereinbaren und auf irgend einem Wege von dem palästinensischen Semiten abzuleiten. Die moderne Wissenschaft und Alterthumsforschung konnte sich mit dieser Hypothese nicht befreunden; sie schämte sich ihrer, insofern sie von bibelgläubiger — einer von ihr als bornirt und antiquirt betrachteten — Seite kam; und selbst Thatsachen der auffälligsten und scheinbar beweisendsten Art wurden theils ignorirt, theils in das Gebiet der Einbildung und Erfindung verwiesen. Wie hätte sich damit z. B. ein Forster, Humboldt, Vater etc. zustimmend befassen können! Wir unsererseits, wiewohl rein wissenschaftlich betrachtend, lassen das wirklich Thatsächliche unangefochten, ja wir nehmen es ebenfalls in Anspruch und legen ein nicht geringes Gewicht darauf; für uns stellt sich aber die Sache dennoch ganz anders, indem wir die Ableitungstheorie völlig umkehren. Die Urbewohner Amerika's waren reine Amerikaner, die niemals in Asien gewesen und nicht daher gekommen, indem vielmehr Israel und seine ganze Verwandtschaft, ja die gesammte Bevölkerung der sogenannten alten Welt aus Amerika herzuleiten ist. Wir nehmen mehrere Zeitalter an, in welchen Völkerwanderungen aus Amerika nach Asien, Afrika und Europa gingen; es ist besonders die von Mose veranstaltete, mit welcher wir es zu thun haben. Damals war die amerikanische Menschheit noch in ihrer vollen lebens- und thatkräftigen Integrität und weltgeschichtlichen Bedeutsamkeit; sie befand sich aber, wie mich meine Untersuchungen lehren, in furchtbarem, unversöhnlichem Zwiespalte mit sich selbst; ein grausamer Raçenkrieg wüthete, und es kam noch der fürchterliche Umstand hinzu, dass die umgebende Natur in Vernichtung drohenden Aufruhr gerieth und der Continent so miasmatisch vergiftet und unwohnlich wurde, dass man sich bewogen fand, zu den angestrengtesten und gewagtesten Rettungsmitteln zu greifen. Was nun in jenen Zeiten auswanderte, den Weg nach Asien fand und auf diesem Wege nicht zu Grunde ging, das fing in dem damals neuen Welttheile eine neue Geschichte mit kräftiger Fortentwicklung und Metamorphose an. Was dahinter blieb, das starb dahin oder hatte wenigstens keine gehaltvolle Zukunft mehr; es verfiel der Starrheit und dem Mangel wahrer Fortbewegungs- und Verjüngungskraft, unterlag mit immer geringerem Widerstandsvermögen den sie befallenden, einheimischen Epidemien und ging schneller oder langsamer einem unausbleiblichen Ende entgegen, das schliesslich durch die europäischen Entdeckungen, Besitznahmen, Ansteckungen, Verführungen und Grausamkeiten auf die traurigste Weise beschleunigt wurde. Es ist begreiflich, dass in Zeiten, in welchen mörderische Seuchen herrschen, der Norden weniger heimgesucht ist, als der Süden, wo Hitze und Feuchtigkeit Miasmen ausbrüten und leicht bis zum äussersten Grade der Tödtlichkeit steigern. Daher zog sich damals fast Alles in die kälteren Regionen des Nordens hinauf und blieb entweder daselbst, oder überschritt diese Regionen, um sich in den Süden und Westen Asiens und von da aus weiter nach Europa und Afrika zu ergiessen und zu verbreiten. Die mexicanischen Völkerschaften gehörten allem Anscheine nach zu jenen, welche im nordwestlichen Amerika zurückblieben, während Mose die Stämme, die, wenn auch unter häufigem Klagen, Murren, theilweisem Aufruhr und Abfall, seiner Leitung folgten, in den anderen Welttheil hinüberführte, wo ihnen endlich, nach vieljähriger Wanderschaft, im Westen desselben eine bleibende Wohnstätte ward, in welche jedoch kaum mehr ein im Urlande Geborener einzog, da Wanderer und Anführer auf dem Wege fast alle zu Grunde gingen, ein neues Geschlecht entstand und sich unter einem neuen, glücklicheren Befehlshaber und Feldherrn das verheissene und ersehnte Land erkämpfte.

7.

Auf der anderen Seite versuchte man es in späteren Jahrhunderten, aus dem Norden, wohin man sich aus dem erschütterten und verpesteten Süden geflüchtet hatte, dahin zurückzukehren, in der Meinung, die Zeiten des Schreckens und Verderbens daselbst seien vorbei, oder auch wohl, weil dieselben aus dem Gedächtnisse verwischt waren. Aber auch jetzt blieb das Unheil nicht aus. Die Tolteken, das wohl einzige und letzte Ueberbleibsel des gesitteten und gebildeten Amerika in dortiger Region, sollen im 7. Jahrh. n. Chr. in Mexico aufgetreten sein und daselbst vier Jahrhunderte lang gewohnt haben, bis ihrem Reiche durch Hunger, Pest und Bürgerkrieg ein Ende gemacht wurde. Hierauf, heisst es, erschienen auf dem Hochland die Chichimeken, die als ein wildes, kriegerisches, in Pelze gekleidetes Jägervolk geschildert werden. Als Xolotl, ihr damaliger Führer, in das Thal von Mexico herabstieg, fand er das Land mit ansehnlichen Bauwerken angefüllt; allein es war verödet, es fehlten die Einwohner. Er sandte Kundschafter aus; sie entdeckten bloss noch einige Familien, die kümmerlichen, in Schlupfwinkeln hausenden Reste des ehedem so mächtigen und kunstreich bethätigten Toltekenstammes. Diesen Wenigen verdankte die wilde Jägerhorde, was sie von Cultur besass; sie ward von ihnen namentlich über den Gebrauch und Anbau der Nähr- und Nutzpflanzen belehrt. Was die Azteken betrifft, die, nachdem sie im J. 1090 aus ihrem unbekannten Ursitze Aztlan aufgebrochen, zwischen 1186 und 1194 in Anahuac erschienen sein sollen, was eine Wanderung von ohngefähr 100 Jahren ergiebt, so sah es mit diesen, wie es scheint, zunächst noch klüglicher, als mit den Chichimeken aus. Wenn man liest, in welchem Zustande sie sich befanden, bevor sie an dem Orte anlangten, wo sie in den See hinein ihre nachmals so berühmte

Hauptstadt bauten, so kann man sich kaum denken, dass auch nur diese letztere im eigentlichen Sinne ihr Werk gewesen. So sollen sie sich zuvor 52 Jahre lang zu Acocolco auf einer Anzahl kleiner Inseln am südlichen Ende des Sees von Tezcuco aufgehalten und das elendeste Leben geführt haben, indem sie sich Hütten aus Schilf machten, ihren Körper aus Mangel an Kleidern mit Blättern bedeckten und von Fischen und Insekten lebten. Man möchte glauben, sie hätten das alte Tenochtitlan, ihre unter dem Namen Mexico bekannte Residenzstadt mit dem grossen Teocalli daselbst, so wie andere ihnen eigene Städte und Tempel schon als die Ueberbleibsel eines früheren, verschwundenen Geschlechtes vorgefunden und sich dieselben bloss ihrem Sinn und Bedarf gemäss zu Wohnsitzen und Cultusörtern eingerichtet.

8.

Der amerikanische Archäologe G. F. Squir lässt die Tolteken nicht, wie man sonst thut, aus dem Norden des Welttheiles, sondern aus Centralamerika stammen. Nach Prichard hätten sich die Nachkömmlinge der Tolteken besonders in Guatemala, Tabasco und Nicaragua erhalten. Morton nennt die sämmtlichen Culturvölker des südlichen Amerika Tolteken. Von welcher Gegend des Continentes das merkwürdige Volk hergekommen und wo es ursprünglich zu Hause gewesen sein mag — immer können wir es in eine enge Beziehung zu dem ägyptischen Urreiche bringen, welches, wie wir uns zu behaupten getrauen, im Westen Amerika's, auf den Anden, in Mexico, Guatemala, Yucatan, Peru, wo so viel Spuren und monumentale Reste einer uralten Cultur das Erstaunen und Nachdenken der Beobachter und Forscher erwecken, seine Sitze gehabt. Für einen blossen Namen und Mythus können wir dasselbe nicht halten; besonders fügt sich der traurige Untergang desselben, als ein ausgezeichnetes Beispiel vom Hinscheiden ganzer Nationen in Amerika, wie es schon vor der Entdeckung Statt gefunden, vortrefflich in den Zusammenhang unserer Untersuchungen und Anschauungen. Nach Martius hätte es nicht einmal einen wahren Eigennamen, da *tollecatl* ein aztekisches Wort für Baumeister, Künstler sei. Nach Clavigero heisst *tollecatl* ein Eingeborener von Tollan oder Tula, wie *tlascaltecatl* ein Eingeborener von Tlascala etc. Weil aber die Tolteken so grosse Künstler gewesen, so sei ihr Volksname zu einem Ehrennamen für ausgezeichnete Künstler geworden. *Tul* und ähnliche Laute haben in mehreren amerikanischen Sprachen die Bedeutung: Leuchte, Lampe, Stern; so Galibi *touli* = *lucerna;* Puri *thiùli* = *stella magna.* Es ist uns daher wahrscheinlich geworden, dass Tolteke eigentlich so viel als Erleuchteter, Wissender, Kundiger sei. Bei dem Ortsnamen Tula kann man sich nicht wohl enthalten, an das *ultima Thule* der Alten zu denken, welches wahrscheinlich, wenn auch nur mittelbar, damit in Verknüpfung steht — was auch wieder eine Spur von dem hohen Alter der amerikanischen Dinge und ihrem Zusammenhange mit denen des jenseitigen Continentes ist.

9.

Martius vermuthet, dass der Verfall der amerikanischen Völker, ein nicht immer nur allmäliger gewesen, dass auch grosse, furchtbare Katastrophen Statt gefunden und besonders jene gebildeten Nationen, welche so grossartige Monumente hinterlassen, ohne selbst noch vorhanden oder nur noch bekannt zu sein, durch grosse elementarische, ja kosmische Einflüsse plötzlich vertilgt worden seien. Er erinnert an die Sage vom Untergange der Atlantis, die man schon oft auf einzelne Theile Amerika's angewendet hat;

eben so an die vom Untergange der Toltecas. Erdbeben, Bergstürze, Entwicklung giftiger Gasarten, Sturmfluthen, Orkane etc. könnten gewirkt haben. In Ländern, die sich auf so ausgedehnten Systemen gewaltiger Vulkane ausbreiten, könnte der Mensch vernichtet worden sein, ohne dass seine Monumente zu Grunde gegangen. Unter den Zuckungen eines weitverbreiteten Erdbebens konnte sich der Boden öffnen und aus tausend Zuglöchern schweflige Dämpfe oder Kohlensäure in solcher Menge und Schnelligkeit ausstossen, dass kein Entrinnen möglich und die ganze Bevölkerung unterlag. Wenn dann die Winde den Luftkreis gereinigt hatten und die Sonne wieder mit altem Glanze leuchtete, so fand sie zwar die alte Landschaft wieder; alle todten Zeugen der menschlichen Thätigkeit standen noch; der Mensch selbst aber, der Schöpfer dieser Werke, lag, vom gemeinsamen Hauche des Todes berührt, leblos dahingestreckt.

Ich glaube, die hauptsächlichsten Schreckenszeiten, Calamitäten und Katastrophen, durch welche Oceanien — wohin ich Eden und Atlantis setze — und Amerika — Letzteres namentlich als Schauplatz der nach der grossen Fluth eintretenden Ereignisse — betroffen worden sind, mit Bestimmtheit angeben zu können — doch freilich nur, so lange mich der biblische Leitfaden führt d. h. bis zur mosaischen Wanderung. Hier haben wir es zuletzt noch mit den sogenannten ägyptischen Plagen zu thun, die wir uns als eine grosse, vulkanisch begründete Erschütterungs- und Krankheitsperiode des amerikanischen Continentes zu denken haben. Auch damals wird viel untergegangen sein, so was Menschen, als was Thiere betrifft; namentlich scheint um diese Zeit das alte Hirtenleben, wie es der Bibel zufolge bis dahin bestand, ein Ende genommen zu haben *). Doch

---

*) Israel nimmt bei seinem Auszuge viel Vieh mit; bald

auch grosse Unternehmungen, welche aus dem Bereiche des Verderbens hinausführten, wurden dadurch veranlasst und die andere Erdhälfte mit Flüchtlingen und neuen Bewohnern erfüllt. Es mögen auch noch in späteren Zeiten in Amerika furchtbare Ereignisse Statt gefunden haben, die aber für uns mit Nacht bedeckt, dasjenige etwa ausgenommen, was uns auf Seiten der indianischen Bevölkerung dämmerhafte Erinnerungen und Sagen verrathen. Da, wo die Menschheit im Sinken begriffen, scheinen auch die zerstörenden Naturkräfte eine verhältnissmässig grössere Gewalt zu haben, und es gleichsam nicht erwarten zu können, dass sie in sich selbst langsam zusammenbricht und dahinschwindet. Der Welttheil, in welchem der Mensch auf den Schauplatz getreten und sich das sogenannte Paradies befunden, aber auch jener verhängnissvolle Abbruch vom Göttlichen eingetreten, den unsere Theologie den Sündenfall nennt, ist, meiner Ansicht nach, gar nicht mehr vorhanden; eine Zeit der Erdbeben und Fluthen hat ihn zertrümmert und die oceanische Inselwelt daraus gemacht. Auch Theile von Amerika, wo der Mensch seine Geschichte zunächst fortsetzte, scheinen untergegangen und daselbst auch sonst noch grosse, ganze Nationen vernichtende Ereignisse eingetreten zu sein, so dass ein ruhigerer, nicht so oft und so gewaltsam unterbrochener und darum resultatvollerer Verlauf der Menschengeschichte erst im dritten dieser Weltalter und auf dem dritten Schauplatze der Entwicklung, in Asien, Afrika und Europa vor sich zu gehen vermochte.

---

aber ist dasselbe verschwunden, man hat kein Fleisch mehr und muss von Manna leben.

Schlusswort.

Wir haben nun furchtlos, in vollem Vertrauen auf die Intelligenz unserer Leser und das bei ihnen obwaltende Culturbedürfniss ächten Wissens und lichtvollen Erkennens, mitgetheilt und entwickelt, so viel uns zur Zeit unsere Materialien, Hülfsmittel und eigenen Ideen an die Hand gegeben. Das neue, die gesammte bisherige Alterthumswissenschaft von Grund aus zu reformiren und von tausend Räthseln und Dunkelheiten mit einem Schlage zu befreien geeignete System wurde zunächst kritisch-negativ vorbereitet, dann mit einer dem heutigen Stande der Wissenschaft gemässen positiven Basis versehen, wobei insbesondere die Darwin'sche Theorie in Verbindung mit unbestreitbaren, völkergeschichtlichen Thatsachen ihre wesentlichen Dienste leistete. Aus den festgestellten Prämissen wurden Folgerungen abgeleitet, welche sich, so paradox und der wissenschaftlichen Orthodoxie, so zu sagen, widerstreitend sie erscheinen mögen, in Folge dieser Darstellung gleichwohl als eine reine Nothwendigkeit vernünftigen und zeitgemässen Denkens erweisen dürften. Das System wurde nach solchen und anderen der Sache immer näher führenden Vorbereitungen *) erst in grossen Umrissen und mit Hervorhebung der Hauptpunkte vorgeführt, wie sie von den mosaischen und anderen Büchern der h. Schrift, vor Allem der Genesis, die nunmehr als ein altamerikanisches Urbuch erkannt ist, der Reihe nach angegeben

---

*) Die Vorlesungen bemühten sich namentlich, die Existenz eines originalen Canaan der amerikanischen Vorzeit, wovon das asiatische nur ein Nachbild gewesen, und die Lage desselben im Osten des Welttheiles zu erweisen und festzustellen.

werden, so dass von zwei räthselhaften Welttheilen mit völlig verdunkelter und auf anderem Wege nicht zu erforschender Urgeschichte der Schleier hinweggezogen und der hinter den asiatischen, afrikanischen und europäischen Entwicklungen stehende vorzeitliche Theil der Erd- und Menschheitsgeschichte in's Licht gesetzt wurde. Nachdem dies bereits die Aufgabe und Bemühung der I. Abtheilung des Gesammtwerkes gewesen, folgte in der II. und III. eine Reihe von Erörterungen, Nachweisen und Abhandlungen besonderer und einzelner Partieen und Punkte, die oft tief in's Specielle und Speciellste eingehen und zu erkennen geben, was in solcher Beziehung zu thun ist, und wie wir uns ohngefähr die in aller Weise ausgeführte, gestützte und bewahrheitete Idee des Werkes vorstellen. Eine absolute Vollendung kann, wir wiederholen es, nicht die Leistung eines oder zweier Individuen sein; die ganze wissenschaftliche und denkende Welt wird dafür in Anspruch genommen; es fängt in dieser Beziehung eine ganz neue Arbeit an; es steht eine ganze derselben gewidmete Literatur in Aussicht, wozu hier nur der erste Anstoss gegeben werden soll. Manches zunächst nur als Muthmassung und combinatorischer Versuch Hervorgetretene kann denkbarer Weise bei diesem Processe seine Widerlegung und Berichtigung finden; das wird den Kern der Sache nicht berühren, die Grundidee nicht fallen machen. Ja selbst viel Besonderes, was wir vorgebracht, wird, wir hoffen es, seine Geltung behalten. Und so glauben wir, eine ächte, von Geistesbeschränktheit, particulärem Interesse und Stabilitätsmanie freie Kritik nicht fürchten zu müssen, und das entscheidende Gericht der Zeit ruhig über uns ergehen lassen zu können.

www.ingramcontent.com/pod-product-compliance
Lightning Source LLC
Chambersburg PA
CBHW031946290426
44108CB00011B/692